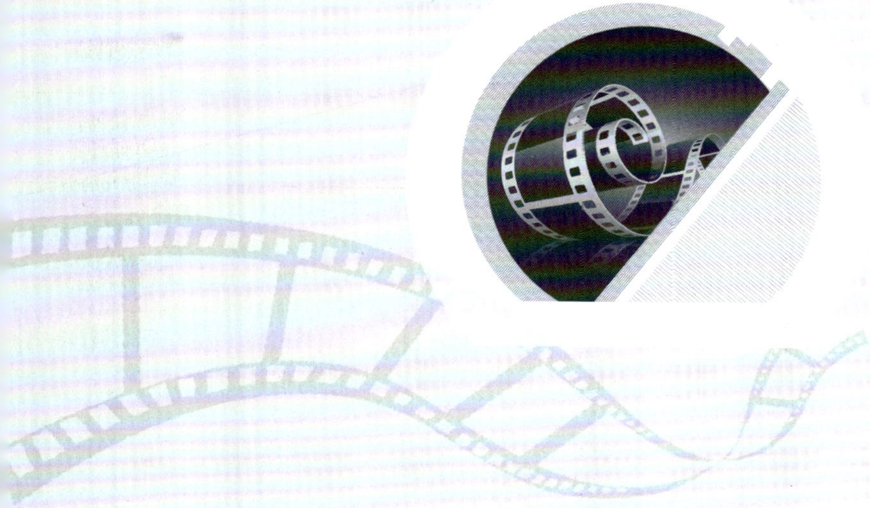

高等院校广播电视新闻传播系列教材　　辽宁十二五规划教材

白　贵　王俊杰 ○ 主编

电视专题与电视栏目

DIANSHI ZHUANTI YU DIANSHI LANMU

（第二版）

主　编 ○ 郑保章
副主编 ○ 唐　弦　孙欣欣

中国广播影视出版社

CONTENTS 目 录

上 编

下 编

上编

CHAPTER

※ 电视专题片概述

※ 电视专题片的风格样式——纪实性电视专题片

※ 电视专题片的风格样式——表现性电视专题片

※ 电视专题片的题材

※ 电视专题片的选题与策划

※ 电视新闻专题片的纪实性采访及制作

※ 电视专题片解说词的创作

第一章　电视专题片概述

第一节　电视专题片界定与分类

一、电视专题片的界定

电视专题片的称谓最早见于中央电视台。1975 年中央电视台社教部推出几个专栏，将专栏里播出的片子称为专题片。1976 年，在上海召开的全国电视工作会议上，此名称得到与会人员的认同，将此名称正式确定下来。随着时间的推移，电视界对专题片又有了一些新的称谓，如专题节目、电视专题、电视纪录片、电视片等，虽称谓不一，但业界人士都明白这都是指的同一片种。

目前已出版的有关辞典尚无电视专题片的解释，只有关于电视专题节目的释义。

《广播电视简明辞典》对专题节目的解释是："与综合节目相对应的，内容相对专一的广播电视节目。……如中央电视台的《祖国各地》，专门介绍我国的山川风光、名胜古迹、风土人情、建设新貌。专题节目能够对某一领域或某一方面的情况和问题作连续地、深入地反映。"① 显然，这里指的不是专题片而是指电视专栏节目。

《宣传舆论学大辞典》对专题节目的解释是："广播电视中对消息、评论（不包括述评）以外的新闻体裁称为专题报道（或专稿），全部由专题报道构成或经常以专题报道为骨干的节目习惯上称为专题节目。电视中指专题片，如北京电视台的《大白菜的述说》，中央电视台的《话说长江》等……专题节目篇幅长，时效比消息稍差，有些是连续、系列报道、能对主题进行较深入的开掘。专题节目一部分是临时性，不定期播出的，一部分是固定播出的。"② 显然，这里

① 《广播电视简明辞典》，中国广播电视出版社 1989 年版，第 135—136 页。

② 《宣传舆论学大辞典》，经济日报出版社 1992 年版，第 809、818 页。

所指的电视专题节目即是电视专题片。只是关于这个片种的表述有所缺失，主要涉及的是电视专题片的内容、时效等，而对该片种的表现形式并无涉及。

根据目前业界和学界比较趋同的认识，我们认为：电视专题片是具有特定主题或内容取向，真实地记录客体对象，并对主题或内容进行深入发掘，对客体对象运用多种电视艺术手段进行表现的电视片。

二、电视专题片与电视新闻片

这两个电视片种有其共同点：真实性。真实是新闻的生命，不允许虚构和合理想象。同样，电视专题片也排除虚构。它们的不同点是：电视新闻片是电视最普通的主干节目，要迅速及时反映国内外的最新动态；而电视专题片重在深刻、完整地报道典型事物，时效上要求没那么高。新闻片追求的是“短、平、快”，一般新闻以短小精悍为主，以频密为主，以快捷为要；专题片讲究的是“深、广、细”，有深刻的内涵，有广阔的视野，有细小的细节。新闻片的表现手段较单一，而专题片的表现手段丰富。尽管也有新闻类专题片，但其属性仍偏重于专题。

三、电视专题片与电视纪录片

在国外，没有电视专题片这一名称，国外将这个片种称为纪录片。电视专题片是中国电视界一个约定俗成的名称。当电视专题片名称一出现，它与纪录片的关系就争论不断。最主要的观点有四种：等同说、从属说、变异说、独立说。

（一）“等同说”，认为专题片即纪录片，纪录片即专题片，同一个片种，两个名称。

（二）“从属说”，有认为纪录片从属于专题片，也有认为专题片从属于纪录片的。认为纪录片从属于专题片，实际上是把专题片看作是“专题节目”或者是“专题栏目”，因为节目或栏目容量很大，纪录片只是在栏目里播出的一种形式。在这里概念已被变换，专题片片种被专题节目形态所置换。认为专题片从属于纪录片，实际上是把专题片看作是与纪实风格相对应的表现风格的纪录片，其实专题片既有主体意识和艺术性较强的，也有客观纪录纪实性较强的。这里是以偏概全。

（三）“变异说”，把我国专题片说成是外国纪录片在中国的“变异”。认为我国专题片过于直露，主观介入太强，改变了外国纪录片客观纪实的传统，是对纪录片的异化。实际上外国纪录片也并非客观纪实一种，有的纪录片主观性也较强，这种观点同样犯了以偏概全的错误。

（四）“独立说”，认为专题片与纪录片分别是各自独立的两个片种。专题片追求艺术加工，情感抒发，主观意念强；而纪录片追求客观，排斥主观。在《中国广播电视协会全国性评奖评选章程实施细则（试行）》中，对专题片作如下界定："以声画对位的解说词为主要表达方式的议叙结合"的节目。对纪录片的界定是："以声画合一的现场实景为主体拍摄的纪实风格"的节目。显然，将"声画对位"和"声画合一"，将"议叙结合"和"现场实景"两种不同的表现手法，作为界定专题片和纪录片的标准，是不够科学的，在实际操作中也是很困难的。

中国广播电视协会副会长刘习良撰文认为："以镜头为主、解说为辅，真实记录自然、社会和人类活动的电视节目形态宜统称为'电视纪录片'。……'专题片'可舍弃不用，而保留'专题（性）节目'一词，……这样做的好处：首先，有利于纪录片的系统研究，彻底摆脱难以区分（或勉强区分）'专题片'和'纪录片'两个称谓的尴尬。其次，在纪录片创作中可以大胆使用各种不同的表现手段。第三，便于以共同语言和国外同类品种创作人员开展交流。"①

我们是认同"等同说"的，认为专题片就是纪录片，只不过一个片种有两种称呼而已。最初把画面加解说类型的电视纪录片叫电视专题片，也许是出于与电影纪录片相区别的考虑，也许是出于有中国特色的叫法。后来出现了像《望长城》之类的纪实风格的电视片，便将这个类型的电视片叫电视纪录片，将画面加解说的电视片仍叫电视专题片。其实，在国外，画面加解说类也好，纪实类也好，都叫作电视纪录片，只不过是纪录片发展过程中的两种风格样式。这正像现实主义小说也好，浪漫主义小说也好，都叫作小说。因此，我们除了认同"等同说"外，还赞成有必要让纪录片的称呼取代专题片。这一方面是为了与国际接轨的需要，另一方面是为了统一名称避免概念的混淆。

四、电视专题片的分类

按题材内容、风格样式、操作形式、文化形态、播出形式、专题片叙事者等不同标准划分，可以得出多种不同类别。我们主要介绍以下几种分类方法：

（一）按题材内容来划分

按题材内容来划分大体可分为人文类、政论类、社会报道类、生活服务类、自然环境类等五大类。每大类又可细分为一些小类，如人文类又可分为人文类历史题材和人文类现实题材。生活服务类又可分为帮忙类和娱乐类等。

---

① 刘习良：《电视纪录片辨析》，《中国广播电视学刊》2006年第3期。

（二）按风格样式来划分

按风格样式来划分一般分为再现与表现两大类，或者说纪实类与写意类。中央电视台杜教中心主任高峰将专题片分为纪实类、表现类、思辨类三种。

（三）按操作形式来划分

台湾著名纪录片人李道明先生曾分为四类：旁白、解说加画面的“主观式”，由采访构成的“采访式”，既无旁白也无解说和采访的“纯观察式”，由拍摄者和被拍摄者互动构成的“反射式”。

（四）按文化形态来划分

张同庆在《多元共生的纪录时空》一文中将纪录片分为主流文化纪录片、精英文化纪录片、大众文化纪录片和边缘文化纪录片。

（五）多标准分类

1992 年 11 月、1993 年 4 月和 11 月，由中央电视台牵头，邀请全国电视界部分专题片编导和学术界专家，分别在北京、浙江舟山、湖北宜昌三次召开研讨会，以确定我国电视专题片的分类和界定。本着“涵盖周全、分类准确、界定周密、表述精当”的宗旨，采用以表现风格形式、播出形式和传播方式为主要标准，将我国电视专题片分成四大类：报道类、栏目类、非栏目类和其他类。

第二节　电视专题片的功能与特征

一、电视专题片的功能

电视专题片的功能，或说电视专题片的价值，或说电视专题片的使命，有以下几个方面：

（一）记录历史

记录历史是电视专题片一个最突出的功能，也是电视专题片非常重要的价值取向。电视专题片最主要的特征凸显为——“文献”“档案”（Documentary）。匈牙利电影家贝拉·巴拉兹认为纪录片负有用画面记录人类历史的伟大使命。日本纪录片工作者渡部实说：每个时代的纪录片都是那个时代的一面镜子。毫无疑问，专题片是时代的档案。因此，中央电视台的《探索·发现》栏目片头赫然写着：“影像誌”，这是一点也不为过的。中央电视台《见证·纪录者》栏目制片人陈晓卿曾说过：“《见证》最理想的就是能够成为中国影像年鉴的一部分，可以入图书馆、档案馆存档收藏。”同时，创作纪录片需要有史家精神。

电视专题片记录历史大体有以下几种方式：

1. 记录重大事件

记录国际或国内的重大事件。如美国《9・11》记录了“9・11 事件”，《非凡 21 小时》记录了我国“神舟五号”从发射到升空直到返回地面的全部过程。《东方主战场》记录了我国艰苦卓绝的抗战史实。《1937 南京记忆》记录了日军南京大屠杀惨绝人寰历史事件。《长征》记录了人类历史上最大的一次远征，生动再现了湘江战役、遵义会议等重大历史事件。

2. 钩沉和发现历史

主要关注历史所累积的文化积淀，一般是历史文献专题片或人类学专题片，人文地理类专题片的主要功能。如《故宫》由外部建筑向内部宝藏钩沉挖掘出一个个历史故事、历史细节，让观众从故宫的历史命运中见识中华文化瑰宝的价值和影响，同时也为观众释疑解惑、去伪辨误，还历史本来面目。《南宋》记录了南宋的商品经济繁荣，文化的成就，与世界文明的交流、科技的发达等。《楚国八百年》记录了楚国从兴起到灭亡的全过程，阐述了楚文化对中华文化的影响。

3. 记录即将逝去的人类文明

人文类记录边缘世界、边缘种族、边缘人物的专题片大都发挥了记录即将逝去的人类文明功能。如《最后的马帮》记录了云南最后一支马帮队，为我们留下了已然逝去的“马帮文化”。而《神鹿》记录了鄂温克族文化消亡过程中人性深处的迷茫。

4. 记录普通人的生存状态和生活方式

主要关注“正在发生的历史”，让纪录片成为历史的一个切片。如《远在北京的家》讲述一群安徽保姆离家到首都谋生的故事，所记录的不仅是一群年轻保姆的命运，而是农民工在那个历史时期的生存状态。

5. 记录非物质文化遗产

在中国的民间，蕴藏着大量的非物质文化遗产，等待着纪录片人去发掘、去呈现。《我在故宫修文物》，就展示了中国顶级文化修复师的高超的技艺及工匠精神。妈祖是我国唯一一个信俗类的“非遗”，《天下妈祖》记录了这位海神在世界华人中的影响。《西藏时光》，记录了藏人的普通生活、节庆活动，以及走进新时代的变化。

（二）认知功能

1. 认知社会

以高度的社会责任感、关注社会现实，真实记录当下社会生活，并为人们认知社会提供思考，这是电视专题片的另一重要功能。电视专题片作为一种意识形态的载体，它应该反映不同历史阶段的主流意识，正确的社会价值取向和社会规范，激励人们积极进取。正如日本记录片人小川绅介所言："纪录片是一种精神，靠真实记录的眼光和勇气建立起来的力量，来带动社会中更多人来思考和改变现状。"如《百年小平》，通过一百多位亲历者从不同角度深情追述邓小平生前许多鲜为人知的故事，向观众展示了伟人平凡而又光辉的一生，他对中国做出的卓越贡献，使人们从中感悟到中国社会的前途在改革发展。《嵩山丰碑》，真实地展示了人民的好卫士任长霞在登封工作的全过程，为人们树立了执政为民，忠于职守的光辉典范。在国外，不少西方国家的纪录片人同样具有高度的社会责任感，忠实地记录社会的方方面面，为人们提供思考社会、认识社会的思维素材。法国克劳德·朗兹曼的《浩劫》，对二战中犹太人被屠杀的历史事件，从民间的视角重新认识种族主义引发的战争给人类带来的深重灾难。《将改革进行到底》政论片展现了以习近平同志为核心的党中央带领人民取得改革开放巨大成就，解答了全面深化改革"为什么改""往哪儿改""为谁改""怎么改"等问题。

除了认知社会的主流意识外，还要认知社会规范，包括法律规范、社会道德规范和社会角色规范等。如中央电视台《今日说法》中播出的电视专题片《要生命还是要健康》《医院的生死抉择》① 等，就帮助人们认知法律规范。《小芳的故事》是通过王亚文和刘行军对爱的坚贞，夫妻之间的信任和责任感来反映社会道德规范的。而《心簌》则通过民办教师余国江到一学生家中劝学的片段，生动地体现了他作为民办教师的忠于职守，反映了一种社会角色规范。

2. 认知自然

人们认知自然，包括对动物世界、植物世界、微生物世界的认识，除了学校教育以外，大部分来自传媒，其中电视专题片功不可没。如《动物世界》《人与自然》《微观世界》等电视专题片给我们提供了真实、生动的影像资料。《神奇的地球》为我们提供了认识家园的种种知识。《变暖的地球》指出二氧化碳排放，使地球变暖，恶劣的反常气候给人类、动植物带来的伤害，减排势在必行。

---

① 中央电视台《今日说法》2001 年 2 月 25 日、5 月 17 日播出。

（三）体验人生

电视专题片应具有探寻人生奥秘，生命存在意义的作用。它能借助真实生活的记录去解答生命之谜，引领观众去体验人生中精神领域的深层次的东西。

1. 生命操作，人生体验

康健宁拍摄的获“亚广联”大奖的《沙与海》，记录了生活在西北腾格里沙漠深处的刘泽远一家人和生活在辽东黄海水域井蛙岛渔民刘丕成一家人，在不同的生存环境中的不同生命操作，透露出一种人生体验：人生一辈子，在哪儿活都不是一件容易的事。但对环境无论是顺应还是抗拒，人都需要一种精神，一种尊严。

2. 追求信仰，升华精神

孙曾田编导的获得爱沙尼亚国际大奖的《最后的山神》，记录了东北大兴安岭中国境内鄂伦春族的最后一位萨满孟金福的狩猎生活，并透过他的狩猎生活的记录，表现了他的信仰追求，膜拜山神，希望山神与他同在，希望山神庇护他，从而获得精神慰藉，生命得以安宁。它启示人们：人的生命需要信仰，有信仰的生存能使人的精神得以升华，生命更有价值。

3. 珍惜生命，抗拒死亡

《壁画后面的故事》，记录了壁画家刘玉安的大型壁画《和平、进步、自由》中牵马人模特陶先勇的生命悲剧。他得了骨癌，刘玉安帮他四处寻医问药想尽量挽救这年轻的生命。刘玉安所做的一切，甚至超过了陶先勇的父母，他不愿意看到一个美丽的生命被毁灭，青春的生命应当抗拒死亡。这是对生的关注与思考。

（四）提升生态伦理理念

关爱地球，爱惜动、植物生命等生态伦理理念正深入国人心中。中英合拍的《美丽中国》，记录了我国不为人知的自然风光和动物植物，从而升华出对祖国山河的敬畏与热爱之情，以及保护其永续发展之情。

（五）审美愉悦

电视专题片是一种“亚艺术”，它具有纪实因素与艺术因素，因而它也具有生活审美与艺术审美的双重审美功能，专题片的真实性是生活审美的基本。著名影评家钟惦棐说：“第一自然的真实和生动，对纪录电影的美学价值是核心作用”，这同样适应于电视专题片。在《半个世纪的爱》中那对农民老夫妇，一同去菜园，老头在前面走，老妇在后面跟，当要过小木桥时，老头停下拉一把老伴，这一动作细节洋溢着一种温馨恩爱的生活美。

电视专题片艺术审美有视觉的也有听觉的。《西藏的诱惑》就是通过唯美的画面、优美的解说、震撼人心的音乐，表现了几位艺术家对西藏的神往与执着，创造了一个引人入胜的境界，给观众以艺术审美的愉悦。

时下，国际国内的专题片有一种娱乐化的发展趋势。所谓娱乐化，就是专题片要强化故事性，要有矛盾冲突，追求戏剧化，甚至运用扮演的方法来重现历史。这种娱乐化说到底就是强化专题片的审美愉悦。我国一家影视制作公司曾花巨大人力、物力拍摄了四川大熊猫200个小时的素材，却不知如何编辑。后来是由美国新闻集团下属的新西兰自然历史制作公司将该素材改编成《大熊猫"换养"记》，讲述了中国专家帮助只习惯于一个孩子的大熊猫妈妈养第二个儿子的有趣故事，才获得成功。目前，中国专题片要走向世界，必须要强化其审美功能，加强故事性和观赏性。观赏奇观异趣，一直是观众的审美期待。《森林之歌》，展现了我国从北到南的森林的千姿百态以及野生动物的奇闻异观。

（六）文化传播

电视专题片承载着大量的文化信息，担负着民族与民族之间，种族与种族之间，地域与地域之间的文化传承和沟通功能。让本民族、本种族、本地域文化通过专题片这个窗口，代代相传，同时也让异族和异域观众了解和理解，促进不同文化的交流。《最后的山神》让我们了解到鄂伦春族的信仰和生活习俗。《西藏的诱惑》为我们呈现的是西藏的壮丽与神秘。《故宫》可以让外国人看到中国古代建筑的神奇，了解到中国国宝背后的许多动人故事。《北方的纳努克》让我们了解到因纽特人古老的生活方式。英国的《正在消失的世界》则介绍了全球各种不同的文化。

二十四节气，是我国古代文化的重要组成部分，是我国特有的反映气候与物相变化的规律的文化。《二十四节气》不仅介绍人们感到有些陌生的传统文化知识，而且提升了民族文化自信。

创作电视专题片，特别是要走向世界的专题片，应该具备一种跨文化传播的意识，来创作跨文化专题片，让专题片促进文化沟通的功能效果更加彰显。

二、电视专题片的特征

（一）真实性

真实性是电视专题片的第一特征，是专题片的本性，也可以说真实是专题片的生命，是专题片的生命底线。巴赞曾经提出：专题片的这种真实性表现在表现对象的真实、时间与空间的真实和叙事结构的真实。强调屏幕画面应该包括真实的时间流程和真实的现实纵深，叙事结构就整体而言是"事件的完整性受到尊重"的结构，是"故事的发生与发展具有生命般真实与自由"的结构；是用

"动作的真实细节的叙事单元"代替传统的（蒙太奇艺术）的省略法的结构。①

国外给纪录片下的定义中，都突出了真实性、非虚构这一特征。在美国南伊利诺斯大学、南加利福尼亚大学等联合编辑的《电影术语辞典》中是这样阐述的"纪录片，一种排除虚构的影片。它具有一种吸引人的，有说服力的主题和观点，但它是从现实生活中汲取素材，并用剪辑和音响来增进作品的感染力。"而约翰·格里尔逊在《纪录电影的首要原则》中提到"迄今为止，我们把所有根据自然素材制作的影片都归入纪录影片范畴，是否使用自然素材被认为是区别纪录片与故事片的关键标准。"

关于叙事结构的真实，就是要求作者将最真实的对象现场与现状记录下来，即使这些镜头有瑕疵也不能将其剪掉或补拍，镜头的视角要保持一致，叙事的节奏要与事件发生一致。在康健宁的《阴阳》中有许多镜头看似粗糙，但康健宁未将它剪掉，而是保持了镜头与事件现场的原状一致。该片的镜头几乎全部是用三脚架架好摄像机拍摄的，这与该地农村那种平和宁静的生活原生态是一致的。该片的节奏也有点缓慢，这也是与当地生活节奏一致的。

目前有一些专题片在制作中出现了虚构与虚假的"道德问题"，即面对事件事实的诚信问题。美国电影学者比尔·尼科尔斯在《纪录片介绍》著作中提出了"道德问题是电影制作的基点"。因为缺乏真实就会缺乏诚信，纪录片就会失去生命力。日本著名的纪录片编导山杉忠夫曾到尼泊尔拍摄过一部《天葬》，他三次去那里，并住在一个藏族人家里，曾与一个藏族老妇人相处了一段时间，后来她去世了，他就拍了她的天葬。拍天葬时，他很激动，眼泪不住地流。因为他与他的拍摄对象有了感情，片子十分感人，取得了很大成功。曾经有一个摄制组也拍过天葬。从光线处理、镜头角度以及规模上都超过了山杉忠夫的《天葬》，但是他们没能赶上有人去世，于是杀了一头牛，让喇嘛们和天葬师们以及扮演的"亲人"们吹吹打打扛着牛肉上山了。这次拍摄的地点是真的，一切程序是真的，唯独逝世者及其亲人是假的，情感也是假的，结果片子没有感人的力量，不但不成功，还被批评存在不诚信的道德问题。

（二）艺术性

电视专题片作为一种艺术作品，它的艺术性是指反映生活和思想情感的生动和完美，它的艺术张力和感染力。它主要表现在艺术手法的运用和电视技术手段的使用两个方面。这也就是纪录片之父格里尔逊所说的"对现实的创造性处理"。

① 任远：《纪录片正名论》，《中国广播电视学刊》1992 年第 4 期。

电视专题片的艺术手法的运用主要表现在几个方面：其一，风格样式与所反映的题材十分契合。如再现风格的《远在北京的家》，表现风格的《西藏的诱惑》。其二，故事化和细节的表现。如25集的《清宫秘档》，故事从一件件器物引出，引人入胜。细节是故事化的重要组成部分，细节的巧妙运用，可起到点石成金的作用。其三，叙事策略的恰当运用，合适的叙述者和最佳的叙述角度。其中，联想、拟人、比喻等艺术技巧的运用。其四，讲究结构的美与音乐的烘托。其五，氛围的营造与人物的塑造，等等。

电视专题片也运用了很多电视技术手段：如长镜头的使用、同期声的采录、镜头的调度、反常规镜头的运用、蒙太奇连接、字幕运用、叠画、翻转、快切、二维、三维动画、特技、红外线摄像、水下摄像、微观摄像等。这些技术手段的使用可增强专题片的艺术性。纪录片《西藏时光》中运用了大量延时摄影、航拍等技术对西藏壮美的风光进行了大量的远景呈现，配以优美的音乐，美轮美奂。《美丽中国》中为了拍蛇吃鸟、竹笋破土、鸬鹚在水中捕鱼等真实镜头，使用了超高速摄影机，延时摄影、水下摄影、红外摄影等高端技术。马尔丹说："在纪录片的创作中，不是将思想处理成画面，而是通过画面去思考。"①

（三）思考性

电视专题片是发现的艺术，也是选择的艺术。尽管专题片强调客观记录，淡化主观说教，但是摄像机代表了创作者的记录之眼，通过观察去发现作者要表现的现实生活，并通过选择去进行拍摄记录和选择编辑。《生活空间》原制片人陈虻说，"纪录片是选择的艺术，选择体现了编导把握事物本质的能力。"在这个发现和选择过程中必定伴随着记录者的主观思考。

电视专题片就是要让观众从它所记录的现实生活中，发现那些启迪人生、触动心灵、认知社会的典型意义。而这种典型意义就是创作者的独立思考和独特表达，以及引发观众的思考。弗拉哈迪拍摄《北方的纳努克》并非为了猎奇，而是带着他对白种人成为因纽特文化的"破坏者、入侵者"的思考来拍摄的。他说："白种人不单破坏了这些人的人格，也把他们的民族破坏殆尽。我想在尚有可能的情况下，将他们遭破坏之前的人格和尊严展现在人们面前。"法国导演让·维果曾说："如果我们能够根据社会的一次纯物质表现而显示出一个社会的精神，那么，我们就达到了纪录片的目的。"纪录片显示一个社会精神，这需要创作者严肃的独立思考。正如电影学者埃里克·巴尔诺所说：纪录片工作者"通过

---

① ［法］马塞尔·马尔丹著，何振淦译：《电影语言》，中国电影出版社1992年版，第9页。

对自己所发现的东西进行选择和并列而表现他自己。这种选择实际上是一种意念表示。作为观察者、年代史编者，无论站在其他何种立场，他都不能避免自己的主观，他要对世界提出自己的解释。”冯欣指出：“《美丽中国》则基于人和动物的关系展开叙述，并由此推演铺展出人与社会、人与文化习俗、人与环境、人与地球各个领域的关系问题。从而带给人们诸多思考。”

（四）故事性

当代专题片越来越追求故事性，采用故事化和剧情化的叙事。用镜头讲故事，成了专题片的看点与卖点。如《森林之歌》中的《听涛·碧海红树》中讲述了雄性招潮蟹恋爱的故事，首先是挥舞大螯显示自己的力量。而雌蟹则用追求完美的眼光视察婚房。剧情化就是不但要有故事，而且还要有矛盾冲突。而且有冲突的起承转合。《森林之歌》的《云横秦岭》中老公猴“甲板”与新公猴“八字头”争夺“王位”的故事冲突引人入胜。

当然，作为艺术作品的电视专题片，不宜将作者思考的东西，直接地灌输给观众，而应通过自己对现实生活的记录，间接传达给观众，启发观众的思考。

第三节　我国电视专题片的历史沿革

一、电视专题片的兴起

1916 年弗拉哈迪拍摄的《北方的纳努克》被认为是世界上最早最有影响的纪录片。1926 年，格里尔逊首先提出“纪录片”的概念，首创画面加解说的“格里尔逊模式”。到了 20 世纪 60 年代，法国人让·鲁什提出“真实电影”概念，主张拍摄者可以参与客体活动并激发被拍摄者的表现和语言。真实电影出现不久，美国人李考克等提出了“直接电影”的概念，主张拍摄者永远是旁观者，不做主观介入，只做客观记录。

纪录片的概念最早出现在 1926 年 4 月出刊的《纽约太阳报》上，是约翰·格里尔逊评价罗伯特·弗拉哈迪的影片《摩阿拿》时用了这个概念。这部影片记录了南海各岛土著居民的生活。我国最早使用这个概念的人是梁实秋，他在 1931 年出版的《实用英汉辞典》注释“documentary”为：1. 文件的、文书上的。2. 用艺术手法纪录或表现的纪录影片。

1959 年 10 月，中央电视台前身北京电视台拍摄了国庆 10 周年庆典的电视纪录片。随后，陆续拍摄了《珠江三角洲》《长江行》《收租院》《周总理访问十四国》等纪录片。1975 年，北京电视台拍摄的专题片《下课以后》，在第十届“日本奖”教育节目国际竞赛会期间参加会外放映，受到好评，这是我国第一次参加这一活动。同年，北京电视台社教部推出几个专栏，将专栏里播出的片子统称为专题片。

1979 年 4 月，中央电视台播放了记录天安门事件实况的纪录片《扬眉剑出鞘》。同年 8 月《丝绸之路》中日联合摄制组 21 人分三路开始拍片，这是我国电视台首次与外国合拍大型纪录片。从 1979 年开始，随着我国改革开放的深入发展，我国专题片创作迎来了一个新的时代。

二、我国电视专题片的发展

我国电视专题片的发轫几乎与我国电视的诞生同时，虽然比西方发达国家起步晚，但发展很快。目前，我国专题片创作有了长足的发展，正在缩短差距，积极赶上世界先进水平。无论是题材选择、拍摄风格，还是传播形式都在向多元化方向发展。表达主体的多元化主要表现为表达主体结构的多元化，改革开放以来，将这些“沉默的大多数”渐渐激活了。思想解放与权利解放，带给中国民众更大的自主性。

我们可以从以下三个方面来回顾我国电视专题片的演变过程。

（一）风格样式的演变

1. 表现风格专题片的发展

改革开放以后，文艺界迎来了春天，文学艺术大发展。当时，文学对电视专题片产生很大影响。一些电视专题片纷纷请作家撰写解说词。因此这个时期的电视专题片文学色彩浓，表现形式基本上是画面加解说，如果去掉画面，解说词可以是一篇很美的散文。这个时期从 1979 年开始，到 1983 年形成一定气候。这个时期的作品主要是风光专题片和政论型专题片，如《黄河入海处》《哈尔滨的夏天》《长岛拾零》《九寨秀色》《荷叶颂》《镜泊湖》《漓江水》等，这类纪录片的顶峰是 1983 年的《话说长江》13 集系列风光片，设置一系列主持人，主持人以第一人称说话，另外，使用具有民族色彩的章回体。随后，还有《黄河》《唐蕃古道》《话说运河》《万里海疆》等作品。《西藏的诱惑》《雕塑家刘焕章》可说是这类风格的经典之作，中央电视台曾将这类表现风格的纪录片的文本结集出版，取名《诱惑与回响》，书名就是以《西藏的诱惑》与《湘西，昨天的回响》片名起的。

这时期政论型专题片也很活跃。从《迎接挑战》到《让历史告诉未来》，当时都有很大影响，到了 20 世纪 90 年代，出现了一些如《解放》《使命》《胜利》等理论大片。同时，也出现了许多有影响的人物传记片，如《毛泽东》《周恩来》《朱德》《刘少奇》《张闻天》《孙中山》等。2017 年喜迎党的十九大胜利召开，政论片出现了井喷现象，《将改革开放进行到底》《法防中国》《中国外交》《巡视利剑》《辉煌中国》《强军》《不忘初心继续前行》《壮丽航程》等纷纷亮相荧屏。

2. 纪实风格专题片的发展

1984 年，中央电视台和英国羚羊公司合拍纪录片《中国龙》，这是我国最早的纯纪实风格的专题片。1986 年，中央电视台钟岳和拍了一个专题片《调解》，他是用三台摄影机偷拍的，将一个南京市的调解员为人说和的事的全过程拍摄下来。这是我国电视工作者最早单独拍摄的纪实风格的专题片。

1991 年中央电视台拍摄的《望长城》，正式确立了我国电视专题片的纪实性美学原则，打破了传统的表现风格专题片的一统天下，书写了我国电视专题片纪实风格的新的一页。这部片子最初是四个军旅作家写了个脚本叫《东方老墙》，一个表现风格的脚本，后来当时的主要编导魏斌、崔屹平学习日本人的拍法，作了一次大胆的尝试，获得成功。

20 世纪 90 年代，纪实风格电视专题片大量涌现。1993 年为高潮期，形成了一个纪实风格专题片的创作群体，涌现了一批影响很大的作品。如中央电视台孙增田拍摄的《最后的山神》《神鹿呀，我们的神鹿》，中央电视台陈晓卿的《远在北京的家》《龙脊》，北京电视台的《寻找楼兰王国》《艺麻酱还要慢慢调》，宁夏电视台康健宁的《沙与海》和《阴阳》，还有湖北电视台的张以庆的《舟舟的世界》《英与白》，四川台王海兵的《藏北人家》《深山船家》《回家》，还有专门拍摄农村题材的梁碧波的《三节草》《婚事》《冬天》等。其中《沙与海》是我国专题片首次在国际上获奖，标志着中国纪录片开始走向国际。

3. 多样化电视专题片的发展

到了 20 世纪 90 年代末期，纪实风格的专题片开始引起观众的“审美疲劳”。单一的纪实手法阻碍了我国电视纪录片的发展，纪录片人开始了新的探索。新世纪，我国电视专题片进入多种风格并存的时期。一些专题片偏重于表现，但引进了纪实的成分；一些专题片偏重于纪实，却也不排斥采用表现的手法。30 集系列片《大京九》的总编导曾提出，这部巨片不规定统一的风格，每集的表现形式依据内容来决定，不拘一格定风格。成片后，这其中既有表现风格的《东西南北话交通》，还有纪实风格的《第九次采访》。近几年，还出现了一种口述体电视专题片，最初是由中央电视台的《20 世纪中国女性史》《小芳的故事》等开始，通过当事人、亲历者、知情者的口述进行一些珍贵的、有价值的而又无法拍摄的历史的叙述。还有运用“真实再现”的手段创作的纪录片，如《记忆》系列片，如《复活的军团》历史场面的再现。纪录片编导孙增田说，电视纪实包括纪行与纪言，20 世纪 90 年代以后出现的纪录片大都是纪行之作。那么“口述历史”将纪行推向了纪言，《百年小平》是个典范。20 世纪 80 年代，央视拍摄了典型的纪实型纪录片《望长城》；2015 年凤凰传媒集团与中央新影集团联合摄制了《长城：中国的故事》，是纪实表现多元风格的人文纪录片，风格各异，各放异彩。

4. 数字生成型

数字生成型，国外称之为“后蓝筹”纪录片。运用计算机图像技术，数字生成那些地球上消失的动植物影像，并演绎它们的动作和行为。英国的 BBC 是此中先行者。《与恐龙同行》《与史前野兽同行》《龙的世界》都是此类作品。我国《复活的军团》，是利用数字技术对秦朝兵马俑的复活。

（二）选材视角的演变

1. 从关注人文地理到关注人生人性

20 世纪 80 年代初，我国电视专题片关注的名山大川、名胜古迹，如长江、黄河、运河、泰山、庐山、长城、丝绸之路、唐蕃古道、楼兰王国。随后，到 20 世纪 90 年代初，电视专题片关注的是生活在社会边缘的人们，如藏北人家、深山船家、最后的马帮、最后的山神。

2. 从关注伟人名人到关注普通百姓

20 世纪 80 年代中期，电视专题片关注一代伟人毛泽东、周恩来、刘少奇、朱德等，记录伟人的人生经历。到 20 世纪 90 年代将摄像机对准普通百姓，由《东方时空》最先提出“讲述老百姓自己的故事，”通过讲小的人物、小的故事来体现社会大的背景。之后有纪录沙漠牧民和海岛渔民生活的《沙与海》，表现军人的《高原之旅》，记录孤儿生活的《两个孤儿的故事》，记录教师和学生生活的《焦老师的一家》《十五岁的中学生》等。

3. 从关注自然环境到关注社会生活

从 20 世纪 90 年代开始，电视纪录片人开始关注人与自然的和谐相处，干预人类对自然环境的破坏。《远离的愿望》记录吉林白头山天池幽静、美丽的自然风光和人类正步步逼近这块净土的忧虑，《回家》记录大熊猫回归大自然。到了

21世纪，这类专题片更多，如对沙尘暴与人类生存的考察的河南台的《西寻沙尘暴》，记录人类保护藏羚羊和野马的《我与藏羚羊》《回家的路有多长》等。电视专题片开始关注主流社会问题和重大历史事件，一种以干预社会生活为内容的社会报道类专题片逐渐增多，如记录二战中日军强迫亚太地区妇女充当性奴隶的《世纪末的起诉》，探寻冰毒、摇头丸某新型毒品对当代社会危害的《世纪之患——新型毒品》，记述三峡大移民与贺兰山生态移民的《三峡移民》和《下山》。另外，还有中央台的《愤怒的葡萄》、上海台的《一个人体模特的故事》、陕西台的《女子侦探所》等。

（三）创作理念的演变

1. 由主题先行到主题后行

在20世纪80年代我们的专题片在拍摄前是先有主题，甚至是先写好解说词脚本，再去根据主题需要进行拍摄的。这种“按图索骥”使专题片难免“说教”缺乏真实和生动，缺乏打动人心的力量。进入20世纪80年代中期，这种创作理念开始变为主题后行。创作者初期只有选题和大体拍摄想法和拍摄范围，主题往往在拍摄中发现，或是后期剪辑制作中通过素材去领悟。如张以庆的《幼儿园》在广州电视节获大奖。摄像说，现场拍摄时镜头的意图他自己都不知道，只有当片子剪辑完成时才发现镜头在节目中的作用。国际评委对《幼儿园》的评语是：“这部影片非常完整地展现了童年生活本身，一方面这部片主题超越了其他所有片的主题，片中展现了许多精彩的时刻，比如警觉、亲密、天真，但另一方面也有天真的丧失，这部片非常清晰地展示了儿童世界，同时也提醒我们作为成年人的责任。”

2. 由纪实等于真实到真实不等于纪实

在纪实风格风行时，有人误以纪实为真实。以为纪录片就是“纪实的百分百”，就是场景拍摄的不关机，同期声与自然音响的全录入，过程的全部记录，主观绝对不介入。曾经有人把这种“跟随，跟随，再跟随”的纪实派讥为“跟腚派”。纪实派甚至将记录对象的吃喝拉撒全录上。这毫无信息的过程，让观众味同嚼蜡。后来，大家逐渐认识到纪实只是一种手段，纪实的镜头虽能记录现实，但并不等于真实。而真实与否，则取决于作者能否正确地认识和反映客观现实，简言之，就是正确地选择和取舍现实。正如中国纪录片学会会长陈汉元先生所说的：“近几年，我看了国外许多纪录片，我逐渐颠覆了自己几十年来对‘真实性’这个概念的教条理解，从而认定：为了尊重观众的审美习惯，我们是可以不让牛粪与鲜花在同一个近乎特定的画面里出现的，尽管现实是鲜花之旁确有鲜明的牛粪同在。”他还说：“纪录片的成败得失，最终取决于作者对个体生命存在的尊重程度，也就是说，在本质上要做到对拍摄对象不歪曲，对受众不欺骗。”大型美食纪录片《舌尖上的中国》，拍摄了食材的准备，食物的制作过程，以及人们享受口福的乐趣。它不是事无巨细的全程纪实，而是恰当的有选择的表现。

（四）传播方式的演变

1. 由非栏目播出到栏目化播出

在1993年以前，我国的电视专题片是栏目外播出，一般作为特别节目另行编排时间播出。中央电视台从《望长城》到《大三峡》，到孙增田、陈晓卿的纪录片大都是非栏目化播出的。后来，中央台开办了一个《地方台30分》栏目，许多在国内外获奖的纪录片都是在这个栏目播出的。

1993年2月，上海台《纪录片编辑室》开创了我国纪录片栏目化播出的先例。同年年底，《东方时空》子栏目《生活空间》专门播出“讲述老百姓自己的故事”的小型纪录片。2000年11月，中央电视台《纪录片》栏目开播。随后，中央电视台一套《发现之旅》，四套《走遍中国》《纪录中国》，十套《人物》《探索·发现》陆续开办。2003年《纪录片》栏目改版为《见证》，并以三个板块出现：周一至周四《见证·纪录者》、周四《见证·亲历》、周五《见证·发现之旅》，以展示记录现实、重温历史、科学、探秘三种形态的纪录片。

紧跟中央台之后，各省各地纷纷开办纪录片栏目，如北京台的《纪录》，湖北台的《往事》等。

而且，可喜的是近年来开始出现完全市场化运作的纪录片栏目。2004年，由北京零频道广告公司和上海东方卫视联合制作的大型纪录片栏目《东方全纪录》首开先例。另外，由中国纪录片协会制作的《中国纪录片》栏目在全国一些台播出，成为各台纪录片人交流的平台。

2. 由栏目化运作到超越栏目化运作

纪录片栏目化运作最大的好处是为纪录片播出搭建了一个平台，让观众可以形成一个收视习惯，但是也有诸多不利因素，其中最主要的是固定时间的按时播出不利于大型高质纪录片的生产。于是，纪录片人便有了超越栏目化的纪录片大制作。中央电视台一套《见证》栏目，2003年就组织拍摄了50集大型纪录片《时间的重量》，将近20年涌现出的优秀纪录片编导组织起来，策划了一次“经典再纪录”行动，记录10年前出现在那些经典纪录片中的人和事的变化。

3. 建立专门的纪录片频道

进入21世纪，随着电视分众化时代的到来，我国电视界也学习西方的经验，开始开办纪录片频道，如上海电视台纪实频道，整合了包括纪录片在内的所有非虚构类节目。随着我国纪录片的发展，纪录片频道的开办的积极性会日渐增长。2011 年 1 月 1 日，央视纪录频道问世，随后湖南金鹰纪实、北京高清纪实、央视科教频道有《探索·发现》《自然传奇》《真相》多个纪录片专栏，是个准纪录频道。

4. 纪录片网络传播

移动互联网的发展，为纪录片的传播提供了一个新的渠道。据美兰德网络监测数据显示，2015 年 1 月至 10 月，共有 3257 纪录片、专题片在视频网站、社交媒体等平台转播。其中《鸟瞰中国》获得 1. 19 亿的点击量，《河西走廊》也达到 7000 万次。

5. 举行纪录片大型活动

中国纪录片协会将 2004 年定为中国纪录片年，举行了一系列大型活动，从各种各样的专业评奖活动到 DV 大赛，还有不少关于纪录片的活动，如北京国际纪录片周，“中国·横店杯纪录片大奖赛”等，特别是在广州国际纪录片大会上，编导可以阐释自己的作品，作者与购买者直接见面，制作方与投资方签订合同，标志着中国纪录片向市场迈出了新的步伐。

（五）叙述者角色的转换

由单一的解说词叙述，向多元叙述者转换，这也是中国专题片进步与发展的一种重要表现。多元的叙述者不仅丰富了叙述的方式，同时也增强了真实性和可视性。

1. 单一的叙述者角色

20 世纪 80 年代，我国专题片的叙述者基本上是解说词。这种解说词是多方位、多视角、多时空的叙述。比如《东阳木雕》等，尽管这种叙述自由度很高，但一般观念色彩过浓，且模式化以后观众容易产生审美疲劳。

2. 多元的叙述者角色

20 世纪 90 年代以后，我国电视专题片叙述者角色趋向多元化。主要有这么几种形式：

（1）不露面的作者叙述。尽管仍然是画面加解说，但解说词是代表作者作不露面叙述。这种叙述往往取第三人称或第一人称，视角独特，叙述语言也突出个性风格。如《雕塑家刘焕章》《丝绸之路》等。

（2）探寻记者叙述。大多数电视专题片都是由记者边探寻某一个事物，边进行叙述。如《望长城》中记者焦建成探寻秦长城，《新闻调查》中记者曲长樱探寻阳泉沟矿难死亡人数真相等。

（3）故事主角以叙述为主，主持人叙述为辅。如《没有妈妈的冬天》中就是以一个中学生叙述为主。

（4）多人同期声叙述。如《浩劫》通过当事人、知情者叙述，《百年小平》也是通过小平亲人、工作人员等叙述。

思考题

1. 你对电视专题片与纪录片关系的看法。
2. 举例分析电视专题片与电视艺术片的异同。
3. 电视专题片如何记录历史？
4. 电视专题片应有哪些社会价值取向？
5. 为什么电视专题片应具有思考性？

参考书目

1. 《纪录电影文选》，中国电影出版社 2001 年版。
2. 童兵：《马克思主义新闻观读本》，复旦大学出版社 2016 年版。
3. [法] 埃里克·巴尔诺：《世界纪录电影史》，中国电影出版社 1992 年版。
4. 陈汉元主编：《电视纪录片解说词暨论文选》，中国广播电视出版社 2003 年版。

第二章　电视专题片的风格样式
——纪实性电视专题片

第一节　纪实性电视专题片的叙事特征

纪实性电视专题片，是在现在进行时态下，真实记录客体对象的原生形态，再现事物发展逼真过程的专题片。这类专题片也有人称之为“再现”风格专题片，还有人称之为狭义的纪录片。这类专题片日渐成为当今专题片的主要种类。

纪实性电视专题片的主要叙事特征有以下几个方面：

一、记录过程

注重按照生活的流程进行拍摄，强调拍摄与事物发展同步化和过程化，展示生活事件原原本本的过程而不仅仅是结果。

为什么要记录过程，这是因为：其一，过程的发展是难以预料的，充满着悬念，吸引观众；其二，过程是未经处理的原生态生活，更真实，更令人信服；其三，过程蕴含的多义性，能给观众提供丰富的信息量。

过程有大过程与小过程。大过程是指一个专题片拍摄的事件的发生、发展、高潮与结果，耗时长，需要创作者长时间的跟随和蹲守拍摄。如《望长城》四个摄制组，历时两年，记录了 700 多个小时的素材，拍摄了寻找长城的整个过程。《远在北京的家》追踪拍摄一年，片中有春、夏、秋、冬发生的事情。又如《幼儿园》拍摄周期四年，拍摄素材 5000 分钟。央视历时 5 年拍摄的 6 集生态纪录片《自然的力量》，拍摄 50 多个地方，甚至进入中国四大无人区的腹地，行程 10 万多公里，野外拍摄总时长超过 500 天，记录了难得一遇的上万头藏羚羊迁徙的过程等，忠实地记录了中国野生动物的原生态的生存状态。该片于 2017 年与观众见面，观众为其记录的真实性而点赞。小过程则是一个事件中的一段生活流程，如《望长城》中“寻找秦长城”的过程。

（画面内容与字幕）

字幕：甘肃临洮，公元1990年春　秦始皇统一中国2211年后……

CCTV《望长城》摄制组在此寻找秦长城西端。

焦（主持人焦建成）发现夯土层，镜头随崔（编导崔屹平）和焦手指之处摇下。

焦面对土墙，镜头缓缓摇向这一带唯独还有点像一面墙的长城。

土长城。

雾中依稀可见田埂一般的秦长城向远方延伸。

（同期声与解说）

焦建成：哎，过来哎，这里能看到一点。这就是夯土层，这是边。（崔）长城的底子大概就打在这个地方，从下往上去，再往下就没有了。（焦）噢，从这儿往上是长城，这底下就跟地连在一起。他们这一线找了这么大一片地方，就唯独能看到这一块，能看出像一面墙，其他的基本上说就像田埂，有的就是路了。这就是秦长城，现在已经看不到多少了，再过上若干年可能连这一点都不存在了。

（画面内容与字幕）

红色的采访车旁，焦手拿地图被一群学生围着，他问同学们：这附近有个长城梁子吧？没人回答。

（字幕）甘肃临洮沿川中学

焦继续朝前走向一群女学生，女孩子们害羞地躲开了，男孩子们则哈哈大笑手指好几个方向说：在那里。焦让同学们指一个准确方向。

焦接着问同学们：谁知道战国后最早的长城起点？朝代？说着从上衣口袋掏出一支笔，准备作为纪念礼物送给答对了的同学。同学们纷纷议论着，却没有一个大胆回答，焦连问了几个同学都没有答出来，最后镜头对准一位回答的同学，他答对了，焦把那支笔送给了他。同学们开心地笑了。

（同期声与解说）

焦建成：这是咱们临洮的地图啊，谁知道这块儿的山名叫什么？哎，这几位女同学，我想问一下你们听说了没有，这边的山上，这周围是不是有一个叫长城梁？（学生）有呢。（焦）有，在什么地方？（学生）那就是。（焦）你们怎么到处指，四面八方地指，到底是那边还是这边，还是那边，你说呢，是哪边？（学生）：是那边。（焦）那边啊。咱们就开个玩笑。谁知道战国后最早的万里长城的起点在什么地方，而且能说出这个朝代的名字，我给这个同学一支笔。怎么样？这个礼物不算重，但是呢，就作为一个纪念礼物送给他。哪位同学能主动地说出来？这也算是一道题吧。在什么地方知道吗？你知道？不知道啊，你知道吗，这位女同学？你知道吗？不知道啊，噢，东至山海关，西至嘉峪关，这支笔还不能给你，实际上我刚才已经听到有的同学说对了，但是不敢说，你们应该自信点，谁能说出来？秦长城啊，在什么地方？哪儿，你说清楚是什么地方。没事，错了也没事。唉，那个小伙子有点对了。

（画面内容与字幕）

焦继续追问秦长城的具体方位在哪里。同学们齐声回答“三十里铺”，焦笑着对同学们说没有礼物了，他手指镜头说：只能把这个拍大家的摄像机给同学们。同学们都被逗笑了。

焦走在灰蒙蒙的黄土地上继续去寻找秦长城。

（同期声与解说）

（学生）临洮至辽东。（焦）说得非常对，秦长城是吧？临洮至辽东。我把这支笔给这个同学大家同意不同意？（众同学）同意。（焦）还想问一下，谁还能说出来在临洮县具体在什么方位，哪位同学知道？这儿有个地名。（众学生）三十里铺。（焦）什么？（众学生）三十里铺。（焦）哎哟，这么整齐，好像谁教了你们似的。我没有礼物了，实在不行就把拍你们的这个摄像机送给大家吧。

（画面内容与字幕）

梯田。

山坡下，一个农家小院。焦站在山坡上躬身打听长城梁子。老乡走出门来沿土坡爬上土墙，焦伸手去拉了老乡一把。

焦紧随老乡来到一条土埂前，老乡说这就是长城。焦惊奇。

老乡先用双手扒土，又用脚踹了一下，扒拉出一个夯坑。这是当年筑长城夯土的痕迹。老乡跪地笑了。焦也笑了。

头戴瓜皮帽老乡的近景。

老乡双膝跪在长城上告诉焦，这就是秦始皇修的长城。

（同期声与解说）

（焦）老乡！想跟你打听点事，咱们这儿有个长城梁子怎么走啊？你告诉我就行了。哎。上不来吧。（老乡）上得来。（焦）你给我指一下怎么走，完了这就去找。我拉你一下。

（老乡）好，好。（焦）麻烦你啊。（老乡）这长城就是这。

（焦）这就是长城？噢，夯打层，这就是那个石头砸的那个。

（老乡）啊，对啦。（焦）你一直在这儿住着吗？（老乡）一直在这儿住。（焦）您年轻的时候看到这长城了吗？是啥样？（老乡）我小一点的时候，这墙有这么高。（焦）那宽呢？（老乡）有这么宽。雨水下得冲没了。（焦）知道这个城墙是哪个朝代修的？（老乡）这就是秦始皇嘛。

（画面内容与字幕）

摄像机沿长城向前移动登上长城，秦长城向远处延伸，焦急跑入画面，沿墙根向前走。

（字幕）秦长城

摄像机沿城墙前移，秦长城墙壁上满是枯草。

（同期声与解说）

焦建成：我们沿着秦长城一直往西走，寻找它的最西头。也许有一天，这些城墙都不存在了，可是，长城岭、长城梁、长城巷，还有城墙背后，这些地名会一辈子一辈子地叫下去。秦长城的西端，你到底在哪儿呢？

二、记录真实时空

真实的时空表现为时空的确定性、具体性。也就是要拍摄现在进行时在具体的地点、具体的情景中发生的事。注重现场纪实，展现生活原貌，忠实地记录现场的场景、音响、光线、氛围、构图上不刻意追求造型，运用自然光，如童宁拍摄的《运河人》，记录了女作家张辛欣独自沿着古老的京杭大运河采访的事情。童宁听到张辛欣骑车采访的消息时，她已经出发。童宁开汽车追上去，要张辛欣停下接受采访。张不同意，要继续赶她的路。于是童宁坐在汽车尾部，把话筒伸出去与张辛欣对话：

童　宁：像您这么骑车出来体验生活，或者说得文雅一点，出来采风的，您听说过还有别人吗？

张辛欣：你是指男的，是指女的？

童　宁：女作家。

张辛欣：女的现在可能还没有骑车出来采访的。但是，如果是男同志骑车采访就不算什么了，可能就因为是个女的，骑自行车才觉得有了什么意义。其实，这是很没意思的，那就证明我们女的不如男的？

童　宁：您一天最远骑过多远呀？

张辛欣：210 里。

童 宁：刮风下雨的时候您怎么办？

张辛欣：那也骑呀，应该骑着赶路的时候，就得冒雨骑呀。雨实在下得太大了就停一下。刮风的时候还是可以骑，只不过顶风骑得慢一些就是了。

童 宁：晚上您也骑过车吧？

张辛欣：晚上骑过。

童 宁：晚上也骑？没有路灯怎么办？

张辛欣：没有路灯就摸黑骑呗，那天骑车连月亮都没有。

童 宁：作为一个女作家，你白天骑，晚上也骑，一个人难道不害怕吗？

张辛欣：不害怕！现在到处是人，你想找个没人的地方都很不容易，一个人骑车，不害怕。

三、淡化解说词

纪实性电视专题片重在运用电视画面思维，而不是文学思维。纪实性电视专题片解说词处于被动地位，完全从属于画面。纪实性电视专题片的解说词有以下几种方式：

1. 简单陈述

用平实无华的白描手法来写解说词，不流露作者的主观色彩，将作者思想和感情尽量藏而不露。荣获 1993 四川国际电视节纪录片大奖的《远在北京的家》的解说词就是这个特点，该片解说词的开头部分是这样的：

（字幕）1992 年 2 月冬

1992 年 2 月 19 日，是农历正月十六。新年的气氛还笼罩着农村的每一个角落，喜庆的鞭炮硝烟仍然没有散尽。

这天清晨，当许多人还在睡梦里的时候，在安徽省无为县赫店乡岗阜村，有一户人家起得特别早，全家人要为第一次离家去北京做保姆的张菊芳送行。

“天下保姆出安徽，安徽保姆出无为。”无为以大量的劳务输出，更准确地说是以出保姆而闻名全国，尽管无为的粮食、棉花、油料、水产的产量都列在全国百强县之内，但由于地少人多，加上乡镇工业不发达，因此每年都有大量的农民外出做工。

张罗氏的孙女张菊芳今年 16 岁，去年初中毕业后没有考上高中。张菊芳在家排行老二，哥哥在三年前去上海打工，家中还有爸爸、妈妈和一个妹妹。

张菊芳在家里也很能做活儿，插秧、割稻都行，还会烧饭、洗衣服，所以母亲并不希望她外出，但菊芳本人很想去北京，总想见见“世面”。

（同期声略）

我们第一次到张菊芳家的时候正是小年，在无为，有正月十五大于年的说法，加上第二天张菊芳又要离家，因此家中的气氛非常热烈。

送女儿出门是很隆重的，吃罢年饭，全家又来到村头的一家照相馆，拍了一张全家福相。

此时在无为的福路乡，另一户人家又在为即将赴京谋生的独生女忙碌着。

这家的儿媳谢素平也将去北京做保姆，谢素平是河南新蔡人，她是在北京做工时认识现在的丈夫李继武后嫁到无为的，当时李也在北京做工。婚后，他们生有一对双胞胎，大的叫海航，小的叫宇航。

谢素平是全家的主心骨，家里都不想让她走。第二天一早，在村口李继武的奶奶仍想挽留她。

（同期声略）

在谢素平离家的同时，张菊芳的母亲也带着她走出了家门。春节刚过，勤劳的无为人就打点行装踏上了外出谋生的旅程。这天因为外出的人太多，县汽车站一天就发出了6班直驶北京的长途客车。与张菊芳一同去北京的还有4位姑娘：

刘春花，16岁，小学3年级文化，赫店乡赫店村人。

刘红春，15岁，小学4年级文化，与刘春花同村。

早上离家的谢素平也坐上了这班车。

张红芳，18岁，初中文化，赫店乡岗埠村人。

毕竟是第一次离家，前来送行的张菊芳的母亲杨秀多少有些伤心，十多年前杨秀也在北京当保姆，孩子长大了，按照无为人的习惯，总得让她们闯一闯。

汽车的车轮把家乡慢慢地抛向远方，未来对于她们是一个无法想象的问号。

从张菊芳离家那一刻开始，本片摄制组也开始了长达一年的拍摄历程。

2. 主持人讲解

纪实性电视专题片的解说词是通过现场主持人来说的，如《望长城》的解说词都是通过主持人焦建成、黄宗英在拍摄现场说出的，也突出了纪实风格。《美丽中国》第一集表现人工孵化的扬子鳄破壳而出的解说词：扬子鳄的蛋已经成型了，小鳄鱼需要尽快地破壳而出。似乎有人正在寻找着什么？无助的小鳄鱼必须依靠自己的力量去弄碎坚硬的蛋壳，这可不是一件容易的事。时间一分钟一分钟地过去了，小鳄鱼用了两个小时才把头伸出蛋壳，它现在需要积聚力量进行最后一搏。小鳄鱼完全从蛋壳中爬了出来，它奋力争扎，对于外面的世界小家伙已经迫不及待。

3. 字幕讲解

也有的纪实性电视专题片不用解说词，而是采用字幕解说的方式来解决一些可能产生歧义的画面的问题。而且为了保证与纪实风格一致，片中的字幕全部采用引号之内第一人称谈感受的形式。荣获1990年第二届大学生“理想杯”电视纪录片一等奖的《大学第一课》就是采用这种方式的范例。

4. 无解说词

还有的纪实风格专题片完全摒弃解说词，完全用被拍摄对象的同期声自述及日常生活镜头有机构成专题片的叙述方式。如荣获1991四川国际电视节银熊猫大奖的作品《走向太阳》的第一、二集就是这样。第一集通过被拍摄对象双脚萎缩女青年的自述，和历尽艰辛教会聋哑儿子说话的母亲的自述，以及她们的生活镜头来完成纪录片叙述。《幼儿园》也是完全摒弃解说词的。

四、记录第一、造型第二

记录是纪实性电视专题片的本质特性，因此，它的记录功能是第一位的，而造型功能是第二位的，首先考虑的是完整地将一个生活事件的发展过程记录下来，而不是单纯考虑画面的构图美不美而去破坏事物的自然形态。为保证记录第一，造型第二的原则实行，纪实性电视专题片努力做到：

一是在拍摄事件的发展中，只考虑记录的流畅性、连续性、韵律感，不考虑拍摄条件与拍摄难度，比如光线照度不够、机位不稳、画面构图不规则、偏色等。《望长城》中拍摄山海关悬壁长城时，边爬边拍，摄像机摇晃，画面很不稳定，但十分真实地反映了地势的险要。又如“烽烟锻尽说沧桑”一集中，著名科学家彭加木的夫人，和摄制组一起去罗布泊寻找彭加木的墓碑。拍摄中，摄像机出故障，拍出画面偏红，本应报废，但编导仍大胆使用，却产生意想不到的效果。

二是追求拍摄的自然性，反对人工雕饰和摆拍。在《望长城》中，常常发生拍摄时出现的失误，如老龙头热气球放飞的失控，罗布泊的迷路，摄像机都是不加掩饰，将失误的情景一样呈现在观众面前，使观众愈感真实。

三是即兴采访，随机拍摄，弱化被摄人物的表演。《望长城》的“长城外面是故乡”一集中，焦建成采访茶叶店，偶遇一对蒙古族新婚夫妇，焦建成便随机采访，主动邀请他俩同车前往杭旗镇，拍摄下了这对蒙古族新婚夫妇回家的经历，展示了蒙古族人民的风俗习惯及日常生活的变化。

第二节　纪实性电视专题片的叙事手段

纪实性电视专题片的叙事手段主要有长镜头，“挑、等、抢”和“跟、隐、偷”拍、同期声、人物对话等。

一、长镜头

巴赞曾在电影界提出长镜头理论，倡导“近似实况记录式的写实主义”。

纪实风格的电视专题片在画面的拍摄与处理上，重视长镜头，一般不用或少用分镜头，以保证过程记录的完整性。同时少用特写，更多地使用中、全景，以介绍事件所处的环境。长镜头或称为“场面调度”“时空连续的画面语言”。长镜头的画面是不间断的，用一个连续的镜头段落，记录下完整时空中事件的发展，在拍摄过程中无法摆布或掺假，镜头本身真实感强，感染力大。1998 年抗洪时，营救树上的小江珊的镜头画面就是采用长镜头拍摄的，奔腾咆哮的洪水，树上十分危险的女孩，惊心动魄的抢救画面撼人心魄。长镜头成为目前纪实性电视专题片的纪实语言。长镜头的跟拍，调动了观众的视线趋向，使观众感知到未被割裂的现场。除了真实的魅力外，还可收到一些特别的效果。

1.“镜头内部的蒙太奇”效果

长镜头能够通过景深镜头、运动摄影获得很好的“镜头内部的蒙太奇”效果。如《重逢的日子》中，长镜头在拍摄邵玉华与从台湾赶来和她重逢的第一任丈夫董万生并坐床前回忆旧时相爱的情景时，镜头拉开，同时拍摄到邵玉华的现任丈夫张燕生独卧床上的情景，长镜头的运动，胜过镜头切换，起到“镜头内部蒙太奇”的特别效果，一个欢喜一个愁的对比，让观众深思。长镜头所起到的“镜头内部蒙太奇”效果，比镜头之间的“蒙太奇”切换更具有张力。在《舌尖上的中国》第二季第一集《脚步》中，导演李勇把自己吊上 40 多米高的树顶，运用近焦镜头，特写镜头的变化的长镜头，将藏族群众在树上采蜂蜜的过程全程记录下来，而采蜜的过程，又有蜜浆流淌的细节。

2. 纪录情感变化的效果

人的情感的表露，有一个酝酿、发展、表露的过程。纪实性专题片要非常真实地表现人物的情感，就要如实记录这个情感变化的过程，而不仅仅是结果。如宁夏电视台康健宁与陕西电视台郭宪拍摄的《窑洞与人》有一个长镜头，记录一对年轻人到设在窑洞的婚姻登记处办理登记手续，镜头一直对着他们，下面是现场办事员问话的同期声：

办事员：你们的婚姻是不是自愿的？

男青年：是自愿的。

办事员：（对女方）你说。

（摄像机对着女方，女方始终不开口）

男青年：是自愿的。

办事员：让她自己说。

（女方仍不开口，脸慢慢涨红了）

（摄像机始终对着女方。这是一个中近景，时间长达一分钟，矜持一段时间之后，女方终于羞涩地开口了。）

女青年：……自愿的。

这个长镜头逼真而细腻地记录了女青年的情感变化过程。

长镜头，也只有长镜头才能表现如此复杂而细腻的情感变化。在《望长城》中，“焦建成与王向荣的母亲”“十三边村小学女教师与一个小学生的夜读”等许多令人难忘的情感段落，都是长镜头拍出来的效果。

3. 取得可遇而不可求的效果

长镜头在表现一个生活段落的完整性时，往往会遇到一些意外的情况发生，拍到一些想拍也难拍到的情景甚至捕捉到十分珍贵的镜头。这种不期而遇的情景，这种“非设定性”的情景没有人为的痕迹，有一种真实自然之美。如在拍《龙脊》时，潘能高班里的同学就常喊：“潘能高，真能干。”他爷爷常常到教室门口偷偷地看孩子们念书，听到同学们的喊声，暗自高兴。这一天，摄制组拍摄他爷爷插秧的长镜头，突然他爷爷也说了句“潘能高，真能干。”《龙脊》的编导陈晓卿后来说：“我当时高兴得想把摄像机扔到水里去！这实际上是个完整生活的段落，正巧与前面呼应。即使设计了，没准还想不到这么巧妙。”

在长镜头拍摄时，要善于捕捉细节，不要轻易放过那些表面看来不重要但实际却有丰富内涵的细节。中央电视台原社教中心主任高峰，曾回忆他们在拍摄《万里海疆》时发生的一件事：他们在一家饭店买下一只海龟放归大海，在龟背上刻上 CCTV 字母，又给它系上红布条，然后拍摄海龟在海滩上爬向大海的镜头。当时海龟入海的情景很令人感动：它慢慢爬向大海，在整个过程中停下来三次，其中有一次还深情地晃动了几下脑袋。可是海龟停了三次，摄像师也停了三次机。他问摄像师：“你的镜头为什么要断？”摄像师说：“它不走了，我拍它干嘛。”他说：“正因为它不走了，才应该拍，而且要稳稳地拍它如何不走。”

二、客观拍摄

客观拍摄，就是隐匿主体视角，避免主观介入和被摄对象的表演意识，以保证叙事的真实性的拍摄方法。它主要表现为“跟、隐、偷”拍和“挑、等、抢”拍。

1. 跟拍

遇到要表现的生活过程，就需要长镜头跟拍，即所谓“跟随，跟随，再跟随”。跟随，并非一味“跟腚”。摄像机需要不停地移动，操作者的站位不时变化，而且摄像师要有一种对事件发展趋势的预知意识，边跟拍边要考虑下一步的机位变化，以便从不同角度不间断地拍摄下某一生活事件过程。如《望长城》中“焦建成找牧羊人”一段，长镜头跟拍了 5 分钟，记录了焦建成找到牧羊人，与牧羊人谈论民歌，请牧羊人唱民歌，牧羊人开始不愿唱，后在焦建成的恳求下，高声唱了一段牧歌。摄像机不断变换机位，但镜头始终不断，非常真实可信。

2. 隐拍

为了避免被摄对象对摄像机的“陌生感”所造成的不安或表演意识，摄像者与对象长期生活在一起，与对象非常熟悉，并建立信任关系，以至拍摄时对象没有感到不自在，甚至没有感到摄像机的存在。如《藏北人家》的编导人员王海兵等来到海拔 4700 多米的藏北腹地纳木海畔，结识了牧民措达一家，与他们朝夕相处，相互非常熟悉以后，用很自然的跟踪手法，不分昼夜地拍下了措达一家的饮食起居，放牧生活、宗教、文化等活动流程。美国影视评论家托尔斯·斯金纳评价该片时说：“这部片子纪实方法的成功，使它置于世界优秀电视纪录片之列，毫不逊色。”隐拍，在纪实性电视专题片中使用较多，如《德兴坊》《摩梭人》《十五岁的中学生》等都采取了此种拍法。

3. 偷拍

拍摄者不告知被摄者，并在不被被摄者发现的位置，或将摄像机藏匿不让被摄者发现，暗中拍摄。此种拍摄方法拍出的效果最自然真实，是生活的原生态。

如《十字街头》《老年婚姻咨询所见闻》都大量运用了偷拍法。还有一些调查性专题片，为了记录掩盖了的事实真相，记者常隐匿身份，深入现场，使用偷拍。中央电视台《每周质量报告》中关于揭露生产假冒伪劣产品的专题片常使用此法。使用此拍法要谨慎，并要遵守相关法律，以免侵害对象肖像权和隐私权而涉讼。

4. 挑拍

挑选最佳时机和挑选最有丰富内涵的镜头进行拍摄。如《远在北京的家》跟踪拍摄几个安徽姑娘到北京当保姆。该片在挑拍上下了一番功夫，首先是挑选拍摄的对象是安徽无为县的姑娘，因为“天下保姆出安徽，安徽保姆出无为”。这是一层挑拍，第二层挑拍，选在农历正月十六，正是农民工外出打工动身的日子，而且是清晨。第三层挑拍，则是在春、夏、秋、冬四季各找一段时间去跟踪拍摄。

5. 等拍

等拍即耐心等待最佳时机进行拍摄。纪实性电视专题片不能摆拍，也不能由编导对被摄者的生活进行设计，常常是蹲守出来的，这其中主要是等拍，等待被拍对象生活中发生不寻常的事和不寻常的举动。《幼儿园》的创作者在幼儿园先后蹲守 4 年，等拍到许多表现儿童心理的动作、神态、语言等。

6. 抢拍

摄像师十分敏感地抢拍下偶然发生或出乎意料发生的情景。这就要求摄像机时刻处于开机状态，摄像师要敏锐，眼观八路，耳听四方。在《望长城》中有一个震撼人心、十分经典的镜头，那就是王向荣的母亲在摄制组离去时，她登上那从不上去的“山梁梁”远送摄制组人员的情景，这就是抢拍出来的镜头。

三、同期声

同期声即纪实音响，是指记录现场视频信号时同步记录的音频信号，包括画面上出现和未出现的人物语言、动作声响和环境音响。纪实性电视专题片的同期声是体现纪实性的重要元素，担当着以声波记录并再现真实的时间形态和空间形态的重任。纪实性电视专题片的真实，是画面真实与声音真实的统一体。同期声除了再现时空的真实外，还在介绍环境、刻画人物、表达情感等多方面起着重要作用。

1. 介绍环境

如《望长城》中牛坡沙漠沙暴的音响，让人感受到沙漠沙暴的狂虐可怖；

当焦建成询问一老大爷“长城梁怎么走”时，紧接着是一阵因见了生人向狂吠的狗叫声，活生生再现了一个远离尘世而宁静的乡村。

2. 刻画人物

如《沙与海》中有一段记者与刘泽远大女儿对话的同期声：

结婚了没有？
没有呢？
找对象了吗？
找了。
在什么地方？
在纳格图。
离这儿有多远？骑骆驼要走多长时间？
7 个小时。
那你们是怎么认识的？这么远的路你们怎么认识？
别人介绍的。
准备什么时候结婚？
还没定呢。
你觉得这儿好不好？
好。
你想不想离开这里？
……
你怎么哭了，舍不得离开这里，是吗？
……

这段对话的同期声，包括大女儿的沉默，刻画了大女儿盼望新生活又故土难离的人物性格。

3. 表达情感

如在《望长城》中，当年一批黄埔军校的学员，在娘子关上，触景生情，高唱起《万里长城万里长》的歌曲，摄制组完整地录下了这歌声的同期声。这歌声的同期声表达了黄埔学员对祖国山河的热爱，以及由长城引发的自豪之情。

四、人物对话

长镜头和客观拍摄是纪实性电视专题片的纪实手段，但它们只能纪实现在时空所发生的一切，而对过去时空发生的事情却无能为力，这就要靠人物对话的手段来纪实。同时，被拍摄对象的内心情感和心理活动，部分可从人物的表情举止中表现出来，但更多的是靠人物对话表达出来。因此人物对话是纪实专题片不可或缺的重要手段。纪实既是纪行，也包括纪言。

纪实性电视专题片人物对话的特点是与记者或主持人在事件现场的对话中进行。记者引出话题也都是从感情问题入手，一般不从理性问题入手。人物说话是主动的，想说什么就说什么，记者不能事先教他（她）怎么说。所说的话语也是非常生活化的语言，常出现一些不合语法或表达不准确的句子也不要紧。人物对话的作用在于再现过去和展示内心。

1. 再现过去

纪录片《考试》，记录四个同龄女孩报考北京音乐学院，在北京租房备考的过程。其中一个叫许阳的女孩 5 岁起就利用搓衣板弹琴，后来家里为她买了钢琴，爷爷也很支持她。但是，父母要求严格，当她弹不好哭泣时，放点音乐听，情绪又好了。以上这些往事，都是通过她妈妈与记者的对话说出来的。

北京电视台专题片《守望家园——“三北”生态记行》中，有一段记者和老人阿布都·热合曼的对话，这段对话叙述了老人一家 76 年来与风沙抗争的经历：

记者：家里有人吗？

（走进村民家）　你好！（维语问候）我是从北京过来的，刚才穿越塔克拉玛干沙漠到了您这里。我跟您打听一下，今天这个天气是怎么回事？

村民（阿布都·热合曼）：这就是很一般的刮风天气，我们村子就在沙漠边上，这种天气经常会遇到。这段日子里已经有两次了。让我算一下吧，几年前村里还住着十几户人家，现在就只剩我们这一户了。其他人都搬到别处去住了。

（屋内情况。阿布都·热合曼请我们到他家里避避风，进了屋子我们才发现，阿布都的土房并不能挡住多少风沙，屋外刮着大风，屋内尘土飞扬，房间里没有什么摆设，可以看得出这一家人的日子过得并不富裕。）

（记者和老人聊天）采访同期声　记者：这里这么大的风沙有没有想过搬家呀？

老人：有时候我也想到过搬家，可你看我在这里生活了 76 年，祖祖辈辈都住在这里，舍不得这块土地呀。我也跟我的孩子们说了，一定要坚持在这里生存下去，我有这个决心。

(沙尘暴天气情况)

(同期声解说) 阿布都所在的皮托村三面被塔克拉玛干沙漠包围，一年中这样的沙尘天气多达250天以上，流沙以每年近10米的速度向这个村子推进。这些恶劣的环境都直接影响了阿布都一家人的生存。

(风沙中阿布都介绍情况) 阿布都：你看因为风沙大，我们家的房子已经一次次地往后退，现在都退到这里来了。这些泥巴是为了挡风的，省得风大的时候把房子吹倒。房子是1952年盖起来的，这几十年我们有四次提高房基，大概都升高了两米多了，这么做都是因为风沙给逼的。

(风沙中阿布都的小屋)

(同期声解说) 阿布都的家正好建在了一个风口上，如果他一旦搬走的话，风沙就毫无遮拦地卷向下边的村庄和城镇，而要在这样的环境生存下去是极其艰难的。这些年来，阿布都一家共打了5口井，现在三口井已经被风沙埋得不见了踪迹。

(阿布都在一口枯井旁) 阿布都：现在就这么两口井你们还能看得见了。这口井还是两年前我的儿子打的，打了16米深，当时还是甜水呢，后来没用两个月，这口井就干了，现在成了一口废井了。

(风沙吹倒的树)

(同期声解说)　阿布都告诉我们，一场大风过后种了五六年的杨树都会被风沙拦腰齐刷刷地折断。

(阿布都搬着吹倒的树)

阿布都：这就是今年刮大风刚被吹倒的树，我辛辛苦苦把树种活，现在看到树被刮倒的样子心里很难受，我都舍不得把这些树从这里搬走。

(孩子们在风沙里玩耍)

(同期声解说)　即便是这样的环境，也从来没有动摇过阿布都一家的信念。几十年里，他们在风沙线的边缘种活了6000多棵树。

(阿布都一边走一边给记者介绍)

阿布都：这是我爷爷种的杨树，已经有150多年了。这是1952年种的杏树，这是我几年前种的红柳，今年全都被风刮倒了。今年秋天我和我儿子还要继续种。

2. 展示内心

被摄人物内心活动，常常是通过他们的言语表达出来的，“言为心声”。人物的心理活动展示，戏剧电影中常靠内心独白，小说中靠作家描写，纪实专题片则主要靠人物口述。下面是《心籁》一片结尾时，记者与民办教师余国江的对话，对话很深刻地将余国江热爱教育事业的心思和对民办教师待遇的低下的无奈心情刻画得细致入微。

爱看戏吗？

爱听戏。

爱听什么戏？

秦腔。这两年过来好像对这个流行歌曲还有些兴趣。我不但爱听，还情不自禁地支支吾吾的歌儿我不由就唱起来了。

你给我唱一段流行歌曲听听，我看你会不会唱？

那我会唱。

你试一下。

我的头，向青天，追逐流逝的岁月，风沙茫茫满山谷，不见我的童年。大雁听过我的歌，小河亲过我的脸，山丹丹花开花又落，一年又一年。

（余国江若有所思地低下头）

现在……（头顶上传来飞机声，停顿许久）

现在我一唱这个歌，就（这个）能想起我年轻的时候。如果说是我还有这个三四十岁的年龄，就是说实话，绝对不干民办教师这个工作。所以我一唱起来心就有些难过，并且我经常情不自禁不由我就哼哼唧唧唱起来了。可是不要提起这，说是连课堂上一上去，就根本记不起这些，光是一个念头，应该教娃娃们懂的，尽量想办法教着娃娃学懂，根本想不到这些。不过我也是一个很开朗的人，性情很开朗，按照农村的说法，就是爱说着耍，就是用这个代替了我的好多（这个）忧愁和（这个）闷闷不乐。有时候说上一句话，就从这句话开始笑上半天，就这么过去了。

第三节 纪实性电视专题片的误区与发展趋势

1991 年出现的《望长城》，开我国电视纪实先河。纪实手法的成功运用，给我国电视专题片另辟一片天地并带来勃勃生机。崇尚纪实风格，崇尚纪实手法，成了许多纪录片人的追求。但是一种手法使用过头就会过犹不及，会有适得其反的效果，一些人因过度使用而进入纪实的误区，使纪实性电视专题片的创作陷入困境。目前，纪录片正在突围，寻找纪实性电视专题片新的发展契机。纪实性电视专题片面临新的发展趋势。

一、纪实的误区

（一）没有主旨的纯自然真实

不论是哪种风格流派的电视专题片，都蕴含着创作者某一种立意和思考，不能是自然主义的“有闻必录”。纪实风格的专题片拍摄得真实，只是一种相对的真实，不存在也不应去追求某种“绝对”的真实。相对的真实意味着在记录社会生活的同时，记录者的主体意识必然会和客体物象合二为一，记录者的取舍、强弱、角度都隐含着记录者的企图。“通过电视纪录片我们看到的不是生活本身的真实，而是已经化成影像，化成屏幕形象了。如果在拍摄中单纯追求生活的真实，这样就排斥了创作者在创作，排斥了创作者对生活的选择，这种理论势必把纪实作品或者纪录片引入自然主义创作的轨道。”① 目前某些纪实专题片追求纪录片的无主旨，它只是纯自然主义地记录生活，将生活搬上屏幕。至于这段生活将给人们带来什么启迪，让观众自己去寻找。但是，要让观众感悟到什么，记录者自己先要有所感悟，做到心中有数。纪实性电视专题片的主旨可以是多个也可以隐含在所表现的生活中，但不能无主旨。否则，纪实专题片就会十分苍白，也会失去它应有的功能。

（二）没有信息的过程表现

长镜头确实是纪实过程的重要手段。但是，镜头只是一味地跟着拍摄对象移动，而镜头内容空泛，却达不到长镜头应有的效果。常看到一些长镜头既没起到镜头内部的蒙太奇效果，也未起到捕捉细节、捕捉人物情感变化、捕捉“非设定性”而意外出现的生活情景的效果，令观众感到乏味。纪实性电视专题片确实重视表现生活过程。但是，不能为了表现过程而表现过程。特别是生活琐事，吃喝拉撒的过程谁也不屑一顾。有一部纪录片长镜头跟踪记录被摄对象去菜场买菜，买完菜回家后又如何做菜。观众跟着长镜头看被摄对象在这个过程中会有什么事情发生或有什么动人细节出现。结果令观众十分失望，什么事情也没有发生。在表现生活过程中记录者要考虑这个过程能给观众提供什么信息，多少信息。在进入信息年代的今天，生活节奏大大加快，拖沓空泛的长镜头，必然让观众倒胃口。

---

① 高鑫：《电视纪实作品创作》，北京广播学院出版社 2000 年版，第 50 页。

（三）对“毛边艺术”的误读

在记录围歼武装犯罪团伙头目的纪实性专题片《潜伏行动》中，因为受抓捕现场条件所限，出现一些镜头摇晃、曝光不准、焦点不实的镜头。因为是在非正常情况下拍摄的，观众可以理解，而且这些镜头确实也给人以“原生态”记录的感觉。于是有人将这总结为“毛边艺术”，并广泛运用。甚至将“毛边艺术”与纪实风格等同起来。因此，有段时间的纪实专题片似乎镜头不摇晃，光线不暗淡，影像不模糊，就不算为原生态纪实。其实，这是对“毛边艺术”的误读。

镜头摇晃不应是人有意为之，而应是拍摄情况特殊不得已而为之。一般情况下，拍摄纪实专题片同样要有扎实的基本功，要有构图、光线、焦距的概念，要尽量拍得美一些。在《望长城》中，尽管也有一些摇晃的镜头，那是在拍摄工作行进中。而在对史学家、考古学家的采访，对古长城遗址及大漠风光的拍摄，镜头平稳而工整，画面也还是很美的。

（四）纪实风格“唯我独尊”

在有些纪录片人的心目中，电视专题片唯纪实风格这边风景独好，看不起其他风格样式的专题片，甚至否定获得成功并为广大观众认可的优秀专题片，比如《西藏的诱惑》，认为该片是反映我们纪录片观念存在严重问题的一个典型的例证。当然这未免有失偏颇。

如同五彩缤纷的现实生活一样，电视专题片也应百花齐放，千姿百态。不同风格流派不存在高低优劣之分，只是受不同时期观众审美兴趣和审美指向的影响，某种风格会成为某个时期的主流。在表现风格占据我国电视界几十年主流地位之后，纪实风格似有成为时下电视专题片的主流之势，纪实风格专题片更多地得到观众的关注和青睐。但是观众的口味是多样的，特别是在目前分众化趋势下，不能不论什么题材都用纪实风格。为了适应不同层次观众需要，纪实风格也好，表现风格也好，二者兼而有之也好，都是可行的，千万不能让纪实风格取代其他风格。

二、纪实性电视专题片的发展趋势

电视专题片能否拥有一定的收视率，在一定程度上同国民的文化素质成正比。随着我国国民文化素质的提高，电视专题片相对稳定和忠诚的受众群体基本形成，尤其是一些文化层次较高的观众，对纪实专题片更加偏爱，这就为我国纪实专题片提供了一个较大的发展空间，也促进纪实专题片进一步发展，以适应不断变化的观众的需求。同时，随着我国与世界上纪录片交流活动的频繁举行，通过这个窗口，我们看到世界纪录片的发展动向。综合这两个内外因素，我国纪实性电视专题片目前发展的主要趋势表现在以下诸方面：

（一）关注社会主流事件的问题

从近年国际电视节参展作品来看，大部分纪录片是对当代社会主流事件的记录。如对“9·11”事件的思考的法国纪录片《全球化：暴力还是对话》，记录韩国最大一次企业裁员中劳资双方激烈冲突的韩国纪录片《1750 封辞退信》，记录欧洲避难政策的瑞典纪录片《欧洲堡垒：死亡边界》，记录战争中埃塞俄比亚妇女儿童生存问题的意大利纪录片《分界河》。还有诸如《车臣让步》《第一次杀戮》《战争余波》《日本鬼子》等一系列表现社会重大事件和社会问题的纪录片。

在我国，纪实性电视专题片创作者的眼光也越来越关注重大事件和社会问题，涌现了一批优秀的纪实性电视专题片。如记录为保持贺兰山生态的最后一户移民和牲畜迁移经历的内蒙古电视台的《下山》；记录二战时期日军强迫亚太地区妇女充当慰安妇的湖北经济台的纪录片《世纪末的起诉》；有记录人民的公安局长任长霞事迹的《嵩山丰碑》；有记录中国载人航天工程成功背后的故事《神舟追记》；有记录一家人同时感染了艾滋病及发病、治疗的遭遇的《我和君君一家》；有记录当代社会中一个特殊群体——发廊妹的生活的《姐妹》；有北京电视台拍摄的反映农村民主选举的《民政局里的林科长》等。

从边缘人物——市井人物——社会事件人物；从记录生存——记录人性——记录社会百态。中国纪录片人眼光投向的转移，有其深刻的原因。其一，我国纪实专题片经过一段时间的调整期后，逐渐开始复苏。纪录片人认识到，纪录片的价值不仅仅是做给外国人看，更多的是要面向本土观众；纪录片不仅仅是要去拿大奖，而是要获得真正的社会价值。特别是中央电视台在晚上播放电视剧的黄金时段播放了《故宫》等专题片以后，进入主流媒体，进入黄金时段便成了纪录片人的追求。而根据中国的国情，进入主流媒体的黄金时段，必须要反映社会现实的主流，反映重大的社会事件和社会的热点问题，反映国家的主流意识。其二，我国纪实专题片经过二十多年的探索磨炼，开始对纪实专题片的本体价值的认识有了升华。记录历史，反映现实，启迪未来的历史使命感更为自觉；对社会现实深度关注，知识分子的批判精神和自省精神的责任感的加强，促使纪录片人不再满足于纪录个体的表层的生活形态，而要深入记录普通人生活中社会层面的东西。

（二）用人性激起世界共鸣

纪实性电视专题片要立足本国，走向世界，融入世界文化交流的大潮之中。让世界了解中国、欣赏中国、向往中国，是中国纪录片的价值之一。过去很长一段时间，在国际纪录片盛会中难觅中国纪录片的身影。现在，中国纪录片逐渐出现在世界纪录片舞台上，但声音还较微弱，这与中国在国际社会的地位极不相称。而外国纪录片大量进入中国，这种“进口”极度大于“出口”的“贸易逆差”让中国纪录片人心里不安。让中国纪录片走向世界，并进入西方国家的主流媒体、主流社会，成了中国纪录片人的又一种追求。

中国纪录片走向世界的通行证是什么？那是一个深刻表达人性的好看故事。人性，是人类共通的东西，它可以跨越各民族间的巨大文化差异，激起世界人民的共鸣。人类共有的喜怒哀乐的情感，人类共有的爱情、亲情，人类共同的对真善美的追求和对假恶丑的憎恨，人类对生命的珍爱和对死亡的抗拒等，凡对人性的探讨，对人类本质的揭示的纪录片，都会得到世界各国人民的认同和喜爱。如获得上海第十一届国际电视节奖最佳人文类纪录片奖的《检查站》，反映的是巴以冲突边界上的一个检查站隔断了人们的亲情。其中有一个小伙子要送结婚戒指给女朋友，不让过，后来士兵产生同情终于放行，表现了人性的胜利。这也就是为什么在世界电视纪录片创作潮流中，“人性视角”越来越受到重视的原因。在我国，在2004年横店举行的纪录片大奖赛上获得大奖的《房东蒋先生》是以探讨人性与社会为内容的作品，而《俺爹俺娘》是表现人伦亲情的作品，《阮奶奶征婚》是表现个人隐情的作品。

（三）注重展示文化蕴涵

随着电视作为一种文化产业的理念越来越深入人心，观众对纪实专题片的文化内涵要求越来越高，专题片创作人的文化意识也越来越浓。专题片的文化品格备受关注。这种趋势表现在对历史文化和现实文化的传播，还体现在记录文化现象，对文化意义的传播。

1. 对历史文化的展示

立足于本国本民族历史文化的大文化视野，从中国五千年厚重的历史文化积淀中，反映出它的方方面面，发掘出价值，展示出它的魅力。如《唐代丝绸复原记》，通过中外科学家联手恢复出土文物唐代古丝的故事，展示了中国悠久的物质文化——丝绸文化。《寻找丹丹马里克》，纪录科考队寻找一座沉睡千年古城的故事，并展示了这座古城璀璨的民族文化。《中国春节：全球最大的盛会》：充分呈现了中国人的团圆、祭祖、祈福、创新等文化习俗，是一部完整记录中国新年民俗传统、文化传承的纪录片，在BBC播出后，向英国观众展示了中国传统民俗文化的魅力。

2. 对现实文化的展示

如《远山的瑶歌》通过记录瑶歌王要保护瑶歌文化的经历，展示了独特的瑶族文化："坐堂歌""祭祖""唱丧"等。如《百年名琴的深圳传奇》通过一架钢琴与一座城市的传奇故事，展示出经济发展推进文化发展的现实。纪录片《记住乡愁》以关注古老村落状态，讲述中国乡土故事，"重温传承千年祖训，寻找文化基因"为主题，起到了留存乡村文化记忆的效果。

3. 展示艺术题材的文化价值

目前以艺术取材或者表现某种艺术和某个艺术家的经历的纪录片在国外大行其道，如德国的纪录片《马丁的激情》，描述了国际著名钢琴家、音乐家乔卡洛斯·马丁在手残疾的情况下，抵御病苦执着追求音乐艺术的经历。又如荷兰的《四杰》、法国的《普拉泰》《达克上》以及美国的《人名》等，这些纪录片的选材都是音乐、舞蹈、摄影、歌剧等艺术领域。在我国，纪实专题片创作者的眼光也纷纷投向艺术领域，如《一百年的歌声》以音乐文化为记录对象，记录了黎锦晖、周旋、严华、王人美、龚秋霞等几代音乐人对流行音乐的执着追求，展示了一种音乐文化精神。

思考题

1. 纪实专题片为什么要记录过程，记录过程要注意什么？
2. 长镜头有什么功能？使用长镜头要注意什么？
3. 同期声有哪些作用？请举例说明。
4. 为什么说人物对话是纪实专题片的重要纪实手段之一？
5. 纪实专题片有哪些误区，怎样避免？

参考书目

1. 高鑫：《电视纪实作品创作》，北京广播学院出版社2000年版。
2. 姜依文主编：《生存之镜》，北京广播学院出版社2000年版。
3. ［法］安德烈·巴赞：《电影是什么》，中国电影出版社2000年版。
4. 刘立刚、卢颖、郑保章等：《广播电视经营管理》，中国广播电视出版社2006年版。

第三章　电视专题片的风格样式
——表现性电视专题片

第一节　表现性电视专题片的叙事特征

表现性电视专题片，是在保证真实的前提下，对被拍摄对象进行较多的艺术表现和主观介入的专题片。这类专题片国外称“格里尔逊模式”，也有称“文学式纪录片”的，国内也有称创意性专题片或写意性专题片的。这类专题片的叙事特征有如下几个方面：

一、画面加解说

如果说纪实性电视专题片主要是靠记录生活过程的长镜头来叙事的话，那么表现专题片则主要是靠截取生活的横断面的画面配解说词来叙事。前者是声画合一的叙事，后者是声画对位的叙事。表现性电视专题片无论是画面还是解说词，都要求尽善尽美，悦耳悦目。画面和解说要求相辅相成，和谐一体。为了突出解说词，与解说词无关的画面一点也不要，无关的音响一律删去，画面和声音都是很干净的，不像纪实专题片保留画面和声音的原生态。

如《雕塑家刘焕章》的开头与结尾画面加解说的叙事特征：

（一个满脸长着胡子的中年男子正在奋力劈木头，凿石块儿。）

俗话说，外行看热闹，内行看门道。有人说他是木匠，有人说他是石匠。然而，他不做家具，也不砌墙。是啊，他从少年时代开始就同木头、石头打交道了。

起初，大概是因为好玩儿，后来却成了他拆不开，放不下，棒打不回头的爱好和职业了……

雕塑家刘焕章

（从住房和厨房之间的夹缝中俯瞰：刘焕章正在雕刻一尊石像。）

他住在北京东城一条僻静的胡同里。绝大多数的中国人并不认识他；然而在文化艺术界，他可是一位知名的人士，一个称得上优质高产的雕塑家。

他姓刘，名焕章，今年已经52岁了，现在是中央美术学院雕塑系的副研究员。

在这个几乎转不开身的小院里，曾经有数以百计的“中国人”“外国人”在刘焕章长满老茧的手中诞生。

（在窄小的厨房里，地上、小桌上摆着许多雕塑作品。）

他们出世之后，因为一时找不到安顿之所，往往先在这个做饭炒菜的地方，和刘焕章一起共享饭菜香。

（卧室：除去床、书柜、饭桌外，上下左右，处处可见雕塑作品；地上还堆着不少木墩和石块儿。）

刘焕章说，雕塑艺术是没有什么背景做衬托的，它是立体的，是占领空间的艺术。在他的卧室里，如果刘焕章本人是一尊雕塑的话，那么，他却有着丰富多彩的背景，而且别具一格，十分有趣。

这里没有电视机，也找不到洗衣机和电冰箱。刘焕章说：“假如购置了这些东西，那么，我的木头、石头，木人、石像往哪儿搁呢？”

是啊，无论从哪个角度看，这个屋子都谈不上现代化。但是，刘焕章所刻的都是现代的人，普普通通的现代人。

（中间略）

（刘焕章的窗外，地上堆放着许多树桩和石块儿，渐渐远去，唯见一条宁静的胡同。）

假如你要寻找刘焕章的家，那是太容易了。你不必背记门牌号码，而只要记住胡同就行了。因为在他家的窗户外面，长年累月摞着那么多怪里怪气的大树桩。

那么，刘焕章在不在家呢？

你听——

（深沉的劈木、凿石之声，一直延续到本片职员表结束。）

二、艺术表达

表现性电视专题片叙述一个客体对象时，强调表达的艺术性，强调构思的精巧，立意新颖，追求意境，追求解说，字幕、构图、影调、色彩、音乐的艺术之美。对于现实生活的纪录，它强调的是一种艺术的再现。它允许创作主体在基于展示现实生活本质真实的基础上进行的艺术“加工”和“创造”。

（一）营造意境

纪实性电视专题片是记录一个人物生存生活的真实的环境，而表现性电视专题片却是要为人们营造一个人物活动的意境。一个更多地追求真，一个更多地追求美。刘郎在《西藏的诱惑》开篇语写道：“西藏的诱惑，不仅因为它的地理，它的历史，更因为：西藏是一种境界。”刘郎也确实在片中为几个艺术家同时也为我们营造了一种令人精神为之升华的圣洁的意境。向我们展示的不仅是自然景观，同时也是一种独特乃至神秘的人文景观。看过李绍武的《啊·草原》的人，永远不会忘记那夕阳映照下的勒勒车的动人画面；看过孙亚平的《泰山》的人，永远忘不了那山峰中澎湃如潮的烟云。因为那不仅是美的画面，同时也是一种意境。

（二）解说词的文学性

像旭日诱惑晨曦，像星星诱惑黎明。西藏对人的诱惑，那样强烈，那样不可遏止。对具有献身精神的艺术家来说，像蓝天诱惑雄鹰，像山野诱惑春风，像草原诱惑骏马，西藏对人的诱惑，那样巨大，那样难以摆脱，对敢于追寻的艺术家来说，像大海诱惑江河。

——《西藏的诱惑》

你问牛市的历史？这可说不准，也许从人类懂得用牛耕作不久就问世了吧！你别小看了这么个角落，买卖人天南地北的都有。近的来自湘西各县，远的呢，四川、贵州、湖北，甚至河南都有人来。山区嘛，桌子大一块土，巴掌大一丘田，拖拉机怎么来回？还是牛好使唤。再说，山里人祖祖辈辈靠牛作阳春，也惯了，叫他们改机器，还不大情愿哩！

——《湘西，昨天的回响》

（三）注重形式美

如果说纪实性电视专题片更多地追求的是纪实的内容美的话，那么表现性电视专题片更多地追求的是表现的形式美。表现的形式美主要通过构图、色彩、造型、用光、音乐等表现出来。在《丝绸之路》《让历史告诉未来》《罗布泊·人》《伊犁河随想》《西藏的诱惑》《湘西，昨天的回响》等表现专题片中，有的屏幕造型非常之美，有的画面构图很有艺术张力，有的电视音乐音响极尽渲染，有的解说词美轮美奂。在《西藏的诱惑》中，色彩的运用十分独特，介绍女作家龚巧明时，屏幕上出现的是一张黑白照片，显得庄严肃穆，谈到她为西藏献出了宝贵生命的时候，那张照片却被染成了红色，表现她把鲜血洒在西藏这块热土上而被人歌颂礼赞。在表现西藏少女沐浴节在河中沐浴的时候，伴着“忏悔是心灵的洗浴”的歌声，河水泛起了黄色；伴着“醒悟是血肉的再生”的歌声时，河水则成了蓝色。在这里，黄色象征忏悔，蓝色象征醒悟，色彩与情感和谐一致。

三、主观介入

如果说纪实性电视专题片是比较客观地完整地记录现实中正在发生的事物的话，那么表现性电视专题片则是创作者以真实事物的画面来反映自己对外界事物的思想情感。前者让创作者的思想情感隐藏起来，让观众通过对观看客体事物的发生发展去感悟；后者则直抒胸臆毫不隐讳自己的情感和看法，让观众通过观看去领会和认同作者的情感和观点。正如托尔斯泰所说“艺术是这样的活动：一个人用某种外在的标志，有意识地把自己体验过的感情传达给别人，而别人为这种情感所感染，也体验到这种感情”。对纪实专题片来说观众对这种感情是感染，而对表现专题片来说观众对这种感情是体察。

表现专题片主观介入的方式有三种：

（一）表述思想

在表现性历史文献专题片和政论型专题片中，大都突出思辨色彩，用现在时态的电视画面来表述某一种思想观念，或者说来印证某一种思想观念，发表一种主张，提倡一种精神。如表现我国60年的建军史的专题片《让历史告诉未来》表述了一种思想：历史已经过去，但历史是不能忘记的，回顾过去，为的是现在和未来；提倡一种不畏艰险、前赴后继的民族精神，这种表述、这种精神是通过片中的解说词直接表述出来的。记录中国共产党80年的奋斗历程的《使命》表述了一个思想：历史把重大责任赋予中国共产党，人民对我们党寄予厚望，中国共产党不辱历史使命。这一思想也是通过解说词直接表述出来的。请看该片前一部分中的一段：

（上海夜景叠出上海晨景）

（字幕：中共“一大”会址）

（中共“一大”蜡像，在水面上低飞的海鸥）

也是 1921 年，一个新的政党名称在上海出现了。

那年 7 月，一群知识分子，踏着五四运动催生的先进文化潮流，秘密聚集在中国南方的这个大都市，成立了中国共产党。后来，人们把这次会议叫作中国共产党第一次全国代表大会。

这组蜡像，再现了当年的会议场景。参加会议的这 13 个人，平均年龄 28 岁，正好是毛泽东当时的岁数。这些年轻人以改天换地的气概，一心要在中国这块古老的土地上创建一个崭新的合理的社会。

中国共产党的成立，当时并没有引起社会太多的关注，就是这 13 个当事人，那时恐怕也没有料到，这个政党后来竟发展得如此迅猛。

1921 年的 7 月，就这样悄悄地上演了中国历史上开天辟地的一幕，成为红色旅程的动人起点。

（大海，汹涌的波涛）

起点之后，是波澜壮阔的行程，是大浪淘沙的选择。

不同的政党在选择自己的行动方案，挑剔的历史在选择不同的政党。20 世纪以来，多如牛毛的政党为什么会成为历史的匆匆过客？中国共产党为什么终于改变了近代中国的命运，赢得了历史和人民的选择？

多少年来，人们一直在追问着这道历史留下的课题。

（彩霞　人民英雄纪念碑）

在 20 世纪的最后一年，中共中央总书记江泽民做出了这样一番回答。他说："总结我们党 70 多年的历史，可以得出一个重要的结论，这就是，我们党之所以赢得人民的拥护，是因为我们党在革命、建设、改革的各个历史时期，总是代表着中国先进社会生产力的发展要求，代表着先进文化的前进方向，代表着中国最广大人民的根本利益，并通过制定正确的路线方针政策，为实现国家和人民的根本利益而不懈奋斗。"

这一探究历史奥秘的深刻答案，是怎么得出来的呢？

追寻中国共产党 80 年奋斗历程，你会发现，这一答案，鲜明地刻印在她艰难跋涉的每一步脚印之中。由央视和中共广西壮族自治区委员会宣传部等单位联合摄制的三集电视专题片《海上新丝路》，传递了中央根据全球形势深刻变化做出的重大战略决策，以及中国形成全方位对外开放新格局，促进我国与沿海沿路国家和平发展的深刻意义。

（二）抒发情感

在表现性风光专题片和文献专题片中，创作者的情感常常通过解说词直接流露出来。如刘郎的《苏州水》第一集的一段解说词对苏州水的吟咏："水的造化之功，真是无比神奇，它可以变化出无穷的体态，也可以呈现出多样的性格。……而苏州之水，也没有选择江河的奇险，更没有选择沧海的磅礴，而是在吴中大地上，选择了一种平静的意态。也许，只有这样，才能向人们提供更为丰饶的水乡物产。水的性格，自然也要影响到人的性格，试想，在这一方水土上，那一粒粒精粮细米，先加上鲜蟹活虾，再加上白藕红菱，便无法不让人滋养出人的内向、水的灵秀和水的温柔。"

在阎东编导的文献纪录片《共产党宣言》的开头和结尾，抒发了创作者对《共产党宣言》的崇拜与赞扬。开头是这样的：

这里是一座神圣的殿堂，几代人在这里如饥似渴地汲取他们所需要的科学文化知识和先进的思想。人类在实践中不断发展创造的历史，也是通过各种典籍一代代地传播下去，有时一种思想，一本书会产生改变历史进程的伟大的动力。80年前在这里出现的一本小册子，就产生过这样的影响，那就是150年前出版的《共产党宣言》。结尾写道：从19世纪末李提摩泰把马克思的名字第一次传入中国到现在，已经一个世纪过去了。20年代初，中国的先进分子选择了马克思主义，从那以后，中国历史发生了令世人瞩目的翻天覆地的巨大变化。在这个漫长的历史过程当中，中国共产党人已经有了自己的伟大思想旗帜。那么有人会说，《共产党宣言》的写作时间和传入到中国的时间，那已经是一个遥远的历史了。是的，尽管时间遥远，但那却是珍贵的第一步。后来伟大事件的发生都离不开这第一步。

（三）富于哲理

表现性电视专题片往往通过解说词追寻人生精神家园，探讨人生价值，诉诸人生哲理。在《让历史告诉未来》中，解说词中有这么一句话："哲学家说：任何人的生命都是一个过程。"于是，该片的每一集都展示了革命先辈如何以自己的全部生命过程来回答人生价值问题，解说词也不时起着画龙点睛之笔。当表现两弹元勋邓稼先时，解说词写道："年仅三十四岁就接受了研制原子弹的特别任务，从此以后的二十多年，他告别了一个学者所有的社交和学术活动，隐姓埋名，肩负着一个民族的重托和希望，踏上了那条神秘的道路。""他对人生的超越，对事业的专注，使他像一块煤，默默地燃尽了自己，而把巨大的能量给了自己的民族。”刘郎的《苏园六记》，虽然是记录苏州园林，但他在园林深处却发现了人生哲理，提炼出一个“隐逸文化”。于是，我们从一个个与苏州园林有关的文人身上，看到了园林活的灵魂：沈三白、周瘦鹃、张大千、贝聿铭、陆文夫……他们的人生况味，他们的人生追求，他们的人生哲理。

请看高峰为《万里海疆》中的一集《渔歌》所撰写的解说词开头一段的哲理。

不知道还能不能找到一个名词用以形容比天尽头更加遥远的地方，山东荣成的东方城墙就是这样用礁石和海水混凝而成的。渔船行过天尽头，杆头的鞭炮爆响一片，云雾烟雾总也不能分辨，天尽头的渔家载着一船的吉利、一船的平安，驶向鱼群奔涌的海潮。

说来也奇，在广西北海市郊也有一块伸向大海的陆地，人们叫它地角。地角的渔家靠着一只船、一张网、一柄刀、一把盐的生产方式，把从前一片片的渔棚变成了眼前的小镇。

地角小镇的渔歌是多曲调、多声部的。网是渔家生活的形象，纤细、坚实、飘逸、沉重、流畅、曲折，那过去的日子和将要到来的心愿就一齐被织在一张铺天盖地的网中了。

在河姆渡古人类遗址发现了一把小型木桨，证实了人类在海边活动已有7000年的历史。人类创造了渔业，也创造了一种渔业文明。打渔人对大海苦苦依恋了7000年；我们民族的渔船足足开了7000年。打渔人飘落在茫茫大海的渔歌会不会也整整唱了7000年呢?

北方，天尽头的渔村；南方，地之角的渔港。

我们不需要追溯太久远的日子，那些生活在海边的渔民曾经是贫穷的代名词。它意味着一种风吹浪打的生活方式，意味着除了一只小船而其他一无所有的家境，还意味着他们是远离现代文明的化外之民。

第二节　表现性电视专题片的叙事手段

表现性电视专题片的叙事手段主要有解说词、蒙太奇、艺术手法、音乐、表现性材料。

一、解说词

解说词是表现性电视专题片的主要叙事手段。纪实性电视专题片虽然也用解说词，但它主要靠画面叙事，它不像表现性专题片那样依赖解说词。而表现性电视专题片的解说词是电视语言的骨干，起着叙事、抒情、议论、刻画、转接等作用，是表现性电视专题片主体运行的重要因素。解说词有着画面语言所没有的优势。

（一）确定画面信息

电视画面语言具有形象性和生动性，但它同时又具有不确定性和多义性。有一个非常经典的例子：苏联导演库里肖夫和普多夫金曾将一个没有表情的脸部特写和三个不同的镜头组接，观众对画面意义则产生不同的理解。当它与桌上一盆汤组接，观众似乎看到那张脸露出了饥饿的表情；当它与玩玩具的小女孩组接，那脸似乎又露出羡慕的表情；当它和躺在棺木里的女人组接，那脸似乎又露出悲伤的感情。

画面语言的不确定性是由画面的模糊性的本身原因产生的，而它的多义性则是观众自身的原因。观众因不同年龄、性别、文化程度乃至心理定式，收视期待的影响，对同一个画面产生不同的理解和效果，此所谓“一千个观众有一千个哈姆雷特。”

画面语言的这一缺憾，解说词可以弥补。正是解说词的确切表达，确定了画面的信息，排除了其他的歧义。请看专题片《使命》中一段解说词：

（八国联军大变活人魔术的资料片）

（八国联军入侵《辛丑条约》黑云中的太阳）

还是那些西方人，在中国进入20世纪的第一年，在中国的皇城古都，用电影摄影机拍下了一段资料。

在这段“大变活人”的魔术资料中，变出来的外国人，一个个威武雄壮。最后变出来的是一个中国侏儒，他刚一出现，就受到外国人的戏弄和殴打。

无论是西方的照相术，还是西方的魔术，都清楚不过地告诉人们，半殖民地半封建社会的中国，在进入20世纪的那一刻，沉沦到何等处境，面临着怎样的现实。八国联军武装入侵，《辛丑条约》丧权辱国，清朝政府腐败无能，社会景象贫穷衰败，曾经创造过灿烂文明的东方古国，在内忧外患中已陷入濒临灭亡的边缘。

试想如果没有解说词，那组“八国联军大变活人的魔术”资料，观众能理解为是对中国人的侮辱吗？并且进而认识造成这种外国人对中国人侮辱的原因是清朝腐败所导致的吗？也许观众只是看到一段大变活人的魔术，还以为是展示旧中国北京的民俗风景呢。是解说词把上述确切的信息传达给观众。

（二）增加画面信息

电视画面语言叙述的现在进行时的时空信息，而对过去时空发生过的信息和将来时空将要发生的信息，却无能为力，而这却是解说词的优势。解说词不仅可以叙述正在发生的事，也可叙述过去发生的事，还可叙述将要发生的事。这在文献纪录片和政论片中更为突出。

在大型文献纪录片《清宫秘档》中，主要是通过大量的图片、画像、实物、遗址的画面，讲述了许多过去在清宫中发生的故事，如《太后下嫁之谜》《一个想当和尚的皇帝》等。在《慈禧西逃》一集中，解说词叙述了当年慈禧在西安回京的路上在开封做寿的情景：“文武百官从各地来祝寿，连演数天戏，光是宴会的桌椅、餐具和茶具等花了三万多两白银；而山西、陕西正值百年不遇的旱灾，赤地千里；江西大雨成灾，一片汪洋，天灾人祸，民不聊生。”央视的历史文化类专题节目《国宝档案》中的专题片《武则天传奇》第一集《武后绣裙》中展示了武则天穿过的一件石榴裙，解说词详细阐释什么是石榴裙以及“拜倒在石榴裙下”俗语的来历等丰富信息。

（三）擅长表达理性

在文献纪录片特别是政论片中，一些科学理论、一些精神、理念性的东西，画面语言是难以表达的，而解说词却正好发挥其特长。

在《使命》中有一段解说词说道：

（十一届三中全会资料片，太阳）

（一组高科技的资料片，邓小平访问美国的资料片）

（字幕：1978 年全国科学大会）

革命是解放生命力，改革也是解放生产力。

20 世纪 70 年代末，中国共产党经历了 22 年的艰难探索，意识到曾经在社会主义建设中发挥过巨大作用、高度集中的计划经济体制，不利于进一步推动生产力的发展时，果断地举起了改革的旗帜。改革的标准，用邓小平的话说，就是要有利于发展社会主义生产力，有利于增强社会主义国家综合国力，有利于提高人民生活水平。

于是，在1978年实现政治路线拨乱反正的党的十一届三中全会上，主题依然是以经济建设为中心，一心一意搞现代化建设，并确立了紧扣时代步伐的改革开放。从此，改革开放就成为社会主义生产力发展的强大动力，十一届三中全会就成为中国共产党实现民族复兴奋斗历程中的永恒坐标，社会主义现代化建设就成为历史的主旋律。

当中国共产党踏着这一历史主旋律凯歌行进时，科学技术对生产力的发展，越来越显示出巨大的作用。正是在1978年，中国共产党倾听了时代前进的足音，充分意识到科学技术在生产力发展中沉甸甸的分量，及时把视野投向了科技的灵光，去把握有力推动社会生产力发展的杠杆。

(邓小平在1978年全国科学大会上的讲话同期声)

现代科学技术的发展，使科学与生产的关系越来越密切了。科学技术作为生产力，越来越显示出巨大的作用。四个现代化，关键是科学技术的现代化。没有科学技术的高速度的发展，也就不可能有国民经济高速度的发展。

(旋转的地球和一组特技)

世界潮流，浩浩荡荡。

20世纪90年代以来，以信息技术和生命科学为先导的新技术革命浪潮席卷着全球，科学技术对生产力发展和经济增长的推动作用，呈现出前所未有的势头。科学技术在世界各国的发展天平上，也被摆在了前所未有的位置。国际间的激烈竞争，越来越集中到科学技术的竞争。

面对挑战和竞争，与时俱进的中国共产党为了代表先进生产的发展要求，始终踏着世界高科技革命的涛声巨浪。

二、蒙太奇和艺术表现

“蒙太奇”这一概念来自法语，原义为建筑学上的构成、装配、借用到电影艺术中有组接、构成之意。通常是指艺术片的结构方式。根据主题的需要、情节的发展，电影、电视片所要表现的内容分解为不同的段落、场面、镜头，分别进行处理和拍摄，然后再根据原定的创作构思运用艺术技巧，将这些镜头、场面、段落，合乎逻辑地、富于节奏地重新组合，产生连贯、对比、呼应、联想、悬念等效果，构成电影和电视的独特表现方法，称为蒙太奇。

“蒙太奇的完整概念包括三层含义：一是作为电影电视反映现实的形象思维方法，即蒙太奇思维。二是作为电影、电视片的基本结构手段，叙述方式，包括分镜头和镜头、场面、段落的安排与组合的基本艺术技巧；三是作为电影、电视片剪辑技巧和技法的理论依据。”①

蒙太奇大体上可分为三种：一种是叙事蒙太奇，基本上按事件发展顺序、因果关系来叙述；第二种是表现蒙太奇，用来展现视听艺术表意功能和宣泄心理情绪；第三种为内部蒙太奇，即通过长镜头、人物调度而带动景制的变化，产生独特艺术效果的蒙太奇。

纪实性电视专题片主要是运用第三种蒙太奇手法，通过长镜头的运动获得“内部蒙太奇”的效果；而表现性电视专题片则多运用叙事蒙太奇和表现蒙太奇两种。

表现性电视专题片常用的叙事蒙太奇是将单个镜头，依时间顺序排列组合，连续而流畅地叙述一个事件或故事。叙事蒙太奇又可分为平行式、交叉式、复现式三种。平行蒙太奇可将两个以上异地同时发生的事件线索并列叙述，统一在一个完整的主题和结构之中。交叉蒙太奇是将同时发生的几个动作或场景镜头迅速交替展示，常用于追逐等惊险场面。复现蒙太奇将具有特殊意义的镜头、场面、细节反复映现，如旧景重现和旧物再现等。

表现性电视专题片常使用的表现蒙太奇，主要是作为一种艺术表现的手段之一。表现蒙太奇是将经过选择的镜头并列在一起，形成一种新的含义，产生特殊的艺术感染力。表现蒙太奇又可分为对比蒙太奇、隐喻蒙太奇、心理蒙太奇等。对比蒙太奇是将两个相互对立的事物的镜头组接在一起，以形成强烈的视觉效果。如缓慢行走的牛拉车与奔驰的汽车组接在一起。隐喻蒙太奇是将选择的镜头进行对列或交替，托物言志或借景抒情。心理蒙太奇是通过片断的、非连贯的或跳跃的镜头组接，表现人物的闪念、回忆、梦境、幻觉等主观心理活动。

表现性电视专题片使用叙事蒙太奇和表现蒙太奇与纪实专题片使用长镜头内部蒙太奇相比，能省掉多余的过程，压缩屏幕时间，增加单位时间的信息量，同时还能有助于创作者的主观介入。但是，分切、组合有时会割裂完整的时空，破坏时空真实与感性真实。

表现性电视专题片的艺术表现的另一个重要手段则是解说词的文学手段，包括象征、比喻、联想、对比、排比、渲染等。

三、音乐

纪实性电视专题片几乎没有音乐，有也是同期声中的音乐。而表现性电视专

① 刘建明主编：《宣传舆论学大辞典》，经济日报出版社 1992 年版，第 850 页。

题片不仅有音乐，而且十分重要。它是表述主题的重要因素，渲染情绪的重要手段。音乐可用与主题有关的现成音乐，也可另行创作音乐。音乐在表现性电视专题片有如下一些作用：

1. 表达内容，深化主题

如《西藏的诱惑》中的主题歌：“我向你走来，捧着一颗真心；我向你走来，捧着一路风尘……”表现了一种对西藏顶礼膜拜的思想。又如纪录片《雪域高原西藏》中，引用了一些藏族民歌：日月是天空的光彩，森林是山岭的光彩；雪山是高原的光彩，民族团结是祖国的光彩。

2. 渲染情感，烘托气氛

如在《东安人的奉献》一片中，为了表现最初北京东安市场的小商贩、小手艺人的市井画面，使用了很早就传入北京的河南坠子《呼延庆打擂》配乐，老艺人嘶哑的嗓音，四胡多泛音的吱吱声和锣鼓声烘托出市井气氛。为了渲染藏族同胞新中国成立前的苦和新中国成立后的甜，在《雪域高原西藏》中也引用了一些藏族民歌：

（影片资料）

新中国成立前的西藏，仍处在封建农奴制阶段，农奴身受官僚寺院、贵族三大领主的统治与剥削，生活极其困苦，贫苦农牧民中又分差巴、堆穷、郎生三个级别，郎生完全没有人身自由，是名副其实的奴隶。

这就是一个农奴的所有家产。除此之外，还有什么呢？什么也没有了，只有撒落在窄窄的山道上、荒凉的高原上的歌：

我从小就哭着走路，
为什么我该苦一辈子。
我开口就会唱山歌，
穷苦像流不断的山河。
走马背上是沉重的驮子。
百姓头上是官吏的刀子。

农奴除负担地租以外，更主要的是承担各种繁重的劳役。藏族地区的苛捐杂税多如牛毛，一个农奴从生到死，要向领主交纳数不清的捐税。在西藏，所有的领主又都是高利贷主。

西藏地处高原，交通不便。日用商品的稀缺，使广大农牧民又遭受到官商的另一重剥削。那时候，一盒火柴要拿三张羊皮来换，想得到几块砖茶就得失去一头牦牛。

（农奴劳作）

天上有翅膀的鸟里边，
还有谁比麻雀更小呢？
地上黑脑袋的人里边，
还有谁比农奴更可怜呢？

1954 年 12 月，川藏公路通车，随后青藏、新藏、滇藏公路相继通车，从此，在西藏与内地之间架起了一座金桥。

（公路）

当你不熟悉的时候，
西藏是那样的蛮荒；
熟悉了，就像自己的家乡。
当你不熟悉的时候，
牧狗比虎豹还凶狂；
熟悉了，为你牧放牛羊。
当你不熟悉的时候，
分什么汉族、藏族；
熟悉了，就跟亲兄弟一样。

（拉萨八廓街）

这是拉萨市内最繁华的一条街，八廓街。

人们常把八廓街比作西藏的窗口。商品琳琅满目，游人摩肩接踵。其热闹程度不亚于内地大城市的任何一条商品街。

人们热爱新生活，也格外珍惜生活。

如果东方没有温暖的太阳，
怎能融化西山的积雪冰霜？
如果不融化西山的积雪冰霜？
怎能有滔滔的雪水流满大江？
如果没有滔滔雪水流满大江，
怎能有青青松柏茁壮成长？
如果没有青青松柏茁壮成长，
怎能有蓝翎布谷鸟幸福歌唱。

（西藏教育略）

（西藏的干部略）

（藏族文化略）

（藏族歌舞）

藏族人民的感情溢于言表，他们对自己的历史记忆犹新，对新生活的渴望是那么淳朴、深厚，那么淋漓尽致。

当看到丰收的时候，他们唱道：

看见青稞的叶子，
像看到绿色的珊瑚。
看见青稞的穗子，
像看到黄色的珍珠。

当想起亲人的时候，他们唱道：

留下情人吧，舍不得，
带上情人吧，害臊；
情人要是个木碗；
装在兜里多好，

当思念家乡的时候，他们唱道：

我们的家乡，
像金子的宝盆。
过去我没有离开过，
今后也不打算离分。

（转经筒）

古老的土地被掘开了。一座座现代建筑拔地而起，与古老的宫殿争辉。到1986年年底，援藏的43项工程已全部竣工。西藏宾馆、拉萨饭店、西藏体育馆、拉萨医院……等，像一颗颗璀璨明珠，点缀着高原大地。

东方南方西方的云，
虽然飘荡不在一方，
但是都在蓝天上。
岩山雪山石山的水？
虽然源头不在一方，
但是都汇聚在海洋。
汉族蒙古族和藏族，
虽然家乡不在一方，

但都是同一爹娘抚养。

高原，西藏高原。它在坚强地崛起。虽然缓慢，却不失毅力。虽然无言，却有着勃勃生机。

(风光)

日月是天空的光彩，

森林是山岭的光彩，

雪山是高原的光彩，

民族团结是祖国的光彩。

3. 衔接镜头，转换段落

电视专题片中当一种音乐过渡到另一种音乐，或者一个段落本无音乐却突然出现音乐时，往往就是段落的转换。

四、表现性材料

表现性电视专题片的叙事还经常借助表现材料，而纪实性电视专题片不用或很少用表现性材料。这些表现性材料包括照片、画像、书信、文字档案、文物、遗址、遗物、音像资料以及影视资料、情景再现等。这些所说的音像资料是指过去真实记录人物或事件的录音、电影、电视资料。而影视资料则是与人物或事件相关的电影故事片或电视剧中的片断。

在文献片《宋庆龄》中大量地运用了表现性材料，例如首次披露了一批来自俄、美等国家的文献资料。还有大段大段地运用了宋庆龄的信件、日记、谈话记录。并对一些照片进行解读，如对一张国民党二届三中全会的合影解说词说道：“宋庆龄坐在前排的中间，她已成为坚守孙中山思想的中流砥柱。站在宋庆龄身后的这位年轻人，就是后来成为中国革命领袖的毛泽东。”

电视专题片中的情景再现，或称模拟画面，又称之为替代性资料。有两种，一种是由人扮演，但一般均取中、远景，如取近景也不对面部作细致的拍摄；另一种则是通过三维动画制作。电视专题片中的影视资料和情景再现在专题片中出现这两种资料时，应注明影视资料或情景再现，以免观众误以为是真实记录的画面。如《清宫秘档》中，大量地运用了表现性材料，如文物、用满汉文字书写的皇帝绝密遗诏、上面有皇帝批示的密密麻麻的奏折，代表当时亚洲最高水平的地图《皇舆全览图》，写满人名的金榜，清朝 10 个皇帝以及后妃、大臣的众多画像等。同时，用三维动画制作了战争烽火、宫廷演戏、慈禧出殡等模拟画面，这些画面隐隐约约，很好地营造了历史氛围。

五、人物口述

表现性电视专题片的人物口述与纪实性电视专题片的人物对话不同。表现性电视专题片的人物口述一般在室内，大多在受访者家中进行。而纪实性电视专题片的人物对话一般在事件现场进行；表现性电视专题片的人物口述既可以谈得感性一些又可以谈得理性一些，而纪实性电视专题片一般以感性话题为主。

这种人物口述的作用，重点在叙述过去发生的事和揭示人物的思想和情感。这种叙事方法最适于表现历史事件和历史人物的文献片，如《毛泽东》《伟人周恩来》等，都是通过伟人的亲属，伟人身边的工作人员的口述再现伟人的事迹。特别是有些以人物口述为主的专题片，人们称之为“口述体”。如六集口述历史片《百年小平》，就是通过大量亲历者口述来结构片子的。通过邓朴方、邓楠、邓榕等百名亲历者的口述，深情追述了邓小平在世时的工作、学习、生活中许多鲜为人知的故事，展示了一位伟人丰富的内心世界。在片中邓朴方说：“他每天中午喝一杯茅台酒，然后给他一盘南瓜子作下酒菜，这个南瓜子是他的‘私有财产’。他有时候就说，胖子，把这南瓜子拿一些去，因为我有时候也陪他喝一杯酒。现在回想起这些细节的时候，有时候想哭……”在片中邓榕说：“爸爸年纪大了以后，我们陪伴在他身边，陪他一起看节目。他的耳朵不好，他要看电视剧，要看新闻，都是我们在旁边给他边看边重复一遍，复述，我们的作用就像是当‘耳机’。有的时候，我们经常会用手去摸摸爸爸的手，摸摸他的头发，他的头发滑滑的，有点儿灰，发白的，特别干净，特别柔顺。他的手是温暖的，特别温暖。这种感觉到现在我都经常感觉到……我真的想再去摸摸父亲的手……”在《长征》中，有百位老红军出镜对长征历史进行遍忆、描述，其中最年轻的92岁，最长的106岁，他们是历史的见证者，最有说服力。另一种“口述体”如《小芳的故事》则是通过两位当事人知识青年刘行军和王亚文的亲自口述，讲述了这两位下乡知青苦恋20年终成眷属的感人故事。

请看两人相识一段的对话：

主持人：……1974年，在大田里干了5年农活的知青刘行军被调到药社工作了。

主持人：您在药社管什么？

刘行军：药社我主要就是发药。当时王亚文她父亲要的是核黄素，我把另外一个患者的氯丙嗪错给了他。

主持人：氯丙嗪是什么东西？

刘行军：氯丙嗪又叫冬眠灵，是镇静药。

主持人：（独白）

由于肝肾功能不好，错吃了冬眠灵的王老汉晕倒在自家院子里人世不醒。他的小女儿王亚文匆忙跑往一里以外的药社叫大夫，路过井台边，遇见了正在打水的刘行军。

刘行军：晌午的时候我在井沿边挑水，我就看见前面道上风风火火跑过来一个女孩子。

主持人：这个女孩当时什么样？

刘行军：当时我记得好像衣服也没穿得很整齐，鞋，好像就拖拉着一只鞋。

王亚文：他看我跑得那么急，还光着一只脚，他就问我。他说："你干啥？"我说那个王大夫在不在卫生所？他说咋地了？我说我爸不知道咋地了。

刘行军：我说大夫在药社，她就往药社跑。当时我紧跟着就把水桶放下，也往药社跑。我到药社的时候呢，我们卫生所大夫就跟我说了，他说小刘你赶快拿点药上前屯去，可能那个王亚文父亲是吃错药了。

王亚文：他们比我先到，他们快，我慢，在后面过来。等我进屋的时候，我就听王大夫他们说，幸亏吃药吃得还少，还没大问题。因为他肝和肾脏不好，所以他就严重一些，要一般人不会那么严重。那么我就知道是拿错药了。他还在那哭，我也看见了。这样我就一下就闯进来。闯进来，我当时就想挠他，我一边挠他一边叫喊，我说我爸死了你要给偿命。就这么的，我妈在旁边偷着掐我，我离门，很近的嘛，就把我推出去了。

主持人：这是你和刘行军第一次结缘？当时你多大？

王亚文：16岁。

第三节 表现性电视专题片的误区与发展趋势

表现性电视专题片在我国已有近50年的历史，它在不断地总结经验中前行，并在不断发展完善之中。

一、表现性电视专题片的误区

（一）主观介入的问题

表现性电视专题片是创作者表示对社会事物或自然事物的一种看法，一种感受。因此，它有较强的主体介入。但这种主观介入如果把握不好度，就有可能步入误区。

1. 说教意味太浓

由于对“形象化政论”的误读，我们一些表现性电视专题片的创作者过分追求片子的政治教化功能，强调主体意识的灌输，意识形态色彩过浓，高高在上的训诫者的姿态，官本位，说教腔，上令下行的意味居多。主题不是退居在形象之后，淡化或隐含在生动的人物或事件当中，而是通过解说词直接说出来，唯恐观众不能领会。

2. 大话空话

在题材选择上偏重于好人好事：关心集体，扶危济困，乐于助人，不计报酬，无私奉献，带病工作、鞠躬尽瘁。这些人类的美德确实值得颂扬，但是这类专题片停留在人物行动的表层上，停留在人物的豪言壮语上，缺乏对人物个性的展示，缺乏对人物内心的揭示。也缺乏对民生的人文关怀。好人好事不过是创作者观念说教的例证。人物的豪言壮语实际上是创作者的大话空话。

（二）真实性的问题

表现性电视专题片在如何“表现”的问题上存在着歧义，认为生活事实只是创作者手上的一团泥，听凭捏弄，这样真实性便遭到戏弄。有的创作者凭空想象，虚构内容，一些情节和细节是通过所谓“合理想象”出来的；有的创作者摆拍对象，导演生活，生活事实的发展不是按照生活本身的逻辑发展，而要按导演的意愿来发展；有的创作者追求效果，制造高潮，不是考虑现场实际情况并无高潮，而是组织补拍来制造高潮。这种种作法突破了专题片的真实性底线。专题片的生命自然也受到威胁。

（三）解说词的问题

任何一种风格的电视专题片都应以镜头画面为主，解说词为辅。但有的表现性电视专题片的创作者却想要颠覆这一理念，认为纪实性电视专题片是以镜头为主，而表现性电视专题片则可以以解说词为主。在这一理念指导下，便有了有的创作者先写解说词后拍画面，违反电视专题片创作规律的做法，认为只要按照解说词的需要，拍一些能够“对位”的画面就可以了。这样，电视专题片不仅失去了它的生动性，而且失去了它的真实性。有的表现性电视专题片的创作者叙事手段主要是解说，画面退居次要地位，于是“语言叙事，画面实证”，画面、音乐、音响完全以解说词的逻辑关系和情绪流向为剪辑依据。这样，电视专题片成了“以听为主”而不是“以看为主的”有图像的广播。有的创作者为了追求解说词的文学性或深刻性，而不考虑画面如何表现。解说词过于文采或理念，成为书面语言，不符合电视“转瞬即逝”要求口语化特点，造成费解等语言障碍。

请看下面这篇有文采却无画面的解说词的一段：

苏绣：针眼一泓秋水

中国有两根针神乎其神。

一根在针灸大夫手上；一根在刺绣女工手上。

手到病除；手到画成。

看来神乎其神的，还是中国人的两只手。

所以对刺绣的评价，最多的是“神乎其神”这四个字。

一缕丝线在刺绣女工的手指间仿佛一泓秋水，流上霜缣素绢。

俗话说心灵手巧，这些手指就是她们从一颗爱美之心的源头，淌出的汩汩清泉，响起的潺潺水声。

天上有巧云，苏州有巧手。

在苏州，刺绣女工被叫作绣娘。娘在吴方言里是少女的意思，日本人从吴文化中学去许多东西，“少女”的当用汉字，现在还是“娘”这个字。目前的苏州已很少这么使用了，由此可见绣娘这个叫法的古老。

乡下的一些地方至今还保留这样的风俗：父母觉得女儿聪慧，有希望成为绣娘，就从娃娃抓起，不让她去学做农活了，以保持她一双手的敏感。

像另一种现实里的渔家少女，把绣花针当作青青长篙，把丝线当作丫丫小舟，她们玲珑剔透的心思，在手指的舞蹈里织出了南风飘飘的渔网，洒向霜缣素绢的渺渺水面。

她们打捞出的是江南的历史、风土人情、一个村庄的早晨和童年的记忆。

刺绣的历史源远流长，在《尚书》《诗经》中就有记载。当时只是服饰，现在在少数民族地区还会听到这远古的回声。刺绣作为独立艺术的出现，很可能在唐末宋初。

当刺绣从服饰中独立出来，很长一段时间里，只是对中国传统书画艺术的一种模仿，以针代笔，以乱真为能事。这从沈寿以唐伯虎书法为稿本的这一幅刺绣上可以看出。明代的苏州，像是个华丽家庭，经济、文化空前繁荣。身为“明四家”之一的唐伯虎，尽管绘画不如沈周从容，书法不如文徵明蕴藉，名声却是最大的。因为凭了子虚乌有点秋香的故事。由此看来，艺术家在芸芸众生心底，首先是一段传奇。

沈寿也是如此，她与南通状元张謇的故事，就曾闹得沸沸扬扬。真真假假，谁弄得清。但张謇为病中的沈寿整理了由她口述的《雪宧绣谱》，倒像是江湖上的大侠留下了绝杀剑诀。

绣花针有时候比剑更能掀起波澜。所谓一针见血，这针就是绣花针吧。

二、表现性电视专题片的发展趋势

（一）引进纪实，形成“纪实与表现相结合”的新风格

从20世纪90年代开始，一些专题片创作者开始探索一条新路，在表现性电视专题片中引进纪实的因素，记录了现场采访，现场拍摄了人物的动作行为，运用了大量记者与被拍摄对象的对话的同期声。有的电视专题片还将摄制组的活动记录下来。另一方面，仍然保留了表现性专题片的一些鲜明特征。

在表现性电视专题片中，有不少运用了纪实手法，甚至在表现风格的理论文献片中，也运用了这种手法。如《使命》第一集中纪实手法的运用表现在三个方面，其一，记录了摄制组的活动，如《使命》摄制组车进中南海，在法国鲁内维尔，摄制组进入方苏雅的故居，热气球航拍延安等；其二，现场人物行动拍摄：方苏雅后代演示100年前的照相机等；其三，一组中国百姓的现场同期声，其中有市民、农民、公务员、教师、大学生。

表现性电视专题片引进纪实的手法，有许多好处：第一，使画面更为丰富多彩，打破了表现性专题片多用照片、资料、空镜头、画面缺乏、单一的沉闷；第二，将现实的时空与历史的时空巧妙地结合起来，给观众一种置身其中的真实感受；第三，通过纪实拍摄的动作和同期声来表现主题，可以避免一些表现性电视专题片的主观说教味。许多文献大片引进纪实手法，甚至多元化的表现方式。如央视制作的八集文献片《长征》摄制组重走长征路，驱车五万多公里，足迹遍及20个省市，对长征路上所有战役地、会址都做了纪实性的拍摄。

（二）注重故事，增强专题片的娱乐性

故事化是当今表现性电视专题片艺术表达的一种发展趋势，这是对我国观众喜欢听故事的民族欣赏习惯的一种回应。因此，有不少创作者提出要把专题片做

得像故事片一样好看。专题片与故事片的区别在于一个是真实的故事，一个是虚构的故事，而它们讲故事的技巧是相通的。如设置悬念、描述细节、安排伏线和铺垫、组织高潮等。《长征》中做到了讲好故事，以情动人，佐证历史。如周恩来受伤的故事，32名船工七天七夜不停帮助红军摆渡过江的故事，跟随长征的外国传教士勃沙特的故事等。

目前，表现性电视专题片讲故事的形式主要有三种：第一，话筒采访故事，由被访者讲述故事；第二，解说词讲述故事，并有适当画面接应；第三，由人扮演故事或动画演绎故事。

获得2005年四川国际电视节最佳长篇人文类纪录片、最佳摄影两项大奖的中央电视台12集大型纪录片《故宫》，就运用了以上所述三种形式讲述故事。比如通过解说词和故宫研究专家、工作人员讲述了明永乐皇帝朱棣为什么不安居南京现成的宫殿，而偏要在北京建紫禁城的故事。讲述了故宫中的国宝，比如酒器极品斗彩三社杯的故事。还讲述了战乱中文物辗转迁徙的故事和追寻流失海外的文物的故事。特别值得一提的是《故宫》通过动画制作和演员扮演来讲述故事。该片动画制作量大、技巧高、效果好。在《肇建紫禁城》中再现了紫禁城的建造过程，在大雪纷飞里马队在泼水结成的冰道上运输大石料的故事。通过人物扮演来演绎大臣在简陋的南书房办公的故事等。

表现性电视专题片如何讲好故事，主要靠悬念的设置和戏剧性情节来激发观众的兴奋。一般一个专题片要有五个以上的兴奋点：

1. 悬念的设置

一个故事性强的专题片需要层层设置悬念，层层揭秘，层层递进。如《考古中国》之《河姆渡文明之谜》一集中，由河姆渡村村民施工时发现可疑碎片铺设悬念，随后讲述考古人员在逐层挖掘中相继发现墓葬陶片、石器等物，再设悬念，然后进一步对混在泥土中的褐色颗粒提出疑问，发展悬念，由炭化的稻谷加以解密；之后又继续设置悬念。新石器时代河姆渡人就开始种植水稻了吗？接着通过大量稻谷、骨制农具、“干栏式建筑”等证实河姆渡人确实会种水稻，并证实此处是一个被水淹没的氏族聚居生活遗址。

2. 戏剧性情节

戏剧性情节的编排，是专题片故事化的重要因素。电视专题片要善于在素材中寻找戏剧性情节以加强故事性，取得意想不到的效果。如《北洋水师》中有一个戏剧性情节，讲述大清国舰队有过数次一招克敌的机会，但不幸往往错过。其中一次我方鱼雷射向日本海军司令部部长的座舰，而且它无法躲避，如果命中，将会导致群龙无首，不战而退。然而不曾料到敌舰是由渔船改装，吃水浅，鱼雷竟从船底下穿过，胜利也因此与北洋舰队擦肩而过，看到此处，观众不由得发出唏嘘感叹，这就是戏剧情节的魅力。

表现性电视专题片通过加强故事性，提高了观赏性，增加了观众的欣赏兴趣和观赏乐趣。

3. 平民化创作理念

平民化是纪实性电视专题片的一种创作理念，它是对过去表现性电视专题片官本位、高台说教的创作理念的一种颠覆。平民化是一种创作理念，而不是一种创作风格。现在，表现性电视专题片也在遵循这种创作理念。这种理念表现在风格上，由典雅走向雅俗共赏，视角的平民化和情感的平民化以及对平民的人文关怀。

如刘郎，一直是一位坚持表现风格的专题片著名编导，他在拍摄《同里印象》的专题片时，一反过去追求典雅的风格，而走了一条典雅与俚俗相结合的新路子。他在《同里印象》编导阐述中说："我以前所做的江南题材。风格多偏典雅。……但是，本次的《同里印象》却又是很难拷贝前者的。……经过了许多次的否定之否定，才在这一特定的题材中，最终找到了雅驯与俚俗相结合的创作动机与风格定位。"

不仅做表现性电视风光片是这样的平民视角，就是做历史文献片也在追求平民化。一方面评述历史要立足于普通民众，用平民视角来审视、选择和表现历史人物和历史事件，把民众作为历史主角，用大众的眼光去看待历史的变化。另一方面，用人情化、平民化的情感来观照历史，把历史人物，包括领袖人物作为普通人来表现，像《邓小平》片头中那句著名的"我是中国人民的儿子"一样，表现出领袖的凡人性格，才能离观众更近，唤起观众的心理认同和情感共鸣。

创作理念中的平民化趋势，这是表现专题片创作者从"专门做给文化人看"的框架中的突围。追求观众的最大化，追求更高的收视率，表现性电视专题片在尽量走近平民。

（三）观照现实，着眼当下

专题片，特别是历史题材专题片和文献专题片记述历史的同时，要观照现实，增强时代感，对历史做出新的诠释。《长征》中历史时空与现实时空交替穿插，历史与现实对话在回顾历史中呼应时代需要，特别是最后一集《永远长征》回应了习近平总书记的讲话"我们这代人要走好我们这代人的长征路。"突出了"长征永远在路上"的时代主题，浙江卫视制作的《南宋》从历史进点，尽可能找到今天的出点。第一集《遥望中原》利用杭州“艮山门”与“艮岳”的关系，巧妙地将今天与古代、现实与历史有机地交织在一起。

思考题

1. 解说词在表现专题片的地位与作用？
2. 表现专题片创作中主观介入有哪些？
3. 什么叫蒙太奇？蒙太奇有哪几种？
4. 音乐在表现专题片中有哪些重要作用？
5. 你怎么理解纪实和表现相结合的风格？

参考书目

1. 高峰：《对电视解说词的解说》，中国广播电视出版社 2002 年版。
2. 石屹：《电视纪录片——艺术手法与中外观照》，复旦大学出版社 2003 年版。

第四章　电视专题片的题材

第一节　人文类题材

“通过记录人的生活以展现历史变迁、文化变迁为内容的纪录片同属于人文类题材。”① 人文类题材是电视专题片题材的重要组成部分，其所承载的文化内涵十分丰富，有很高的审美价值。

一、人文类历史题材

（一）历史遗产题材

人类悠久的历史为人类留下极为可观的历史遗产。这种人类历史遗产既有物质的，也有精神的。

1. 物质遗产

物质遗产主要指遗址、遗物，包括已经发现的和刚被发现的。这种题材通过历史留下的遗产来解读历史、发现历史事实。一般注重记录生动的考古过程，通过链接大量的历史背景，模拟再现当年情景，让已失去生命的遗址遗物“活”起来。如《考古中国》利用当年古墓挖掘现场的实地资料来表现一个个考古成果。《新丝绸之路》的纪录片创作者跟随考古专家到遗址现场进行拍摄，从而破解一个个遗址、遗物之谜。《清宫秘档》充分揭示了中国第一历史档案馆现存的三千多万件清宫档案的秘密。《故宫》则是表现中国皇权的标志、中国古代文化的象征的皇宫遗址和遗物的。《话说运词》《望长城》将大运河和万里长城作为表现对象。

2. 精神遗产

精神遗产主要指意识形态层面的遗产，包括口头的和文字的，内容涉及诗词歌赋，还有很多民间的婚姻、葬礼、祭祀、宗教等文化仪式，以及手工艺品的工

① 王庆福：《中国纪录片追赶世界的步伐》，《中国广播电视学刊》2005 年第 4 期。

艺技术等。许多文化遗产是经过一代代人口口头相传的。如《远山的瑶歌》记录了80岁高龄的瑶歌王盘财佑如何把代代口口相传的瑶歌传给外孙盘琴。《唐之韵》则将中国唐代的一个个著名诗人、一篇篇脍炙人口的诗歌，一一进行展示。《祖屋》中记录了福建闽文化中的一些文化仪式，像“酒灌茅”的祭祀仪式、一个活着的人穿上死者生前穿过的衣服接受死者亲属“酒灌茅”形式的拜祭。比利时专题片《老鳄鱼与小雏鸡》记录了一位比利时老人与一位刚果少女的非洲结婚仪式。法国的《告诉我的朋友我死了》记录了格鲁吉亚西部一户人家，为死者举行的葬礼仪式。《东阳木雕》记录了东阳木雕工艺的奇巧精湛。

（二）历史文献题材

历史文献纪录片是我国特殊的品种，其发展引领了中国主流纪录片的创作浪潮。题材主要有两种：一是记录政治制度或政治现象的演变，二是表现名人伟人的生命历程。

1. 历史事件

如《让历史告诉未来》记录了我国军队的成长发展以及大型战役历史。《使命》记录了中国共产党成长发展以及重大历史事件。《百年中国》表现的是中国一百年中的重大历史事件，如五四运动等。中央电视台纪录片《丧钟为谁而鸣》则记录了二战结束后远东国际军事法庭对日本甲级战犯东条英机等的历史审判，通过当年参加过审判的当事人和他们的亲属之口叙述了审判中的感人故事。

为纪念长征80周年拍摄的《长征》，以其对历史的真实再现与注重观照历史，被称为最具水准的文献纪录片。《东方主战场》生动地记录了我国抗日战争的胜利过程，以及它在世界反法西斯战争中的意义。《台湾·1945》由福建省广播影视集团摄制的历史文献纪录片，全方位再现了台湾的光复历史。

2. 历史人物

有历史名人、历代帝王、民族英雄、近现代的伟人等。如《毛泽东》《周恩来》《刘少奇》《朱德》《邓小平》《李大钊》《张闻天》《孙中山》《宋庆龄》《陈云》《百年巴金》等。《话说长江》《话说运河》等也对系列历史人物进行了表现。

创作历史文献题材的电视专题片，对题材的把握要注意几点：第一，无论是历史事件还是历史人物，时间跨度都较大，几十年甚至上百年，在组织历史素材时要找到一个好的切入角度和一根贯穿主线，避免将这类题材专题片做成介绍历史知识的片子；第二，这类专题片在片中往往要阐述一种观点，发表一种主张，提倡一种精神，给人强烈的精神激励，创作时要特别注意从感情材料入手，关注可视性，避免过于理性和说教；第三，这类专题片贵在对历史资料的收集和发掘，特别是过去一直被尘封不为人知，今天被发现的资料尤为珍贵，能为片子增色不少。

二、人文类现实题材

人文类现实题材，往往是从文化人类学和人性的视角来观照现实生活所撷取的题材。我们将其大体分为三类：少数民族生活题材、边远地区生活题材和人性题材。

1. 少数民族题材

用文化人类学的观点去发现和记录少数民族有别于当代社会主要形态，具有某种“异类”社会生活状态的题材。如《泸沽湖畔摩梭人》表现的是阿注的婚姻。《最后的山神》表现的是鄂伦春族人生活方式。《神鹿呀，我们的神鹿》表现的是鄂温克人的生活。《桃坪羌寨我的家》表现的是羌族人的生活。把握少数民族题材，要注意表现少数民族文化、奇风异俗，尤其是那种原始的、历史“活化石”般的古老习俗。同时又不能带有某种偏见去展示他们的落后，只是公正地去表现这种异文化。

2. 边远地区生活题材

生活在边远地区的人大多数是少数民族，其次是汉族人。因此这类题材大多数仍是以少数民族为主角的。所不同的是，少数民族题材是以发现和记录少数民族的奇风异俗等文化特征为主体的，而边远地区生活的题材则是记录和展示少数民族和汉族在边远地区环境里的生存状态的。如《藏北人家》是表现海拔 4700 多米的藏北腹地纳木湖畔牧民措达一家的生活状态；《沙与海》表现西北腾格里沙漠深处一户牧民刘泽远一家的生活状态和辽东黄海水域井蛙岛一户渔民刘丕成一家的生活状态；《最后的马帮》则是表现云南最后一支国营马帮队在高黎贡山驿道上艰苦的生存状态；《龙脊》《阴阳》等都表现了恶劣环境下人们的生存状态。对这类题材的把握重点是表现生活在社会边缘情景的人们的生存境况，以及人在顺应自然环境的同时，又表现出对自然环境的抗拒与改造，显示出人的尊严与生命的价值。同时，不要热衷于愚昧、野蛮、落后，而应展示振奋民族精神的东西。《千锤百炼》是一部西部山区拳击运动的现实题材纪录片，由中、加联合摄制，关注的是代表古老文化和田园生活的会理与具有现代意识的拳击手们，营造了一个远离城市的田园空间。

3. 人性题材

人性题材一般是指对生与死，对生命的关注与思考的题材，对人类心理和情感题材的探讨，以及关注人类伦理价值观及其存在的题材。如《壁画后面的故事》叙述山东建筑工程学校教师、壁画家刘玉安，如何帮助他的壁画中牵马青年模特陶先勇治病、生活、抗拒死亡，谱写了一曲热爱生活、抗拒死亡，展示生的美好的颂歌。《舟舟的世界》叙述了武汉乐团一名乐手的儿子、先天愚型患者、19 岁的胡忆舟，虽然弱智，但却善于模仿，交响乐指挥便成了他最专注、最钟情的模仿对象。创作者将舟舟这个有残缺的生命和美好的音乐始终放在一起来表现，不仅仅是提供一个弱智者的艰辛生存，而且让人深感生命的苍凉，使人深感应尊重一切生命。《英和白》则是从伦理价值角度取材的人性题材纪录片。它讲述了武汉杂技团一只世界上仅存的被驯化、可上台表演的熊猫英，与一位有着意大利血统的女驯养师白，组成一个“家”，已经共同生活 14 年的故事。展示了一种新伦理价值观：摒弃了传统的以人类为中心的伦理价值观，将人类道德的范围扩展到包括动物在内的更广泛的领域，认为熊猫和人一样完全有理由获得人类的关怀。

第二节 社会报道题材

我国电视专题片走过了由关注“群体的人”，到关注个体的人、关注现实中普通人的生存状态和生存方式的道路，这是一大进步。但仅仅这样还是远远不够的，我们应该将对个人命运的关注延伸到对社会的关注，对人类命运的关注。因此，创作者们必须紧随我们这个时代，深入我们的现实生活，去记录当代重大的社会变革和具有普遍意义的重大社会事件，去干预和批判现实生活中的丑恶现象。

一、社会重大事件题材

（一）重大社会事件题材

重大社会事件是指当今社会发生的政治生活领域、经济生活领域、文化生活领域等发生的重大事件。在国外，有关于“9·11 事件”的纪录片，有举世瞩目的如奥运赛事、奥斯卡奖仪式等重大活动的专题片。在国内，中央电视台的系列片《中国奥运冠军特辑》记录了自 1984 年以来为中国摘取 81 枚夏季奥运会金牌的 81 位运动员的故事，展示了奥运冠军的人生画卷，描述了奥运冠军的独特性格，弘扬了奥运冠军为国拼搏，为国争光的精神。《大京九》系列片是以修建贯通我国南北的大动脉京九铁路为题材的。《质量万里行》系列专题片是以维护消费者权益，打击假冒伪劣产品的全国行动为题材的。《中华环保世纪行》则是以爱护地球，保护环境，治理“三废”全国行动为题材的。《非凡24小时》则是以发射神舟五号为题材的。《三峡移民》和《下山》则是以三峡大坝修建大移民和贺兰山生态移民为题材的。

这里所说的重大社会事件，是指当今社会发生的。历史上的重大事件一般列为历史文献类题材，个别历史事件在当今引发新的社会事件的除外。如《世纪末的起诉》是二战中日军强迫亚太地区妇女充当性奴隶的史实，引发受害者当今起诉日本政府的重大事件。

（二）重大社会问题题材

当今国内社会重大热点的问题，如保护耕地问题的《土地忧思录》，未成年教育问题的《少年启示录》，解决住房紧张问题的《住房见闻录》等。另外，还有关注弱势群体问题，如农民工讨薪难问题，东方卫视《深度105》记者刘炜跟随一位安徽来上海打工的小包工头两上无锡追讨工钱，揭开了隐藏在民工兄弟讨薪难问题背后的真相。关注残疾人问题，东方卫视《深度105》的摄制组奔赴青岛、上海两地和自闭症儿童家庭共同生活几天，拍摄了他们的生活状况。从而引起社会各界对这一被发达国家列为严重儿童残疾，而我国长期不被重视的儿童自闭症的关注。比如司法公正问题，三门峡市市民高铁钢被怀疑杀人，在没有任何证据的情况下在看守所被羁押677天，后因证据不足被释放。后高铁钢开始上访，历时4年多，终获国家赔偿，而使对他进行超期羁押的有关人员受到处罚，对这一典型案例东方卫视《深度105》的记者成功地拍摄了专题片。由上海电视台纪实频道摄制的五集纪录片《银发汹涌》，关注了我国面临的重大社会问题，即老龄化问题，以及它对社会经济、福利保障、医疗工业、家庭生活提出的挑战。

（三）重大社会改革题材

重大社会改革题材既可记录改革实际操作层面上的过程，也可记录改革给社会，给个人生活和心理带来的影响。如中央电视台《见证》栏目，于2003年将改革开放近20年来涌现的一批优秀纪录片创作者组织起来，策划了一次“经典再纪录”行动，重新拍摄采访当年曾在《沙与海》《龙脊》《毛毛告状》《三节草》《最后的山神》中的被采访者，记录了近20年社会变革带给他们的变化，创作出50集系列片《时间的重量》。《西藏行》记录了西藏自治区成立四十年来的巨大变化。《迎接挑战》是表现科技改革，科技发展对中国现代化的意义，对中国人观念比如时间观念影响的题材。《房子》和《与汽车同行》记录了改革开放以来房子与汽车如何改变中国，表现了不断变化中的中国人的生活史和心灵史。《人在单位》则是记录改革对人们一切依靠组织、依靠单位的依赖思想冲击带来的心路历程。《海选》《村民的选举》是以村级基层组织选举改革为题材的。

二、社会生活干预题材

（一）社会黑幕揭秘题材

在我们的社会生活中，有许多事实的真相和内情被掩盖，人们朦胧中感受到有问题，感觉到受欺骗，但是又缺乏事实来证明。这时，电视专题片的创作者就有责任进行调查，以廓清事实，揭示真相。

塞纳在《〈新闻调查〉的内容与样式》中说：如果仔细分析，这些真相呈现两种状态，一种是属于通常所说的黑幕与内幕，那就是被权力和利益遮蔽的真相；另一种是复杂事物的混沌状态，那是被道德观念和认识水平所遮蔽的真相。对第一种真相的调查，就是对已经存在的真实的一种反证，也就是说对假象的一种揭露，像《透视运城渗灌工程》《楷模》《绛县经验》《海灯的神话》。而对于第二种真相的调查，就是对已经存在事实的澄清，也就是反映事物存在的一种复杂状态，比如《眼球丢失的背后》《一村二主》《死亡可以请求吗?》。

如《西安宝马彩票案》，中央电视台《经济半小时》栏目的记者全程追踪了事件的发展。三次赴西安深入调查采访，层层拨开了案件的迷雾。第一次调查采访，播出了“体育彩票个人承包。承包商有造假前科”，提出了西安体彩个人承包的事实，并注意到承包商杨永明以前的造假问题；第二次调查采访，播出“宝马彩票真相大白”，杨永明承认造假事实，并已被西安警方拘捕。体彩中心的监管制度的漏洞和公证部门的失职，也随记者的深入调查逐渐暴露。第三次调查采访，播出“涉案人员被捕，相关国家公务人员被责令停职”，并由于记者的深入调查，体彩中心长达三年的违规操作浮出水面。《追踪矿难　瞒报真相》，中央电视台记者曲长缨根据群众对山西临汾阳泉沟煤矿难瞒报死亡人数的举报，深入调查，通过在该矿破旧的工棚的杂物堆中捡到的一个身份证，通过在黑乎乎的矿工宿舍床下捡到的一个破破烂烂的通讯录，通过听到的路人念叨的几个死难矿工的名字，记者顺藤摸瓜，拨开层层迷雾，揭露出矿主瞒报矿难死亡人数的真相。记者揭秘的全过程记录下来就是一部很深刻的纪录片。

（二）社会安全问题题材

当今全球关注的社会安全问题，如反恐问题、禁毒问题、打击犯罪问题等。

中央电视台做过一个东突恐怖势力的专题片《揭密“东突”恐怖势力》。《中华之剑》是新中国成立以来第一部大型禁毒纪录片，编导行程 1.3 万多公里，真实地拍摄了公安干警与贩毒分子的英勇斗争，甚至与武装贩毒分子的枪战；也表现了吸毒者的种种痛苦和悲惨下场以及迷途知返者的懊悔和痛心。该片共八集，时长 300 多分钟，震撼人心。《潜伏行动》，记录打击抓捕武装犯罪集团首犯的过程。又如对张君犯罪集团抢劫银行案件破获的记录。

三、社会战争灾难题材

（一）战争题材

战争是政治的变异和继续，战争给人类带来深重的灾难，也给全球经济带来巨大影响，不可不谓重大社会事件。在国外，战争题材为纪录片人高度关注。如著名纪录片大师伊文思曾拍过《西班牙内战》和反映中国抗日战争的《四万万同胞》。在 2001 年第 14 届阿姆斯特丹国际纪录片电影节期间，参评的战争题材的纪录片就有《战地摄影师》《第一次杀戮》《战争余波》《车臣让步》等，记录了中东战争、车臣战争和前南斯拉夫的战争。《战地摄影师》是通过一个战地摄影师的眼睛近距离地观察和记录了各地战场的惨剧，令人触目惊心，令人油然产生反战情绪。虽然这些是纪录电影片，它同样能带给电视纪录片的启示。

（二）灾害事件题材

灾害事件题材是指那些地震、海啸、火山、飓风、沙尘暴等自然灾害造成人类生命财产巨大损失的题材，疯牛病、“非典”、禽流感等流行性疾病对人类形成严重威胁的题材。

《唐山地震十周年祭》是以 1976 年唐山大地震为题材的。《西寻沙尘暴》再现了 2001 年西部三次沙尘暴的肆虐，以及对沙尘暴和人类生存的考察。《非凡抗击》，用纪实手法、记录一曲曲以生命挽救生命的赞歌，一道道群防群治的铜墙铁壁。《七天七夜》是一部反映小汤山“非典”医院建设的纪录片。《万众一心抗击“非典”》用特写式生动真实的镜头，全方位记录齐心协力抗击“非典”的动人故事。

在西欧，在“疯牛病”和“禽流感”发生期间，都有纪录片作下忠实记录。

第三节　自然环境类题材

一、地理风光类

美学大师宗白华先生说过：“艺术不只是和谐的形式与心灵的表现，还有自然景物的描摹。景、情、形是艺术的三层结构。”地理风光类纪录片就是这种描摹。20 世纪 80 年代，是我国地理风光类题材专题片的兴盛时期，我国所有的名山大川几乎都有相应的电视专题片。如《长白山》展现了长白山四季景色的变化，《庐山独秀》《飞红滴翠记黄山》《长白山四季》《井冈山》《梵净山》等。除了以山水做文章，创作者们还以四季做文章，如《春赞》《夏赏》《秋颂》《冬咏》等。这个时期的自然风光片一般表现为写景、状物、抒情。后来，发展到与历史文化结合在一起，体现出自然环境的深厚文化。

21 世纪地理风光片的新发展：

（一）聚焦区域风光风俗

进入 21 世纪，电视专题片创作者的目光开始投向区域风光风俗，往往融写实与写意于一体，展示的是某一地域的“人文山水”，一种充满灵性人格的山水。如刘郎编导的《江南》，以游历江南名山秀水、风景名胜为线索，观照江南文化的各个侧面。《苏园六记》《苏州水》《同里印象》等，则把视域缩小到江南文化中的某部分精彩文化。《徽州》摹写了地处黄山白岳之间的徽州幽闭的地理环境，自然山水、村落、民居、祠堂、牌坊、老桥、书院等，也展示了古代中原文化浸染中的徽州人的生活方式和文明形态。《嵩山》则以其特殊的地理环境本身的历史文化为依托，展现了嵩山自然与人文的双重魅力，昭示出嵩山不论在地理位置的空间坐标上，还是在历史文化的时间坐标上，都稳居于“中”的彰显位置。当然，无论是《江南》，还是《徽州》《嵩山》，展现的已不是纯粹的自然山水风光，而是一种天然和人工相结合的山水风光。江西庐山风景名胜管理局联合中央新影集团联合摄制的 10 集高清人文地理风光纪录片《庐山：人文圣山》，把庐山奇特的自然风光展现给观众的同时，又将与庐山有联系的历史文化名人以及历史文化予以呈现。

（二）展示城市风光风情

进入 21 世纪，地理风光电视专题片的另一个新的趋势是由摹写山水风光到展示城市风光。2003 年中央电视台在《见证》栏目中播出的系列专题片《一个人和一座城市》就是一个范例。此片共 17 集，选择了十位当代著名作家表现他们眼中和心中的十座城市。《抚摸北京》(刘心武和北京)、《此地是他乡》(孙甘露和上海)、《行云流水的武汉》(方方和武汉)、《凤凰于飞》(张贤亮和银川)、《贵阳，我不只是见证》(李宽定和贵阳)、《宽容的城市》(阿成和哈尔滨)、《柳风桂雨下》(李杭育和杭州)、《长沙岁月》(何立伟和长沙)、《乐土之邦》(邓贤和成都)、《我与城市》(邓刚和大连)。专题片既展示了各个城市各具特色的万种风情，也表现出“人在城中，城在心中”，城市是文明的标志，是人们的精神家园的深刻哲理。

2003 年，原中央电视台西部频道和西部八家城市电视台合作，制作了《我最喜爱的西部名城》节目，在国庆播出。2004 年，中央电视台又开展“魅力城市”评选活动，并与全国参选城市台合作拍摄了一批魅力城市电视专题片。

(三) 探索极致地理风光

地理风光专题片在 21 世纪还有一个新的发展，探索鲜为人类涉足的地理风光。如中央电视台 2003 年 5 月 11 日至 5 月 21 日，为了纪念人类登上珠穆朗玛峰 50 周年，直播中国队员攀登珠峰的《2003 · 站在第三极》。这部直播的专题片让受众观看到难得一见的珠穆朗玛皑皑的雪峰、雄伟连绵的群山和高原上独有的蓝天白云，也让观众看到了珠峰神秘莫测的风云变幻和奇异景色。同时，还让观众在感受“第三女神”的神秘和大自然的神奇时，心灵得到净化，思想得到升华，对生死考验、奋斗精神、团队力量有了更深切的感受和体验。

云南电视台《经典人文地理》栏目也曾播出过一部很有影响的上下集专题片《卡瓦格博》。卡瓦格博是云南梅里雪山第一高峰，海拔 6740 米，冰峰陡峭，雪峦绵亘，气势非凡，是藏族人民景仰的神山，至今仍是人类足迹未至的处女峰。从 1902 年起，英国、美国、日本、中国先后有五次大规模的登顶行动。但每当登山队员要攀登主峰时，主峰便被浓雾笼罩，接着大雨倾盆，雪花飞舞，冰崖崩塌，令登山队无法前进。一旦登山队撤下，卡瓦格博便雾收云开，蓝天日出。为此，更让卡瓦格博蒙上一层神秘的面纱。云南台的创作者拍下了这人类星球最美丽的主峰之一的神奇景色，并充分利用了登山运动员拍摄的素材，为受众展示了卡瓦格博的独特风姿，那挺拔的雪峰，那变幻的云雾，那雪白的冰川，那浩瀚的林海，那奔泻的溪流，那烂漫的山花。同时也预示人们：越是神秘、越有魅力，人类越有探索的欲望，人类总有一天要征服它。

(四) 转换事物微观角度

由宏观到微观，是 21 世纪地理风光片发展的又一特色。2001 年 6 月，孙曾田和许丹编导的《祖屋》荣获第34届美国国际电视节“银屏奖”。《祖屋》拍摄的是福建省住着黄姓大家族的一座大宅院，展示了这座宅院枕山、背水、面街的风水，也展示了它内部的精巧实用的结构。同时也描写了这祖屋与闽文化的密切关系，看到了居住在祖屋中的黄姓家族保留的像倒立柱一类的建筑特征。这是一种从微观角度来表现独特的地理风光专题片。此外，在《徽州》中看到有专门表现宗族祠堂和牌坊的专集。

云南电视台《经典人文地理》栏目曾经播出了《与石头对话的人》。石头是地球经过千百万年的地质活动，激流冲击，大自然造化而成的。它是地理风光中最小的构件。但它也具有千姿百态。这部专题片不仅记录了一个石头爱好者寻石、洗石、玩石的过程与情趣，更主要介绍了云南江河石头的丰富与秀美，展示了金沙江的激流打造出的色彩纹理独特的奇石景观，同时也昭示了“石头是我们星球的史书，石头刻录着我们大地的变迁”的哲理。

二、自然生灵类

(一) 动物生灵类题材

动物生灵类电视专题片旨在介绍世界各地的动物资源，普及动物知识，思考人与动物之间的关系等。我国动物资源丰富、种类繁多，其中不乏一些珍贵稀有物种，如熊猫、藏羚羊等。如中国电视观众最为熟悉的《动物世界》。祁云拍摄的《云南野生动物集锦》，记录了西双版纳原始森林中野象群落的生活习俗、生存环境，昭通大包山上的黑颈鹤，怒江峡谷原林中的滇金丝猴等。

动物类专题片除了表现人类已知的动物外，也在探寻人类未知的动物，如表现尼斯湖怪的专题片和探寻西藏雪原雪人的专题片，以及探寻神农架野人的专题片。中央电视台曾拍过《野人之谜》《野人探谜》《野人寻踪》《中国神农架野人报告》等。

在国外，动物生灵类纪录片的题材范围拓展得很宽，一些较为微观的小动物也是他们的表现对象。如丹麦的《神奇的蜘蛛丝》，该片一开始就引人入胜，解说词写道：“你是愿意走在钢制的桥上，还是蜘蛛丝做成的桥上，如果你想安全通过就选择后者。因为蜘蛛丝比钢丝的韧性强。”法国的《微观世界》，记录了蜘蛛、蚂蚁、蜗牛、螳螂、蜜蜂、毛毛虫等昆虫的生活状态，在片中我们可以看到蜘蛛巧捕蚱蜢，蜗牛恋爱求偶，天牛的角斗拼杀。还有《迁徙的鸟》，采用航拍技术记录了大雁、天鹅、燕子、老鹰等候鸟的迁徙活动，以及在万里迁徙中的艰难与危险，猎人的捕杀、天敌的攻击、风暴的袭击等，精美的画面，动人的情趣，引人入胜。

表现动物类题材还有一种是表现人类抢救濒危动物的。前面我们已经提到过的《回家》就是记录人类救治一头熊猫，然后将它放归大自然的故事。《回家的路有多长》是记录人类救治普氏野马，然后跟踪放归大自然的过程。而中国农业电影电视中心拍摄的《抢救大白鲟》，则讲述了发生在四川省宜宾市的一次抢救和跟踪国家一级濒危水生动物白鲟的故事。专题片既记录了“发现——转移——抢救——放生——跟踪”的跌宕起伏的全过程，同时也展现了长江流域鱼类稀有资源白鲟的进化历史以及它的生活习性和它的生存状态。

《可可西里》记录了一支由藏汉志愿者自发组织的保护藏羚羊的巡山队的事迹，既表现了他们与偷猎者的斗争，也表现了他们与恶劣的自然环境的斗争。

（二）植物生灵类题材

中国是个植物王国，适宜的气候、肥沃的土壤，非常适宜各类植物的生长。在未开发的原始森林里，还生长着一些世界其他地区已经绝迹的犹如“活化石”的植物，为中国电视专题片创作者提供了丰富的创作资源。目前，我国以植物生灵为题材的电视专题片有三种表现方式。

1. 主要展现植物形貌，结合表现环境状况和生存历史

如宜兴电视台在20世纪末曾经拍摄过《摇曳的古树》。这部专题片不仅展现了江南千余棵树龄千年以上的各类古树状貌，它们的千姿百态。同时也让人们了解古树所生长的环境，古树历经岁月沧桑的厚重历史，以及古树作为一个城市的坐标与重要景点带给人类的庇护和福荫。

2. 揭示植物的特异功能和人类对这种功能的探索发现

这种电视专题片往往以科教片的形式出现。如获得2004年第九届全国农业电影电视“神农奖”金奖的《探索银杏杀菌的秘密》专题片，讲述的是生物科学家孟昭里，根据“蚂蚁不上银杏树”这一传统说法提供的线索，仔细观察蚂蚁爬到银杏树下便会逃避。从此，他便开始了对银杏杀菌的揭密探寻。他拜访老中医，翻阅古医书，还到泰山脚下去观察被雷击伤的银杏树，发现被雷击伤的银杏树身不但没有腐烂，反而勃发新枝。他思考银杏树一定有某种能杀菌的物质，它是什么？怎么提取？专题片记录了这位专家科学求解的过程。使人们不仅增加了一份对银杏树的认识了解，也看到了一位科学家的探寻科学奥秘的锲而不舍的精神。

3. 表现植物与人类生活的关系和人类对植物的利用

如云南台《经典人文地理》曾播出过上、下集专题片《寻找普洱茶》，记录

了台湾商人廖义荣与云南普洱茶的故事。该片介绍了普洱茶的原产地易武古镇和勐海茶山的风土人情，也介绍了普洱茶对人类的特殊贡献：清食化痰，清胃生津、解腻通泄，特别是大叶种普洱茶对高血压、高胆固醇、动脉硬化等有良好的辅助治疗效果。专题片也表现了廖义荣发现陈年普洱茶的功效特好的过程，和他积极扶持种植和推销普洱茶的经历。

三、人与环境类

我国是发展中国家，发展经济和保护环境一直是社会发展的重要课题，也是电视专题片创作者的热点题材。此外，战争对生态环境的破坏、流行病对人类生存环境的威胁等也都属于此类题材。

“人与环境的关系，大体经历了三个历史时期：一是人与其他生命共同遵守同样的法则，人类尚未凌驾于自然之上的时期；二是人类在自然的征服中得到满足和发展，但大自然的报复和惩罚也随之而来的时期；三是人类开始自省，追求可持续发展的时期。”① 人与环境类专题片也大体取材于这三个时期。取材样式大体有：

（一）人与自然的和谐相处

如《家在向海》记录了科尔沁草原东边国家级自然保护区向海，未被人类侵害的那份宁静、优美，给人们带来的大自然生态美的享受。北京电视台拍摄的《英苏》，通过塔里木河下游一个人物和一个村庄的命运，反映了这条大河与村庄的兴旺、人的发达的亲密关系。大连电视台拍摄的《孤岛护鸟人》表现了鸟类是人类的朋友，人类应，爱护鸟类与鸟类和谐共处。

（二）环境破坏对人类的惩罚

战争破坏环境给人类造成的重大灾难。如中央电视台科教频道的《绿色与环境》，播出过 14 集系列片《战争与环境》系列片介绍了二战以来历次战争造成环境破坏给人类造成的灾难。特别是战争中使用的大量生化武器，不仅当时对人民生命财产造成巨大的杀伤和破坏，而且在战后对环境的破坏灾难更深重。

经济建设中对环境的严重破坏。地方政府或部门为求得短期的经济效益，不顾社会发展的长期利益，造成环境恶化，这类专题片屡见不鲜。如昆明电视台拍摄的《我们的河流》，讲述了由于过度采伐森林，造成东川区人长期受到泥石流的危害。后来东川区人植树造林，保护植物，取得了防治泥石流的明显成效。《绿色空间》栏目曾播出过《打捞废铁的渔民》，反映了广州市区的水上居民的

① 王横华、刘树勋：《〈绿色空间〉的环境文化魅力》，《电视研究》2005 年第 7 期。

困顿生活。这些渔民祖祖辈辈以捕鱼为生，但随着珠江水质遭严重污染，水中已无鱼可捕。于是渔民只得改业，以在江中打捞废铁为生。创作者和渔民一起去打捞废铁，记录下他们对环境污染造成恶果的无奈、无助和无望。

（三）人类与破坏其生存环境的斗争

中央电视台《绿色空间》栏目播出了10集系列片《2003——春天》，片子从中世纪席卷欧洲的黑死病到当前肆虐中国的“非典”，对其形成的原因与环境的关系进行详细的剖析。从人类生存环境不断发展变化角度指出：各种细菌、病毒作为大自然生物链中的一环会长期存在，不断变种，人类和疾病斗争，改善生存环境任重而道远。而成都电视台拍摄的《平衡》则生动地记录了发生在青藏高原可可西里地区，偷猎与反偷猎珍稀野生动物藏羚羊的武装斗争。

思考题

1. 人文类电视专题片题材有哪些特征？
2. 文献类题材专题片在选材上要注意什么？
3. 目前我国社会报道类专题片在取材上存在哪些不足？
4. 我国自然环境类题材专题片与国外的主要差距在哪里？
5. 你认为电视专题片要怎样选材？

参考书目

1. 吕新雨：《纪录中国——当代中国新纪录运动》，三联书店出版2003年版。
2. 王慰慈：《纪录与探索——1990—2000大陆纪录片的发展与口述纪录》，台湾出版社2001年版。

第五章　电视专题片的选题与策划

第一节　电视专题片的选题原则

电视专题片选题范围广泛，涵盖了社会政治、经济、历史、地理、军事、科技、自然、环境、教育、人文等方方面面。电视专题片选题的广泛性决定了不同类别有着相对优先侧重的选材原则，不可能有一个完全统一的标准。但相对而言，由于电视专题片属于非虚构语言类节目，取材于客观现实即真人、真事、真实生活，关照、反映和揭示的是社会和自然界的典型现象、典型事件或典型人物，需要对某一主题进行深刻诠释，从多角度、多层次、多侧面去结构节目，所以有一些选题原则是共性的。

一、思想性原则

在当今世界，电视媒体作为一种意识形态的重要载体，影响着每一个国家的政治生活，维系着每一个国家的安全和稳定。电视专题片在反映客观事实时，具有较强主体意识的渗透，可以直接或间接表达创作者对所反映客观事物的认识和主张，所以选题的思想性是成就其节目品质和影响力的关键，这也是所有电视专题片选题最重要、最基本的原则。

“政论片”一向以其思辨性和思想贡献力为观众所关注。那些在思想上紧扣时代脉搏的“政论片”往往能起到舆论导向的作用，甚至直接影响国家的发展方向和人民的社会生活。如在我国改革开放过程中，《让历史告诉未来》《迎接挑战》《时代大潮》《广东行》等专题片在宣传邓小平理论及党的路线、方针和政策方面就起到了不可忽视的重要作用。尤其是在解放思想、宣传“发展就是硬道理”方面，就以其巨大的影响力统一思想，消除迷惘，鼓舞人心。所以，思想性是“政论片”类别的电视专题片首要、也是最重要的选题原则。

下面我们具体分析一下在思想性原则指导下的选题方向。

一是在历史背景下，对国家和人民的命运起着至关重要的作用或影响力巨大的重大事件、重要人物等。

这种题材一般选自国家重大事件和重要人物的纪念日或重大社会新闻焦点事件和焦点人物，看重的是其在社会进程中的巨大作用和影响，以及对当今社会的思想贡献性，需要人们重新审视或追忆，满足信息的再需要和精神情感上进一步的升华。如 2013 年是毛泽东诞辰 120 周年，解放军电视宣传中心推出的纪录片《毛泽东的科学预见》讲述毛泽东一生中的八个惊人预见，对澄清当时社会上一些不良思想起到重要作用；在邓小平被美国《时代周刊》评为世界风云人物之时，专题片《邓小平》应运而生，满足了人们渴望全面了解邓小平的需要；2016 年是孙中山 150 周年诞辰，中央电视台播出了《孙中山先生》，作为对他的纪念；2015 年是中国抗日解放胜利 70 周年，许多电视台都为此精心策划制作了大型专题节目，如中央电视台的《东方主战场》《1937 南京记忆》《日本战犯忏悔备忘录》等，吉林电视台的《铁蹄下的东北》、北京电视台的《砥柱中流——伟大的敌后抗战》等。

二是在当代背景下，对国家健康发展和中华民族全面振兴有所贡献的社会课题、国家政策解读、总结国家阶段性发展成就等。

这种题材都具有强烈的政策和学术特点，一般来源于国家出台的重大思想、方针、政策，标志性政治事件或对国家发展进程出现的一些问题剖析深刻、见解独到的观点。这类专题片思辨性强，有理有据，观点鲜明但不生硬，以大量的事实、故事、细节、人物访谈来结构全片，影响力大、耐人寻味。如 2013 年，习近平提出建设“新丝绸之路经济带”和“21 世纪海上丝绸之路”的合作倡议，中央电视台在 2017 年 9 月推出《一带一路》，从历史、政治、经济、社会、文化等不同角度积极评价中国“一带一路”倡议，凝聚起“一带一路”对实现人类利益共同体、责任共同体和命运共同体有重大作用的国际共识；自 2012 年党的十八大以来，中国社会发生了翻天覆地的变化，中央电视台承担制作的 10 集政论专题片《将改革进行到底》讲述了以习近平同志为核心的党中央带领 13 亿中国人民攻坚克难、砥砺前行，坚定不移进行改革的故事。

三是在现实生活中，代表着先进思想、先进文化和先进生产力的真人、真事。

这种题材时代感强，社会关注度高，对现实生活具有指导作用和示范意义，代表着社会发展的方向。这类专题片大多是采用纪实语言挖掘主题的内涵，通过真实感人的细节展现人性的魅力，表达对人性的高度尊重，并以鲜活的电视声画语言实现与观众的情感交流，从而达到传播目的。如 2017 年中央电视台推出的《城市梦想》，以关注农民工等群体为题材，通过有公益心的社会成功人士体验基层活动，真实展现了基层群体的生存状态，表现出不同社会群体的相互理解和关爱，具有很高的社会意义；中央电视台《神九飞天三人组》通过对“神舟九号”飞天征程的回顾和宇航员的采访，向人们展示了“特别能吃苦，特别能战斗，特别能功关，特别能奉献”的中国载人航天精神，充分表达了中国人飞天梦圆的自豪之情，节目气势恢宏，振奋人心，鼓舞士气，是爱国主义教育的经典之作。

二、现实性原则

电视专题片作为人们审视现实社会的一个窗口，在电视文化传播中起到极为重要的作用。从近几年的电视专题片创作来看，现实题材的比例很高。以 2017 年中国新闻奖电视专题节目参评情况为例，各地选送的 33 部电视专题片中，现实题材占了 70%，这证明关注社会现实、关注民生、关注生活已成为专题片创作的热点。从现实社会出发，贴近实际、贴近生活、贴近群众，反映社会热点，是近年来专题片创作在题材选择上的显著特征。现实性成为电视专题片选题的一大共性原则。

社会现实的广泛性，决定了现实性题材选取的多样化。那么选什么样的现实性题材呢？归结起来主要有三类：

一是社会现实中重大新闻事件引发的一系列社会热点问题，群众关注度高，影响面大、时效性较强的题材。如 2016 年是我国推进供给侧结构性改革的攻坚之年，第二十七届（2017）中国新闻奖把电视专题类一等奖颁给了讲述企业供给侧结构性改革成就的作品——山东电视台的《“僵尸企业”重生记》。

二是社会现实中一段时期内群众关心、关注甚至忧虑的社会焦点问题。如《永远在路上》《巡视利剑》《打铁还需自身硬》等关于反腐倡廉的；《谁是真凶》《徐玉玉之死谁之过》等关于犯罪的；《“去产能”下的小钢厂复产记》《“功勋矿山”的时代之问》等关于经济现象的。

三是社会现实中感人至深、内涵深远，有时代气息、人文思想和现实意义的人或事。这一类题材在现实生活中最为丰富，而且永不枯竭，关键是要有一双发现的眼睛，要有独到的选择和挖掘。如获第二十七届（2017 年）中国新闻奖电视专题获奖的两部作品——龙口电视台的《191 天的牵挂》和上海电视台的《人间世——救命》。

三、真实性原则

电视专题片是非虚构语言类节目，真实性是其创作根本，更是纪实性电视专题节目的生命。电视专题片是对生活的真实反映，来不得半点虚构和造假，我们应该认识到失去了真实性，就失去了这类节目存在的价值和意义。《中国电视专题节目界定》对“纪实型”专题节目的“真实性”特别强调为：“真实性在这里有着至关重要的地位，……必须严格要求宏观的真实和细节微观的真实”。真实性原则主要体现在三个方面：

一是人物真实。电视专题片所表现的人物绝不允许虚构，也不能张冠李戴。对于表现人物的言行也要严格遵循真实性选材原则，不能编造，不能夸大其词，要杜绝摆拍。尤其是以人物为表现主体的人物专题片，只有取材真实，人物塑造起来才可信，才能引起观众的共鸣。如第二十七届（2017）中国新闻奖获奖的人物专题片——重庆电视台的《亲爱的》和青岛电视台的《船长》、中央电视台《23 年，陈满和他背后的那些人》，都是以人物真实可信的言行和生活细节来刻画人物形象，从而达到感人的效果。

二是事实真实。电视专题片所表现的事件必须是真实的。以事实说话，真实再现某一事件的过程是电视专题片的魅力所在。如《猖獗的黑油站谁来管》真实记录了记者暗访黑油站的非法经营活动的过程，连续六个通宵蹲守暗访，通过多方调查取证，终于拍摄到福州和 324 国道仙游段这几个黑油站要么私下交易，要么公然叫卖走私油的事实。对于深度调查类专题片，则要求事件背后的事实本身是真实的，因为这类节目选题时，对“事实链”真实性的要求更加缜密，往往是有一个事实的真相隐藏在事件的背后，而追溯这个事实真相本身就成就了一部非常好看的专题片，中央电视台的《新闻调查》就长于此项。

三是史料真实。电视专题片经常会遇到对过去时的展现，对过去时的展现方式主要有在世的当事人对过去的人或事的回忆和追溯和使用图文资料两种。电视专题片要求所使用的历史资料必须是真实的，不可虚拟和伪造。现在对于在专题片中使用扮演的手段“情景再现”，业界有很大争议，一方认为专题片不是纪录片，只要不失原始真实尚可；另一方则反对说，这有悖于纪实语言类节目的真实性原则。

四、价值性原则

现在电视作为“家用媒体”，在家庭的日常生活里扮演着重要角色，甚至有人把电视比喻为“家教”，电视节目的教育性和知识性可见一斑，其中不可忽视的是电视专题片的作用，它在弘扬文化、传播知识和传承文明上一直占有很重要的位置。价值性是电视专题片选题时必须要考虑的原则，更是以科技、文化、历史内容为主的专题片选题的首要原则。电视专题片的价值性包括了以下三个方面：

一是知识价值。电视专题片的知识性包括很多方面，有以专门普及某一领域的知识而做的专题片，但更多的是通过专题片主体内容表现而产生的相关信息给观众带来了丰富的知识。如《江山多娇》被赋予的地理知识极为丰厚，《中国民俗文化大观》里有许多的民俗知识，而《里约行动》中也介绍了很多奥运知识。

二是史料价值。对于大型电视专题片而言，史料价值是它的最基本的价值。我们看到，不论是以历史人物为题材，还是以历史事件、人文地理的变迁等为题材，在电视手段结构成片的过程中，对历史史实的选择和挖掘不仅让历史的真相再现，而且还会有新的整理和发现，对史料有新的诠释和贡献。如专题片《邓小平》中通过电视记者在法国的实地采访，人们惊奇地发现邓小平在法国期间的打工记录竟被完好地保存下来，这一细节就具有史料性的贡献；大型电视系列片《中华文物备忘录》反映的是中华文物传奇故事，其摄制组行程万里，足迹遍及美、英、法、挪威、瑞典等十多个国家和地区，现场采访了上千名中外文物专家和有关事件的当事人，为国内文物研究留下了大量珍贵的影像资料，极具权威性和文献性；大型系列片《共和国外交风云》《故宫》等更是一部部史料翔实的精品，很多人都看好其收藏价值。

三是科学价值。对于探索发现类的电视专题片，选题的科学价值是衡量选题分量和影响力的标准。如CCTV科技频道的电视专题栏目《科学世界》《走近科学》《发现之旅》等，其中很多专题片本身就像是一篇带有影像资料的科学论文，在科学探密和揭露伪科学上卓有功绩。

五、市场性原则

过去很长一段时间，电视专题片的生产成本大多是电视台出资，其制作人只负责制作成片，而对经济效益上的投入产出比考虑不多或者根本不用考虑。但是我们要看到今天的媒体已走上一条商业化运作之路，电视专题片作为文艺产品出现在影像市场上，忽略其产品的经济利益问题是不现实的，也是不可行的。所以在确定电视专题片的选题时，市场性原则是一个重要的基本原则。无论是操作重大选题的大型系列专题片，还是采制专题栏目里的常规专题片，制作人和编导在选材时，应该有成本意识、推广意识和市场意识。

面对一个选题，编导先要有成本意识，要用市场性原则来衡量和判断这个题材的可行性，对选题所需要的人员、设备和资金有个基本预算，通过尽可能合理的资源配置优化组合，“人尽其才，物尽其用”，用尽可能低的成本获取最大的社会效果和经济回报；另外也要对这个题材专题片的宣传和推广有所策划，重视节目的卖点与资本回报方式，为提高节目收视率做一些有针对性的工作；在前期还应该考虑专题片的市场运作问题，能否进入国内甚至国际影像发行市场等，争取在经济利益上有所收获。

现在国内的电视专题片和纪录片都存在市场化的问题，现行的电视制作体制决定了制作人市场观念和创作理念的滞后。在国外，电视节目商业化业态已经成熟，节目从选题策划开始就进入了商业运作程序，每一步都遵循市场规律，以实现收益的最大化。如美国的《国家地理杂志》频道制作的节目，投资大，回报高，一般每期节目的投入都是几十万甚至上百万美元，而收益更是巨大，因为它占领的是全球市场。对于中国的大型电视片而言，不仅要“卖出去”，更要“走出去”。而中央电视台也已经与美国国家地理频道签订协议，双方将共同制作百集纪录片《故宫》国际版，并由美国国家地理频道独家代理国际版的海外发行，这就是一个成功的运作实例。

第二节　电视专题片的策划

古人云：凡事预则立，不预则废。什么是“预”？“预”就是策划。

策划是社会生活各个领域的一种普遍存在的活动、行为。有人将“策划”界定为“以‘目标’为起点，以‘信息’为基础、素材，围绕‘创意’这个核心，展开的思维活动与实践活动。”还有人把“策划”活动分为“创意过程”“论证过程”“操作过程”和“检验过程”四个部分。总之，关于策划，有各种各样的定义，而不少研究者都会引用《哈佛企业管理》丛书中这样的论述：“策划是一种程序，在本质上是一种运用脑力的理性行为。基本上所有的策划都是关于未来的事物，也就是说策划是针对未来要发生的事情做当前的决策。换言之，策划是找出事物因果关系，衡度未来可采取之途径，以为目前决策之依据。亦即策划是预先决定做什么，何时做，如何做，谁来做。策划如同一座桥，它连接着我们目前之地与未来我们要经过之处。”

对于电视而言，策划是运用一种创新的思维对现有的资源重新进行排列和整合，以达到既定目标。具体说就是“电视策划就是对于电视的一种行为，借助特定的电视媒体信息、素材，为实现电视行为的某种目的、目标而提供的创意、思路、方法和对策”①。电视策划是策划人对未来节目的一个创造性构想，是节目运作的蓝图。

一、电视专题片的策划历程

电视专题片的策划经历了从不自觉到自觉，又从自觉上升到重要手段的一个过程。

传统的电视专题片往往是主题先行式的，以思辨性的构思，以“画面+解说”的方式，对一个主题进行展现，其中解说的内容是主体，台本的文字思维是整个节目构成的基础。这种电视专题片在20世纪80年代极为盛行，被称为“文学电视”或“作家电视”。因为当时排在创作首位的是解说词的写作，而画面和音效则处在辅助地位。许多作家介入了电视专题片的写作，片尾字幕上排序在前的是“撰稿”，其名气代表着节目的品质。今天看来，“撰稿”不自觉地承担了策划的工作。“作家电视”时期出现过不少好作品，如《话说长江》《让历史告诉未来》《迎接挑战》《运河人》等，其思想之精辟、文字之优美、画面之精致都让人记忆犹新。

20世纪90年代中期，中国电视界掀起纪实风潮，电视专题片也受此影响，在代表作品《望长城》之后，在记录故事、抓取实例过程中随机结构节目，以开放式思维拍摄预定的主题的制作方式成为主流。

今天，“策划”已完全取代“撰稿”，一般也是最先出现在电视专题片的片尾字幕上，对节目进行高屋建瓴、准确到位的“策划”成为保障节目品质的关键。如《新闻调查》对每一个选题都有十分详尽周密的策划，对主题的背景有透彻的分析，对事实调查环节有充分的准备，对节目的形式和风格有统一、准确的把握，诸如《淮河水》《归国潮》《药费为何过载》等专题，仅策划文案就长达上万字，以缜密的逻辑论证和深远的社会文化思考来保证主题切入的准确和挖掘的深入。

从根本上说，策划是媒体发展到一定阶段的必然产物，是媒体竞争的重要手段。现在策划已成为电视专题片制作中一个不可缺少的重要环节，是保证节目品质的重要手段。

二、电视专题片的策划程序

电视专题片题材广泛、风格多样、长短不一，但节目主体形态鲜明，面对的

① 胡智峰：《电视传播艺术学》，北京大学出版社2004年版，第225页。

是真人、真事和真实生活，表达的是对生活的深刻理解和对人性的高度尊重，其主题预置的特点为策划提供了广阔的空间，关键是创作者的思想深度和电视理念，能否以创造性思维指导策划，为节目提供一条最佳创作路径，给观众带来心理满足和视觉上的最大享受。

电视专题片策划是一个复杂的系统工程，不仅要有创造性，还要有科学性。完善的策划环节有：前期的选题背景调查、主题定位、形式和风格定位、受众定位、宣传推广定位；中期的拍摄方案、制定工作计划，调配人员设备；后期的剪辑方案及播出后的反馈调查等。虽然有些策划环节并不一定以文字体现在策划方案中，但确实是实际操作中需要解决的问题。

电视专题片策划程序主要有十项：

（一）选题背景调查

选题背景调查是对选题进行全面的调查和了解，需要收集大量相关信息的资料，必要时要做一些科学性的调查，对其思想深度、表达方式、投入成本和回报以及传播效果有一个心理预期。选题背景调查是成功的策划必做的功课，对选题背景资料掌握的程度直接关系到下一步策划的视野和水平。

（二）目标观众定位

目标观众定位是确定节目的受众指向，节目做给谁看，明确这一点对于整个节目策划的功能指向具有重要意义。“节目的受众不同，收视习惯、思想审美、关心话题、接受能力必然不同，策划案中由此确定的节目内容、传播方式、编排节奏甚至播出时间、节目包装等都截然不同。”①

（三）主题定位

主题定位是确定节目的主体内容，也是策划的指导思想。只有主题定位准确，才能保证策划的顺利进行，因为后面所有的策划工作都要围绕着这个主题来进行，节目的宗旨是什么，节目要表达一个什么主题，要告诉观众什么，创作者必须要有清晰的认识，以保证策划有一个明确的思路。

（四）样式和风格定位

样式和风格定位是确定节目的表达方式，是策划的艺术创新部分，要求策划人在遵循电视艺术规律的基础上集思广益、大胆创新，寻找到最能烘托主题的表现方式，彰显节目个性，打造精品节目。

---

① 任金洲主编：《电视节目策划研究》，中国广播电视出版社2002年版，第37页。

（五）宣传推广定位

电视专题片既是精神产品，也是文化商品，具有社会效益和经济效益的双重属性。在文化产品市场机制走向成熟的今天，对利益目标的确定和执行策略的制定是策划不可回避的责任。为了实现其双重属性的最大化，争取高收视、高回报，要针对节目的商业卖点进行宣传创意。但是要避免急功近利，要在保证社会效益的前提下进行经济效益的操作，要有长远考虑，要与节目的品质相匹配。

（六）调配人员设备

调配人员设备是策划对节目执行力的保证，如果没有好的执行，再好的策划也是纸上谈兵。电视节目生产是一个复杂多变的、多工序合作的、高技术含量的艺术创作，是一个团队合作项目，所以策划一定要考虑到所能调配的人员素质、技术力量等能否保证策划案得到有力的执行，从而达到预期目的。

（七）拟定拍摄方案

在节目有了明确的策划思想之后，要进行有的放矢的不带机采访，也就是通常所说的采点，为策划提供真实的素材和资料，以确定节目拍摄的真实主体和切入角度，确定节目的表现层次和结构，塑造节目的个性，量化节目的人员、设备和资金投入，拟定给编导明确指向的拍摄大纲。

（八）制定工作计划

每一个节目都有自己的生产周期，策划要为节目组制定一个保证品质和效率的工作计划，以便策划对节目操作进程的监督和跟进。工作计划要现实详细、分工到位，包括拍摄进度要求、素材审定、申请节目播出时间以及多媒体合作宣传预热、制作节目宣传片、片头等视觉设计工作。

（九）拟定剪辑方案

在拍摄工作完成之后，要根据真实的素材策划剪辑方案，尤其是系列片，要有风格统一的结构剪辑样式，要选择一种最佳的表现方式对素材进行加工整理，以"客观的角度用内在的逻辑思维力量给人以从视觉到心理的冲击，使隐含的观点、态度的论证更具可看性和说服力。"[①] 电视剪辑是一门艺术，有其独特的艺术创作语言，比如获亚广联大奖的《沙与海》就采用了格里菲斯首创的"平行蒙太奇"手法，把生活在沙漠和海岛上的两户人家剪辑在一起，来表现一个"人与自然"的主题。策划方案要为剪辑提供一个理性高度，使艺术手法"为我所用"，达到最佳的视觉效果。

---

① 任金洲主编：《电视节目策划研究》，中国广播电视出版社2002年版，第57页。

（十）反馈调查

反馈调查是在节目完成播出后对策划目标到达情况进行调查和总结，为的是检验策划方案的准确性和科学性，为下一次提高策划水平提供经验和借鉴。现在最为普遍的反馈调查是收视率调查，若有条件还应该对目标观众进行有针对性的调查，把握节目的收视特点和规律。

这里需要强调的是，现实中没有一成不变的策划，策划都是与节目的制作过程同步跟进的，是在实际操作中不断调整的。既然策划的目的是为了节目能达到预期的设想，那所选择的实现路径就应该是现实的、可操作的、能够得到有效执行的。虽然我们理想的策划是面面俱到的，但是由于创作者所处的环境不同，选题要求的不同，现实条件的不同，在实际操作中，都会根据各自的特点进行侧重和调整。

三、电视专题片策划的关键点

俗话说，不怕做不到，就怕想不到。策划就是要想到，而且要先人一步地想到，要有所创新，但电视策划光有“好点子”不行，重要的是“好点子”的可操作性，即是否适合电视的表现，所以策划人不仅要有想象力和创造力，还要熟练地掌握电视语言，在此基础上开放思路、大胆创新，创作出优秀作品。前面说过，电视策划并不是一次完成的，都是要经过若干次的策划会，对题材进行充分的调查论证，对节目形式和风格进行周密的设计，在节目的操作进程中一步一步由粗到细、由宏观指导到微观界定来完成的。下面是专题片策划中的几个关键点，把握好这些点，节目就有了成功的基础。

（一）占领高度

前面说过，电视专题片题材来源很广，可以是承载着深刻思想文化内涵的重大题材，也可以是发生在你我身边的生活小事；可以是历史名人，也可以是普通百姓。无论题材大小，策划关键之一是能否挖掘出有时代意义的思想和人性的光辉，关键之二是要找到与主题表达最契合的表达方式，内容和形式的完美结合是创作精品佳作的必备条件。有人说过，视野决定着一个人的创作水平，要想在同一类题材里凸显个性，就必须在思想内容上和电视语言的掌握上占领高度，在题材的知识储备上占领高度，并对业内创作情况了如指掌，这才能保证策划的高起点。如反映医患关系的电视作品很多，北京电视台的《无影灯下的生死博弈》这部专题片就是在这类题材里以事件中的典型人物也可以说是“焦点”人物占领了高度，一位突发心脏病的患者，被送到人民医院心外科，尽管手术的成功率不足30%，陈彧医生还是勇敢地接受这一挑战，但在手术的过程中，发生了许多意想不到的突发情况，主刀医生陈彧连续站台12个小时纹丝没动，却仍然没有挽救患者的生命。但是就在丈夫去世后的十天，妻子带着女儿找到陈彧医生，告诉女儿，为了挽救爸爸的生命，医生付出了所有的心血和努力。这对医患的手紧紧握在一起。以往的医疗报道通常关注病人如何获救，但是本期报道讲述了病人去世后的感人故事，这在中国新闻报道中非常罕见。在医患关系成为社会热点的当下，不仅刻画了医务人员珍视生命、救死扶伤的精神，而且开展了医学科普、宣传了医改政策和患者理性勇敢对待疾病的意志，案例生动感人，为促进医患和谐、保障医改顺利稳妥推进发挥了积极作用。这部专题片获得了中国新闻奖专题一等奖。

（二）选择角度

所谓角度，是指策划者站在什么位置，选择什么方向去观察和反映社会生活。同一个主题有着多种不同的创作角度，有了明确的节目主题定位和风格定位，那么以什么样的角度去挖掘主题、展现主题，是策划的难点也是关键点。对一个思想内涵深刻的主题，以什么为平台叙述，怎么说才能让观众想看并且能看下去，很大程度上取决于这个角度。这个角度是否易于被接受，是否贴近观众的收视需求，是否新颖独特，是否能对主题表达起到"事半功倍"的作用，这都是需要策划解决的问题。一些成功的策划往往是"高视点，小角度"，以一斑见全貌，以个案说明观点，以平凡彰显伟大等。如青岛电视台的《船长》，结合对郭川本人的专访，通过大量的郭川航海的原始视频和十二年来的跟踪采访素材，真实生动地再现了郭川的成长经历，立体化地诠释了一个富有航海精神、钟爱事业和家庭、充满责任感和使命感、为我国航海运动发展勇于探索的当代中国职业航海人的形象，让观众心中的航海家形象更人性、更亲近。

（三）最佳切入

面对一个选题，从何下手？用什么方式开头？怎么才能吸引观众看下去？这是策划人最伤脑筋的问题。"一个比较好的切入点，对影片主题的揭示往往起到四两拨千斤的作用。"① 万事开头难，要找到最佳切入点，需要大量的案头工作和前期采访，只有对主题有了深刻的理解，对主题背景有了宏观把握，对表现主体有了细致入微的了解，才可能找到这个点的最佳设计，以便由点及面，展开片幅，进入片中的叙述系统。如以农民工生存状况为题材的系列专题片《城市梦

① 林旭东：《影视纪录片创作》，中国广播电视出版社2002年版，第109页。

想》在前期的策划方案中是这样要求的："首先，编导者要记录的是当事人现在（此时此刻）的生活情态，并选取最富承载力的正在发生的故事作为骨架支撑全片。这个事件也是构成全篇纪实风格的主体和切入点。"方案不仅提供了切入点的整体设计，而且明确了切入点和全片的结构关系，这有利于编导在采访中寻找到最富有张力的切入点，为全片打下好基础。

（四）把握细节

细节是表现人物、事件、社会环境和自然景物的最小单位，典型的细节能以少胜多，以小见大，起到画龙点睛的作用，从而给观众留下深刻的印象。成功的策划要给细节提供契机和空间，要让编导在采访中把握住细节，尤其是关键性的细节。细节是电视专题片的"记忆点"，是吸引观众注意力最有效的手段。电视专题片的真实感人之处往往在于细节的运用，缺乏细节的电视专题片，是很难给人留下深刻印象的。我们的日常生活就是由细节串在一起的，可以说每个选题都会有大量的细节，关键是编导对细节的选择。什么样的细节是准确的，是关键的，是对主题有贡献性的，这就需要策划为编导提供思想，让编导在采访前对主题的表现和节目的风格有高度的认识，这样才能不放过有用的细节，让专题片有血有肉、丰满起来。如《周玉阳的"另类支教"》用细节为着力点来感动观众，比方说，在讲到石板村条件艰苦的时候，一个小孩趴在窗户上向远处望的画面、孩子们跟周玉阳玩开心地玩耍，孩子给父母写家书，大家围着观看贵州记者拍回的石板村的视频，孩子和周玉阳情不自禁地留下眼泪等细节都对观众很有冲击力，起到了画龙点睛的作用。

（五）视觉创新

电视区别于其他媒体的最大特点就是它的可视性。电视艺术始终是一种以视觉欣赏为主体的视听综合艺术，是以完美的画面与声音共同营造的氛围去吸引人、感染人的。据有关资料表明，人对外界事物的感知80%来自视觉，20%来自其他器官，视觉语言是创作者用以构成视觉形象表达创作思想的各种手段技法的总和。因此，视觉艺术、画面思维是电视专题片创作者应有的基本思维方式。我们在策划节目的主题定位和风格定位的同时，不要忽略了视觉定位，即节目的艺术性和观赏性。任何视觉传播都必须以接受者的注意为前提，视觉创新会提升节目的艺术品质，让节目看起来更新颖、更精致、更好看。但是视觉创新，并不是一味地追求标新立异，可取的创新意识在于能提升节目主题，强化节目风格，引领视觉风尚，给观众更多的看点和兴奋点。

第三节　电视专题片策划案——《永远在路上》

《永远在路上》是由中央纪委宣传部、中央电视台联合制作的一部反腐纪录片。该片从受访专家学者、纪检干部到落马官员的案例剖析，全景式呈现了十八大以来“从严治党永远在路上”四年不平凡的历程。该片于 2016 年 10 月 17 日在中央电视台综合频道首播。2017 年 11 月，该片荣获第二十七届中国新闻奖一等奖。

《永远在路上》策划案

节目名称：《永远在路上》

节目宗旨：真实地记述了十八大以来一批官员、国企高管因贪污受贿而落马的过程，并对当前的中国政治环境进行深入分析。它不仅是党内从严治党的宣示，也向观众宣传了党的建设以及治党等理念，展示了党的十八大以来对腐败问题的高度重视和惩治腐败的决心。

节目主题及背景：2012 年 12 月党的十八大召开以来，以习近平为核心的党中央领导从严治党，这是党的建设的内在要求，也是国家发展的要求。随着经济社会向纵深发展，我们需要啃的硬骨头也越来越多，这是考验执政党的执政能力的时刻，如果一个执政党跟不上时代发展，对于国家命运和人民生活将造成的影响不言而喻。在关键时刻，党中央采取一系列严惩措施遏制不正之风，十八届六中全会通过了《关于新形势下党内政治生活的若干准则》和《中国共产党党内监督条例》，使得反腐败有制度可依，这意味着党风建设在制度上再上新的台阶。①

据此：《永远在路上》以十八大以来因腐败违法违纪落马的苏荣、周本顺、李春城等高官的案例为题材，并由这些当事人亲自现身说法，还原自身违法犯罪的心路历程，表达深切的忏悔，这在反腐败宣传工作中是一次积极的尝试。该片让腐败分子作为活生生的人出现在屏幕上，讲述其被腐蚀和堕落的真实故事。使得社会对腐败的认识更为直观深刻，腐败究竟是怎样发生的，离普通党员到底有多远，这些具有针对性和现实性的问题，都可以在专题片中找到线索，甚至获得灵魂深处的震撼。

---

① 刘文敏、潘砚青：反腐题材专题片《永远在路上》初探，《电影评介》2016 年第 24 期。

节目体裁：8 集电视专题片，通过对国内外专家学者、纪检干部和落马官员的深度访谈，对“全面从严治党”的成就进行了理论和实际上的探讨。

节目长度：每集 45 分钟。

节目拍摄区域：专题片《永远在路上》摄制组先后赴 22 个省（区、市），拍摄 40 多个典型案例，采访 70 余位国内外专家学者、纪检干部，采访苏荣、周本顺、李春城等 10 余位因严重违纪违法而落马的省部级以上官员，剖析典型案例。

节目内容：节目由“人心向背”“以上率下”“踏石留印”“利剑出鞘”“把纪律挺在前面”“拍蝇惩贪”“天网追逃”和“标本兼治”八部分组成，紧紧围绕“全面从严治党”的主题，既列举了多个领导干部违纪违法典型案例，案件当事人现身说法，进行深刻剖析和忏悔，又针对这些案例进行深入点评和分析，警示教育党员领导干部严守政治纪律和政治规矩，筑牢理想信念的根基，引导广大人民群众坚定对党的信心和信任，为全面从严治党营造良好的舆论氛围。

第一集：人心向背

论点：全面从严治党、深入推进党风廉政建设和反腐败斗争，是中国共产党对人民的承诺，对世界的宣誓。因为，这是民意所至、民心所向。每个人都期望生活在一个风清气正的社会里，这关乎每个人的安全感和幸福感。党风廉政建设和反腐败斗争的效果怎么样，人民的心中自有一杆秤。人心向背是最公正的砝码，也是唯一的砝码。

拟采访人物：

中央党校党史研教部主任　谢春涛

全国人大环资委原副主任（落马官员）　白恩培

中央纪委纪检监察室工作人员　周涛

涉案人员　周宏

河北省委原书记（落马官员）　周本顺

中央纪委纪检监察室工作人员　顾桧

中央纪委纪检监察室工作人员　王晗

四川省委原副书记（落马官员）　李春城

美国财政部原部长　亨利·鲍尔森

俄罗斯副总理　德米特里·罗戈津

第二集：以上率下（以下论点及拟采访人物从略）

第三集：踏石留印

第四集：利剑出鞘

第五集：把纪律挺在前面

第六集：拍蝇惩贪

第七集：天网追逃

第八集：标本兼治

思考题

1. 试分析一部大型系列电视专题片的选材特点？
2. 如何看待电视专题片选材的真实性原则？
3. 试说明电视专题策划程序之间的关系？
4. 电视专题策划关键点之我见？
5. 以五一或十一为题材背景和播出时间点，拟策划一部电视专题片。

参考书目

1. 朱羽君、殷乐著：《生活的重构——新时期电视纪实语言》，北京广播学院出版 1998 年版。

2. 张锦力著：《解密中国电视》，中国城市出版社 1999 年版。

3. 谭天、王甫著：《电视策划学》，中国国际广播出版社 2001 年版。

4. 任金洲主编：《电视节目策划研究》，中国广播电视出版社 2002 年版。

5. 林旭东著：《影视纪录片创作》，中国广播电视出版社 2002 年版。

6. 孙玉胜著：《十年——从改变电视的语态开始》，生活·读书·新知三联书店 2003 年版。

7. 胡智锋著：《电视传播艺术学》，北京大学出版社 2004 年版。

8. 雷蔚真著：《名牌栏目的策略与衍变——〈经济半小时〉透析报告》，中国人民大学出版社 2005 年版。

9. 张兵娟主编：《电视专题与电视栏目》，郑州大学出版社 2010 年版。

第六章　电视新闻专题片的纪实性采访及制作

第一节　电视新闻专题片的界说和特征

一、电视新闻专题片的界说

对于电视新闻节目的分类，经过理论工作者和实践工作者的广泛讨论，一般认为电视新闻节目可分为消息类新闻节目、专题类新闻节目、评论类新闻节目。专题类新闻节目又可分为专题新闻、专题报道、专题调查报道、专题访谈、专题连续报道、专题系列报道等。这种分类方法基本上沿袭的是报纸和广播新闻的分类方法。相对于报纸新闻诉诸文字，广播新闻诉诸声音，而电视新闻的创作语言更为丰富，集声音、画面、文字等于一体。因此，电视新闻的表现手段是其他媒介形式不可企及的。电视根据自己声画合一的独特优势，根据自己的传播规律，在电视新闻节目的形态上创造出比报纸、广播更为丰富的类型。同时，我们从正在火热发展中的电视荧屏上也会发现，电视新闻节目的类型也不像传统的分类那样界限明显。

电视新闻专题与电视新闻评论在目前的实践中就很难区分开，两者相互渗透。尽管电视画面语言具有直观、丰富、生动、形象、具体、信息量丰富等优势，但是有时候这些优势又成为电视表现手段上的桎梏。电视对于反映诸如某种思想、理念、观点、价值取向、社会思潮等抽象的东西，对于阐释党和政府的大政方针等显得有些捉襟见肘。因此，对于电视来说，现在很少有纯粹的像报纸的社论或评论员文章那样的新闻评论。电视扬长避短，并以自己极强的包容性，使专题报道与评论有机整合，记者或主持人的评论成为新闻专题节目的不可缺少的组成部分，并成为提升节目深度的重要手段。深入挖掘新闻事件，展现事件的来龙去脉、前因后果、背景信息，并给予适度的评论和理性的思辨，成为电视新闻专题的重要特征，这也符合电视传播的特性。

相对于消息类新闻节目来说，电视新闻专题片的特性在于其专题性，即针对某一事件、某一问题做专门的分析报道。因此，电视新闻专题片比消息性新闻节目信息量更大、报道更深入，从传播效果上看更能引起观众的兴趣或共鸣，更能彰显新闻的舆论引导和舆论监督功能。从实践中看，消息类新闻和新闻专题一般是互相配合、互为作用的。对于一条重要的消息，在新闻节目中播出，观众总是希望更深入地了解事件，因此新闻工作者又会制作新闻专题节目以满足观众的需求。

通过以上对新闻专题节目与电视新闻评论、新闻消息的比较，并结合电视荧屏实践，我们可以这样界定电视新闻专题：它是综合运用电视的各种表现手段，发扬电视传播的优势，深入报道某一重大新闻事件或某些具有新闻价值又为广大群众所关注的典型人物、经验、价值观念、社会思潮，新近出现的社会现象以及某一领域或地区新面貌等题材的新闻报道，在现实中起着重要的舆论引导与舆论监督的作用。

二、电视新闻专题片的特征

（一）新闻性

诚如其名，电视新闻专题与其他专题节目比较，最突出的特性就是新闻性。新闻性电视专题以新闻事件或新闻人物、新闻典型等为主要报道对象，报道要有时效性，或是新近发生的事，或是适宜于当前形势需要的，报道要有新闻由头。对有重大新闻价值的题材，及时地深入采访、挖掘，把思想内容和表现形式都达到一定高度的节目呈现给观众，这是新闻专题的重要特征。①

1. 真实性

新闻专题的真实性是新闻性的最重要的体现，真实是新闻的生命所在。新闻专题所报道的事件、人物、问题必须是真实存在的、真实发生的，不能人为虚构或捕风捉影。尽管新闻专题表现手段更丰富、展现情节更细腻，甚至可以展示事件的矛盾、冲突、高潮，重要人物的性格、命运，但新闻毕竟不是影视剧，新闻专题所表现的一切都必须是真实的。

2. 时效性

新闻专题的时效性对于电视新闻专题体现在两个方面：一是时间的快捷性，二是内容的时新性。由于电视专题的深入，大多数情况下不如消息性新闻那么讲究时间迅速，但是这并不意味着可以把“陈芝麻烂谷子”拿来报道，事实上还

---

① 张兵娟主编：《电视专题与电视栏目》，郑州大学出版社 2010 年版。

是要在允许的情况下尽可能缩短新闻事实的发生发展与报道的时间差。现在随着传播技术的不断提高，有些电视新闻专题节目甚至采取直播的方式。采取这种方式的一般是比较重大的题材。如 2017 年美国总统特朗普访华，中央电视台一套、四套节目就进行了专题性的直播。演播室、新闻现场交替切换，主持人、嘉宾（专家）、现场记者相互交流，发表看法和观点，节目中穿插大量背景资料，节目内容丰富而生动。但更多的时候，电视专题更讲究时效性，即适应当下形势的需要，抓紧时机，因时应势，增强对实际的影响和引导，特别是非事件类题材的节目更要强调这一点。

3. 重要性

新闻专题的重要性根据题材的不同而有所差异，但无非是关乎国计民生、实际生活中迫切需要解决的问题，所反应的观点、问题、社会现象正是当前的热点、焦点、难点，迫切需要引起关注。

（二）思辨性

思辨，顾名思义，就是思考和辨析。电视专题片的深度要求本身要对发生的事件或出现的问题做理性的思考和逻辑的辨析。思辨的力量是强大的，它力图阐明事物的本质或问题的实质，揭示其发生、发展的规律，以及明辨其中的是非、正误、真伪、恶善、美丑等。电视新闻专题的思辨性应该顺应电视传播的规律，思辨建立在事实和事件的基础上，不着痕迹地蕴涵在其中，绝对不是没完没了地讲大道理。要用电视的手段，运用声画结合的形式，自然而巧妙地体现创作者思辨的力量。

（三）深度性

电视专题片在一个相对较长、较完整的时间播出，因此它能够对事件做深入的探究或调查分析。电视专题片不仅要告诉观众发生了什么，更重要的是要揭示事件发生的原因、背景、意义、影响，甚至新闻背后隐藏的更深刻的问题、更具有代表意义的规律等。时下，深度性的电视新闻报道不断增多，而且影响重大。究其原因，重要的在于两点：一是新闻媒体竞争不断升级，电视台只有制作出更有分量的新闻节目才能在激烈的竞争中站稳脚跟；二是观众的素质不断提高、欣赏水平不断提高，不仅要求获取更多的信息量，更要求知晓更深刻的信息内涵。事实上，电视新闻专题、电视深度报道正成为电视台的一面旗帜。

第二节 电视纪实性采访和要求

一、什么是电视纪实性采访

许多专家认为，在电视专题片创作中纪实性美学作为一个新的美学原则确立，是从1991年播出的《望长城》开始的。记者焦建成出现在现场，在镜头前做报道、解说、采访相关人物，大量运用同期声，注意保留现场的氛围……这些使《望长城》具有了一种完全不同于传统的、新的美学元素——纪实性。而1993年开播的《东方时空》的子栏目《生活空间》，在90年代纪实语言的发展上，站在比较前卫的位置上。记者深入老百姓的生活，完整地保持生活的片段流程，将电视纪实语言和纪实采访推向新的高度。从严格意义上说，《望长城》不是新闻性节目，《生活空间》新闻性也不强。直到中央电视台的《焦点访谈》《新闻调查》等栏目一炮而红，全国各地电视台争相效仿，新闻纪实语言才得到充分的发展，电视新闻纪实性采访成为深度报道类节目的主要采访方式。这类节目的成功正是通过将纪实性采访、纪实性拍摄、纪实性报道进行精心的、专业的编辑制作，才使其有了令人信服的真实性。

电视纪实性采访是电视新闻纪实性的最重要表现。电视纪实性采访是指新闻工作者（记者、摄像师等）深入现场，以第一现场、第一视点、第一感受进行采访拍摄，跟随新闻事件的发展，或根据事实的逻辑、调查的深入，把事件的过程、事实的面貌或真相、问题的实质展现给观众，使观众有身临其境感受的采访报道形式。从定义中可以看出，电视纪实性采访基本上包括了现在经常从荧屏上看到的深度性的现场采访报道、调查采访、体验式采访等。通过对电视纪实性采访这个定义的理解和分析，可以看出这种采访方式的几个特征：

（一）深入现场

深入现场是电视纪实性采访的本质特征，现场是最重要的纪实因素。这里的深入不仅仅是记者深入，而且要求电视新闻制作深入到新闻事件的现场、采访的现场，摄像师要跟随记者记录下采访的进程、保持现场的本真状态。

（二）“正在进行时”感强烈

尽管大多数情况下电视纪实性采访不是现场直播，但是电视纪实性采访主要采用同期声，不管是记者的提问、现场解说，采访对象的述说，还是现场其他景况和音响，都很强烈的彰显出现场感，使观众身临其境，感觉采访是正在进行的，事件是正在发生的。而且，采访报道或调查的延续性和连续性，也使电视纪实性采访更体现过程感。纪实性采访报道，力求与生活平行前进，能够保留生活里最本真的信息状态，而且把尊重生活提高到一个比较重要的地位。

（三）强调与人的交流

电视纪实性采访特别强调交流感。这里的交流既指记者与新闻当事人、采访对象的交流，也指记者与电视机前观众的交流。其实，记者在这时充当一个介质，是观众通过记者与新闻当事人交流。这种交流令纪实性更加充分。

二、电视纪实性采访的要求

（一）转变理念

1. 树立现代新闻观念

随着我国改革、开放的不断深入，国家建设的各个方面和层面都发生着巨大变化，人民生活水平和文化素质显著提高。新闻报道深刻反映社会变革、开放进程，有力的剖析问题，传播先进思想、现代意识、新鲜观点，以自己特有方式颇有力量地推动着时代改革的步伐。在这个过程中，电视新闻工作者要不断地更新自己的思想观念、思维方式和工作方法，推陈出新，以饱满的热情和激昂的姿态跟上时代的发展，把最精湛的新闻作品呈现给观众，以满足观众的需要。

电视纪实性采访报道的力量就在于，随着时代脉搏的跳动，深入到火热的生活，在第一现场沿着群众的心理情绪和思考的要求或习惯去结构采访、组织语言，与观众一起感受生活，一起思考、探究问题。电视纪实性采访不再像一般的现场报道那样告诉观众眼前的一个结果或描述一个场面，而还要关注更深层次的东西。因此，对什么是新闻的理解就不能停留在传统的基础上。传统上我们对新闻的理解是，对新近发生或正在发生的事实的报道。现在，不仅要报道新闻事实，还要挖掘新闻发生的前因后果、来龙去脉，探究新闻发生的背景、影响和意义。不仅要报道新近或正在发生的事实，还要关注社会现象、社会问题，去透视社会心态、情绪，去探析社会的热点、难点和焦点，通过记者理性的总结、归纳，提出新的见解、观点。电视新闻这些新的发展趋势要求我们的记者转变新闻观，以更为丰富的信息量取得更好的社会效益。

2. 保持怀疑意识

怀疑意识是指在采访时，记者不能轻易相信眼见和耳听的内容，而应该抱有足够的怀疑冷静判断，尽量采访到多方面事实和证据。在采访过程中，有些片段是转瞬即逝的，记者往往来不及思考，多点怀疑就会采到更多素材。这样看来，怀疑意识不仅是一种科学精神，也是一种采访的策略。不过，在怀疑的过程中要注意灵活运用技巧，不要造成过多交流阻力。

3. 以平等的心态采访，体现人文情怀

电视纪实性采访中，记者面对各种人物，其年龄、阶层、文化素质等千差万别，但是不管和什么人交流，记者都要有一个平等的心态。既不能对地位低的人显出一副高高在上、盛气凌人的姿态，也不能对地位高的人有丝毫的胆怯或媚颜。《新闻调查》的记者柴静在这方面就做得不错。她的采访对象有达官显贵也有乡村老农，既有时代先进人物也有贪污罪犯，但是柴静的采访是一如既往的平和、平等、客观、冷静。特别是面对罪犯这样的采访对象时，她没有颐指气使的感觉，而是循循善诱，体现出一种人文情怀。柴静的这种采访理念是值得提倡的。倘若记者不能平等地对待采访对象，不能平等地和对方交流，那么记者就很难得到采访对象的信赖，也不可能听到采访对象的心里话、探寻到事实的真相。

4. 树立“无知”意识

无知意识是指记者在采访过程中要保持无知的心态和求知的好奇，有的采访即使一开始能够预料到结果，也要在设计问题时从无知开始。这种无知并非是记者真的对事件一无所知，而是指一种采访的技巧。首先，记者在采访时要保持谦虚，不要不懂装懂、胡乱指挥，这样只会引起观众的反感，反而有些成功的采访都源于记者“装傻”。比如《焦点访谈》一期关于“信息茶”的节目里，记者故作幼稚反而拆穿了对方的谎言。其次，记者的问题设计要体现逻辑性，问题之间层层递进，才能够让观众逐步接受。

（二）掌控好采访现场

1. 选择好采访的环境

电视纪实性采访的可视性，使记者精心选择采访环境显得尤为重要。采访环境不同，所产生的采访效果不同，从而影响新闻节目的质量和传播效果。在不同的采访环境，被采访者的心态不同，现场画面、同期声不同，给观众的感受也就不一样。

第一，选择的采访环境要和新闻事件具有密切关系。很显然，记者到新闻事件正在发生的现场采访，最具有说服力。现场的一切都是生动的，并富含信息。这样的环境呈现在荧屏时，最能吸引观众，给观众留下的印象也最深刻，现在很多的纪实性采访都是这样的。在第二十七届中国新闻奖获奖作品《人间世——救命》中，摄制组成员在学习了医学规范、急救常识以及手术室无菌规范后，逐步深入重症监护室、手术室等抢救核心区域，在病人及家属同意拍摄的前提下，记录了大量一线抢救的案例。成片最终选择了五个重症抢救案例，其中有三个是抢救失败案例，淋漓尽致地呈现了面对生死考验时，人性深层的善良、勇气和怜悯，直面了“医学的可为与不可为”这一具有现实意义的主题。当然，也有不少新闻节目在做的时候，事件已经发生过了，这时候选择采访环境也不能随意。新闻事件发生过了，但现场空间还保留，那么记者采访最好在这个地方。如采访一场火灾事故，尽管火早被扑灭，但废墟还在，有可能的话，还应把一些描述火灾情况的采访放在这里。

第二，采访的环境要具有典型性。典型性体现在采访的环境能从某个侧面彰显事件的性质、人物的个性，典型性的采访环境具有强调、对比等作用，处理好了也能增加新闻的价值。如某电视台报道一个贫困县的县政府向农民乱收费，记者要采访县长，采访放在哪里好呢？记者就在县委豪华办公楼的县长办公室里采访。县长说，乱收费是因为县里太穷了，干什么都没钱。可是采访环境却向观众明示，既然是没钱、贫困，那么这样奢侈的县委办公楼怎么解释。采访环境起到了强烈的对比作用。

第三，要注意摄录的音画质量对环境的要求。比如光线的强弱，环境音响是否太嘈杂。光线太强或太弱都会影响画面的质量；现场背景音响太嘈杂，会压过采访讲话。

2. *选择好采访的对象*

电视纪实采访中，记者和采访对象的交流要通过镜头呈现在电视屏幕上，在这个过程中采访对象实际已经成为电视节目创作的一个重要元素。从这个方面看，在纪实采访中，采访对象的选择显得更为重要，选择什么样的采访对象，将直接影响到节目的质量，并进而影响观众对节目的认可程度。那么，如何选择纪实采访的访问对象呢？

第一，选择与事件直接相关的当事人，事件的参与者、目击者，或权威人物。有的人是事件发生之时的见证人，他们的信息最真切、最翔实、最令观众信服，而且有现场冲击力。相关领域的专家、学者，或相关政府官员，他们在各自的行业、领域具有代表性、权威性，这些人也是很好的采访对象。

第二，采访对象要善于交流，谈吐清晰，思维具有逻辑性。在这点，电视采访不同于平面媒体的采访。平面媒体最后会把采访内容诉诸文字，但电视的纪实同期声采访要直接传播给观众，如果被采访者表达不清晰，肯定会影响传播效果。

第三，还应该注意采访者的外在形象问题。这里提到外在形象，不是强调采访对象要多么漂亮，而是在特殊情况下对采访对象外在形象做一定的技术处理。如采访对象面部被大火烧伤，十分难看，如果很清晰地把这张脸呈现在荧屏上，观众从心理上会反感，而且对采访对象本人也不够尊重。因此，在拍摄时景别应远一点，也可以用剪影效果，或者用什么东西把脸遮盖一下。再有，一些采访为了考虑到采访对象的个人隐私或其人身安全，也需要模糊采访对象的面貌，实际当中经常在播出时脸部打上马赛克或拍摄时用剪影效果。

3. 现场采访记者要注意自己的外在形象

电视纪实采访记者大多数情况下会出现在镜头里，因此记者就要注意自己的形象。出境记者的外在形象，是记者综合素质的重要方面，也是塑造记者个性的重要途径，会影响记者在观众心目中的位置。

第一，记者根据不同的采访任务、采访环境、采访对象，在出镜的穿着打扮上要注意相宜性。去偏僻农村采访穿摩登时装、化浓妆肯定和周围环境、人物格格不入，一是显得别扭，二是容易和采访对象形成强烈的隔阂感，或给其造成紧张，这样一来采访对象很难把心里话说出来。相反，采访一些时尚艺术人士，如模特、电影明星，记者就要精心打扮一下，因为穿着太随便，会让对方感觉记者本人没有艺术涵养、没有品位，采访效果也不会太好。再如到很正式的场合采访官员、企业家，记者应该穿正装、化淡妆，以示对采访对象的尊重。但是记者的着装打扮也要注意分寸，不能夸张，不能标新立异、太与众不同，会转移电视机前观众的注意力。总之，记者的服饰打扮要和环境相融合、与气氛相一致。

第二，采访中要把握好体态语言。出镜记者的体态语言，体现着记者自身的气质、风度、个人涵养和知识水平，甚至反映其思维的敏捷程度。记者的仪表风度直接影响观众对他的认知和评价。实践中，我们很多记者在这方面还比较欠缺。首先，记者要站有站相、坐有坐相，要沉稳、冷静。其次，记者要善于用眼睛说话，用眼神和采访对象交流。如当采访对象诉说痛苦经历的时候，记者给予亲切关怀的眼神，用一种和蔼、怜爱的目光轻轻注视着对方的眼睛，这时候采访对象会感到一种莫大的安慰，同时也会产生一种冲动，即要把心里话一股脑地倒出来。相反，记者采访时，目光总是游移不定，经常脱离开采访对象的脸，或者时不时地去看镜头，这样不仅让采访对象感觉记者不礼貌，而且反映到荧屏上会让观众感觉别扭。另外，记者要注意现场采访时的手势。好的手势的确能彰显记者的风度，甚至有助于对方理解说话的内容，但手势不要太多，不要过于频繁，动作幅度不要太大，好的东西过了度也会起到相反的作用。

4. 记者要掌握好现场情绪

首先，成功的电视采访，记者应该涌动着和现场氛围相一致的情绪，从而使节目更具现场感、更有感染力。如果记者置身现场气氛之外，对现场发生着的一切感到漠然，这恐怕是记者最大的悲哀。乐现场之乐、悲现场之悲、甜现场之甜、苦现场之苦，记者才能和现场、和事件、和采访对象有机融合，才能把最深刻的事实挖到手。如中央电视台《新闻调查》一期经典节目《性侵发生之后》，内容是关于广西平南县思旺镇一起女童在托管所群体被性侵的事件。记者对于事件背后的原因，一步步调查，一点点揭开面纱，当事实真相逐渐显露，记者对这种丧失天良的行为感到震惊，表情不断变得凝重，甚至沉重。无疑电视机前的观众也时刻被这种情绪感染着。这里提出的记者融入现场氛围，并不是让记者丧失客观、公正、冷静的心态，而是策略上强调记者怎么样能够更好地开展采访报道工作。

另外，记者要掌控好现场的情绪。这是记者驾驭现场采访的一项重要技能。现场具有鲜活的情绪，才能感动观众，但是情绪过于激动，也会出现很多问题，甚至会导致采访不能继续进行。因此，在现场情绪不合适的时候，记者要想办法控制。比如，当采访对象诉说悲伤的事件时，伤心痛苦，这时记者应该及时换个话题、让采访对象从过于悲痛的心情中走出来。另外，记者也要把自己的情绪控制在一个合理的程度，否则可能会影响新闻的客观与公正。

再有，记者要善于激发采访对象的兴趣点、兴奋点。现场，记者要时刻惦记着观众，站在观众的角度考虑采访点，应该想想观众最想知道什么，而很可能观众想知道的恰恰正是采访对象最想诉说的。这样的问题能激起采访对象述说的兴趣，现场气氛也随之而起。

（三）电视纪实性采访的提问

1. 问题要有针对性

一是针对报道的思想、报道的主题。记者的提问不能漫无目的，所有的提问都应该围绕报道的思想和主题，采访提问都是为整个报道、整个节目服务的。游离于报道和节目之外，问题再精彩也是没有意义的。二是采访要针对事件本身。记者现场采访应该是为了弄清事实，呈现事实的面貌，揭示事实的来龙去脉、因果关系，以及发生的背景、产生的影响等。三是采访提问要针对观众。记者采访时，要时刻牢记自己做的节目是给广大老百姓看的，老百姓最想知道什么，最关心什么，站在观众的立场去思考采访的问题，新闻传播将收到更好的效果。记者不能自以为是，以为自己知道的观众也知道，自己能理解的观众也能理解，漠视观众的要求是记者采访的硬伤。四是采访提问还应该针对采访对象。记者现场采访，特别是采访重要的人物，应该对采访对象有比较好的了解，特别要求掌握采访对象与事件相关性的信息。这样采访起来才有的放矢、心中有数。“磨刀不误砍柴工”，记者采访之前还是应该搜集采访对象的各种相关资料，使采访时具有针对性，提高采访的效率和质量。

2. 提问要切中要害

尽管记者说话不要求“惜言如金”，但提问还是忌讳拖沓冗长，问半天还问不到点上，让采访对象不知所云，这肯定是不行的。在不影响采访效果的前提下，记者的问题应该是言简意赅、切中要害，不仅要让被采访者听得清楚、听得明白，更要使问题有信息含量，能触及事物的本质。现在有些记者说的话比采访对象都多，而且没有实质的信息，这样的采访占用宝贵的电视播出时间，让观众无法容忍。相反，一些优秀的记者总是能用很精练的话把问题问到点上。如中央电视台《焦点访谈》栏目前往九寨沟地震灾区进行采访，记者问到正在全力奔跑的武警官兵：“这是要去哪里？”，他们喘着气说：“道路堵了，现在正在抢修，我们准备徒步攀过去，直接往下一个地点赶。”简洁的问答就透露出道路坍塌的情况及应对方式，也体现出武警战士为了救援拼尽全力的精神，这对主题是最好的一种表达方式。

3. 提问要有特色

电视纪实性采访最能锻炼记者的能力，也最能体现记者的素质。很多中外名记者都是从纪实采访、现场报道中锻炼出来，成为明星记者的。出镜记者、记者型主持人是新闻节目的形象代言人，能产生很好的品牌效应。因此，记者应该具有自己的个性，形成自己的采访报道的特色。特色是记者在长期的实践中摸索、完善，逐渐形成的。特色是记者的诸多方面，包括外在形象、内在涵养、提问方式等综合体现出来的，但重要的还是记者提问的特色。什么样的提问是有特色的？提问要能触及问题的实质，能反映记者的个性、思维方式，从而使采访与众不同。提问的特色是一种技巧，更是记者知识涵养底蕴的体现，需要踏踏实实的积累，逐步提高。

第三节　电视新闻专题片的人格化处理和表现方式

一、什么是新闻的人格化处理

不少关注中国电视改革的专家认为，20 世纪 90 年代以来中国电视向大众传媒本质回归，最显著的特征之一就是平民化。它比任何时候都注重考虑大众的接受心理，尊重大众的审美趣味。从电视业界的实践中我们也会找到佐证，十几年来电视新闻语言风格的变化正悄然进行，传播态度由庄重严肃到轻松亲切，传播话语由书面宣讲的形式渐变为口语化、个性化，电视新闻不再单单告诉观众一个结果而是注重精彩过程的展现。不知不觉中我们竟发现，电视新闻不再千篇一律，不再单调乏味。观众能在电视机前坐得住，津津有味地观看电视新闻节目了。寻求这个变化的原因，从新闻本体上看，最重要的一点就是新闻的人格化处理。

通过对电视实践的总结我们可以对新闻的人格化做这样一个阐释：新闻不仅仅告知一个结果，而更注重过程的挖掘和展现，注重细节的捕捉，注重事实本身的矛盾和悬念，注重人物内心冲突和性格特征，真诚地关注人物的命运和结局。新闻的人格化接受有了人际交流的角色认同和情感互动的愉悦，使电视彰显大众传媒的本色，体现“以人为本”“以观众为本”的理念。无疑，新闻的人格化处理使电视新闻节目更好看、更有观众缘。新闻的人格化处理突出地体现在电视新闻专题节目中，因为专题类节目有足够的时长去对新闻事件、新闻人物、新闻话题做深度地挖掘、精彩的展示。

二、人格化处理的表现方式

（一）注重事件的矛盾、冲突

新闻不是戏剧，但新闻事件一样有一个发生、发展、高潮、结束的过程，特别是能够达到在电视台播出规格的新闻事件，其本身就与众不同，大多数情况下事件具有很强的矛盾、冲突性。矛盾冲突是很多新闻事件得以发展的动力，很多电视新闻专题是在矛盾冲突中展现新闻事件的情节和过程。人们为什么爱看电视剧，最重要的原因恐怕就是电视剧本身虚构了激烈的矛盾、冲突，设立层层悬念，以达到引人入胜的境地。当然，我们的新闻专题是不能虚构的，一定要是尊重事实、遵照事实的过程。

1. 抓住新闻事件的关节点

关节点是什么，是事件“牵一发而动全身”的那一点，也就是新闻事件中最重要、最能体现其本身特性的点。记者应该善于寻找这样的点，这个点会一下抓住新闻事件的本质，一下抓住观众的神经。如第二十三届中国新闻奖获奖作品《峡江水利枢纽：“抬田”破解国内水利建设头号难题》中记者在采访工程施工时发现，尽管工程主体庞大，但当地耕地面积却没有明显减少，施工单位用什么手段保住了农民世代耕种的土地？记者敏锐地抓住了这一关键点，在对峡江水利枢纽主体工程所在地进行走访后了解到，正是建设部门创造性地使用了“抬田”的办法，使得大量耕地得以保全，赢得了群众的一致好评，记者马上就抓住了这一信息，准确地判断出事实所蕴含的较高的新闻价值和借鉴推广的价值，并进行了进行调查采访，最终完成了这篇报道。

2. 抓住新闻人物的内心冲突

大千世界中的人是形形色色的，性格各异，特别是处于事件中的人物，他们的内心活动丰富——内心情感的激荡、思想上的波动，都会影响事件的发展甚至走向。作为新闻记者，适时地发现、捕捉住人物的内心变化、内心冲突，就会触及事件或问题的深层。而且，人物内心活动，是人物性格、个性的集中表现。电视新闻是可以通过新闻人物的刻画给观众留下深刻印象的。事实也证明，新闻人物的力量就在于观众对他的认可，从而影响、改变观众的思想和行为。

3. 关注人物的命运和结局

现在是关注民生的时代，电视新闻能否真诚的关注人物的命运，是电视人文情怀的重要体现。新闻人物的命运打着时代的烙印，关注他们的命运，和着时代的节拍，电视新闻不仅传递着信息，同时也沟通着情感。在创建和谐社会的进程中，电视新闻关注民生，营造着亲善友好、和睦共处的社会氛围。

（二）善于捕捉细节

细节是所有艺术领域的闪光点所在，甚至灵魂所在。新闻用事实说话，真实的细节体现新闻的力量。大量的新闻实践证明，一部好的电视新闻作品，一定要有鲜活的生活气息，这就需要有大量生动的细节，一个细节比一大篇议论更起作用，比一大堆没有实质意义的画面堆砌更有意义，更能说明问题。逼真的细节使新闻富有说服力和感染力。在电视新闻中如果摄像机及时捕捉到若干精彩的细节画面，记者能够采访到精彩的细节过程，就可以使观众对发生新闻事实当时的场面、情景、人物，乃至人物的面貌、行动、语言、性格等有极其深刻的印象。可见新闻中的细节运用，有其一般事实叙事所没有的传神威力。那么什么是新闻的细节呢？

《辞海》是这样解释的，“文学艺术作品中细腻地描绘人物性格，事件发展，社会环境和自然景物的最小的组成部分”①。鉴于这个解释，我们可以这样理解新闻细节：电视新闻细节是构成新闻事件、新闻人物、新闻场景的最基本的组成

① 《辞海》：上海辞书出版社 1980 年版，第 1160 页。

单位，是其局部或细微变化的展示，是最具个性的同期声或画面，能表现事件的本质、人物的个性、场景的特征。人物的一个动作、一句话、一个眼神、一个表情，物件的一个局部，环境的一部分都可以构成细节。

1. 细节的特点与功能

细节生动、形象，表现力、说服力强，最能感染观众。这正是细节的魅力所在。细节的传神功能在电视新闻中时常表现得淋漓尽致。如山东电视台制作的《刁娜：舍己一条腿救人一条命》中，用了很多的特写镜头：躺在医院病床上的刁娜，却带着一张洋溢着幸福的笑脸；刁娜缝合起来的伤口又长又粗，犹如一条恐怖的蜈蚣；当刁娜和被救者王媛媛两个人相见的时候，两双手叠在一起，刁娜轻轻地抚摸王媛媛的手，这个镜头给的时间很长，这就是施救者和被救者所体现出的一种大爱，人间的一种真爱，这些都是通过特写镜头给表现出来的，给观众留下了鲜活生动的印象。

细节增强新闻的真实性。真实是新闻的生命，那细节就是构成生命的血肉和细胞。细节表现出来的真实是不容置疑的，细节的真实是整体真实的基础。如清华大学新闻传播学院的学生拍摄的新闻专题片《黎明东方》记述的是清华跳水队中最小的孩子刻苦训练的事。这部在全国大学生 DV 大赛中获得大奖的作品运用了大量感人的细节，这些细节真实地刻画了孩子们的锻炼生活。如镜头通过孩子劈开的双腿拍摄他痛苦的面部表情的特写，孩子们中午吃饭时开心的笑脸，晚上睡觉前抱着玩具熊的天真无邪等，这些细节很普通，但绝对真实，真实得令观众震撼——观众真切地体会到“梅花香自苦寒来”的意义。

细节揭示事件的本质和新闻的主题。电视是声画的艺术，新闻事件的本质和新闻作品的主题应该很好的运用声画语言来表达，而不是靠解说词的议论和抒情，最好的方式是诉诸细节的画面、同期声。如中央电视台《焦点访谈》有一期是揭露制造假酒的节目，记者在偷拍暗访时，抓住了这样一句话，这样一个镜头：造假者牛气烘烘地说：“我怕谁？法律算个球！我有得是钱和关系！”一句话点到问题的实质，这些人敢冒天下之大不韪、顶风造假，一是巨大利益的诱惑，更重要的还有“关系”保驾护航。权钱交易，奸商贪官沆瀣一气，真是一语道破天机！这句话不长，却是揭示事件本质至关重要的细节。这个细节的分量不言而喻。同是在《焦点访谈》播出《实习进了歌舞厅》的结尾定格在教室墙壁上的“尊师重教”的标语，然后镜头切换到演播室，主持人背后的大屏幕上就是这四个大字的特写，然后主持人做了画龙点睛的评说。四个大字的特写，这个细节与新闻事件本身形成鲜明对比，强烈的揭示了节目的主题。

2. 捕捉细节

记者要善于观察，善于发现细节。正如法国著名雕塑家罗丹所说“美到处都有的，我们缺少的是发现”。一方面，生活的细节蕴含着新闻。对于新闻工作者来说，观察生活、在生活中捕捉新闻是一项基本功。可以说，生活是新闻的重要源泉。生活中的信息是极为丰富的，关注生活中的细节，往往能给记者带来“意外”的收获。另一方面，在新闻事件现场，在采访的过程之中，记者、摄像师应该一直绷紧神经，要时刻意识到自己的职责，要清楚现场哪些东西对自己是有用的，是很重要的，要不失时机地把这样的声音和画面录制下来。

捕捉有个性的细节。电视新闻专题中的细节描写并不在于画面的长短，甚至不在于画面本身有多精致，关键在于要有个性化的特征。细节描写的个性化程度愈高，作用就愈大。新闻报道的细节个性化了，就能“以一当十”。那些没有实质意义的细节，不能反映事物本质，人物个性的细节不是真正的细节，多了是累赘。

细节一般靠特写镜头完成，但特写镜头不一定都是细节，特写镜头也不一定能胜任所有细节的刻画。新闻里，人物的喜怒哀乐，我们给特写，的确能让观众细致地发现面部表情的变化，从而揣摩到人物心理的变化。从这些特写镜头里，观众的确感受到特写与细节的魅力。现实中，我们很多时候是靠特写来表现细节，因为特写镜头具有彰显、放大事物特点的作用。但在所有景别的镜头中特写镜头是主观意味最浓的，因而特写镜头太多可能会影响新闻的真实感。因此，没有实质意义的特写尽量不要。另外有些细节，也不是用特写镜头能表现的。如这样一条新闻，主题是表现某些地方的形式主义坑害百姓。地方官员到贫困农村宣传党的支农护农好政策，开着高级轿车，到了村里还吃去村委会一年的财政收入。一个镜头是这样：全景，村委会破烂的房子，门口停着几辆高级小汽车。这个全景不是细节吗？绝对是细节！是记者很好的发现。这个细节，是由个性画面来表现的，尽管不是常规意义上的局部，但这个强烈的对比造就了实质意义上的细节，其意义一目了然。

第四节　电视新闻专题片的编辑与制作

一、电视新闻专题片的结构

电视新闻专题的结构是指作品的组织构造和总体安排，包含新闻素材之间的内在联系、过渡与照应，以及新闻素材的取舍和详略安排等。结构是有生命的，一个好的构造，能提升节目的内涵和感染力，使节目充盈着活力与张力。

（一）电视新闻专题片结构的类型

从电视实践来看，电视新闻专题片结构多种多样，但主要有三种类型：

1. 纵向结构

纵向结构是指按照事件发生、发展的过程，或根据记者调查、采访的顺序来组织、安排材料，结构节目。这种结构方式严格按照事实的逻辑、因果关系，遵循采访调查的层层深入的过程，具有很强的叙述性。这样的电视新闻专题在荧屏上经常看到。如《焦点访谈》《新闻调查》中的许多事件性的报道大都是这样的。这样的结构方式很适合老百姓的欣赏心理。有过程、有情节、有悬念、有矛盾，因而很吸引观众。

2. 横向结构

横向结构是指按照空间变化来排列、组织素材、内容，或各部分内容之间是横向并列关系。空间结构的自由性比纵向结构要大，因为各部分之间是并列关系，直接的内在联系性比纵向结构要弱得多。如反映各个地区学“八荣八耻”精神的电视专题，就可以按照地区的变化来组织内容，第一部分先介绍上海的经验，接下来是湖南的事迹，然后是黑龙江的做法，等等。

3. 复合式结构

复合式结构打破了生活正常的时间、空间的顺序性、逻辑性，或是时空交错，或是根本就不存在明确的时空概念而是顺着节目制作者的主观思路组织、安排材料。时空交错的电视新闻专题我们会经常看到，在节目中既有时间的变化也有空间的变化，用时空交错的手段组织素材。在反映建设的新成就的时候，经常会用到这种手法，即既有历史的对比，又要和其他地区相比；或者在同一部片子中反映几个地区的建设成就（横向），但叙述每个地区的时候，又会有和历史的对比（纵向），同时又会涉及不同行业的建设（横向）。按照主观思路安排结构，最明显的体现在政论性的专题片中。这一类专题片为了阐述一种观点或思想，很难用时空的方式来表现，一般按照人的逻辑思路来组织材料。

（二）新闻专题片结构的要求

1. 结构要保持新闻作品的完整性

在复杂的、繁冗的新闻事实中，电视工作者怎么选择素材、选择哪些素材、这些素材如何搭配、如何结构，是一项极为重要的工作。不管选择什么样的结构来构造专题片，都要保证事实的完整，千万不能断章取义。“完整”的意思是要让观众能够看到或了解到事实的本来真实的面貌，而不是面面俱到、事无巨细；记者应该围绕片子的主题、事件的线索，选择典型的新闻素材，确保结构的相对完整，使专题片客观、全面地反映新闻事实。

2. 结构要有利于表达思想主题

结构是为表达思想主题服务的，不能为了结构而结构，只追求结构的新奇而影响了片子思想主题。应该选择最能说明事件的性质、问题的实质的素材，应该使各个部分素材的安排和搭配有机统一于主题。拍摄的素材再完美，但对于表现思想主题没有用，那也要忍痛割爱，否则就可能画蛇添足。

3. 结构要反映事实的内在联系

真实依然是电视新闻专题片的生命。好的结构的确可以起到吸引观众、深化主题的作用，但结构一定要一丝不苟地遵循新闻事实本事的内在联系，遵循其发生、发展的逻辑过程，尊重事物的规律。倘若素材的选择、组织、安排、搭配破坏了事物本来的必然联系，那么新闻的真实性就会丧失，新闻专题片的生命便不复存在。专题片的结构应该有助于观众更好地理解事件的真相、问题本质。

4. 结构要尊重观众的欣赏习惯

观众是上帝，对于观众业已形成的观看电视新闻的习惯和心理，电视工作者不要轻易打破。我们不能自己津津乐道，自我陶醉于作品，重要的是考虑观众能不能获得更好的欣赏效果。

二、电视新闻专题片节奏的形成

（一）什么是电视新闻专题的节奏

节奏是来源于音乐中的术语，原意是指音乐中有规律出现的强弱、快慢的变化。电视新闻专题片的节奏是指在采访报道和节目制作过程中，通过电视工作者的业务操作，使电视作品呈现出一种在声画语言和片子结构上符合新闻事实特点的、有规律的变化。文武之道有张有弛，一个好的编排节奏对于电视新闻专题片会起到很好的补充作用。

电视新闻专题片的节奏包括内部节奏和外部节奏。内部节奏是指：新闻事件本身的发生和发展过程、新闻人物内心波动、创作者思绪变化所产生的节奏。外部节奏即摄像机的拍摄、运动所形成的快慢、长短、强弱等变化以及后期编辑时剪接镜头、配音、特技处理等所产生的节奏。

（二）电视新闻专题片节奏的形成

1. 内部节奏和外部节奏有机构成专题片的整体节奏

首先，内部节奏是外部节奏的基础。内部节奏，即事物本来的内部联系是电视摄像、后期编辑制作的基础。新闻事件本身是有节奏的，或舒缓、或轻快、或紧张、或惊险，总之我们电视节目的制作要符合电视本来的节奏。如中毒急救事件肯定是相当扣人心弦的，因此在拍摄时，镜头的运动、景别肯定要营造这种效果，摇摇晃晃的跟镜头比较多，人物焦急的面部特写比较多。在后期剪辑时，某些段落剪接率（单位时间内镜头的数量）可以提高一些，甚至用镜头的快切来提高节奏，营造和现实中一样的紧迫感。相反，一部反映某乡村新风貌的新闻专题片，肯定是比较轻快的，让人感觉像听轻音乐一样。

其次，外部节奏可以强化内部节奏感。还拿上面中毒事件来说，经过电视创作者的艺术与技术创造，通过镜头的变化、剪接的速度可以强化气氛，增强现场感。

总之，外部节奏和内部节奏应该和谐统一，共同构成专题的整体节奏感。

2. 节奏要有张有弛，富于变化

诚然，一部电视新闻专题片有其整体节奏，但这并不意味着一个节奏从头到尾一点变化都没有。正如音乐，再激昂的音乐也有舒缓的段落，电视新闻专题片的节奏也应有张有弛、张弛有度，富于变化。一个较快的节奏时间持续太长，观众会感觉疲倦，这时就想办法把节奏放下来，让观众绷紧的神经能得到片刻休息；一个平稳的节奏时间过长，观众又会感觉乏味，这时就要适度地加快节奏，刺激一下观众的神经。

3. 片花隔断合理运用

由于节目信息量巨大，很多电视新闻节目时长能达到半小时甚至一两个小时，如果这个过程中没有停顿和缓冲就会给观众造成视觉疲劳。适当运用片花，将整个节目分割成几个片段，可以提高传播效果。这样可以塑造新闻的节奏感，符合受众心理规律，能够达到 1+1>2 的效果。

三、同期声在电视新闻专题片中的运用

同期声是指在录制画面的同时记录下来的各种声音。同期声图像与声音保持同步，包括记者的采访、现场解说、现场人物的谈话，还包括其他现场音响，比如下雨声、风声、工地上的嘈杂声等。随着生活节奏的加快，人们越来越注重时间效率，如何快速、直观地把画面呈现在观众面前，使观众在单位时间获取更大的信息量，让节目的节奏富于变化，最终使观众得到良好的视听感受，是节目制作所努力追求的。同期声满足了这种需要。目前，新闻专题节目大量采用同期声。

（一）同期声的作用

1. 增强新闻的真实感和现场感

同期声来自于现场，与画面同步，它传递给观众的信息有不容置疑性。它比任何形式的转述都更加真实。同时具有强烈的现场感，让观众身临其境。比如，2006 年 6 月 6 日三峡大坝爆破，中央电视台进行了现场直播。在这个新闻专题中，我们看到了创历史纪录的世界第一爆破。掀起的排山倒海般的巨浪、产生的震聋发聩的声响，现场同期声，给予我们从未有过的视觉、听觉震撼。这曾经只在好莱坞大片中见过的场面通过屏幕真实地展现在电视观众面前。

2. 同期声增强观众的参与感

同期声的运用可以提高观众的参与意识，记者可以邀请观众参与新闻事件评论，吐露自己的真实想法，让他们的面孔出现在荧幕上。比如央视的《乡约》节目，大量运用同期声，并加以画面进行辅助，极大提高了节目的现场感，使得电视机前的观众也不自觉地想表达自己的意见。

3. 同期声可以增加信息含量

同期声包含着现场许多信息，特别是一些潜信息只有在同期声里才能体现出来。比如，说话人的语气只能听原声才能听出，而很重要的信息很可能就潜藏在说话的语气里。因而，很多情况下，同期声的信息含量是用再多的后期解说也是无法比拟的。

（二）运用同期声应该注意的问题

1. 同期声要有确定性

确定性是指声音和画面统一，发声主体或声源要在画面中，不能引起观众的误解或使信息模糊。有时候我们是能听到现场声音，但是在画面上找不到发声主体。这就使同期声的优势大打折扣。比如，画面是在一个繁忙的工地现场，声音是记者采访工地负责人对建设安全的看法，但观众始终没看到那个负责人。这就给观众一个很不确定的信息，这个负责人究竟在工地还是在窗明几净的办公室里。而恰恰这两个空间范围传递着不一样的信息。

2. 注意同期声的信息量

同期声不能滥用，不是所有现场采录下来的同期声都和事件有关。有些同期声对展示事件没有意义，对表现主题没有价值，这样的同期声也就没有信息量，那么就坚决不用，用了反而会扰乱观众的视听。

3. 同期声要用的精练

新闻事件是烦琐的，观众不会关注它的每一个点，事件普通发展过程往往并不是观众最想听到、看到的，观众只对那些最精彩、最关键、最能体现事物本质或规律的声音、画面感兴趣。拒绝平铺直叙、拖沓冗长，同期声应该言简意丰、节奏适度，起到画龙点睛、以一当十的作用，以更加准确、真实、可信的综合意象形态展现到观众面前，感染他们的情绪，使他们如临其境、如闻其声。

4. 同期声要和后期解说有机配合

同期声和解说词应该是水乳交融的关系。首先，解说词不应该成为同期声的简单重复，而是对其补充、解释、升华。其次，解说词有很强的概括、总结作用，因此可将那些很拖沓、很繁冗的同期声转化成解说词。再有，在剪接时解说词和同期声要有机连接，如果说同期声是珍珠，那么解说词就是串起这些珍珠的线。在节目制作过程中一定注意解说词不能和同期声脱节，两者应该有机配合、相得益彰。

思考题

1. 什么是电视新闻专题？电视新闻专题的主要特征是什么？
2. 电视纪实采访应该注意哪些问题？
3. 结合具体的电视节目谈谈什么是电视新闻的人格化处理？
4. 新闻专题片在结构上应该注意哪些问题？
5. 新闻专题片的节奏是怎样形成的？

参考书目

1. 王振业：《广播电视新闻评论》，北京广播学院出版社 1998 年版。
2. 赵玉明、王福顺：《广播电视词典》，北京广播学院出版社 1999 年版。
3. 朱羽君：《现代电视纪实》，北京广播学院出版社 2000 年版。
4. 蓝鸿文：《专业采访报道学》，中国人民大学出版社 2000 年版。
5. 周勇：《电视新闻编辑教程》，中国人民大学出版社 2002 年版。
6. 任远：《电视编辑学》，北京师范大学出版社 2002 年版。
7. 何苏六：《电视画面编辑》，中国广播电视出版社 2004 年版。
8. 陶涛：《电视纪录片创作》，中国电影出版社 2004 年版。
9. 张兵娟：《电视专题与电视栏目》，郑州大学出版社 2010 年版。
10. 胡智锋：《电视节目策划学》，复旦大学出版社 2006 年版。
11. 刘鹏：《好新闻“动起来”——浅谈电视新闻节目的编排节奏》，《记者摇篮》2015 年第 1 期。
12. 吴晓磊：《同期声在电视新闻报道中的作用》，《新闻爱好者》2010 年第 18 期。

第七章 电视专题片解说词的创作

第一节 电视专题片解说词的作用

1978 年第一部系列专题片《丝绸之路》的播出，开创了新时代电视专题片的发展之路。随后，一大批制作精良的专题片，如《话说长江》《让历史告诉未来》《世纪行》以及反映我国社会发展与风情文化的各类电视专题片纷至沓来，共同组接成我国新时代电视专题片的历史轨迹。在这多元的发展变化中，有一个十分鲜明的特点：电视专题片由比较单纯的知识、风土、人情的介绍发展到对社会、历史、文化等方面的审视和反思。这一变化又突出地表现在以语言文字为媒体的解说词运思和撰写方面。有一些杰出的专题片业已定格成我国当代电视传播史上的代表之作，深深地影响了一代人的思想和情感，其解说词的震撼力量至今仍回荡在广大民众之间。

解说词，顾名思义即口头说明解说的词。也可以说，解说词是“口头文学”。它依靠文字对事物、事件或人物描述、叙说，词语的渲染来感染受众，使人们在对其所表述的内容有所认识和了解的同时，可以更进一步加深认知和感受。

就电视专题片的解说词而言，是对电视画面内容的文字解释和说明。电视画面与解说词是一对孪生兄弟，互为作用、相互补充和印证。实际上，解说与专题是不断发展、不断融合的，融合到难以分解才是至高境界。好的解说词往往能够超越可视直观信息，成为挖掘电视专题片思想和艺术精髓内质的重要经脉和灵魂，是充分体现电视专题片完整性和艺术性必不可少的一个重要环节。

一、补充画面，扩大容量

电视专题片都是纪实性作品，在真实性上与电视新闻有相似之处。但电视专题片并不限于最近发生的事，也不局限于自身的新闻价值，在报道的精细程度和范围上也都大大超过新闻节目。专题节目通常都比新闻节目长，描写方式更多样化，内容刻画也更精细。

电视专题片的所有画面都是在进行时态下拍摄的，但要完整地表现一个人物、一个事件，就必须涉及过去和未来，对此仅靠画面是做不到的，于是解说词承担了画面所不能完成的职能。解说词在电视专题片中和画面一起相互串联、铺垫，相互补充，从而构成完整又形象的专题信息。

我们在 2016 年 1 月 7 日看到 CCTV—9 播放电视专题片《我在故宫修文物》第一集，当电视屏幕上出现王有亮和高飞的具体形象时，解说词对其作了颇有古韵的介绍。

他们视自己为普通的故宫工作人员，但其实，他们是顶级的文物修复专家，是给这个国家顶级的文物治病的医生。他们的着装言谈与我们无异，同时生活在机器工业时代，但他们的手艺，却有几千年的生命了。他们师父的师父，是中国古代士农工商中的工。

故宫仍然有传统的师徒制，现代社会如何处理这种新型的师徒关系，王有亮、高飞给出了很好的示范。

这段解说词在刻画人物时说出了他们的职业、爱好和名气和彼此间的关系，补充了屏幕形象难以表现的东西，而屏幕形象又丰富了解说词的内容。这种相互渗透、相互补充，给观众提供了准确、生动、鲜活的人物情态，传达出新鲜的、有感染力的社会生活信息。

又如荣获 1998 年法国巴黎第十五届世界科学与传媒大会杂志类科普奖、获 1999 年葡萄牙科技和医学电视节“银奖”、获 1999 年度联合国教科文组织国际电影电视及音像传媒匈牙利国家委员会奖的电视专题片《追寻永乐大钟》的开篇解说词：

每当辞旧迎新和特殊庆典时刻，欢乐的中国人总忘不了隆重敲响那口最珍爱的永乐大钟。激越、磅礴、沉雄、嘹亮，带着恍来天外的神秘感和历史深处的沧桑感，一声声覆盖百里京华。这时候，四面八方的吉祥喜庆之声便有了庄严的领奏。

多么令人生敬又令人生畏的一口大钟。它诞生在岁月的另一端。五百八十多年前，以派遣郑和下西洋和编纂《永乐大典》而昭彰史册的明成祖朱棣，为炫耀自己的文治武功，并为迁都北京肇基定鼎，下令铸造了这口无与伦比的大钟。它既是朝钟，又是佛钟。遥想当年这座庞然大物轰然响起的时候，曾经以何等摄人心魄的威严，诏告着皇权显赫与皇恩浩荡，也宣示着神权至上和佛法无边。悠悠五个世纪过去了。今天，我们肃然仰望这个形貌苍古的明代孑遗，仍然仿佛看到一个巨大而苍莽的惊叹号，沉沉垂挂在天地之间！

……

这两段肃穆热情、凝练生动的解说，清晰勾勒出了永乐大钟的历史意蕴和时代感召力。

电视画面作为一种空间艺术，通过蒙太奇连接起来，作用于观众的视觉神经。解说声音超越电视画面，穿越时空，用语言追寻曾经流逝的重要历史时刻。作为一种时间艺术，以诗一样的感染力，作用于观众的听觉神经。画面不是简单的图解，而是解说的补充和延伸；解说不是脱离了画面的抽象思辨，而是画面的画龙点睛。这样的背景材料的庄严述说，不仅是对凝固的画面的补充和解释，更是对专题思想的提炼和深化，能够引发受众进一步去了解永乐大钟的兴趣。

二、整合画面，衔接内容

电视专题片是由一个个画面组合而成的，如果没有解说词的衔接、整合，画面则可能因为没有明确的指示关系而显得无序、杂乱。而且，画面与内容的衔接与转场，很多时候也需要解说词的过渡与连接。因此，好的解说词可以保证整部专题片内容的自然、流畅与和谐。

在 2010 年 2 月 10 日 CCTV—9 播放的电视专题片《迎接挑战江南之在水一方》中有一段关于“时光飞逝间”概念的表现，画面是排列整齐的木桶、悠然纺纱的妇女、停滞的蜻蜓与来往的人群。相应的解说词为：

五千多年前的古镇是什么样子，我们不能知道，我们只能知道，五千多年前，我们的先人，曾经在这里编织着生活，在这里的山下，在这里的水边，他们随意地唱着自己作的歌曲，一些鱼儿，悠闲地从他们身边游过。

我们不能知道，我们的先人从何而来，他们是千里迢迢赶来还是风尘仆仆路过，我们只知道，当他们和这一片山水相遇的时候，就毫不犹豫地留了下来，他们在这里开荒种田，纺纱织布，然后生儿育女，这一片山水，是我们的先人最初的家园。

我们也不能十分清晰地勾画出五千多年以来春夏秋冬的交替和风花雪月的演变，我们还是只能从古镇的一山一水一砖一石中，领略岁月浩渺和沧海桑田。

如果只有画面，不仅时间这一抽象概念无法传达，而且各个画面之间的关系也令人难以捉摸。是解说词让整个内容虚实结合，形象的图景和抽象的哲理相互渗透，共同体现专题片的意旨。

三、突出画面，深化主题

电视专题片画面本身具有转瞬即逝性，对其中的一些能够深化主题的信息，画面本身有时并不具备时间延展性。对解说词来说，镜头的边框与具体画面形象只是展开解说的基础，通过它的内容完全可以联想到画面之外更多的信息、更深的含义和其他信息。解说词在电视专题片中的作用不是堆砌，而是镶嵌，它可以通过外在语言的强调和刻画更有力的突出展现专题片的思想内涵。

2015年10月19日起在CCTV—9播出的电视专题片《长城：中国的故事》中与画面中巍峨长城相对应的解说词是：

人们猜想：如果没有秦始皇万里长城的存在，如果后世的中国并没有继续修建长城，中华文明也许如同欧洲历史所显现的结果，在北方游牧民族的反复冲击下，最终改变发展方向，也正是因为这种原因，在世界文明史上，中国长城成为如此独特而耀眼的存在。

解说词突出了画面，又超越了画面，延伸出更深的内涵和蕴意。

2016年CCTV—9播出的《自然的力量》其中有一段这样的解说词：

（同期声：藏羚羊的咩叫声与高原呼啸而过的风声）

（画面：一只雄壮的藏羚羊在荒草地上踱步，仿佛在巡视自己的领地，随后另一只藏羚羊向它发起挑战，两羊角斗在了一起）

解说词：

“在冬天的荒原，雄性藏羚羊建立了庞大的后宫，然而生命的繁衍是一场竞争，这就意味着总会出现强悍有力的对手。雄性藏羚羊成年后体重可达四十公斤，羊角长五十公分，尖锐的顶端是致命的杀伤性武器。

这是尊严与权力之争，这是生与死的考验，强者获得一切，谁也不敢掉以轻心，必须全力一搏。

每年都有大量的雄性藏羚羊在决斗中死亡，胜利者的基因孕育着新的生命。曾经有超过一百万只藏羚羊生活在藏北荒原。他们是这片严苛土地上最强韧的生命。

这是对画面所展示具象的深化和升华，观众可以从视觉和听觉两个渠道，感受到自然法则物竞天择的思想主题，也深刻领悟到生命繁衍的不易与强韧。

由此可见，解说词表面上面对的是画面，配合的是画面语言，其本质则源于生活，它反映社会生活，传递信息，传达思想感情。

四、增添审美，创造意境

电视专题片的解说词与画面的关系是同一生活情态的两种不同的语言渠道。画面是社会生活的形象化反映，画面与画面的组合构成了一种画面语言。但这种语言只能通过画面形象和画面的内在逻辑性来对生活实施审美，即视觉审美。而对此更深层次的理解和联想，就是解说词要完成的对生活的审美，是听觉上的审美。

如 2017 年 9 月 19 日起中央一套首播的大型电视专题片《辉煌中国》，通过壮观震撼的大规模航拍现场、生动鲜活的百姓生活现场、激动人心的生产一线现场，呈现出“大美中国、大爱中国、龙腾虎跃、蒸蒸日上”的动人场景。下面是《辉煌中国》系列之一《圆梦工程》的解说词：

这是砥砺奋进的五年，这是真抓实干的五年，这也是取得历史性巨大成就的五年。2013 年到 2016 年，中国国内生产总值平均增长达到 7.2%，这是环顾全球无可企及的成绩单。中国人民有了更多的获得感、安全感、幸福感、自豪感，中华民族实现了从站起来、富起来到强起来的历史性飞跃。

同心同德、同向同行，这是你我共筑的辉煌中国。

……

中国桥、中国路、中国车、中国港、中国网，一个个圆梦工程铺展宏图。

它们编织起人民走向幸福、美好的希望版图，编织起中华民族伟大复兴的中国梦。

向着这伟大的梦想，铿锵的中国脚步，自信、前行！

从这段解说词我们可以看出画面语言可以直接地、形象地展现作品的环境，将观众带入特定的氛围之中，但一些抽象的、理念的东西却难以表达出来，解说词这种有声的屏幕语言，恰到好处地解决了这个问题。优秀的解说词，应该是通过画面形象创造新的意境，表达出新的情感。

由此可见，解说不是对画面的简单重复或直白陈述，它是根据特定的情景和情节，对画面图像进行高度补充、丰富和渲染、点题以增加画面图像的内涵和意义，与画面配合共同表达一个主题。

第二节　电视专题片解说词的创作要求

一个好的电视专题片解说词应当符合电视节目的普遍特点，应当与画面相得益彰、互为补充。通过独到的视角，揭示出画面背后无法表达而又引人深思的东西。如果说专题片整个画面是龙，已经初步阐述了事物的原生态，那么电视专题片解说词就应该是点睛之笔，应该给整个节目注入精神和灵气。电视专题片解说词与电视新闻解说词有共同的特点，都要求撰写不简单重复画面内容，要有较强的宏观把控能力，有较好的文字功底。而电视专题片解说词更强调写作者精神上和思想上的把握能力，注重引导观众进行思考。同时，不同类型的电视专题片对解说词的要求也各有区别。

一、解说词的创作要求

（一）注意与节目内容的贴切性

解说词和书面语言有很大的不同，不能像书面语那样修饰和行文，必须用能让人们听得懂的文字来叙述。如果离开画面和其他电视表现形式来看解说词文稿的话，我们就会发现即便是非常精彩的解说词，但其文字却不一定精彩，因为它有很多省略是被画面、音乐、效果取代的。解说词强调的是听的作用，并不需要像书面语言那样讲究面面俱到的修饰和说明，而重在表现和叙述画面内容中每一样事物之间的关联，叙述这些关联对人们所产生的影响。因此，好的解说词创作应该讲究与观众及报道内容的贴近性。

贴近性是指写解说词要有设身处地和身临其境的感觉。解说最终要付诸听觉，解说的口播者必须要对整个片子有所了解，只有充分深入节目整体内容和氛围中，才能真切体味解说词的真正蕴意。一句解说词在播出时所酝酿的情感如何，对其功效的发挥有着举足轻重的作用。这就要求解说要充分利用语气、语义、语调和抑扬顿挫，长短快慢的节奏变化，而使解说更具情感的冲击力、思想的穿透力和艺术的感染力，饱含真情实意的解说必须让人感到这是作者心灵的直接投射。

如赵忠祥解说的《动物世界》给亿万观众留下了极为深刻的印象，并成功地开创了专题解说崭新风貌。刚接触《动物世界》，解说者也只是把它作为一部普通的专题片，由于解说者对动物特别是野生动物知识了解不多，所以对动物解说的内心情感处理趋于简单化。但随着解说者对解说对象的深入了解，亲近之情油然而生，使解说渐渐有了生气和活力。当解说者开始觉得“这一系列的解说词，几乎是对生命的讴歌，是一系列的优美的散文诗篇”时，他就开始寻求一种与之相契合的表达方法。赵忠祥一改多年来新闻播音的平白直叙，舍弃了声音响与亮的追求，“探寻出以情带声，以内在的理解为出发点的解说路子”，在《动物世界》的解说中处处涌动着“对动物喜爱和沉湎于其中的纯情的回味”。

因此，好的解说词必须是能把握和平衡节目本身和观众心理的贴近性听觉语言，对画面进行补充和修饰，会使观众产生联想，会使观众记忆中的情景再现，并且和眼前的画面情景产生呼应和交流。精彩的解说词往往出乎观众意料，说出观众隐约感觉到但又不是那么明确，是出乎意料而又是情理之中的东西。

（二）注意与其他电视表现手段的相融性

解说词是和众多电视表现手段互为补充的一种表现方式，解说词难有很高的单独欣赏价值，除非音乐、效果声和字幕都是它的附属品，它们只是为解说词服务。如你说是流水，我来个流水画面；你说是厂房，我来个生产画面，这样的节目不是一个成功的专题片，只是带画面的广播而已。

成功的解说词要注意与电视画面的情绪和气氛相和谐，与镜头的运动方式、景别、场景相适应，与音响效果、同期声相协调，真正做到情景交融、声画并茂。如2016年中央电视台综合频道播放的一个大型电视专题片《永远在路上》，从画面和解说集中地体现了正风、反腐，“老虎”“苍蝇”一起打，绝不是一句空话以及用“人心向背”这四个字，明确回答了“中国共产党为什么要坚定不移反对腐败”这个大问题。除了这些感人至深的情怀、触目惊心的画面外，解说的基调凝重、严肃、有力，与画面和谐融洽，让人真正感受到了中国共产党反腐正风的决心与毅力。

又如2014年8月21日起在CCTV—10首播的大型电视专题片《宋之韵》，编导在制作解说词时，全片以词人和流派为分集，但没有停留在文字解析的层面上，而是更关注那些作词的人——关注他们的命运、他们的喜怒哀乐、他们对事物的观察，以及他们对国家和人生的态度。所以该片除了朗诵诗词以外，解说的叙事部分尤以散文诗的文笔书写，为此它不但具备一定的思想深度和哲学理念，而且还具备一定的文学意味。这一点恰恰是该片的独到之处。解说一改以往冷峻、平实抑或高亢、澎湃的语调，在感怀中叙事，在叙述中抒发感怀。整个解说收放自如、张弛有度，随着内容思想情感的大起大落、跳跃式的时空跨度，做到亦步亦趋，构成一幅大气磅礴、跌宕起伏而又融会贯通、浑然一体的语言艺术画卷。

因此，解说词与其他电视表现手段之间应该是互相补充的动态平衡关系。解说词在节目中，同样要考虑结构的设计，该松则松，该紧要紧，要考虑到与前后左右的电视手段的关系。它是一个有机整体，这个整体始终处于变化的动态平衡中，而动态平衡决定于节目内容的需要。在这当中，解说词除了渲染气氛，介绍情节以外，突出的是深化和扩大画面内涵，并和画面、音乐、效果声、同期声成为一个相融的整体，引导人们进入一种更加和谐美妙的氛围中。

（三）注意与节目情感和韵意的配合性

与电视新闻相比，电视专题片更深刻、更详细，既要交代事物的来龙去脉、矛盾的发展与解决，提出问题、解决问题，还要对事物进行细微的刻画和气氛的渲染，更注重艺术技巧的运用，更注重原型的刻画，更注重情感和意境，调动一切艺术因素去感染观众。

电视专题片的情感与意境，是画面与解说词共同作用的结果。一组画面可以让观众产生一千种思考，而能否让观众按照创作者的思路去思考，则完全决定于解说词的情感与意境。

我国古代文人很注重意境，“意者一身之主也”（黄子肃《诗法》）、“意犹帅也”（《船山遗书》）。这种意境在魏人荀粲那里更具体化，他提出了“得意忘象”和“象外之意”之说，强调以形象性的譬喻而不是以抽象性的概念的意词，去表达无限深幽的玄理，不要拘泥于表述形象性譬喻的语言文字，而要领悟超于形象性譬喻之外的无限深幽的哲理。

意境的构成要求情景交融，往往是对具体可感的形象内化后的精神体验。意境的获得不在感官，而在心悟。《香港香港》是由新华社旗下中国新华电视（CNC）摄制的10集电视专题片，该片于2012年6月26日至7月5日每晚9时30分，《香港香港》中文版在CNC中文台首播。在香港回归十五周年之际，专题片开篇第一集解说词充满了时光的韵味与血脉积淀的情怀：

什刹海，旧时舳舻蔽水的漕运码头，依旧延续着曾经的繁华。

潋滟波光里，青砖灰瓦摇曳的倒影隐藏着岁月沧桑，诉说着历史风云。

岸边鳞次栉比的老建筑中，这幢别致的三层小楼，总会在不经意间闯入人们的视野，门牌上的紫荆花标识，立刻就能让人明白它的与众不同。

这里是香港特区政府驻北京办事处，或许很少有人知道这家驻京办“没有餐厅”“只配有一辆车”，但只需门口这块特意挑选的“71号”门牌，就能让在此驻足的国人心中升起一份特别的感受。

……

在诗人闻一多的笔下，香港曾是与祖国母亲失散多年的孩子。如今，应该让这个回到母亲怀抱的孩子受到善待。

2007年，在香港回归的第十个年头时，美国《时代》周刊撰文说：“此时此刻，中国内地正变得日益自由和开放，可以给予香港——这个混血的、有点外国风情的孩子可能连做梦都没有想到过的机会。”

回归十五年，香港，依然是那么“香”。人来人往的罗湖口岸，是世界上最繁忙的过境口岸之一，有214条出入境通道，日均过境人数超过25万人次。香港已不再是内地人遥不可及的心中向往。沧桑岁月沉淀在这匆匆的脚步中，不变的依旧是那份特殊的情怀。

解说词饱含深情，同时精彩的文字也创造出一种让人憧憬的美好民族情怀，凝重激越的历史积淀增加了主题的感染力和艺术氛围。

又如2011年中央电视台与BBC联合制作的优秀专题片《美丽中国》其中的一段解说词：

甲壳虫寻味而至，寻找腐肉的大餐，但它们被骗了，光滑的表面让它们立刻跌入魔芋花的中心，没有多余的空间让它们展开翅膀，滑潘的花壁确保它们无处可逃。但是花并没有恶意，甲虫只是莫名其妙地成为一个不知情的帮手。黎明到来，魔芋花仍没有什么变化，一整天捆着它们的囚犯，直到第二天晚上，女巫又开始做法。

优秀的电视专题片，总是情与景、意与境的交融和统一，从而产生强烈的感染力。

（四）注重自身的含蓄与精练性

电视专题片要达到理想的艺术效果，要求创作中表现手法的含蓄与简约，在解说词的撰写上这一点尤为重要。电视专题解说词讲究含而不露，留给观众更多的想象空间，让观众更为主动地参与到节目中来，从欣赏中达到互动的效果。一篇好的专题片解说词要求情景上的实写与意境上的虚写相统一，做到引而不发，把主动权交给观众。

同时，电视是视听媒体，其传播模式又是一种转瞬即逝的线性模式。要使经过再创造的、非真实的电视时空在观众面前获得一种认同，除了镜头要应用合理外，解说词也应具有思想穿透力，不仅要饱含深刻的内涵，而且还必须要符合审美心理时空的超越性。解说词要根据需要压缩或延长客观时空，或纵览上下五千年，抑或雕刻数分数秒，因此，要写得高度概括、言简意赅、缩龙成寸。在运用语言上精练得有如诗作，使人在一闪而过的刹那间获得“一语道破”的真谛。

解说词切不可太多、太满，将观众视为阿斗，似乎是不说则观众不明真谛，不说则观众不明事理一般。我国古典美学是很讲究一种意境的“言外之意”“文外之音”“虚实相生”等，都是对意境的追求所致。电视画面已给观众提供了许多丰富的可感形象，解说词必须，点到即止，留有余地。只有充分具备了空白点，解说词才能使其创造的境界千回百转，所提示的主题深刻而非和盘托出，所表现的内容丰富却又不是一览无余。从而给观众留下思索和回味的自由天地，激活观众的想象和再创造，使之获得深沉而广泛的启迪。海明威说：“冰山在海里移动很是庄严宏伟，这是因为它只有八分之一露在水面。”这就是说还有八分之七的思想感情隐含在形象背后。见诸笔端的虽只有八分之一，观众却强烈地感受到八分之一背后的力量。

解说词能引导和强化观众的瞬间联想。解说后一般都要留下一定的“空白”，保证瞬间联想的时间。在某些情况，仅有画面，而不加入声音，往往会形成“此时无声胜有声”的特殊意境。2016 年 1 月 9 日 CCTV—9 播放的电视专题片《我在故宫修文物》第三集中对于蒙蒙细雨中的宫殿的琉璃屋檐的空镜头中，配上雨打屋檐在顺流滴落地面的自然音响。此时虽无片言只语，观众却不由地感受到故宫的那一缕诗情画意。

解说词要做到精练，在具体的用词方法，应该注意：一个句子要短，避免使用长句和复合句；解说词为避免重复画面内容，可多用“这儿”“那个”“那些人”等指示性代词，以吸引观众看屏幕，从屏幕中找到答案。

二、不同类型专题片解说词的创作要求

为不同内容、类型、风格的电视专题片配解说，在韵味、情调、吐字用声、表达方法上都存在着不少差异，可形成不同的表达样式。每部片子的创作，往往既遵从于一般创作规律又不拘泥于此，表现出极大的灵活性和创作个性。若人为地从理论上明确规定一部片子是什么类型的，该用什么表达样式，是有较大难度的。这里，我们只是就一般规律而言，从模糊思维的角度列出几种节目类型的解说特点。

（一）政论片

政论片往往就政治、经济、军事、文化等领域中的某一现象、某一观点、某一热点作为探讨的内容，其中不少属于重大题材，所记录的往往是重要事件、人物，重大节日。政论片有明确的观点与见解，并将此集中体现于相对完整的解说中，画面多为相应内容的形象展示。这类片子中解说词的作用大多重于画面语言，解说是主导，主要是议论，形成“议论型”的解说样式。

2017 年 8 月在中央电视台播出的政论专题片《法治中国》，展现的是我国全面依法治国的历史性变革和辉煌成就，第 6 集《全民守法》讲述法治是全体中华民族的探索，全民守法，还要靠激发全体人民的法治热情。其中有一段解说词是这样的：

法治中国建设，我们根植于中国传统的土壤，具有鲜明的中国特色；我们借鉴世界文明的智慧，具备兼容并蓄的胸怀；我们总结历史经验，探索出现代国家的治理思路；我们立足现实国情，开创引领时代发展的法治道路。法治中国建设，不但是中国历史进程中一座光辉的里程碑，也必将为人类法治文明发展提供中国经验，贡献中国力量！

解说严肃、厚重、有内在力度，政论与纪实结合，哲理与激情交融。观众在观看这类节目时，对语言的注意大于对图像的注意。离开解说，画面就显得杂乱无章。在解说这类节目时，不应压制声音和感情，不要怕喧宾夺主。当然，有的政论性专题因为特殊的风格又需要相对平实、舒缓、客观的解说，需要在具体实践中灵活把握。

（二）人物片

人物片往往将各行各业有代表性或有特点的人物作为反映的对象，以表现一

个主题，一种立意。在人物片中，解说与画面多呈互补状态——解说词表现人物的内心活动或人物的经历、背景、事件过程等，画面则对人物形象、人物活动、人物生活、工作环境以及人际关系等给予形象化、直观性的展示。

人物片的解说词一般是叙述型，表达极为自然、流畅，语言亲切、自然，较平缓。如2017年中央电视台播出的人物专题片《百年巨匠》之《梅兰芳》中讲述梅兰芳学艺时的画面：早上的晨光，古老的城墙，幽静的庭院，皎洁的月光。与此相应的解说词是：

学徒时的梅兰芳，每天五点就得起床，跟随吴菱仙到前门的皇城根下遛弯喊嗓，接着回到家里开始吊嗓子、练身段、学唱腔，晚上还要念戏文，一整天除了吃饭睡觉外都有功课。

整个解说词非常自然流畅，交代了梅兰芳学艺时的艰辛，与画面很好的搭配结合，能诱发观众的情感。

同时，人物片的表现形式也比较灵活多样。人物有以第一人称出现的；也有第一、第三人称交替出现的，时而是叙述者，时而是人物自己的对话；也有的是对话形式；还有男女对播的。解说者既是叙述者，又是节目中人物的代言人，因此，解说者一方面要把握好自己解说的角度，进入人物的视野来说话。2007年专题片《寻找父亲沙飞的足迹》以沙飞女儿们的视角用自述体的方式追寻父亲沙飞足迹的过程为主线，采用第一人称自述的方式展开，通过对沙飞之女及一群敬爱沙飞的人寻找沙飞抗战摄影足迹的全程记录，沙飞辉煌而悲怆的一生也随之徐徐展开。

我们到尊胜寺。尊胜寺始建于隋代。尊胜寺住持不在，一位年轻的喇嘛接待我们，他看我们带去的“和尚连抗日”老照片，并在介绍信背后签自己名、盖住持慈圣图章。

解说将自己的内心，化为主人公的心态，以他的口吻叙说，展现了追寻足迹的过程，使人听起来亲切、自然。

（三）风情片

风情片的解说词往往把某一地域的风土人情、名胜、古迹或风光美景等给予展示，以满足人们猎奇、欣赏与拓展视野的需求，它兼有欣赏性和知识性。

风情片以展现景物的画面语言为主，解说大多处于辅助地位。有人称风情片的表达样式为“抒描型”，即很多时候以描绘、抒情为主。它的语言亲切、甜美、柔和、真挚、有兴味，咬字柔长，节奏轻快、舒缓。解说语言应有兴致、有情趣，要切合画面和音乐细致地描绘，真挚地抒情，体现对自然、对生灵由衷的关爱与珍惜，形成浑然一体的意境美和整体和谐的诗意美。如赵忠祥解说的《人与自然》、任志宏解说的《探索发现》都是风情片解说技巧的成功典范。又如2013年在中央电视台纪录频道播出的电视专题片《湿润的文明》，编导多用散文随记风格的笔触展现我国湿地形成的历史与现状，讲述了湿地与人不可割裂的关系。在解说中，采取“气声为主，虚实相间，以气托声，以情带声”的方法，语言节奏舒缓、抒情，紧贴画面，努力营造出湿地的纯净与天然美。

(四) 科教片

科教片包括科技、卫生、文体、生活等各个领域的知识与教育。这类专题片往往将各种需要讲解、表现的事物和需要阐明的道理清楚地展现出来，画面与解说也是互补性的。科教片解说词以讲解说明为主，因而它的表达样式为“讲解型”。如2017年上海广播电视台制作的网络安全大型专题片《第五空间》第一集《透明的时代》中有这样一段解说词：

网络时代，我们无时无刻不在生产数据，光缆尽头的宝藏，引来无数的窥探者。有的数据，例如账户和密码，我们有保护意识，但更多的数据我们视为平常，不法者却能从中挖出线索。信息泄露提高了诈骗的成功率，由北京市公安局网络安全保卫总队和360互联网安全中心联合发布的报告显示，全国从事网络诈骗产业的人数估计超过160万人。

整个解说摆脱了枯燥生硬的说教，用事实和数据讲述信息泄露的严重性，与画面中的数据图片相配合，提高观者的预警防范意识。

第三节 电视专题片解说词的创作过程

一、创作的前期准备

(一) 深入体验采访对象

没有充足的第一手翔实材料，再好的记者也不可能写出好的解说词。前期的深入采访对后期的解说词的写作非常重要，没有这个过程，没有切身的体验和感受，就不可能写出让观众信服、感人的解说词。这就像作家、画家为创作必须去体验生活一样。没有他们身临其境地去体验某种生活的经历，而只坐在家里凭空想象“闭门造车”，是不可能创作出优秀的作品的。因此说，亲临现场、深入采访，尽可能多地掌握素材和信息是写作好解说词的第一步。

（二）和节目进行真诚交流

好的解说词写作，必须要求电视工作者全身心投入，用自己的真挚情感去体验，将内心的触动用文字淋漓尽致地表达出来。可以相信，在这种境况下写出来的解说词也定会打动观众的心。相反，同样是在做一个电视专题节目，在整个采访过程中，如果没有打动你的心或引起你兴趣的地方，你肯定不会写出打动观众心的解说词。只有你对采访对象、镜头中所表现的内容或你想说明的事物感情真挚、兴趣十足、关心专注，这样你写出来的解说词才会感染观众。

（三）具备一定的文学艺术修养

要写好一篇解说词，必须有文学“细胞”，善于用文字语言表述、描绘所解说的事物和画面。一篇优秀的电视专题片的解说词不一定是运用了多少排比句、多少古文诗句、多少成语典故，更不是华丽辞藻的堆砌，但它首先应当是读起来朗朗上口，品起来很有味道，集语言的新鲜性、评说的深刻性和文字的可读性于一体，具有文章的语言美感与画面镜头的艺术美感。

（四）善于准确把握画面内容和节奏

在电视语言的不同表现方式中，画面的不同组接可以表达出不同的思想内容，表达不同的情感，而音乐、自然声和解说等声音要素的不同配合，会使画面产生迥然相异的传播效果。对于电视专题片来说，解说作为声音的一个重要构成要素，如何有机地与画面配合起来，使得文字稿与画面相对应，声音与流动的画面和跌宕起伏的音乐协调一致，是保持专题片和谐美和意蕴美的关键。因此，在写作之前，应该从整体出发，根据已经获取的画面内容和音乐节奏确定解说词的写作风格和具体细节性表达方式。

二、解说词的表达艺术

（一）力求精练、强化节奏感

解说词在和画面配合的过程中必须高度精练，使之言简意赅，增加表现力，营造效果强烈的艺术氛围。要使解说词最大限度的精炼，需从构思阶段即加以考虑，在谋篇布局、选取视角、寻找合适的切入点时必须要有求精的意识。

1. 善于直入主题，精当开篇

电视专题片通常具有大量丰富、庞杂的画面和音乐信息，解说词需要去梳理、整合这些头绪纷乱的信息，要做到精练，必须找准切入点，有一个好的顺理成章的开头。从哪里切入，常常是撰稿人冥思苦想的一个问题。许多文章在开头时往往不拘一格，千姿百态。而在电视专题片解说词中，无须导语，直接进入主题，往往能够保证专题片精当开篇、干净利落。如2017年北京卫视播出的《大西山》专题片中，开篇解说词为：

新的一天开始，我们寻找北京这座城苏醒的标志性画面，从地标性建筑国贸三期330米的高度向西眺望，当西边如巨人臂膀一般，环佑着这座城的山脉也镶上金边，北京才算是真的醒了，这是当代人的视角。

开篇解说词直奔主题，点出从当代人的视角看大西山，守护着北京数千年成为标志性的景观，表达了对大西山的浓浓情意。栏目在2005年制作的专题节目《精灵纪事》，讲述秦岭的金丝猴——这一类似人类的动物社会的种种悲苦与欢欣。开篇解说词为：

在我国中部的秦岭大山中，生活着这样一种动物。因为浑身金色的毛发，人们称它为“丛林中的金色精灵”，它们就是国家一级保护动物——川金丝猴。其中生活在秦岭山区的种群也被称为秦岭金丝猴。这到底是一群怎样的生灵？在它们的社会中，究竟隐藏着什么样的秘密。长期以来，笼罩在金丝猴身上的这些谜团一直困扰着人们。

2001年，西北大学的李保国教授和他的学生们来到了秦岭的大山中。在最初的一年时间里，他们先后采用跟踪和给猴群喂食的方法，最终获得了野生金丝猴群的信任。通过与猴群不断地接触，他们逐渐走进了金丝猴的神秘社会。

片子几乎没有太多铺垫，直接开篇，简练又不断调动观众的好奇心去进一步探寻。

没有铺垫，直接开篇，毫不絮叨，直奔主题，使整个谋篇布局精干洗练，基调准了，其余韵则更加流畅、自然，也集中强化了主题的表现力和感染力，有效提高了专题片的厚度和容量。

2. 高度概括，又不失文采

行文简练与否，行文节奏十分重要。在解说词中，努力强化节奏感，当快处尽量加快，则可取得事半功倍的效果。如2017年中央电视台播出的专题片《大国外交》第一集《大道之行》，需要展现我国几十年来的发展与强大，解说词运用三个“前所未有”高度概括了我国在当下世界中大国的姿态，同样也表达出我国仍是发展中国家：

这是中国之中国，也是世界之中国。中国前所未有地走近世界舞台中心，前所未有地接近实现中华民族伟大复兴的中国梦，前所未有地具有实现这个目标的能力和信心。这是习近平为当代中国标注的历史新方位，也是新时期中国外交的基准坐标。

《人间世》是2016年由上海广播电视台和上海市卫计委联合策划拍摄的电视专题片，第八集《坚持》站在医生的角度，讲述医生背后的无奈与坚持：

每一位走进医院的患者，都希望医生妙手回春，但我们经常要面对的，是无力回天的窘境。医学不是万能的，很多无奈我们无法回避，但至少我们可以选择坚持。

短短的几句话，勾勒出了医生职业的艰辛不易和无奈的心境，但同样也表达了医生们坚韧的精神，十分令人动容。

又如中央电视台CCTV—5《天下足球》2013年制作的特别节目贝克汉姆退役纪录片中《贝影：大结局》中的解说词：

他是宠儿，也是弃儿；他被追逐，也被放逐；他在失重后赢回尊重，他在尊重中赢来更多的尊重；他在离开时已经没有离开，他叫大卫·贝克汉姆，一个总是牵动世界的人，这一次，他是一个动人的球员。

短短的几句话，通过排比和对偶的句式，凝练出一位足球运动员跌宕起伏的职业生涯和传奇人生，同时牵动着每一位观者的心绪。

（二）突出重点，展现细节

电视专题片表现的多是内容丰富、底蕴深厚的事物，怎样才能在有限的时间内完整又形象地展现事物的本貌，做到起伏有致、主题突出、含蓄深刻。其中突出重点，集中笔墨展现细节是解说词创作中的一个重要的表达要求。解说词的表达怎样突出重点，可以从宏观上选取多个典型侧面和重点，微观上对具体的画面进行细节性放大等方式进行。

1. 凝练典型画面表现主题

合理地梳理庞杂的画面信息和其他已获取内容，清晰、凝练地展现主题，往往是专题片中内容架构的关键。其中，选取最富于表现主题的典型画面进行深刻的解说和串联，集中展现事物的典型特征，是专题片的一个重要写作思路。

2016 年 9 月在中央电视台纪录频道播出的《锦绣纪》将视角投放在历史文化的起源——蚕丝。第一集《穿梭》选取了“桑蚕吐丝”“在丝绸上刺绣”“百鸟衣”“蝴蝶和鸟的图腾”“蚩尤后代的条纹”“平纹织物”“养蚕不缫丝”等画面细节，以凝练的解说词讲述了苗族走过的悠久的丝绸文明历史，气氛热烈，情味悠长，生动有力地展现了丝绸文明源远流长的风情画卷。

2. 放大画面细节深化主题

解说词可以对画面进行凝练、整合，又可以对画面信息给予逻辑重点地强调突出，将画面中未曾强调、观众未曾留心的细节放大以展现主题，是解说词表达的又一重要方式。如中央电视台 2017 年播出的专题片《打铁还需自身硬》有不少细节值得关注。片中纪委对待违纪违法的干部，带他们读党章、重温入党誓词，鼓励他们主动认错、交代问题，真心向党忏悔。片中还交代了中央纪委违纪违法干部的典型案例及其细节，提到了中央纪委机关的违纪违法干部姓名。通过解说的放大与揭示，反映了党中央铁面无私清理门户，进行反腐斗争的决心与信念。

2018 年 CCTV—9 专题片《如果国宝会说话》第 23 集《胜者为王——越王勾践剑》中有一组文物细节画面，配有这样的解说：

剑被誉为百刃之君，是因为它最适合一击刺杀，它不像长矛那样远离敌人，也不能像刀那样挥砍自如，更不会像棍棒那样殴打弱者。一名伟大的剑客，只有把剑深藏在怀中，隐忍等待，当足够靠近敌人的瞬间，突然出击，刺出那决定胜负的一剑。以小博大、不欺老幼、善于忍耐，这既是剑的品格，也是君子的信仰。

解说词短短几句将历史画面展现在观者眼前，同时传达出了勾践剑的精神与品格，深化了文物的主题。

（三）活化氛围，营造意境

电视专题片是调动多种电视语言来表现事物的一种创作手段，追求的是一种系统、综合、立体的艺术效果。因此，解说词应有自身竭力追求的鲜明个性和独特风格，以此来展现专题片的思想性和艺术性，体现专题片的水准和品位。而这种功能和个性风格离不开独特的表达方式和纵深的艺术展现。以情载道，情道合一。解说词的表达应该力求用真挚的感情，隽永的诗意，引发受众向纵深思考，带动观众的情感参与，营造浓厚的艺术氛围。

1. 调动联想与情感互动

调动观众的情感和内心，引发其身心融会，联想生发，是电视专题片最终的艺术追求。因此，在解说词的表达过程中，应努力通过对画面的审美拓展成分调动观众的情感和想象，活化整个氛围和意境。

如2012年中央电视台出品的《舌尖上的中国》，通过对中国广袤大地的自然景观和四季变换做了长时间观察后，写出了脍炙人口的解说词：

中国拥有世界上最富戏剧性的自然景观，高原，山林，湖泊，海岸线。这种地理跨度有助于物种的形成和保存，任何一个国家都没有这样多潜在的食物原材料。为了得到这份自然的馈赠，人们采集，捡拾，挖掘，捕捞。

北回归线穿过这片肥沃的土地，充足的阳光和湿润的空气使中国的岭南地区成为甘蔗的主要产区。甘蔗的甜味来自分子中的葡萄糖和果糖，这是太阳的光合作用带来的。隆冬的雨季，甘蔗悄悄积聚着糖分，这种物质不仅能为人类补充体能，更能在缺乏日照的寒冬里抚慰我们的心灵。

作者的解说进行充分的联想与想象，进一步拓展了自然和美食的画面。随后专题片中有这样一组镜头：果林中的孩子、新鲜的茶枝柑、动手的厨娘，解说词写道：

刚刚采摘下来的茶枝柑只取新鲜的果皮，果肉则弃之不用。选择一个晴朗干燥的天气，人们把果皮翻出橘白。

储存年份的长短，决定了陈皮的等级和价值，时间越久越昂贵。中国人喜爱陈皮苦中回甘的芳香，这一点有点像绿茶，只有中国人才能体会出其中的奥妙。陈皮首先是一味古老的中药，但这并不妨碍厨师们用它来做菜、煲汤，甚至做成甜点。

解说词紧扣这组画面，展开丰富想象，随后又将食物的价值融入情感，融入日常生活中，写道：

上溯千年，因为战乱和饥荒，客家人的祖先从中原腹地出发，开始陆续大规模南迁，最终定居在南方山区的那一支。在漫长而艰辛的旅途中，能帮他们保存和贮藏食物的只有盐。这种高度依赖盐的饮食习惯也成为他们的味觉基因，一代一代流传下来，并变换出无尽的美味。

于是穿过时间流转有了温柔的情，活泼的心。历史的变迁没有改变人们对一日三餐的需求和奇思妙想，将美味的食物融进了历史的长河，强化了整个内容的感染力和想象力，充分调动了观众的审美旨趣和情感参与。

2. 引借意境、诗情画意

调动观众的想象力和情感与节目形成互动，可以活跃整个片子的氛围，强化意境。同时，在专题片的写作中，如果能恰当地旁征博引，借用意境，或灵活采纳极富亲和力的民间艺术，则更能创造一种诗情画意，强化整个片子的文化感召力。

2010 年浙江卫视制作的大型电视专题片《西湖》中引用了著名的诗句：

水光潋滟晴方好，山色空濛雨亦奇。欲把西湖比西子，淡妆浓抹总相宜。

铁马秋风塞北，杏花春雨江南。

经典的词句，以鲜明的形象勾画出了东方美学中婉约的特征。水的婉约，风定无波，静水平流。而我们的西湖之水，也呈现着婉约主体呈现出温和的风貌。片子接下来接续解说：

花港观鱼的“港”是水，柳浪闻莺的“浪”是水，平湖秋月的“湖”也是水，三潭印月的“潭”，自然还是水。水，漾泳着晨雾夕阳涵纳着云影天光；水，涌动时有光芒之美，这光芒竟然是千形百态；水，平静时有倒影之美，这倒影竟让人浮想联翩。

随后又有这样的解说：

缓缓驶去，那是苏小小乘坐的油壁香车；翩翩而至，那是李慧娘眼中的美哉少年。几道疏帘绿柳堆烟，那是西湖佳话仍然在断桥之侧搬演游湖借伞；一把破扇遮风避雨，那是绝代风僧要回到净慈古寺参加蒲团打坐。西湖之水把东方的画卷浓涂重抹，让千年的岁月情醉湖山；西湖之美把独家的美妙推向极点，让所有的模仿不敢抄袭。

这番解读，几乎是现成的意境，精练而又精到、形象而又含蓄地烘托出西湖之水的美哉悠哉。

三、解说词的解说过程

分析了文字稿件之后的工作是对照画面进行解说，即在熟悉解说词之后，根据录像的内容逻辑了解解说词的具体位置，确定其应采用的声音、语气、速度、节奏，使文字、声音与流动的画面和跌宕起伏的音乐协调一致，共同丰富专题片的节奏和内容。在对片解说的时候，一般应注意以下几个操作环节：

1. 把握每段解说词在片中的具体位置

即找到每段解说词开始时与之相对应的画面。尽管解说词在撰写时已经有了对应的镜头画面的标示，但因为专题片的画面往往相对丰富、复杂，其中的解说词也不大连贯、不完整、散化，因此有时简短的提示并不利于解说者即时把握和对应。为了从大量画面中找到确切的开始位置，解说员必须重新一一对照，找到确切的开口播讲的镜头。

2. 根据节目时间安排确定解说速度

电视节目“线性”传播的特点决定了每一个专题片都有固定的时间区格。因此，当解说词确定后，解说员在解说时必须按照规定的时间将语言准确融入画面并将相应的解说词播完。有时，属于某一镜头画面之前的解说词，如果延续到后面的画面，就会使人误解，甚至会打乱整个解说的逻辑顺序。这需要解说员在对片时，除了确定每段解说词的开始画面，还要试读一下，看看这一段解说词能否在规定的时间内完成。如发现某一段解说词偏长，应当在旁边做出相应的标记，以提醒自己到时加快速度。有些解说员在对片时习惯采取默读方式，当时并未感觉到解说词长，实际录音时，画面却容纳不下。造成这种现象的原因是小声默读相对大声说话，发音速度较快。因此，对片时最好能大声解说，这样才能做出准确地判断。

3. 按照画面内容和节奏确定解说风格

专题片中不同景别和不同时间长度的画面组接在一起，形成了画面的节奏变化。这种画面节奏的变化，也会直接影响解说的语言风格和节奏。有时解说需要舒缓、沉稳的语调。有时又需要急促、紧张的解说方式。解说的节奏受解说词本身、画面节奏和整体的主题风格的影响。有时解说的语言与画面节奏并不是常规的单纯对称：片子节奏慢，解说舒缓；片子节奏快，解说急促。有的解说词在写作时，画面和解说词在内容和节奏上并不是同方向的，画面节奏快，解说却需要用舒缓的语调；画面节奏缓慢，解说却需要急促、紧张的语调。因此，确定解说节奏，应当根据解说词内容、参照画面内容和节奏，仔细考虑片子目的和不同语言节奏与画面结合所产生的效果，以及画面所能容纳的时间，最终确定整个片子的大体风格和节奏变化，以及每段解说词的节奏。

4. 试说

在对片过程中，解说员一般需要对照画面进行试说。试说的目的是在实际演练中发现容易出现的问题，并及时加以注意和纠正，减少正式解说的压力。如检验解说词是否与画面准确呼应，解说的速度是否合适，节奏是否和谐，语气是否到位等。试说对于对着画面解说的同步解说尤为重要。同步解说要同时注意画面和解说词，稍有疏忽，就会出现差错。

对片完成后，解说者应当充分熟悉解说内容和解说方式，直到没有任何疑问才能进入正式解说。总之，解说前的准备工作越仔细越好。

思考题

1. 结合实例具体论述电视专题片中解说词的主要功能。
2. 试比较不同题材电视专题片解说词的风格异同。
3. 结合实例试述电视专题片解说词的具体创作要求。
4. 试以毕业大学生为例，自主选取采摄角度和画面并配写解说词。

参考书目

1. 王泰兴主编：《有声传播语言应用》，中国广播电视出版社 2000 年版。
2. 崔文化著：《电视解说词写作》，中国传媒大学出版社 2017 年版。
3. 高鑫、周文著：《电视专题》，中国广播电视出版社 2008 年版。
4. 蔡尚伟等著：《电视专题》，清华大学出版社 2010 年版。
5. 刘仁圣主编：《广播电视新闻采访写作教程》，中国广播电视出版社 2005 年版。
6. 任德强、王健主编：《电视专题摄制》，西南师范大学出版社 2010 年版。

下编

CHAPTER

※ 电视栏目概述

※ 电视专栏的设置与定位

※ 电视栏目的策划

※ 电视新闻栏目

※ 电视社教栏目

※ 电视娱乐类栏目

※ 电视谈话类栏目

※ 电视栏目的主持人

※ 电视栏目的品牌经营

※ 融媒体时代电视栏目的创新与发展

第八章　电视栏目概述

第一节　电视栏目的界定

电视台每天都播放着丰富多彩的电视节目，节目所表现的内容可以是一个深刻并富有哲理的主题思想（电视剧、电视主题节目），也可以是一个抽象而复杂的学术观点和概念（科技、教育节目），还可能是一个直接明了、简单具体的标语式画面。总之，凡是通过电视屏幕，最终以声音和画面的形式影响观众的一个个内容单元，我们都称它为电视节目。在相当长的一段时间里，电视观众毫无选择地收看着这些电视节目。但是，当电视台逐渐增多、电视频道逐渐增多，电视观众挑剔地在各个频道之间对电视节目进行选择的时候，电视节目的至尊地位受到了它的衍生产物——栏目的挑战。

一、电视栏目的含义

电视节目的栏目化，是电视节目由松散拼凑向集约规范发展的必然趋势，是电视节目走向成熟的重要标志。从电视发的历史看，初期的电视节目只是把一些新闻和教育、文艺类以及电影、电视剧大致划分时段播出。随着电视事业的进一步发展，大量的电视节目开始实行归类、定宗旨、定时、定量播出，以便稳定观众，保证收视率。于是，电视很快借用报刊的术语和广播的做法，开始推出“专栏节目”，逐步走上电视节目栏目化的道路。

电视栏目的概念来源于报刊专栏。“栏”是报纸编辑的一个基本构成单位。有时，报纸编辑将内容相近或有某种联系的几条新闻编排在一起，在“栏”的周围再用线条加以包围以引起读者的注意，然后在栏上加标题就成了栏目。栏目如果是刊登在报纸相对固定的版面位置上，又有作家专门定期为该栏目写文章，这个栏目就成了专栏。专栏是编辑稿件的重要方式之一，是报刊上专门刊登某一内容稿件的版面。专栏一般都有固定的名称和位置。专栏在报刊版面中具有相对独立性，可以进行单独而集中的稿件组合。

电视栏目借用了报纸专栏形式，是特定的电视传播内容按照相对统一稳定的标准和规则组织串联在一起的一种电视表现形态。电视栏目与其他电视节目相比较更强调相对统一稳定的播出时段、时间长度及标识、标志等。① “电视栏目”一词与电视专栏有一定的区别，但在大多数情况下是同一的。电视栏目“一般以栏目名称、特定的标志图像和间奏乐等与节目其他部分区分开。其所有内容或同一主题、同类题材，或同一体裁、同一特征等，又与整个节目和谐统一，使节目布局与结构层次化、精致化、延续化”②。

二、电视栏目与电视节目的区别

电视栏目与电视节目既有联系又有一定的区别。电视节目是电视台各种播出内容的最终组织形式和播出形式。“电视的内容随着时间的推移面依次变化，就像竹竿一样，有着一个个的节，每个节代表着一个时间段，每个不同的时间段播出不同内容，于是就称这种不同时间段为内容。”③ 而电视栏目，从本质上讲是一种节目的编排形式，是电视传播内容的基本单位。因此人们在习惯上把栏目叫作节目。但两者并非等同的，区别在于：

1. 固定的节目主持人是栏目的外在标志。对于节目而言，则无须也无法拥有固定的主持人。

2. 栏目是定时定量播出的，节目则是单一的，没有延线性是不固定的。

3. 收视对象不同。栏目的内容主题是明确的，有限制的内涵很大而外延很小，它只适合部分观众的收视兴趣，仅为这部分特定观众服务。节目的内容相对来说基本不受限制，古今中外、天文地理，均可涉猎。所以它的收视对象并不固定，也就是说节目的内容在总体上要比栏目的内容广泛得多。

4. 在收视率上，栏目更注意追求稳定的收视率，而且收视率的高低也不是评估栏目优劣的唯一因素。节目不然，其观众指向相对模糊的属性使它可以毫无顾忌地向高收视率努力，而收视率的高低，也是评估节目优劣的重要因素。

5. 在时空分布上，栏目的视点指向时间的延续上，它呈线状结构，注重在时间的流逝中调动观众的收视兴趣，让观众不新产生欲知“下回分解”的冲动，达到稳定的收视效果，弥补其观众面较小的不足。节目则更多地体现在空间形态

---

① 张兵娟主编：《电视专题与电视栏目》，郑州大学出版社 2010 年版。

② 甘惜分主编：《新闻学大词典》，河南人民出版社 1993 年版，第 248 页。

③ 庞潇：《实用电视新闻理论》，北京广播电视出版社 1999 年版，第 117 页。

上，呈点状结不具备调动观众收视兴趣的稳定手段，通俗地说，节目与间是“一锤子买卖”。

6. 栏目在时间上的延续性和收视的对象性足以让观当强烈的参与意识，这种参与意识可以在栏目和观众之间建立良好的感情联系。而节目在空间上的戛然而止和点状结构属性，使观众无法保持时间上的感情投入，找不到宣泄感情的载体从而无法参与。

第二节　电视栏目的特征

一、固定性

固定性是栏目最基本的也是最直观的特征。任何事物只有性质稳定，这个事物才稳定。固定性可细分为：

（一）固定的栏目名称

名称是栏目的标签，栏目的名称一经确定都不轻易更改，长期、反复地在荧屏上展现，以期在观众心目目中培植出栏目的品牌形象，扩大栏目的影响力，树立栏目的权威性，让观众一看到名称就想到内容。中国电视界第一个主持人栏目《为您服务》，从 1983 年开办到现在一直沿用这个名称。

（二）固定的节目内容

电视栏目是一种以内容决定形式进而决定时间长度、播出时间段的节目形态。这是由栏目的指导思想和宗旨决定的。选题题材是为宗旨服务的。每个栏目目必须有特定的取材标准和选材范围。内容以栏目来选择，栏目因内容而成立。如中央电视台的《夕阳红》《大风车》《聚焦三农》等栏目，分别以老人、儿童、农民为栏目内容反映的主体，他们的生活、工作、学习、所思所想乃至同一群人、同一年龄段的人或同一文化层次人们的行为、观念与追求、兴趣、爱好，是该栏目关注的焦点。正是由于这些内容，决定了该栏目播出的时间：老人节目大多在清晨或晚间；儿童节目在下午学生放学以后，晚饭之前或是中午放学回家后的一个小时的有限时间段内进行选择播放，并在节假日的一段相对固定的时间内加大“容量”播放。

（三）固定的片头

片头是栏目的“脸面”，几乎所有栏目的“脸面”都是经过精心设计和乔装打扮的。片头是栏目最先奉献给观众的一组画面，其字体、图案、徽记、音乐、色彩、特技的运用都非常考究，目的在于吸引观众。片头一旦设计、制作出来，不会轻易更改，它是栏目的标记，是栏目最固定的部分。

（四）固定的播出时间和周期

准时播出是电视台对受众的承诺与尊重，是电视台的义务，同时也是受众对电视媒体的基本要求。准时性已具有社会意义，标志着电视台的诚信。任何一个电视栏目推出以后，一般还具有一定的播出周期。换言之，也就是一个电视栏目一旦开播，就会在一定的时期内延续下去，有的甚至会长期开办下去。[①]

（五）固定的节目长度

电视栏目是在一定时间长度之内，以板块形式出现在观众面前的，以播放某种特定内容为主体的节目形态。各栏目组必须按规定的节目长度制作节目，可以在正负五秒钟范围内编辑，节目长度的规范化、标准化是准时播出的前提。如中央电视台的新闻类栏目中的《焦点访谈》，其播出时间、长度、内容涉及的范围都是固定的。所不同的只是在同一时段内所展示的对象有所变化，但其变化仍然局限在新闻追踪、专题报道范固之内。可以认为，栏目本身既是一种节目类型，也是一种时间板块或电视节目的时间概念。如中央电视台的《早间新闻》《午间快报》《晚间新闻》，首先给观众的印象就是一个带有固定形式的时间框架。观众在固定时间观看看的只是每天播放的内容不同的消息类新闻，很少有时间和长度的变更。因此说，固定内容、形式与固定的时间长度是电视栏目的双重属性，它有着一定程度的内部稳定性和外部完整性。

（六）（相对）固定的栏目主持人

主持人在电视节目栏目化过程中具有非常突出和重要的作用。国国内外电视台中，许多栏目因为选用了出色的主持人而获得了成功，栏目主持人也因此而成为电视明星。如赵忠祥主持的《动物世界》、朱军主持的《艺术人生》等。每个栏目都有其相对固定的主持人，在相当长的时间内不会随意变动。

二、参与性

参与性是指观众广泛深入地参与到栏目当中。观众与电视的联系交流，栏目是一条纽带。栏目和观众的关系仿佛是朋友关系，观众看到自己喜欢的栏目，就像见到了自己的老朋友，顷刻之间会兴奋起来，愉悦起来。像中央台的《开讲啦》《城市之间》等栏目，都有大批电视迷给予极大的关注。因此，可以说栏目具有观众色彩，观众的深度参与在一定程度上提高了栏目的品位和知名度。

---

① 吴晓春：《简论电视栏目的一般特点》，《新闻界》2006 年第 3 期。

三、辩证性

电视栏目的基本属性除上述两点外，栏目名称与栏目内容辩证统一的关系是其第三个特殊的表现形态。日前通过对中央台各频道及各省台、市台、有线台的不完全统计的结果表明，栏目名称有上千种之多，但节目内容、形式的大体归类却远远赶不上这个数字。这就提供给我们一个极为有趣的研究课题，即栏目名称与内容形式辩证统一的关系问题。按文艺类、体育类、生活类、新闻类、纪录性节目类等为划分原则，是比较简单明了而且容易为常人接受的；但是作为研究的对象来讲，这样做未免有以偏概全之嫌。

电视栏目的名称与内容的关系并非一个完整统一体，其可变性、可塑性、伸缩性很大。

《东方时空》最初的设想只是想增加节目的长度和深度，而当时央视没有关于人物专访、专评的节目，所以最初的设想变成了《东方之子》。但是短新闻又难以呈现新闻中的深刻背景和内涵，因此便创办了《焦点时刻》，后发展为《时空报道》，在此基础上又产生了《焦点访谈》。

栏目是电视艺术的支柱，板块是栏目的骨干，而节目是栏目的血肉，是电视艺术的建筑材料。同样的或大致相同的内容，在不同的电视台栏目画廊中，可分别冠以相似的不同名称。如中央台《新闻 30 分》，由《午间新闻》改版而来，延长了时间、加快了节奏、充实了内容、改进了形式、插播了广告，使得《新闻 30 分》成为观众在午间了解国内、国际大事的重要窗口，在创造显著社会效益的同时，也获得了可观的经济效益。

以电视艺术审美形态学而论，栏目有着极为广阔的展示空间和生生不息的艺术生命力。中央电视台第二至第八频道，与其说是一个又一个华美的电视艺术频道，不如说是放大了的电视栏目。试想，它们不都是从中央电视台大的栏目而后扩建发展而来的吗？从几分钟便可以形成颇具特色的栏目，到一天近 20 个小时播放的一个频道，是对电视栏目性质与功能的一个较好说明，一个理论确认的最佳注脚。

第三节　电视栏目的类型

电视栏目纷繁复杂，要对其进行分类，需要从多种角度进行较为细密的分类和简约化的归纳和整理。从理论层面看，电视栏目的分类是对栏目形态进行归整，并对其所具有的内涵与范畴进行科学的概念表述。从实践上看，它对规范创作与科学管理，均有着重要意义。

处于不断发展变化中的电视栏目创作，使电视栏目的分类也具有了动态性，按照不同的标准，可以划分出不同的栏目类型。

一、按外在表现形式划分

（一）直接播放（报）式

直接播放（报）式是指主持人就某一类节目组成的栏目，在一定的时间段内按约定俗成的程序或者编排方式进行播报（放）。主要以新闻类节目为主，如新闻联播类、新闻追踪类、记者调查类、新闻专题类、新闻评论类。以主持人导引、画面阐释、解说员解说为主要表现形式。

在此基础上，在演播室以直播的形式为主导地位的静态新闻、话题新闻、非事件性新闻中存在的“声画两张皮”的现象，将日趋减少，而由现场直播逐步取代，全天候新闻节目现场直播和整点、半点、半整点新闻滚动播出正在成为或者即将成为中国新闻栏目的主要编播方式。现场报道与背景分析有机结合，动态新闻与演播室有机结合，主体新闻与相关报道相结合的表现形式，不但使重要新闻的报道立体化，扩大其信息种类和信息含量，也在表现形式上趋向多样化、丰富化。这一点已在各电视台的有关法律节目中开始显露崭新面容并日臻完善。如中央电视台的《今日说法》、南京电视台的《法治现场》、山东电视台的《道德与法治》等，正在实践着这一理论。读图时代，直观性成为更多人的阅读偏好，新闻报道中以文字为中心的叙述方式也发生了变化，使用图片、图表、图形等进行可视化传情达意，结构、形式、风格以及视觉流程都要给读者有力的视觉引导。①

（二）栏目固定式

栏目内容的固定性促使其成为长期沿袭的一种特殊的电视栏目形态。它以播放电视剧、纪录片等为主要播放内容，一年或数年不变是其形式，体现出电视栏目百花园中一枝独秀的风姿。如每晚八时五分左右开播一到两集的电视剧，是中央电视台一频道长期稳定的常设栏目；还有《中国电影报道》《光影星播客》《今日影评》《音乐电影欣赏》等，在观众群中确立了自己的地位也稳定了收视率。同样形式的栏目还有许多，如中央台的综艺节目等。

---

① 张梦云：《大数据时代新闻可视化的发展研究》，《新闻研究导刊》2017 年第 8 期。

（三）访谈式

访谈式是一种一般由主持人、嘉宾和（或）现场观众就一个主题进行讨论或辩论的电视节目形式，其中主持人一般起串场的作用。谈话主题可以是具有新新闻性或非新闻性的，可以是具体的也可以是抽象的。这种栏目形态几乎遍及所有电视台，如中央台《心理访谈》《对话》等。作为一种新兴的节目样式，我国谈话节目开始形成一些自己的特色，主要有：丰富的互动、个性化的主持人、感情碰撞与观点争锋、良好的声画结合。这些节目将嘉宾人物作为主体，体现其身上的独特品质和思想，从而把握社会脉搏、传递正能量，使得观众受到启迪和鼓舞。

（四）解说式

解说式是指以现场采访解说和现场画面为主的节目形式，常见于体育比赛和重大事件的直播报道。这类栏目属不固定栏目。体育比赛是纯解说式节目，由于体育比赛的不固定性导致同类节目难以常设栏目以满足观众。另有国内外大事，如9·3大阅兵、香港回归等；特别事件，如上海世博会开幕、北京奥运会开幕，虽然采用现场解说式可以解说画面难以完成的内容，满足观众的好奇心，但毕竟不可能以常设栏目的形式出现在节目编排程式中。

（五）综合式

各种形式交叉使用，而以主持人现场主持贯穿整个节目。以《春节联欢晚会》《正大综艺》《综艺大观》等类节目为代表。形式活泼多样，结构完整严谨，内容丰富多彩，节目类型齐全是这一类节目的主要特征，而主题鲜明则是这类节目作为不定期的栏目形态成功的关键所在。这类节目不仅具有鲜活的特色，而且还是电视栏目中一组兼节目与栏目两种特征于一身的特殊群体。

二、按栏目表现对象划分

（一）对象型栏目

对象型栏目是指面向特定对象播出并侧重表现特定范畴或兼而有之的专栏节目形态，一般根据观众的职业、年龄、性别地域等特点分别设置。如按职业设置的对象型栏目有《军旅人生》《农广天地》《生财有道》等，按年龄设置的对象型栏目有儿童节目《智慧树》、少年节目《少年中国强》、青年节目《青年中国说》、老年节目《夕阳红》等，按性别设置的对象型栏目有《美丽俏佳人》《我是大美人》等，按地域设置的对象型栏目有少数民族栏目《民族之林》、港澳台栏目《会聚港澳台》和对外栏目《中国报道》等。

（二）公共型栏目

公共型栏目是指无特定对象，面向全社会广大电视观众的栏目，其选题也应选择电视观众普遍关心的题材。如社会性栏目《焦点访谈》《社会纵横》，专门报道经济问题的栏目《经济半小时》，传承中国传统文化的栏目《诗词听写大会》，专门报道体育活动的《体育世界》，传播科学知识、介绍科技成果的栏目《走进科学》，传播卫生知识的栏目《健康之路》等。

三、按栏目表现内容划分

我国电视节目经过长期的发展，形成的比较普遍认同的分类是“四分法”，即新闻类、社教类、文艺类、服务类四大节目形态，因此，按照栏目的表现内容可相应地划分为：电视新闻栏目、电视社教栏目、电视文娱栏目、生活服务栏目。

（一）电视新闻栏目

电视新闻栏目是用电视手段对新近发生或正在发生的事实进行报道和评论的节目形态。按照栏目的结构形态可以划分为：

1. 集纳型

集纳型栏目是电视上最常见也是最早的一种新闻专栏。这种栏目一般是动态消息的组合，能够最简明、最快捷地告诉观众最新的新闻事件。如中央电视台的《新闻联播》《新闻 30 分》，东方卫视的《看东方》，以及各地方台的早晚新闻等。

2. 杂志型

电视新闻杂志型节目比一般的电视新闻节目内容更多、信息容量更大、播出时间更长。由于其在固定时间内用杂志那样的综合编排方式，把不同的报道内容或组成一个个板块，再通过新闻主持人串联起来，这比起要闻式的新闻节目，信息量更大，故事性更强，情节更丰富，观众更乐意收看。① 我国第一个新闻杂志栏目是上海电视台 1987 年 7 月开办的《新闻透视》。随后，不少电视台也陆续推出这类栏目，如安徽卫视《超级新闻场》、北京电视台的《全景》等。但真正产生影响并且作为一种观念被广泛接受，则是中央电视台在 1993 年推出的大型早间新闻杂志栏目《东方时空》。

杂志型新闻栏目又可分为事件组合式和栏目组合式两类。事件组合式就是在每期节目中播出几则深度报道，通过记者或主持人的点评串联而形成一个有机统

① 王帆：《全媒体时代电视新闻杂志型节目探索》，《采写编》2015 年第 5 期。

一体，美国 CBS 的《60 分钟》便是这种形式的典型代表。栏目组合式就是在一个统一的栏目名称下，把形态不一、内容各异的多个小栏目经过精心编排，组合而成的播出节目形态。如《东方时空》就由《东方之子》《百姓故事》《时空看点》《时空连线》《高端访问》等多个子栏目组成。

3. 专题型

专题型电视节目是指有专门主题的，篇幅较长的，有一定思想深度的节目，它有着真实性、艺术性和完整叙事性等特征。像中央台的《焦点访谈》《新闻调查》以及各地方台的“焦点”类栏目，都属于此种类型。

（二）电视社教栏目

电视社教栏目，是以社会教育为宗旨的各种电视栏目的总称，既有传播信息的作用，又有供人们欣赏娱乐的作用，但其基本社会功能是教育。这类节目对于提高全民文化素质和国家软实力具有重要意义。电视社教栏目内容包罗万象，形式活泼多样，可以兼容多种电视表现手法，从而形成社教栏目形式的多样化和独特魅力。

电视社教栏目按题材和内容可细分为：社会政治类，即反映个时期内重大社会问题、社会现象、重大政治事件、历史事件等为内容的栏目；文化教育类，即以文学、艺术、音乐、舞蹈、美术、戏曲等方面地人物和事件为主要题材的栏目；经济类，即以经济信息、经济政策、经济活动、经济服务为内容的栏目。

（三）电视文娱栏目

电视文娱栏目是利用电视手段满足人们感性生活（艺术审美和文化娱乐）需求的电视节目形态，主要是对舞台上或演播室演出的各种文艺节目进行二度创作，既保留原有艺术形式的审美价值，又充分发挥电视特殊艺术功能。电视文娱栏目在提高大众审美情趣、陶冶情操和培育道德风尚、缓解心理压力和提供消遣等方面具有重要作用。

电视文娱栏目又可分为电视文艺栏目和电视娱乐栏目。电视文艺栏目涵盖了电视屏幕上的一切电视文学艺术样式，除广大观众喜闻乐见的电视剧之外，还有根据传统文学形式加工制作的电视小说、电视散文、电视报告文学、电视诗歌等。常见的则是专题文艺节目、专题文艺晚会、综合文艺晚会、各种文艺竞赛性节目，各具特色的电视文艺专栏节目和根据实况演出加工而成的各类文艺节目。电视娱乐栏目是综艺栏目发展的新样式，具有更纯粹的娱乐性、游戏性、消遣性、商业性和大众性。中国电视娱乐节目发展到今天，经历了晚会时期（代表：《综艺大观》）、娱乐时期（代表：《快乐大本营》）、竞猜时期（代表：《幸运

52》）、真人秀时期（代表：《极限挑战》）四个时期。

（四）电视服务性栏目

长期以来服务性栏目是电视台众多栏目中的“鸡肋”，食之无味，弃之可惜。但近几年服务类栏目已由“鸡肋”变成了“香饽饽”，备受专业人士及观众的青睐。这是由于我国经济的稳步发展，人们生活状况有了很大的改善，加上国家规定每周实行双休日，人们闲暇时间大大增加，于是对生活质量有了较高的要求，“休闲”也成为一种流行时尚，这一切催生了服务性栏目，也促进了其快速发展。

服务性栏目是指那些实用性强，采用传信息、作咨询、当参谋、反映群众呼声等方式，为帮助社会各界解决各种实际问题提供方便，对受众的心理和生活需要有直接影响作用的电视栏目。根据不同的标准又可进一步细分。如以栏目形态可分为单项型服务栏目和综合型服务栏目，前者如《天天饮食》，后者如《为您服务》。另以功能为标准，又可分为指导型服务栏目，如养花、电视直销类栏目；公益型服务栏目，如《中国梦想秀》《等着我》等；广告型服务节目，如《都市消费》等。这类节目有共同的特点，就是将实践作为中心，对其内容进行实用性创新，保证可以为观众提供与日常生活、学习等相关的节目内容。①

总之，电视栏目的划分，是在当今大规模的频道专业化和节目需求量激增的情况下，为应对媒体的竞争而对电视栏目进行准确定位的一种研究，它涉及受众对象的细分，栏目的内容与形式的选择、媒介环境的分析等因素。其最终目标应当是社会效益与经济效益的双赢。

思考题：

1. 什么是电视栏目？电视栏目和电视节目有什么区别？
2. 电视栏目有什么特点？
3. 如何给电视栏目进行分类？

参考书目

1. 于广华主编：《中央电视台简史》，人民出版社 1993 年版。
2. 郭镇之：《中国电视史》，文化艺术出版社 1997 年版。
3. 程鹤麟、张绍刚：《电视策划新论》，中国广播电视出版社 2002 年版。

① 李佩峰：《浅谈电视生活服务类节目的创新》，《西部广播电视》2017 年第 7 期。

4. 石长顺：《电视栏目解析》，华中科技大学出版社 2003 年版。
5. 赵振宇：《新闻传播导论》，华中科技大学出版社 2003 年版。
6. 胡智锋：《中国电视策划与设计》，中国广播电视出版社 2004 年版。
7. 张兵娟主编：《电视专题与电视栏目》，郑州大学出版社 2010 年版。
8. 吴晓春：《简论电视栏目的一般特点》，《新闻界》2006 年第 3 期。
9. 官怀椿、曹贵勇：《电视栏目：变与不变的辩证》，《中国电视》2001 年第 3 期。

第九章　电视专栏的设置与定位

第一节　电视栏目的设置

随着改革开放的深入与社会的进一步发展，人们的思想观念与兴趣爱好日益多元化，对电视节目的要求也日益多样化。与之相应，我国目前的频道资源和节目资源也异常丰富，专业频道设置包括新闻频道、经济频道、都市频道、影视频道、文艺频道、体育频道、科教频道、少儿频道、信息频道、女性频道和法制频道等。在频道专业化的情况下，电视栏目也越来越彰显品牌化和特色化，如中央电视台1套（综合频道）的《新闻联播》《焦点访谈》《今日说法》等；中央电视台10套（科教频道）的《百家讲坛》《探索·发现》《健康之路》等；湖南卫视的《快乐大本营》《天天向上》等；河北电视台农民频道《三农最前线》《非常帮助》等；凤凰卫视中文台的《有报天天读》《时事直通车》等。

电视观众对节目的要求与品位越来越多样化，各媒体之间的竞争也越来越激烈。为了应对这种竞争，吸引电视受众，提高自己的收视率，编创人员也更加重视电视栏目的设置，包括对电视栏目的整体构架、内容分类、表现形式、栏目特色、风格、媒介环境的分析等因素。

一、栏目设置的依据

无论是新栏目的产生还是旧栏目的改版，都必须要以媒体自身的条件以及媒体所处的外部大环境为依据。媒体的自身条件包括媒体所拥有的人力资源、资金资源、设备资源、信息资源等，外部因素包括国家的政策因素、市场因素、受众因素等。

（一）栏目设置的外部依据

1. 国家的政策因素

作为一种文化产业，电视业的发展与国家的宏观政策有着密不可分的关系。

作为控制者的国家或组织通过行政手段、法律手段或经济手段对媒体进行调制。以英国为例，自 20 世纪 50 年代到 90 年代，英国的立法体制保证了英国电视机构制作的丰厚资金资助和高质量的电视节目，同时也导致了电视业的依赖情绪，国际竞争力受到冲击并日益下降。90 年代这种局面发生了改变，独立电视网开始允许它旗下的商业化的电视制作公司开发国外电视市场，扩大国家影响。英国政府在 1994 年的白皮书中提出大力发展国际电视业的新政策，确立英国在世界媒介发展中的领先地位。这一政策也鼓励了英国的电视机构进入国际市场。以下是 2000 年 9 月最新公布的英国电视业在 1999 年向全球主要国家输出的情况。①

英国电视节目主要销售的国家和地区	收入（百万美元）
美国	163
加拿大	14
德国	45
法国	32
西班牙	22
意大利	18
斯堪的那维亚半岛	22
西欧	44
东欧	12
澳大利亚和新西兰	61
拉丁美洲	14
亚洲	45
其他国家和地区	40

无独有偶，韩国电视剧产业的高速发展与韩国政府政策的鼎力相助也是密不可分的。20 世纪 90 年代，韩剧才开始高速发展。虽然 1997 年的亚洲金融危机给韩国带来不利影响，但韩剧却依然有着飞速的发展和长足的进步，甚至反过来向日本等国输出，成为韩国文化产品出口大户之一。资料显示，2001 年，韩国出口韩剧 9515 集，进账 790 万美元；2002 年出口 12363 集，进账 1639 万美元；2003 年收入外汇 2834 万美元。

① 汪文斌、胡正荣著：《世界电视前沿》，华艺出版社 2001 年版，第 6 页。

韩剧的成功，首先应归功于政府及时制定了本国的文化产业政策。早在1999年，韩国政府就设定了文化产业发展的总目标：用5年时间，使韩国文化产品的产值在世界文化市场上的份额增加5倍，即从仅占1%，提升为占5%。

此外，韩国政府还积极争取三星、LG、现代等大企业参与影院建设、录像带发行，在大城市里购买主要电影院，或是建立新的复合式电影院，来形成电影院连锁网。韩国的大企业，例如三星收购哥伦比亚公司，成立哥伦比亚三星；第一制糖公司向斯皮尔伯格的梦工厂注入3亿美元等商业活动，都是在韩国政府的支持下进行的。韩国政府为了保证韩国电视剧的制作质量，鼓励制作长篇的电视连续剧，以便在电视台长期播出，不给粗制滥造电视作品问世的机会。韩国政府就是依靠这些大金融财团的力量，创造了像《明成皇后》《大长今》等系列畅销电视连续剧。

电视栏目的设置与电视产业的发展一样，与国家的宏观政策密切相关，栏目的设置首先要符合国家的宣传方针与宣传政策，要遵循宣传要求的有关规定。否则，栏目设置的一切努力就全部付诸东流了。如原计划在2005年1月1日起，在全国50多家电视台播出的深夜节目《面罩》，因为其制片方北京世熙传媒公司“未取得《广播电视节目制作经营许可证》，没有制作经营广播电视节目的资格”，节目还未搬上荧屏就被禁播，成为电视栏目设置的前车之鉴。

2. 市场竞争因素

电视媒体在与其他媒体（包括传统的纸质媒体、空中的广播媒体以及现代的网络媒体）的竞争中，吸取了他们的优势，在栏目设置时衍生了许多新的栏目类型。比如在与报纸媒体竞争中，吸收了报纸媒体能够进行解释性报道、用较大的篇幅将重大新闻事件的来龙去脉阐释清楚的特点，设置了如《焦点访谈》《新闻调查》等深度报道性质的电视新闻专栏。同时，电视同业媒体之间的激烈竞争也影响着电视栏目的设置。

20世纪80年代中后期，随着世界上新传播技术的飞快发展，信息传播的全球化打破了传统的市场格局，广播电视的市场也不断拓展。2012年，全国共设立广播电视播出机构2579个，其中电视台183个，广播电台169个，教育电视台42个，广播电视台2185个（含县级广播电视台1992座）。截至2013年1月21日，共开办电视节目1334套，生产制作电视节目343.63万小时。2012年全国付费电视频道130个①。普通城镇居民大都可以收看到几十套电视节目，而大

① 庞井君：《中国广播电视发展报告（2013）》，社会科学文献出版社2013年版。

批城市居民家中都已开通了数字电视系统，手中的遥控器掌握着上百套节目。在这样一个媒体大战中，收视市场被重新瓜分，观众对电视的新鲜感逐渐减弱，并不断提出更高的要求。因此，电视媒体同业之间争夺受众、争夺收视率的竞争表现得越来越激烈。不仅如此，网络媒体作为第四大媒体来势汹汹，依仗其及时性、互动性、娱乐性、全球性等优势瓜分了相当数量的电视受众，给电视媒体带来了更加严峻的挑战。截至 2017 年 12 月，网络视频用户规模达 5.79 亿，较去年年底增加 3437 万，占网民总体的 75.0%。手机网络视频用户规模达到 5.49 亿，较去年年底增加 4870 万，占手机网民的 72.9%。[①]。网络视频在一定程度上冲击了电视时间的稳固地位，从目前几大门户网站的视频频道到优酷土豆的专业视频制作，再到爱奇艺原创“视频栏目”的点击率攀升，网络在迎接技术提供的无限带宽的同时成为电视媒体的重要敌手。

电视媒体要想提高收视率，吸引受众的眼球，就必然要在栏目设置上下工夫，因为电视媒体之间的竞争归根结底是电视节目的竞争，新颖别致的节目内容才是其制胜法宝。通过媒体之间的竞争，找到对方的空白点和薄弱环节，在借鉴中超越，在超越中创新，我国的一大批优秀电视栏目就是在这样的模式下产生的。如中央电视台《开心辞典》节目的成功，离不开对媒介发达国家（地区）电视益智类节目的学习与借鉴，其中以对美国的《谁想成为百万富翁》《21》《猜词游戏》等为代表的益智性游戏节目形态的研究最具典型意义。《开心辞典》的主创班子综合分析了它们的节目设计和场外运作方法，发现了很多此类节目的共性特征，在对此成功借鉴的基础上又添加了具有中国特色的“家庭梦想”环节，造就了“百万人同玩一个游戏”当代娱乐奇观；同样，湖南卫视交换类真人秀栏目《变形记》也是借鉴了欧美国家《交换配偶》《交换妻子》等栏目的模式，并在其基础上摒弃了它以迎合观众博彩欲、偷窥欲为卖点的尔虞我诈、相互倾轧等暴力、色情内容，注入了符合中国国情的严肃的社会责任感与理性的人文思考，做出了成功的本土化改造。这两种节目类型对于当时的国内观众来说非常新鲜，因此收视率一度居高不下。

3. 受众因素

电视短缺传播时代的结束，才真正确立了受众在传播活动中的地位，对受众的划分与研究成为电视营销活动的重要工作，特别是随着电视技术的发展和成熟，对于受众的调查和研究更加全面和科学。对受众的分析与调查能够保证节目

① 中国互联网发展状况统计报告（2013 年 12 月），https：//item. btime. com/m_ 2s22ucn281s。

生产者和受众之间的信息畅通，这是栏目设置的基础。同时，对于电视媒体来说，受众因素还决定着它的广告收入。

对于媒体来说，单纯依靠媒体生产和媒体销售（即发行收入）来弥补消耗以进行再生产的循环是无法生存的。以电视媒体为例，尽管目前有线电视的收费已经占据电视媒体收入的一部分，付费电视也已经初露端倪，但如果仅仅依靠这两种“菲薄”的收入，电视媒体经营依然会是“血本无归”。因此，广告成为目前媒体经营的巨大资金来源和经济支柱，而且这种支柱性作用越来越大，以报纸媒体为例，1983 年全国报纸广告收入仅 7000 万元，到 1990 年跃至 6.77 亿元，1992 年为 16.2 亿元，1993 年为 37.7 亿元，1994 年为 45 亿元，1995 年达 64.48 亿元，到 1998 年已突破了 100 亿元，广告占媒介收入中的 80%—90%。《中国媒介生态调查》显示媒介收入中的 75%来自广告。因此有人说，“广告之于媒介，就像血液之于人体一样。”从这个角度说，广告在媒体生态链中就处于“给养机”的地位。

20 世纪初，戈公振在其名著《中国报学史》中就提出了“报纸之销数，各馆常秘不以告人”的现象，这也说明了那时人们就已经意识到了广告与报纸发行的密切关系。媒体生存与致富都要靠广告。那么媒体凭什么吸引广告客户呢？毫无疑问，纸质媒体靠发行率，广电媒体则要靠视听率。

媒体的受众接受率对广告收入的高低有着决定性的影响。在这种情况下，媒体为了能得到更多的广告，就要想尽一切办法来吸引受众，提高自己的发行率或收视率。因此，广告促进了媒体间的竞争，受众的“上帝”地位得到强化。电视媒体在栏目设置时，就要从多方面入手来吸引受众。电视媒体的受众是一个复杂多变的群体，具有分散性、不确定性等特点。作为栏目的设置者，不仅要考虑受众的年龄、职业、文化程度、收入水平，还要关注不同时期的受众心理和行为等，这些都会对节目的设置产生影响。如体育频道、少儿频道、旅游频道和法制频道等专业频道的设置，《智慧树》《夕阳红》《美丽俏佳人》等对象性节目的设置，就是对受众对象市场细分的成功尝试。自 20 世纪 90 年代以来，随着人们的生活节奏加快，观众越来越喜欢一些轻松娱乐的节目，于是荧屏上刮起了一股如《开心辞典》《幸运 52》《快乐大本营》《欢乐总动员》等游戏娱乐旋风。而当我们进入了 21 世纪这个崇尚“自信、张扬”的个性时代后，《星光大道》《中国好声音》《爸爸去哪儿》《笑傲江湖》《极限挑战》等真人秀节目又如雨后春笋般纷纷兴起。

（二）栏目设置的内部依据

1. 媒体所拥有的硬件资源

媒体的硬件资源包括媒体所拥有的资金实力、技术设备等条件，它是媒体改革的重要保证。对于电视媒体来说，其所具有的硬件实力对电视栏目的设置有着重要的影响。

与报纸、广播等平面、单一媒体相比，电视给传播对象一种形声并茂、声画一体的立体感，这是电视媒体无可比拟的优势，但是它前期的物质投入也是非常巨大的，因此被人们称为“重装备、高消耗”的媒体。例如闻名世界的半岛电视台是由卡塔尔亲王谢赫·哈马德·塔尼于1996年斥资1.37亿美元组建而成。而要创办一个新栏目或大型节目，其资金、设备和技术的投入也绝不在少数。2005年年底播出的12集大型历史文献纪录片《故宫》，得到了国内各界以及海外观众的高度评价和广泛好评。这部第一次全面揭示故宫600年历史风云，继《话说长江》《邓小平》之后的又一力作，其投入也是气势恢弘：拍摄共行程4万公里，出动摄制人员2800人次、各类文史专业协助人员2100人次、超过1200场的拍摄，共拍摄高清晰度磁带700余盘、拍摄素材近4万分钟，历时3年而成。

而随着大量电视现场直播的出现，就更需要媒体强大的实力作为后盾了。现场直播实现了电视新闻报道要反映第一时空的要求，充分发挥了电视的独特传播魅力，现场直播既是实力的较量，也是展现名台品牌的大好机会。1997年的香港回归堪称20世纪末重大的国际政治事件，正是这种政治意义的分量，中央电视台策划了一个规模庞大的现场直播特别报道：“直接参加报道的人员达到了1660多名，其中派出了289人组成的赴港报道团，派出了近百名记者分赴全国及海外15个城市进行报道，同时，投入了11辆转播车、21个卫星转播器、43套中继微波设备、200套摄像机、250台录像机、11套多媒体设备和3架供航拍用的直升机”①。第一次突破了长达72小时连续播出的时间记录。又如，2015年“9·3”大阅兵，世界瞩目，中央电视台以6大直播系统、89个机位对纪念大会进行了全景式、立体化直播，并成功运用“天鹰”“飞猫”、航拍机、微型摄像机（Gopro）等新技术、新设备，打造直播新亮点，成就中国电视直播史上的重大创新。此次直播，二维索道摄像机成为展现阅兵方阵气势的绝对利器，极大提升了视觉震撼力。为正面拍摄阅兵方队，直播团队在中山公园至人民大会堂东北

① 沈忧：《中国电视新闻现场直播——导演手记》，中国广播电视出版社2004年版，第20页。

侧，架设了自主研发的二维索道摄像机——天鹰座。传统的索道摄像机只能水平移动，而“天鹰”在长长的索道上，能来能往、能上能下，不仅展现了徒步方队、装备方队排山倒海的气势，也在直播的多个环节成为重大亮点。此外，长安街南侧架设了一根40米电动轨，在靠近方队的位置上横向移动，让观众可以更为真切地感受到受阅方队在天安门前通过的盛况。另一台二维索道摄像机系统名为“天猫”，位于长安街沿线，全长约560米，通过架设在空中的轨道，全景呈现习近平主席检阅与受阅方队之间的空间关系，完整展示我军大型装备的规模化和钢铁长城般的雄壮，此套系统也是历次阅兵直播中首次使用①。对于以上这些举世瞩目的重大历史事件的直播需要这样的大投入，而一般活动的直播投入也是不可小视的，以2000年8月20日中央电视台对北京西部的老山汉墓的直播为例，此次直播时长仅为2个小时，而中央电视台也为此设置了9台摄像机，花费300万买断独家直播权（最初中央电视台宣布将进行两到三次直播，最后由于墓室被盗，直播进行一次之后便终止）。因此，如果没有一定的经济实力和技术设备作基础，这种直播报道是很难进行的。

2. 媒体所拥有的软件资源

栏目的成立或改版需要一定的硬件资源作保障，但媒体所拥有的软件资源，主要包括人力资源、信息资源等，也是其栏目设置的重要影响因素，有时甚至是决定性的因素。

现代电视的竞争理念，最终指向了人才竞争的领域。要做一流的电视节目，就需要一流的人才，优秀人才是一个电视节目制作单位最宝贵的软件财富。他们丰富的电视节目制作知识及经验，无论是对一个电视栏目的管理和运行，还是对某个具体节目的定位制作和日常内容提供，都是不可或缺的。一个栏目设置的再好，如果没有合适的人才资源，一切也都是空谈。因此，在栏目设置时，首先要发现媒体所拥有的人才的优势和强项，如果栏目拥有思想活跃、对时尚潮流敏感的编导，那么在设置一些时尚音乐类节目时，就可以考虑让他们担当制片人；如果拥有一个思维敏捷、即兴发挥能力非常强的主持人，在设置谈话类的节目时就可以发挥他（她）的长处。如果媒体自身没有合适的人才资源，就要寻找聘请合适的人才来打造栏目的品牌，但这仍然需要电视媒体内部拥有善于发现人才的“人才”，栏目设置要做到知人善任，用其所长，才能打造出属于自己的品牌，才能吸引受众，进而吸引广告客户。

---

① http：//news.cntv.cn/2015/09/05/ARTI1441458192685102.shtml。

电视媒体的信息资源也是栏目设置的一个重要影响因素。尤其是在这样一个信息社会里，互联网的延伸，大量国际国内、政治经济、体育娱乐信息以异常迅捷的速度呈现在受众的面前，电视媒体如果没有丰富前沿的信息资源，就不能满足观众的信息需求，这类频道或栏目也就无法设置，比如需要大量新闻信息的新闻频道，需要大量前卫时尚信息的娱乐报道等。这些信息的采集一方面需要媒体自身的努力，另一方面更要借助外力，疏通各种权威信息资源渠道，通过多种途径拓宽信息源，来满足自己的信息需求。

以上这些外部和内部影响因素是栏目设置的重要依据，但各种事物及环境因素是复杂多变的，有些潜在的影响因素也尚未一一列出。因此，在进行栏目设置时，要具体情况具体分析，以实际情况来决定电视栏目的设置。

二、栏目设置的程序

“凡事欲则立，不欲则废”。电视栏目的设置也是如此，必须要有一个充分的前期准备，通过各种调查来收集信息，之后还需要闪光的创意构思来确定栏目的类型，然后才能设置栏目的具体环节以付诸实施。

（一）调查访谈，收集信息确定总体设置原则

电视栏目的设置要有一定的依据，而这些依据从何而来呢？这就需要进行一个全方位的前期市场调查，其中包括对受众市场、本台节目的收视率、同类节目的收视市场等的调查。调查方法除邮件调查、电话采访、个人访谈和小组调查四种传统的调查研究方法以外，还包括公开的征集意见和建议、对文献的研究来获得信息以及通过网络调查等。通过这些调查来了解观众需求的变化，了解本台栏目设置的空间走向，了解其他电视台的栏目运作情况，了解栏目发展的最新趋向，这些信息都是栏目设置的最重要依据。因此，在栏目设置前期，一定要尽力收集全面的信息。

上海东方电视台在筹备《相约星期六》栏目时，为了确定栏目是否有生存的余地，曾对此在上海市年龄20—25岁，中专至硕士研究生学历的年轻人中做过一个广泛的问卷调查。调查结果显示：有6%的年轻人感到生活中结识异性朋友的机会较少，有84%的年轻人承认对爱情婚姻问题存在许多迷茫和困惑，希望交流。对“通过电视来结识异性”这一问题，有60%以上的人选择了“有兴趣，但是有顾虑”这一项。通过这一调查，《相约星期六》的策划人发现了该栏目具有一定的发展空间，坚定了开办节目的决心。

信息获得之后，还要对各种信息加以分析研究，包括定量分析和定性分析、

历史分析和趋势预测、比较研究、分类研究和系统评估等。通过研究之后的归类整理，发现对栏目设置的有用信息，确定栏目的总体设置原则，即对栏目的整体构架、内容分类、表现形式、栏目特色和风格所做的原则要求。如对栏目的节奏快慢有否要求；设置内部结构形态是逐条串编还是板块杂志式；主持人及其出镜风格和频次如何；板块间是否作逻辑要求；小板块的制作形式是否作规范；栏目的统一风格、品格、标识、包装点的价值体现；栏目的目标属性定位以及价值取向等。如《开心辞典》与中央电视台索福瑞公司所进行的受众调查是一项长期的合作，对节目观众构成、社会分布、兴趣爱好、性别、年龄、学历、职业等做全面详细的分析了解，让节目的主创人员时刻清楚节目是做给什么人看的、节目播出是否达到了预期的目的以及在哪些方面还有待改进和提高等。这些调研结果不仅为节目的创新和微调提供了科学依据，而且直接影响着节目风格和包装的定位。

（二）创意构思，挖掘栏目的特色亮点

栏目设置的前期准备，包括全方位的市场调查、信息的收集整理等一系列工作完成之后，就要进入栏目设置的第二个程序，即通过富有创意的构思，挖掘并设置栏目不同别人的亮点，使栏目一经推出，就能用自己的特色吸引观众，从而一炮走红。

创意是指为了确定和表现栏目主题而进行的一种创造性思维活动，它以富有创造性的主意、意念或点子贯穿在策划的全过程中，并以新颖的策划方案和可视听形态表现出来。创意是策划的前提和核心，如果缺乏闪光的创意，即使再好的策划，也不能取得好的效果。

创意最重要的一点就是要创新，创造出与众不同之处，这也是电视栏目能否吸引观众眼球的重要原因。早在国内各地电视台的新闻栏目还都是一幅呆板的老面孔，没有踏上改革之路时，香港凤凰卫视中文台就以独特的创意尝试设置了一种“说新闻”的方式，即《凤凰早班车》。该栏目的制作方式主要是将每天各种媒体的最新信息进行集约化处理，由主持人陈鲁豫以叙述方式串联、编辑推出，整个节目由主持人以轻松的口语化方式叙说，将每日清晨从各路汇集来的信息“说”给大家。这种一对一的“谈话”方式，消除了传播中的距离感，将枯燥的新闻传播变得极富亲和力，获得了极大的成功，用凤凰卫视董事局主席刘长乐的话说就是“鲁豫说新闻的风格将在中国电视史上占有自己的位置”。

由于频道自身、受众市场及竞争对手总是处于一种不断变化的状态中，使得任何栏目的整体设置都不是一成不变的，而只能是基本稳定，但稳中有变。当频道设置方案出台后，我们随时都要掌握方案是否达到了预期的目的？目标和结果之间有多大差异？其原因是什么？有一些什么经验和教训？是否需要作中途调整？特别是，一旦观众的口味发生了变化，或者竞争对手的竞争策略出现了转向，自己就有可能伺机而动，因地制宜，做出对应之策。因此，任何栏目设置都处于一种不断地求新求变之中。例如《焦点访谈》栏目在其开播 19 年后，于 2013 年进行了大幅度的改版，这次改版着力于三方面：一是节目内容更偏民生，更贴近老百姓的日常生活，很接地气。并且每期节目并不只关注一个焦点，节目容量更大，节目时长也增加到 17 分钟。二是节目形式与包装也更趋灵活和多元化，用到了动画等更加活泼的表现形式，主持人一改过去坐着主持的单一模式，采用站立主持，使用触摸导屏，表达新闻的方式更自然。三是增加了白岩松、杨禹等特约评论员的点评，增强了现场感和节目深度。又比如我国最有影响的“电视新闻杂志”《东方时空》，从 1993 年成立至今，期间也经历了多次改版，才形成了目前我们所看到的形式这也是大多数观众所认同的节目内容和表现形式。

三、栏目设置的内容

电视栏目设置是个具体的概念，是定位的细分，是栏目内容按定位的原则要求所做的设计，具有原则性、合理性、系统性、准确性、逻辑性，而且还要具体、准确而完整。栏目设置的内容主要包括确定栏目类型、结构设置、名称设置、时段设置等。

（一）确定栏目类型

要进行电视栏目的设置，就必须对电视栏目的类型有一个清晰而全面的了解。电视栏目的类型有多种划分方式。从内容上分，主要包括新闻类、专题类、综艺类、社会类、经济类、生活类，其中新闻类还可细分为时政新闻类、社会新闻类、娱乐新闻类、体育新闻类、经济新闻类等；从形式上分，有纪实类、益智类、谈话类、游戏类、真人秀类；有条状栏目、块状栏目等。依据栏目特点，确定恰当的栏目类型是搞好栏目设置的基础。

我国目前的电视栏目类型已经非常全面，无论是本土制作还是海外借鉴，各种电视栏目类型都已在荧屏上有所呈现。某些类型的电视栏目还打造出了自己的品牌特色，比如新闻深度报道类栏目《新闻调查》、新闻评论类栏目《焦点访谈》《新闻 1+1》；谈话类栏目如《艺术人生》《实话实说》《对话》《今晚 80 后脱口秀》；游戏类栏目如《快乐大本营》《欢乐总动员》；益智类栏目如《开心辞典》《一站到底》；真人秀栏目如《超级女声》《中国好声音》《歌手》《爸爸去哪儿》《奔跑吧兄弟》等。

所以，要进行电视栏目设置，必须首先对纷繁复杂的栏目形态有一个清晰明确的认识，根据所筹备的栏目特点确定栏目类型，并依据不同的栏目类型特点来进行栏目结构、名称及时段等的不同设置。

（二）设置栏目结构

设置栏目结构主要是指对栏目的结构形式和栏目的不同板块进行设置。对于独立板块的栏目，如《焦点访谈》等，这类栏目通常设置的重点是风格的建立和思路的实施，即形式、风格的规范与制作流程设计。研究栏目的结构设置对于多板块结构的栏目或杂志式栏目，其意义尤为重要。

栏目设置强调的是结构设置以及不同板块的定位、表现内容、表现形式、表现风格等的设置，包括确定板块间的呼应、对比、逻辑、轻重、虚实关系等。对于同一个栏目来说，不同的结构设置体现着不同的栏目传播理念，板块的设计、定位是否准确到位是栏目成功的首要因素。

例如，杂志型新闻栏目《东方时空》，在 1993 年创立之初，设置了如下 4 个板块：《东方之子》《东方时空金曲榜》《焦点时刻》《生活空间》，这样的栏目结构并没有凸现其“时事新闻杂志”的口号，栏目组意识到这一问题之后，去掉了与新闻相距甚远的《东方时空金曲榜》，并将《焦点时刻》更改为《时空报道》（后又改为《时空连线》），这样的板块结构设置突出了栏目的整体新闻性，也无愧于“时事新闻杂志”的称号，拥有了更高的收视率。

再以多板块的央视财经频道栏目《第一时间》为例，该栏目在经过几次改版之后，加强了与受众的互动，突显其服务特色，除了常态的新闻节目板块外，另外设置了《互动话题》《新闻热搜榜》《看天下》《读书时间》《天气预报》等板块。其中最有特色的是《新闻热搜榜》，该板块聚焦当日热点事件和时事新闻，并以不同的热点新闻来源分类为时事、数字和媒体新势力，社会政治经济话题及社会民生热点事件皆包括在内，体现出该电视新闻栏目视野的开放性和信息的整合性。《读书时间》则是每期向观众介绍一本新书，并且通过摇一摇的互动方式每期免费赠书 50 册。《天气预报》板块以拉家常的口语化聊天方式讨论相关出行话题，如天气对航班的影响、穿衣指南等，增强了节目的贴近性和服务性。

另外，通过对栏目结构的不同设置，也能体现栏目的整体风格，有时只需要巧妙地设置一个小板块，就能将栏目的整体风格很好地表现出来。如凤凰卫视的一档栏目《媒体大拼盘》，以串编各地新闻为节目内容，其中有一个小板块叫作“我来评新闻”，就是每天请一位异地的观众做评论员，通过电话对当天的一则新闻进行评点。虽然点评者都是普通观众，观点和说法难免是“一孔之见”，带有个人色彩，但观众的充分参与，已经使整个节目变得生动起来。这个“我来评新闻”的意义还在于，从传播方式上说，传者和受者之间的界线被淡化了，体现了个体的话语权，传者和受者之间形成了互动。也正因为这种互动以及个体话语权的被尊重，使更多的观众获得了满足感，产生了共鸣，栏目活泼的风格得到了充分的展现。

（三）设置栏目名称和播出时段

在图书策划中，策划者非常重视书名的选取与图书上市时机的选择，这也就是常说的“书名能顶半个书”，而从某种程度上说，一个好的上市时机甚至能够成就一本畅销书。对于电视栏目来说，这两种因素同样决定着一个栏目的成功与否，因此，栏目的名称设置与时段设置也是非常重要的。

栏目的名称设置包括栏目的整体名称设置和栏目板块名称的设置。栏目的名称既要体现栏目的定位、风格、传播理念，又要富有冲击力和感染力，还要考虑被市场接受的程度。而板块的名称还得考虑上下呼应和协调、起伏和递进，通俗地说，就是名称要好听、好懂又好卖！因此，栏目策划人通常为栏目名或板块名犯难，有的干脆做社会调查、开座谈会、请朋友喝茶、到校园征稿。目前的栏目名称大致可以分为以下几类：

一是直接以栏目内容命名。如《新闻联播》《时事直通车》《今日说法》《探索·发现》《动物世界》等。

二是以栏目对象命名。如《人民子弟兵》《当代工人》《美丽俏佳人》等。

三是以栏目播出时间命名。如《新闻早八点》《朝闻天下》等。

四是以栏目播出时间长度命名。如《新闻 30 分》《经济半小时》《幸运52》等。

五是以栏目主持人命名。如《小莉看时事》《鲁豫有约》《撒贝宁时间》《康熙来了》等。

六是借“名”命名。如《东方夜谭》《大话爱情》等。

当然，还有许多非常精彩的栏目名称是无法归类总结的，如《实话实说》《天地英雄榜》《娱乐无极限》《时髦外婆》《小鬼当家》等。这些栏目名称或者大智若愚，或者结合了最流行时尚的元素，或者打破了人们的思维常规，让人耳目一新，回味悠长。

栏目的时段设置对栏目的收视率也有着重要的影响，而栏目的播出时段设置要依据栏目内容和栏目对象以及受众收视习惯等多种因素。基于一般大众的收视习惯，在大多数国家和地区，一般将一天设置为 6：00~8：30、11：30~13：30、

19：00~23：30为三个黄金时段。从1952年美国全国广播公司（NBC）开播第一档早间电视新闻节目《今天》（*Today*）以后，一度被广播垄断的早间时段成为电视业的黄金时间，我国电视业对早间时段的重视源自于中央电视台《东方时空》的开播。然而，清晨时光往往是在人们的洗漱就餐、收拾行装中匆匆度过的，因此一般适合安排一些轻松活泼、快节奏的简报性新闻、服务性资讯以及读报环节，让观众在节目中以一种轻松愉悦的心情、饱满的精神状态去迎接新的一天。11：30~13：30的午间时段是对电视台比较重要的时段，此时，大多数观众群体，不论是忙碌的上班族，还是购物的主妇以及上学的学生都已经结束了上午的工作，这是一个具有相当规模的收视群体，他们对上午的事件有一种探知欲望，收视状态也比较从容，因此适合一些接近性比较强的新闻节目或放松性的娱乐节目。

对于世界上大多数国家和地区，18：00~19：00的傍晚时段被认为是一天中"黄金时间中的黄金时间"：此时大多数人都已经结束了一天的工作，正是和家人坐在餐桌旁准备就餐的时候，受众的收视状态也较为从容和专注，因此比较适合新闻类节目的播放。而且，从某种程度上说，它的精彩与否直接决定着后面节目的收视率，因此被誉为"当晚电视节目的封面"。而19：00~23：30的晚间时段一般被电视剧和各台的精彩栏目所分割。

在栏目时段的选择上，既要考虑所谓黄金时段的首选，还要了解栏目特定对象的最佳收视时间，对一个栏目来说，最适合收视对象的时段才是真正的黄金时段。以日本东京电视台的栏目《太太们的四点》为例：四点钟是日本家庭主妇们在安排众多家务事之后，等待家人回来之前的一段难得的空闲时间，该栏目播出时长55分钟，满足了家庭主妇在这段时间内了解资讯、关心自己和家人健康情况的需求，其基本的节目流程是新闻-健康谈话-购物。这一依据明确的收视群体而进行时段设置的栏目取得了极佳的效果，在收视调查中常常榜上有名。按照受众的收视习惯，也可以得出一些时段设置的规律：老年节目的时段设置一般在上午，与此相对应，《夕阳红》的播出时间为每天8点50分左右；少儿节目的时段设置一般在周末以及儿童放学之后的傍晚时段，如《大风车》的播出时间为每周末17点半左右；女性节目一般设置在下午时段，如《半边天》的播出时间为16点左右。当然，随着频道专业化的加强，如少儿频道、女性频道、旅游频道等的出现，特定的栏目设置在特定的频道，栏目的时段设置研究也转为在受众市场细分下，何种设置才能更好地满足观众需求，提高收视率。

电视栏目的设置完成之后，还要有一个具体的说明，即设置说明。设置说明是对栏目设置的系统表述，通常指在设置原则指导下，设置的特点、亮点的提示和特定媒体环境或制作环境下的有利因素和不利因素的说明和注释。

第二节　电视栏目的定位

“定位”一词，近几年的使用频率非常高，让人感觉很时髦，也很深奥。事实上，“‘定位’一词借鉴了广告学的的专用术语 Positioning，最早出现在 1969 年 6 月出版的 *Industrial Marketing* 杂志上，其含义是确定商品在市场中的位置”①。也就是说，定位是从为数众多的商品概念之中，发现或形成有竞争力、差别化的商品特质及重要因素。

市场营销学认为，一个新的品牌要成功地打入被占领的市场，最常用的方法就是发现新的细分市场，加强定位策略。定位是关于一个机构的性质、基本理想或经营宗旨的科学界定。对于媒介或栏目来说，定位决定了一个媒介或栏目的品位和效益，一个媒介或栏目的设置，首先要解决的就是“定位”，有了恰当而准确的定位，才能实现其社会效益和经济效益。例如，湖南卫视的频道定位由 2002 年的“锁定娱乐、锁定年轻、锁定全国”，打造“快乐中国湖南卫视”强势品牌，到 2003 年的“以资讯、娱乐为主的个性化综合频道”的全新定位；从 2004 年推出的“快乐中国”频道核心理念，到 2015 年“梦飞扬 更青春”的新口号，时间在变，呼号在变，唯一不变的是湖南卫视以青春与创新为主打的定位理念！又比如 1994 年创办的《焦点访谈》栏目，在持续几年的“焦点热”逐渐降温之后，于 2000 年把定位语由原来的“时事追踪报道、新闻背景分析、社会热点透视、大众话题评说”调整为“用事实说话”，改变后的定位语表明了新时期新闻媒体对于舆论监督和批评权力内涵理解的转变，节目从揭露曝光到理性建设，也获得了更多的认可。因此，一个品牌化频道的形成或是一个优秀栏目的诞生，必然要有一个准确而精当的定位，定位是策划的基础，是对栏目宗旨的表述，也是对受众对象和栏目风格的认同。电视栏目的定位具体包括栏目的对象定位、内容定位、形式定位以及目标定位几个方面。

一、受众对象定位

一个栏目要想成功，就要得到观众的认可，获取最大的受众量。要做到这一点，首先要明确栏目是做给谁看的，也就是首先要对栏目的收视对象有一个明确

① 石长顺：《电视栏目解析》，华中科技大学出版社 2003 年版，第 31 页。

的界定，即确定栏目的目标受众，这是立足于媒介市场的分析而对媒介产品的市场占位所做出的决策。栏目内容要做到有的放矢，才能达到预期的效果，如将受众对象定位为少年儿童的《大风车》《芝麻开门》；将受众对象定位为女性的《半边天》《女性时空》；将受众对象定位为普通消费者的《每周质量报告》等。

由于大众传媒的迅速发展和信息量的激增，受众对象接受、选择媒介信息的空间越来越大；而作为电视受众的大众也存在着或多或少的差异，比如具有不同的收视资源、不同的地理位置、不同的收视态度及收视习惯等。另外，目前的广告投放越来越理性，任何一个成功的广告首先都要有明确的诉求对象，广告客户在广告投放时要求媒介的市场细分。基于以上三点，根据普遍收视兴趣寻找具有不同节目需要和接收行为的受众群体，成为目前传媒界的发展趋势。如 CCTV 频道细分立足于电视观众的个人兴趣爱好，按照电视观众各自不同的收视爱好开设了包括经济、体育、戏曲、音乐、电影、电视剧等专业化频道。所以，在栏目制作时要首先定位栏目对象，进行栏目的市场细分，这是适应电视受众不同收视需求的必然趋势，也是适应广告市场细分的必然要求。尤其是随着付费电视的发展，将会进一步推动观众市场的细分。可以看出，未来的电视栏目设置需要更为深入准确地把握自己的收视对象。

1996 年诞生的《生活》栏目，并未将自己的收视对象定位在传统的《为您服务》时期的普遍性观众，而是将栏目的主体观众定位在 25～45 岁之间、受过大学教育、月收入在 2000 元左右的市民。按照 1996 年的生活水准，这些人群基本上属于城市当中的“中产”一族，这个阶层有购买力，有生活享受的欲望，比较追求生活的雅致，如对时尚品牌的东西比较关心，《生活》就是揣摩他们的心思，用对口的节目满足他们的需求，而随着社会的发展，这个阶层的人群在逐渐扩展，收视群体也在扩大。湖南卫视《快乐大本营》自 1997 年开播之初，并不确定这个节目的观众群会有哪些，是面向普遍大众的，所以节目收视对象定位并不十分明确，定位比较宽广。自节目播出后，一度掀起了一股快乐旋风，这使得制作人们在相当长时间里忽略了受众定位这一问题。但是，在越来越多的同质节目出现后，给《快乐大本营》带来了很大的竞争压力，于是，2005 年他们终于找准了自己的受众定位，节目确定面向的是青少年们，进而提出“全民娱乐”的概念，根据青少年们的兴趣、心理设置游戏环节和节目形式，更贴近了青少年们的生活，得到了他们的喜爱。

当国内的读书类节目普遍低迷，甚至中央电视台的《读书时间》都已退出荧屏之时，河北电视台的《读书》却是一枝独秀，傲然挺立于综艺节目的万花丛中，在国内具有非常大的影响力。这与《读书》栏目特定的观众对象定位有着密切关系，该栏目原制片人周晓丽这样描述栏目的收视对象："首先，必须具有一定的物质基础。目前，我们国家人民生活已经从整体上达到了小康水平，文化消费占日常消费的比例正在逐步上升。其次，必须具备一定的文化知识水平。随着九年制义务教育在全国的基本普及和高等教育的快速发展，国民文化水平普遍提升，读书人势必越来越多。最后，必须有追求精神文化生活的欲望。社会文明程度在提高，全民文化素质在提高，各种价值观念、思维方式的多元化，决定了人们对自我生活方式选择的自由度在加大"。成功的对象定位，为该栏目提供了庞大的观众基数。

二、栏目内容定位

明确了电视栏目的对象，即决定了栏目要"做给谁看"之后，就要确定栏目应该"做什么"了，也就是进行栏目的内容定位。栏目的内容定位与栏目的宗旨、性质相联系，同时也体现了栏目的文化品位。

栏目的宗旨与性质，是电视栏目的根本，它规范了栏目的表现范畴，体现了栏目的风格，同时也是形成一个栏目特色的重要标志。如中央电视台的《焦点访谈》将栏目定位为"用事实说话"，显示了该栏目的评论是以事实为依据，用事实做评论的；而凤凰卫视《明星三人行》的栏目宗旨则是"不求高度，只求广度；不求深度，只求温度；不求结论，只求趣味"，显示了栏目内容只是由一些明星将私人间的调侃搬上电视，以百姓之心，看天下之事；上海电视台新闻综合频道的《上海早晨》，其广告语"充满活力的一天，从上海早晨开始"就已经将栏目轻松愉悦的风格显露无遗。

栏目的内容定位还包括栏目的文化品位定位，这是栏目根据其宗旨、受众群体、所处的媒介环境等因素对栏目内容文化含量、文化风格的定位。电视作为一种大众传媒，要满足不同受众群体的收视需求，栏目的文化品位要有适合"阳春白雪"的高雅，也要有适合"下里巴人"的通俗。如 2003 年 10 月，上海"东方卫视"对其"生活时尚频道"及其栏目进行全新包装，推出了时尚、年轻的"Young"概念，塑造全新的电视品牌形象；河北电视台的《读书》栏目把镜头的焦点始终落在读书人、写书人、出书人之间，让这三者互为观众、互相沟通，以"发现好书，推介好书，引导观众，服务读者"为目标，内容追求"思想性、知识性、新闻性、艺术性"，栏目坚持"正确的舆论导向，高尚的文化品位，积极的社会效果，一流的艺术追求"，体现了栏目高雅的文化品位。中央电视台大型文化类栏目《朗读者》以“朗读打动人心”为口号，每期邀请一位富有经历的家喻户晓的明星人物或不期而遇的平凡素人，通过朗读的方式分享自己的心得和故事，相互交织，共同展现了丰富多彩的人文生活，描绘出中国几代人具有时代特征的生活画卷。节目以个人成长、情感体验、背景故事与传世佳作相结合的方式，选用精美的文字，用最平实的情感读出文字背后的价值，节目的宗旨是在实现文化感染人，鼓舞人，教育人，展现有血有肉的真实人物情感。[①] 在当下综艺热潮中刮起了一缕清新的文化之风。

特定的收视群体有特定的内容要求，因此，针对栏目对象的内容定位一定要准确而精当，这样节目才能获得受众对象的认可。中国传媒大学教授、《现代传播》副主编胡智峰就认为中央电视台《十二演播室》目前的内容定位“关注青少年”是不太恰当的。他认为“‘关注青少年’和‘青少年关注的’是两个不同的概念。每个人都面临着学习、工作、恋爱、家庭等问题，如果泛泛而谈，没有什么特指，那么关于20岁和关于40岁在内容上就没有什么差别；与其他的文艺节目和新闻节目也区别不开，那就是多此一举。但20岁关注的和40岁关注的肯定不一样。不一样在何处，这就值得琢磨、探究、发掘和表现”。“如果找到青少年这个年龄段不同于一般成年人的独特处，就可能找到这个栏目的独特内容定位。如攀岩，40岁的人可能不会冒这个险，而这种带有理想主义、冒险主义、英雄主义的富有激情的浪漫的运动，可能只是属于20岁左右的青年人所关注的，是他们面对世界的一种生活方式，这样的内容应当成为《十二演播室》的主打内容。”

三、表现形式定位

明确了栏目要“做给谁看”，同时也确定了栏目要做什么之后，就该确定栏目该“怎么做”了，也就是选择以何种形式表现栏目的内容，即确定栏目的形式定位。媒介产品的吸引力，根本在于内容，但形式也是其重要决定因素，内容决定形式，但形式又反过来强化和美化内容。

形式对内容有着重要的影响，有时形式的作用甚至大于内容，人们对内容的印象甚至源于对形式的记忆。如对张艺谋的电影《英雄》，人们或许已经忘记了影片的具体内容，但对于片中张曼玉红衣飘飘置身于漫天黄叶的唯美场景，对于周润发在青翠竹林之上的飘逸身姿，观众恐怕都会难以忘记。因此，无论是商业策划，还是广告案例，人们在确定内容之后，都会追求精彩的表现形式。新闻媒

① https：//baike. so. com/doc/6768762-25001165. html。

介也是如此，无论是报纸版面，还是广播电视栏目，都力求内容与形式的完美结合。而电视栏目的形式，主要表现在栏目的结构形态和栏目的表达方式两个方面。

栏目的结构形态主要有：杂志型和专题型两种。杂志型栏目是借助杂志的编辑方式，以强烈的电视意识，充分发挥电视声、画诸元素的传播优势而形成的节目传播形态。它的形式呈板块结构，时长一般在 30 分钟到 50 分钟。结构灵活、形式多样、内容丰富是杂志型栏目的特点。大多数杂志型栏目内设若干个板块而形成子栏目。如中央电视台新闻频道推出的大型周播性新闻杂志节目《中国周刊》就由六个子栏目构成，分别是《一周要闻回顾》《本周视点》《一周新闻人物回顾》《本周人物》《本周声音》和《本周特写》；而北京电视台基于《元元说话》在广大观众中的影响及其特点鲜明的节目形式而诞生的《第七日》，则设置了《七日圈点》《新闻下落》《新闻延伸》《七日之最》《新闻对接》《黑白瞬间》和《新闻彼此》等子栏目，由主持人元元以其独特的表达方式和个性化的语言风格串联播出。节目中的评点机智传神，妙趣横生，成为深受观众喜爱的全国意义上的名牌栏目，开创了北京电视台周日中午时段的收视新高点。

与杂志型栏目相对应的是专题型结构形式，即每期内容只有单一专题报道构成的栏目，因为是单一型专题，此类栏目更着重于事实深度的挖掘与分析。如专题性新闻栏目《新闻调查》，多数都是对一些重大性、社会性事件的深度报道；谈话式与专题型相融合的栏目形式，如《实话实说》《往事》等受到了许多受众的喜欢。

栏目的表达方式也是栏目形式定位所要考虑的因素，节目内容的表达方式体现了节目的内在节奏与风格。新闻类节目多种多样，但如中央电视台《新闻联播》式的“联播式新闻”给人一种严谨庄重的感觉；而陈鲁豫的《凤凰早班车》则给人一种轻松活泼的感觉。同样是益智类节目，有问答式，也有竞猜式，要根据栏目的目标、对象及内容来确定具体表达方式。以《开心辞典》为例，节目所采用的复合式问答方式或猜词方式是大众生活中非常熟悉且熟练掌握的基本技巧，然而，简单的游戏方法却蕴藏着极其丰富的效果：选择问答形式把无限的知识领域浓缩成为 A、B、C、D 的简单选择，特别容易使观众产生跃跃欲试的冲动；猜词形式则是人们生活中有意或无意但经常遇到的表达技巧，把这种生活中的状态提炼出来作为一种公开的游戏形式本身就会带来丰富多彩的收视效果。这种表达方式成为吸引观众收看节目、参与节目的主要兴趣点。再比如中央电视台《中国诗词大会》，用新颖活泼的表现形式承载了中国博大精深的传统文化，节目分为单人追逐赛和擂主争霸赛两部分，五位选手轮流上场与百人团共同答题，期间如出现失误，便停止答题，选手得分以每一题百人团中答错的人数叠加计算。最后五人中累积击败人次最多者为该赛段优胜者，他将作为攻擂者，在擂主争霸赛部分与守擂擂主进行比拼，竞争该场比赛的擂主席位。而节目组也会经过数据整理，在百人团中，排序找出答对题目数量最多、答题速度最快的前五名，他们将成为下一场比赛中登上舞台的五位挑战者。除了场上选手的精彩答题外，四位点评嘉宾康震、蒙曼、郦波、王立群的妙语连珠，又为节目增添了一抹亮色。而题目设置中的看图猜诗句、飞花令、超级飞花令、诗句接龙等形式又进一步增强了观众参与节目互动热情。

四、发展目标定位

栏目的对象、内容及形式都确定以后，就要进行长期规划，确定栏目的发展目标，进行目标定位。栏目的目标定位通常是超越栏目正常运行范围的有战略意义的原则要求，是战略地位、任务性质、时间目标、空间目标定位的综合。例如将栏目确定为："王牌栏目""名牌栏目""一流栏目""与……抗衡的栏目""两年后推向全国的栏目""覆盖全国城市台的栏目""向所有地面台发行的栏目"等。

栏目的目标定位包括要确定栏目的知名度目标、栏目的说服力目标和栏目的广告销售目标等。这些目标确立以后，栏目可以对内容及形式有针对性的修补完善，而栏目目标的实现与栏目的包装和推广是密切相连的。

栏目具有不同的目标定位，也就要有不同的包装和推广策略，就是同一个栏目在不同时期的包装和推广策略也是不尽相同的，因此，栏目为了实现自己的目标，必然要有适合栏目自身的包装推广策略。而且，栏目的形象提升，被社会和观众认同的速度和程度，在相当程度上也取决于包装和推广。例如 1993 年 5 月 1 日 6 时 58 分，《东方时空》的片头以一组有"喷薄的朝阳、振翅的飞鸟、生长的新芽、奔流的江河"为主题的画面在清新舒缓的 MiDi 音乐伴奏下呈现在千家万户的电视荧屏上，显示了栏目新生的力量与磅礴的气势，体现了其"王牌栏目"的目标。

思考题

1. 电视栏目设置的依据有哪些？
2. 电视栏目设置的一般程序是什么？
3. 电视栏目设置包括那些具体内容？请举例说明。

4. 请结合实例，谈谈电视栏目的定位包括哪些方面。在栏目设置中该如何把握?

5. 请结合电视栏目的具体定位，写出一份栏目设置说明。

参考书目

1. 杨伟光主编:《中国电视专题节目界定》，东方出版社 1996 年版。

2. 周鸿铎:《电视节目经营策略》，北京广播学院出版社 2000 年版。

3. 高鑫、张绍刚:《电视纪实作品创作　电视栏目节目策划》，北京广播学院出版社 2000 年版。

4. 汪文斌、胡正荣:《世界电视前沿》，华艺出版社 2001 年版。

5. 冷智宏、许玉琪:《电视生活服务类节目定位、形态与包装》，中国广播电视出版社 2003 年版。

6. 胡智锋:《中国电视策划与设计》，中国广播电视出版社 2004 年版。

7. 童宁:《电视节目结构方法》，中国广播电视出版社 2004 年版。

8. 石长顺:《电视栏目解析》，武汉大学出版社 2008 年版。

9. 殷俊编:《电视栏目学导论》，四川大学出版社 2009 年版。

10. 张兵鹃主编:《电视专题与电视栏目》，郑州大学出版社 2010 年版。

11. 熊忠辉主编:《广播电视栏目案例精选》，化学工业出版社 2013 年版。

12. 王玉、乔武涛:《电视节目形态解析》，国防工业出版社 2015 年版。

第十章　电视栏目的策划

第一节　电视栏目策划的时代背景

策划即“策画”，含有筹划、谋划的意思。作为人的一种思维活动，它广泛地存在于人类的社会经济生活当中。在中国文化的历史长河中，出现过管仲、乐毅、孙武等策划实践高手，他们以其富有雄辩的策划实践证明了策划对于人类社会实践的重要意义。而中国的电视事业随着电视人的思维方式和传播理念的不断丰富，也在近三十年里获得了迅猛发展，其中电视节目的策划越来越受到人们的重视，更由于电视节目栏目化的逐渐完善，对电视栏目的策划也已箭在弦上，呈必然之势了。而电视栏目策划之所以会在近些年异军突起，成为电视人关注的焦点，则有其广泛的时代背景。

一、电视走进竞争时代

在计划经济时代，电视是个绝对垄断的行业。电视频道与电视节目都极其匮乏，那时的电视观众没有选择的权利，电视台播什么，观众就得看什么。然而，随着我国电视事业的不断发展，电视频道与电视节目的日益丰富，更由于电视遥控器的发明，一下子把广大电视观众全都变成了“上帝”。观众由被动收视变成主动收视，这一变化必然会引起电视台之间的激烈竞争，这种竞争主要表现在外部竞争和内部竞争两个层面上。

首先，从外部竞争来看，报纸、广播、杂志等传统媒体与电视媒体在节目资源、受众资源、广告资源等方面的竞争已经成为不折不扣的持久战。据《2016年国民经济和社会发展统计公报》公布，到2016年年末，全国有线电视实际用户2.23亿户，其中有线数字电视实际用户1.97亿户；广播节目综合人口覆盖率为98.4%；电视节目综合人口覆盖率为98.9%；全年生产电视剧330部14768集，故事影片772部，科教、纪录、动画和特种影片172部。出版各类报纸394

亿份，各类期刊 27 亿册。媒体数量的激增必然导致受众和广告的分流。另外，随着科技的发展和社会的进步，新媒体的日益崛起也给电视行业带来了不小的冲击。1998 年 5 月联合国秘书长在联合国新闻委员会年会上正式提出：互联网已成为集报刊、广播、电视之后的第四媒体。互联网一经产生就迅速席卷全球，掀起了新一轮的媒体革命。根据传播学的原理，受众超过 5000 万才算得上是大众传播，广播达到这一目标用了 38 年，电视用了 13 年，而互联网仅仅用了 4 年时间就拥有了 5000 万用户。互联网的异军突起，使受众分流的大潮势不可挡。第四媒体方兴未艾，以手机为代表的第五媒体又开始蠢蠢欲动。2016 年，电信业全年新增移动电话交换机容量 7318 万户，达到 218384 万户；年末全国移动电话用户 132193 万户，移动电话普及率上升至 96. 2 部/百人；移动宽带用户 94075 万户，增加 23464 万户；移动互联网接入流量 93. 6 亿 GB，比上年增长 123. 7%；互联网上网人数 7. 31 亿人，增加 4299 万人，其中手机上网人数 6. 95 亿人，增加 7550 万人。[①] 可见，在这样一个传媒传播的“碎片化”和网络无处不在的自媒体时代，近乎人人平等的碎片化的传播，催化了传媒与受众的时空重构，给电视媒体带来了巨大冲击。总之，电视媒体正是在这不同媒介间的激烈竞争中受到了前所未有的挑战。

其次，从内部竞争来看，除了报纸、杂志、广播、网络等媒体在与电视争夺信息传播的空间以外，电视台、电视频道的超速增长，各卫星电视台的交叉覆盖以及潜在的境外电视的进入，使得电视行业内部也出现了前所未有的竞争局面。近年来，随着省台上星以及有线电视网的快速发展，普通电视观众家中能够接收到的频道数量迅速增长。据央视调查中心统计，到 2004 年我国城市观众平均能收看到 15 个频道的电视节目，经济发达的大城市能收看到 60 多个频道，到今天，早已有更多的电视频道进入了中国百姓的家庭。“这个现象意味着，在电视媒介产品的货架上，已经摆放了几十种具有可代替性的产品。”[②] 频道数量的激增并没有把观众的视线牢牢地吸引在电视媒体上，恰恰相反，面对众多的频道、众多的栏目，观众显得有些无所适从。观众市场容量日趋饱和，这一方面标志着电视媒体的发展已经从收视人口的竞争转变为收视份额的竞争，一个栏目收视份额的上升同时意味着其他栏目收视份额的下降；另一方面也表明电视媒体市场的相对成熟，然而这种相对成熟却大大减缓了其增长势头，甚至导致后退。

---

① http：//www. stats. gov. cn/tjsj/zxfb/201702/t20170228_ 1467424. html。

② 陈刚：《新变化新机会新价值》，《中国广告》2004 年第 12 期。

电视媒体在外部和内部双重竞争压力之下，其构成单位电视栏目要想生存下去，确实不是一件容易的事情。目前，在收视率和广告额两把利剑高悬的情况下，许多栏目已经面临着生死抉择，生存还是毁灭，的确成了一个值得思考的问题。当此之时，电视栏目的策划悄然兴起，逐渐壮大起来。这是因为，电视传媒之间的竞争，归根结底还是表现为电视栏目之争，而电视栏目之争，归根结底还是表现为电视栏目策划之争。如果哪家媒体不能对自己的电视栏目乃至整个媒体形象做出精心的策划，很可能就会被挤出竞争之列；反之，如果谁能在策划方面占得先机，必定会成为群雄霸主。

二、中国电视媒体的产业化运作趋势

近二十年国家的经济改革为中国电视的发展提供了极为广阔的空间，电视逐渐丢掉“口舌”与“工具”的唯一身份，积极地迎合当前的改革趋势，逐渐走上了产业化进程。

所谓“媒体产业化”，也就是从单纯的文化、精神生产事业的媒体单位沿着经营合理性的轨迹向企业状态过渡的过程。这实际上已经把电视推向了市场。走进市场就得懂得市场的规律，优胜劣汰，使媒体纷纷迈向了残酷的“战场”。如何才能在市场竞争中生存下去，是每一位电视工作者脑海中不停闪现的大问号。当此之时，电视栏目便成为树立媒体形象、巩固媒体形象，使媒体立于不败之地的制胜武器。

与过去相比，中国的电视栏目在近三十年的产业化发展进程中，从质量到数量，从栏目种类、传播形式，都产生了巨大的变化。在中国电视一步步用现代化的经营理念和管理方法来武装自己的今天，电视栏目的品质依然是我们需要钻研的首要目标。与电视媒体的产业化运作直接相关的是电视广告，广告经营是电视栏目走向市场制作水平的一个非常重要的衡量标志。电视栏目制作和广告的额度是密切相关的。广告商家往往最懂得识别栏目质量的好坏，他们绝对不会给那些注定要遭到观众冷遇的电视栏目投资的。在电视媒体产业化经营将栏目推向市场的时候，广告间接地充当了市场效益的晴雨表。从中央电视台和其他地方电视台一些名牌栏目的广告招标价位浮动上，这种现象可见一斑。因此，如何能够制作出受观众欢迎的、吸引广告主的电视栏目，对于每家电视媒体来说都是迫在眉睫的大事一桩。而高质量的电视栏目的生产制作最终取决于高水平的栏目策划。可以说，优秀的栏目策划是电视媒体在市场竞争中获得成功的一把金钥匙。

第二节 电视栏目策划的基本原则

一、观众至上原则

(一) 观众是电视生存的基础

在电视竞争日趋激烈、电视节目的商品化进程加速发展的今天，观众已经成为电视人的衣食父母，成为电视事业生存的基础。在过去电视频道与节目都非常匮乏的情况下，观众是被动收视，单纯的“你播我看”。并且那个时候的观众也比较简单，想法也比较单纯，容易揣摩，再加上被动的时间长了，有时竟然由不喜欢变得喜欢了。然而，如今的观众早已发生了翻天覆地的变化，市场经济的建立促进了人们自主意识的增强，人们的需求变得越来越多样化，越来越复杂，观众已不再仅仅停留在被动收视的阶段，而是大步走进了主动收视的新时代。因此，我们的电视人要想按照以前的方式来对待现在的观众，他所制作出来的电视节目只能受到观众冷遇，惨遭市场淘汰。所以说，现在的电视传播应当是传者与受者之间的双向传播，传者应该根据受众的心理定位确定自己的传播心理定位，从传播主体的角度自觉向接受主体靠拢。传播和接受是一个互动的过程，在这个互动的过程中，传播者只有准确地把握受众的心理，才有可能获得成功。因此，对于电视媒体来说，观众就是电视的母体，失去了观众，电视栏目就失去了生存的基础。

(二) 正确把握观众的心理需求

既然观众的地位如此重要，那么作为电视人必须学会充分尊重观众，学会正确把握观众的心理需求。正确把握观众的心理需求可以采取以下办法：

1. 掌握科学的调查方式与方法

要想把握观众的心理需求，必须要认真地分析观众目前究竟有什么想法，对电视节目有什么要求，以便使我们做出来的节目能够有的放矢。而在对观众的心理需求进行分析之前，首先必须要拥有大量的可靠资料。我们可以通过以下几种方法来获得这些资料。

(1) 收视问卷调查

观众的收视行为、收视习惯以及他们对不同节目的评价、兴趣趋向是很复杂的，有很多因素会影响观众收看电视节目，因此栏目组必须定期进行较大规模的专门问卷调查。收视问卷调查就是事先根据所要了解的内容制定问卷，在居民区随机抽取一个街区，一户户上门访问，要求对方如实填写问卷。这种调查不同于我们平时居委会搞的调查，发张表格，请我们在里面打“√”打“×”那样简单，而是经过多年不断完善已形成的一套有独特规律和缜密程序的方法。如，如何设置调查项目，向谁提问，提什么样的问题等。并且由于这种调查方法涉及的人比较多，参与工作的人也比较多，因此，除了问卷的科学设计外，还需要完善的组织和参与工作者的高度责任心。

（2）小型专题调查会

这是为一个具体栏目或一个具体节目召开的座谈会。组织者先要根据所要了解的内容列出提纲，然后拟定与会者名单，把提纲先发给与会者，以便让他们提前做准备。这种方式重点是对与会对象的选择，既要请专家，又要请普通百姓，尤其是在请普通百姓时，如何让他们能够如实地表达自己的所思所想，是座谈会成功与否的关键所在。

（3）大型调查网络的建立

利用大规模的调查公司承接相关的调查项目，凭借公司分布全国的调查网络可以比较方便快捷地完成调查，提供可信的有价值的资料。目前在我国有专业的收视调查公司专门来做这项工作，例如央视——索福瑞媒介研究有限公司（CMS），是由央视市场研究股份有限公司（CTR）与世界领先的市场研究集团（TNS）合作成立的，该公司致力于专业的电视收视市场研究，为中国传媒行业提供可信的、不间断的电视观众调查服务。

2. 心理调查资料的分析和研究

掌握了科学的调查方式与方法，这只是正确了解观众心理需求的第一步，而要准确地摸到观众心理需求的脉搏，还要对调查所获得的数据进行分析和研究，分析研究的方法有以下几种：

（1）定量分析与定性分析

定量分析是指对所采集的数据进行分类统计，测算百分比，用严格的统计学方法计算出各类数据的比例关系，并在此基础上得出量化结论。定性分析是指在定量分析的基础上，对量化结论的进一步分析。这种分析往往借助相关的背景资料，对量化结果的原因、性质、内涵以及所说明的问题所表现出的发展趋势等作合乎逻辑的、科学的分析。只有经过了这样的分析，我们采集的数据才有用，我们的社会心理调查才能对电视工作起指导作用。

（2）比较研究

比较分为横向比较和纵向比较。横向比较是指同类事物在不同空间的比较；

而纵向比较是指同类事物在不同时间的比较。分析这些变化相关的因素，找出规律性的东西。

（3）历史分析和趋势预测

一切的调查研究不是为了过去，而是为了未来，今天是过去的延续，未来又是今天的延续，所有的现象都有它的来龙去脉，了解这个过程有助于我们更加深刻全面的认识问题。电视受众心理调查的目的是为了研究受众心理的现状，也是为了把握大众心理发展的态势与走向。这一切都离不开对历史材料的把握和认识。

3. 与时俱进地把握观众心理需求的发展变化

电视观众是随着社会的发展、时代的变迁而不断变化着的，今天的电视观众与二、三十年前相比已经发生了翻天覆地的深刻变化，尤其是伴随互联网成长起来的网生代受众，已经俨然成为具有互联网用户特质的新型受众了，有人形象地将他们概括为粉丝型受众。在他们身上具有更加强烈的分享欲望，更为清晰的选择偏好，更加强烈的意见表达。所以我们看到，如今一些大型电视节目以各种方式驱动观众在社交平台上分享、评论，以实现最大限度地动员观众参与传播过程，本身就体现出适应粉丝型受众的迹象。那么，面对粉丝型受众，如何精准地把握他们的心理需求，策划出为他们所喜爱的电视栏目呢？这就必须要借助大数据的支持，大数据能够利用有效的工具对数据进行有效的挖掘和专业化处理，能够记录用户的行为、情感、思想、爱好，分析用户的真实需求与潜在需求，提供更精准的产品和服务。所以，从长远来看，建设大数据平台已成为电视媒体改革转型的必然。

二、目标性原则

（一）目标的确立

策划是人类有意识的思维活动，因此，在策划时必须要确定自己欲实现的目标。目标确立后，它将把我们所有的思路和行为都引向逐步实现它的过程中去。电视节目作为一种精神产品，其最终目标就是最大限度地强化和提高节目的社会功能和自身价值。所谓社会功能包括：传播信息、教育大众、服务大众、满足大众精神需求等。而自身价值则是通过获取社会效益和经济效益来实现。对于电视栏目策划来说，其目标就是要不断有所创新，提高收视率，进而完成实现其社会功能和自身价值的终极目标。策划人只有心怀远大的理想，脚踏实地的务实工作，把具体的目标一个一个的实现，才能实现策划的终极目标。

（二）目标的修正

这是对于具体的栏目策划而言。要修正就要有修正的原因，电视栏目策划是一个完整的过程，绝非只有 plan（计划）、它还包括 do（实施）、see（检验）。因此，策划是可以在 plan、do、see 的过程中不断修正从而完善的。不会有任何一个策划，其过程和结果完全和策划书中所建议或描述的完全一致，这也是策划被称作策划而不叫设计的原因之一。设计对项目实施给出的是规定，如在建筑设计中，地基打多深，外墙用什么材料，设计师都已规定好了，建筑工人不可违背。而策划对项目的实施给出的是创意和建议，对结果给出的是预测，在实施过程中出现偏差是难免的，必要的时候可以对目标进行修正，只要是最有利的，就一定是可以接受的。

三、创新性原则

“创新性原则”即是电视栏目策划人必须时刻以创新的眼光审视自己的作品，以不断创新的思维模式去修改现有的节目，时刻保持节目的新颖性。每一个精品栏目之后都有一个创新的团体，一个创新的策划理念是支撑一个栏目在强手如林的电视竞争中处于不败之地的利剑。

创新，意味着适变求新。不断地否定过去，否定一成不变，随着时代及事物的发展方向，不断进行调整。适变求新就应该力求调动群体中每一个人的积极性，激发每一个个体的创造力，这样才能造就新的事物。现在媒体普遍采取的承包制、制片人制就是充分利用个体的智慧，发掘个体思维中积极的创造因素，为栏目策划提供更多更好的创意。当然，创新并不是随心所欲而为之，更不是不顾一切地标新立异，而是以科学的创造性思维为核心，以观众的心理需求及潜在需求为出发点，通过理智的系统化论证，不断张扬个性、产生新质的过程。

创新，还要敢于冒险。这种冒险不是盲目的，它是以市场调查为先决条件，以经济效益和社会效益为基础的。“敢为天下先”“敢做弄潮儿”是策划人应当具有的一种精神。当初湖南经视的《幸运 98》在人手不够、资金不足、独立核算、自负盈亏的情况下能够创造出收视率 53% 的成绩和年创收 500 万元的效益（1997 年），也正是凭借了这种冒险创新的精神。

创新，也是一种乐趣。创新的乐趣就在创新的过程当中，尽管创新的思考过程是枯燥乏味甚至令人头痛不已的，但是苦尽甘来的滋味却又是那么的令人神往，最令人感到快乐的还是成功的希望，例如，当初海夫纳创办《花花公子》杂志时，创刊号上连出版期序都不敢印，他是怀着惴惴不安的心态冒险一搏的，然而经过努力和坚持，这本杂志最终一炮而红，仅创刊号就销出了 53991 份，而海夫纳的生意也就此越做越大，以至于成就了今天的花花公子企业。

四、效益性原则

中国电视从诞生之日起，就以“宣传政策、指导思想”为己任，扮演着“喉舌”与“工具”的重要角色。这种传播理念带来的只能是策划与市场的脱轨。而随着我国经济体制改革的不断深入，电视工作者的观念也逐渐改变，他们不仅追求节目传播的社会效益和影响，同时也开始追求电视节目的经济效益。

电视作为兼具文化和产业双重属性的媒介，毫无疑问要受到市场的影响，面对社会效益和经济效益，争取“双优”则是优秀策划人的努力方向。但是在二者不能兼得的时候，策划人又该怎样取舍呢？作为精神产品的制造者，电视工作者不能以牺牲社会效益去换取经济效益。1998 年 5 月 1 日，美国洛杉矶 6 家电视台现场直播一个名叫琼斯的男子在高速公路上自杀的全过程，遭到美国观众的同声斥责，愤怒的观众通过电话和互联网，指责电视台毫无人道。《洛杉矶时报》专栏作家霍华德言辞激烈地评论说：“这是洛杉矶几家电视台把他们的头颅吊在耻辱柱上的一天。虽然这只不过是一个值得在报纸上登两行的消息，但是却被电视台报道出来了，因为技术制造了一个叫‘现场直播’的怪兽，电视台不得不将它喂养。”① 而另外一个与之相反的一个例子是：凤凰卫视 1997 年主办的柯受良飞越黄河，凤凰卫视的决策者力排众议，甘冒经济风险，目标就是创造社会效益。所以尽管后来凤凰卫视在这个项目上有很大的经济亏损，但是其既定的目标已经实现，因而对这个项目的评估就一直是正面的。当社会效益和经济效益不得兼顾时该如何选择，这考验的是一个策划者应有的社会良心。

第三节 电视栏目策划的基本流程

电视栏目策划是一个完整的过程，从获得策划灵感到确立策划目标，从着手制订计划到具体步骤实施，从预期效果检测到收集反馈信息，整个过程所经历的时间有时可以很长，但是要给策划严格地划分几个阶段，却没有明显的硬性标准，为了便于学习，我们还是试图把策划过程分为以下几部分：

一、发现策划创意

创意是策划人想象力的发挥，创造欲的迸发，运用多种思维方式，将既有的

① 原文见《北京青年报》，1998 年 5 月 20 日，第 4 版。

知识经验变形与升华，它是一种动态的、积极的创造性精神活动，它构成了策划的核心部分。有了创意，整个策划过程就有了由头，后面的工作就是一些计算、推理，把创意付诸实践了。好的栏目创意是提高策划效率的重要手段。创意无定法，灵感的火花不知在何处擦亮，因此，在平时的策划过程中，策划人往往苦苦思索而毫无结果，弄得身心疲惫，甚至丧失信心。而有时，灵感却又突然蹦出，好的创意只在极短的时间内就完成了。

据中央电视台《实话实说》栏目编导关秀玲说："这个栏目的名称从1995年7月就开始策划，直到1997年3月开播前两三天才定下来，足足用了20个月的时间，"一次次策划会、务虚会上征集佳名，参与者几乎包括了京城黑白两道各路名流，至今我的笔记本上仍记录着每次开会留下的名字：从'议家之言''说三道四''妙语群言'到'合理冲撞''周末大转盘'等。虽然哪个都透着智慧，但终究莫衷一是，没能取得共识。最后还得主任亲自出马，大约在正式实录的前两三天一锤定音，'实话实说'。"又如《东方时空》的子栏目《生活空间》那句著名的口号"讲述老百姓自己的故事"也是其制片人陈虻在几番冥思苦想之后，于某天夜里突然闪现在脑海之中的。又比如，央视财经频道生活服务性的真人秀栏目《交换空间》，在传统的思维定势中，服务类节目通常由主持人类似生活顾问一样，就一些生活中的问题娓娓道来，或者由主持人和嘉宾一起来向观众传授生活知识，当年中央电视台《为您服务》栏目就是其中的典型代表。而《交换空间》的创意就在于它对以往生活服务类节目的定位作了大胆的突破，以普通人参赛者作为节目主角，以"冲突"这一戏剧性元素作为节目发展的基本动力，将节目做成带有PK意味的真人秀节目，对传统意义上服务性节目的机制、形态等进行了创新性改造。总之，不管创意来得快也好，慢也好，创意都不是凭空产生的。如果缺少了平时的训练与思考，再聪明的脑袋，也产生不出理想的创意。有些优秀的策划人之所以思如泉涌，随时都有灵感，是他们长期努力的结果。

二、设定策划目标

每一个栏目都要有一个预期的目标，目前，在中国的电视栏目逐渐走向市场化的过程中，考虑栏目在播出后所要达到的效果和指标，对栏目未来生存至关重要。如今对电视栏目的一个最重要的衡量指标就是收视率，它是电视栏目是否受到观众认可以及该栏目能否创收的最核心、最重要的衡量指标，一个硬指标。当然，目标的确定，受多种客观因素制约，例如策划人所在媒体的人力、设备、资金等资源对于策划目标的实现都会产生不同程度制约和影响，可能策划人想出了一个非常有创意的策划方案，可是却苦于找不到合适的主持人，因此，策划人在制定目标时，应该根据现实条件合理的确定预期成果。如果不考虑实际情况，使策划目标过高或过低，都将影响策划最终的效果。

三、设计制作方案

在栏目创意、目标确定后，策划便进入了报告和审议阶段，怎样让决策者理解和接受你的策划正是这个阶段必须要解决的问题。策划人必须认真地对电视栏目进行现实性构想，并为栏目的未来制作、播出设计具体的步骤和方案，然后小心谨慎、认真仔细地撰写策划书。策划书是一个有用的工具，它能帮助策划人有效地管理项目、监督项目的实施。一份策划书应当包括策划动机、目标受众、栏目定位、栏目特色、样式形态、子栏目设置、流程设计、设备与资金使用预算、实施进度等内容。好的策划书应当具备言简意赅、条理清晰、操作性强等基本特点，让制作人员一看马上就能操练起来，很快进入实施阶段。

四、介入实施过程

策划人在完成了制作方案后，经过决策层的研究批准，就移交节目部门，由节目部门实施。但此时策划人并不是完全和此事脱离关系，因为实施过程中还会遇到许多策划书上没有写到的情况，需要策划人现场予以解释和指导处理，尽可能缩小预测与实际结果之间的差距。除了非常简单的策划书在实施过程中不会走样之外，一般的稍微复杂些地策划书都有可能发生制作人员对文字描述的理解不同，甚至误解的问题，此时，必须要策划人介入实施过程之中，不断监控，以便不断改进。

五、反省和评估

策划方案通过实施过程付诸实践后，策划人的工作也并未就此结束，接下来必须对已结束的策划项目进行效果评估，对实施过程进行分析检讨和总结，找出值得反省的问题和教训来，以便为下一次策划积累经验。只有完成了这一步，整个策划工作才算告一段落。策划人在对一个策划项目进行评估时，重点应考虑这样几方面内容：

一是预测与结果差异有多大。

二是形成差异的原因是什么。

三是实施过程中存在什么问题，这些问题事先是否已经预料到，本项目是否解决了这些问题，用的是什么解决方法，留下了哪些遗憾，今后遇到此类问题将如何解决。

这其中，“预测与结果差异的原因”是更为重要的一方面，策划人应当学会寻找和总结一些问题及其产生原因，以便使下一次策划更加深入。

除了查找问题，反省原因，策划人还应做一个准确的量化的评估报告，其内容可以包括：节目的实际播出长度，素材的长度，素材与成品的比例；预算与决算的出入；人力投入、设备投入的准确统计；收视率；广告效益；观众的反响（如：收到多少来信，电话，电子邮件，手机短信等），这些都是宝贵的资料，可以作为教材供后来者借鉴。

第四节 电视栏目策划人的基本素质

电视栏目策划人是一个栏目的总设计师，他描绘了栏目发展蓝图，制定了栏目发展方向，设计了栏目操作框架。作为一名电视栏目策划人，究竟应当具备怎样的能力和素质呢？

一、具备三种能力

（一）发现力

曾经有人在提到新闻工作者的素质时说道：“大多数人能想到、能做到，而你想不到做不到，你就当不了记者，大多数人能想到、能做到，而你也能想到、能做到，可以当记者但不一定是一个好记者。唯有大多数人想不到、做不到，而你能想到、能做到，那么才能当个好记者。”这里说的是记者的素质，其实也是电视栏目策划人必须具备的一种能力，即发现力。发现是需要眼光的，这种类似于观察家的具有穿透力的眼光又与一个人开阔的胸襟、丰富的学识修养紧密相关。对电视栏目策划人来说，极强的发现力是一个栏目生存和发展的基本前提。发现力可包括以下几方面内容：

1. 发现价值和“卖点”的能力

策划人首先要学会从复杂的项目内容里发现其最有价值的本质。价值即是项目本身的意义，有的项目具有政治意义，有的具有文化意义，有的具有社会意义。

如 1998 年 11 月至 1999 年 4 月进行的中国第 15 次南极考察，国家海洋局极地办公室希望这次考察能有大型直升机参与作业，其作用有两个：一是解决物资调运困难。考察船到达南极之后，把所有的船载物资用直升机调运到南极中山站。南极陆地靠洋的一边，是巨大的冰面，这些冰面粗糙不堪，所以无法利用汽车直接把物资运到中山站，汽车只能在南极真正的陆地上行驶。以往，我国的南极考察队都是依靠别国的直升机来完成调运工作。二是利用直升机进行纵深300公里的部分考察。有热心于此事的人士，找到一家电视机构，希望他们能够全面介入，不但予以报道，而且赞助直升机。这家电视机构的策划部立即进入策划的初始阶段。他们与国家海洋局的官员以及热心人士一起座谈，全面了解有关的情况。很快地，他们认为此事大有价值——如果能解决直升机的问题，那么中国南极考察借用他国直升机的历史将在20世纪结束，否则就将把这个缺憾带入21世纪。策划人员发现了这个项目的价值，它包括："中国第一次用了自己的直升机，结束了中国南极考察借用他国直升机的历史"；"它将是中国在20世纪的最后一次南极考察"；"考察内容的深入和广泛也是前所未有的"。然而一个项目的价值与卖点并不相同，有时价值与卖点重合，而有时价值并不等于卖点。那卖点又是什么呢？它是项目价值的商业体现，也就是这个项目对于电视媒体本身的价值，即它能为电视媒体带来怎样的商业影响。发现卖点并非易事，这要靠策划人的悉心观察。如果缺乏发现力，在价值与卖点不重合的情况下，就会错失卖点。

如我国的一位物理学者吴泽洲，他非常热衷于向世界各国介绍中国的民族音乐。1998年春节期间，由他策划的维也纳金色大厅中国民族音乐会轰动了世界乐坛。这个项目，对于中国民族音乐，其价值无法估量，而对于电视传播机构来说，却没有太大的"卖点"。原因之一是奥地利与中国的时差，当中国的民族音乐精英在金色大厅弹奏我们民族音乐的新篇章时，中国的时间正好是下半夜，这个时间，除了少数对民乐极度酷爱的人还坐在电视机前之外，大多数人恐怕不会熬到这个时间打开电视收看远在奥地利的、又是中国人自己的、今后要看还是有可能的一场音乐会。原因之二是音乐会的电视转播对于电视观众来讲，其听觉效果远远不如亲临现场，因此，它的吸引力不足。就是对于那些真正的音乐爱好者来说，也仅仅是廖胜于无的代用品。所以，电视台很难将这场音乐会的直播卖给广告主——收视率太低。后来乐团回国后，又进行了巡回演出，据说在上海黑市票价竟达一千元一张。这更加证明了这个项目只有音乐厅的卖点，而没有电视转播的卖点。这个事例告诉我们，价值不一定等于卖点。策划人既要有发现价值的眼光，又要有寻找卖点的能力。而卖点又是可以人为地添加在一个有价值的项目上的。

柯受良驾驶汽车飞越黄河这件事是很有社会意义的，是有价值的。而凤凰卫视在组织柯受良飞越黄河的活动时，柯受良在内地还不是家喻户晓的明星，为了给此事增加卖点，凤凰卫视花费了不少力量来向内地观众介绍他。通过凤凰自己的屏幕，加上一些平面媒体的配合，内地观众渐渐熟悉了柯受良，原来他既是前些年驾驶摩托车飞越长城的那个人，还是电影《亚飞亚基》的导演。这样一来，将要创造飞越黄河的奇迹的人，就不是寻常人了；他是个电影导演，是电影特技演员，是“亚洲第一飞人”，总之是个大明星。于是，飞越黄河就成为一个由大明星创造大奇迹的的故事，这就不但吸引了关注奇迹的人们，还吸引了关注明星的人们。如果不做这些工作，柯受良将与前些年飞越长城一样，飞完了就没事了，而当天的黄河壶口现场也不可能有超过 10 万的观看者。

我们经常看到许多大型文艺晚会，包括一些综艺型的栏目经常要请演艺界的明星参加，明星的确具有很高的号召力，能以他们自身魅力来吸引观众。因此，策划人经常利用明星效应来增加项目的卖点，以至于成了一种惯用手段。近些年火爆的大型综艺栏目、真人秀栏目都是将明星作为重要卖点的。如，湖南卫视《爸爸去哪儿》，将五位明星还原到爸爸的角色，跟子女进行 72 小时乡村体验、亲密接触。栏目组让这些明星父亲着实体验了一把既当爹又当妈的难处，使爸爸们更加体会到了妻子在家带孩子的辛苦，也更加深了与孩子之间的亲情。明星效应、明星平日优越的生活条件与特殊状态下艰苦日子的强烈反差、难以预料的故事情节等因素都成为这个节目的最佳卖点。这也使得《爸爸去哪儿》获得了超高收视率，获得了观众的好评。

可以说，当一个有价值的项目缺乏卖点时，作为策划人的责任就是给它增光上色，添加卖点，考验的就是策划人的发现力。这时策划人的思路就是在眼花缭乱的商品社会中，去发现类似于演艺明星那样的亮点，让它成为栏目的卖点。当然，除了发现演艺明星这样的卖点之外，策划人还必须凭借超人的发现力，在栏目的内容、形态、制作手段等方面发现卖点、制造卖点，策划出独具个性的电视栏目。

2. 发现问题的能力

策划人不可能遇到十全十美的项目，策划人的责任是及早发现问题，并设法解决问题。如果问题是有可能在实施过程中得到解决，那么这个问题就是构成此项目的风险因素，策划人应当计算出解决这个问题的概率，拿出尽可能完善的应付对策。如果问题是不可能解决的，就可以认为这个问题是此项目的致命缺陷，策划人应力劝决策人放弃此项目。中央乐团在维也纳金色大厅的演出，对于传播机构来说，致命缺陷有三：一是时差。二是可以不断重演（不像飞越黄河，只能一次过，无法重演）三是电视转播的效果不如音乐厅。而我们前面说到的中国第

15 次南极考察，有一家电视媒体介入此事，认为此项目既有价值又有卖点。卖点就是进行全程跟踪直播，这在以前是没有过的。但是策划人随即取消了这个项目的策划，因为他们发现了这个项目的致命缺陷：要进行全程直播，那么呈现给观众的必须是从南极传回来的高质量的信号画面，但是这一点无法保障。因为南极是一片净土，其上空只有海事卫星承担通讯任务，海事卫星图像传输的技术参数是每秒 64k，而电视观众平时看到的电视图像的技术参数是每秒 3~4 兆，这势必不会构成流畅的画面。这个问题造成了此项目的流产。因此，对于策划人来说，及早发现问题是至关重要的。如果事先没有发现这些问题，势必会给本单位造成损失。

（二）创新力

策划的核心理念是创新，无论何时，从事电视工作的人都不能缺乏创新意识，策划人更应如此。有创造，才有新意，有新意，才有观众，有观众，电视台才能生存。当年《超级女声》打破了只有歌星才能上节目演唱的思维习惯；《南京零距离》打破了只有记者才能采访、只有记者拍摄的东西才能够在电视播出的固化思维，它们都在栏目的创新性上做出了成功的尝试。当今社会，多样化已经成为人们追求的目标，在电视传媒的影响下，人们的欣赏水平普遍提高，对电视的期望也越来越高，在电视台之间竞争日趋激烈的大环境下，观众的喜新厌旧心理也在一次次被激发，要满足如今观众的需求越来越难了。这是一个渴望创造并给予创造高回报的时代，一个策划者，没有创新意识，不具有创新能力，就不能做电视；一个栏目，没有创新之处，就不能成功；一个电视台，没有创新举措，就会在竞争中被淘汰出局。因此，创新应当被视作策划的核心，如果没有了这个核心部分，策划便无从说起。

栏目的创新体现在不同层面。在观念层面上，策划人要与时俱进地创新观念，例如在新媒体发达的今天，如何掌握多样化的传播手段，以适应新媒体与传统媒体合作共赢的局面，如何利用新媒体渠道的多样化优势，有效地作为电视媒体平台的补充，如在节目中增设微信、微博互动平台，密切关注新媒体上流行的网络语言、网络视频、网络事件，为电视节目的选题提供更多的新的热点话题等，这些都可成为栏目创新的重要源泉。在具体操作层面上，从栏目的设置，到栏目内容形式的确定，到具体采访、撰稿、编辑，每一个环节都需要精心构思，都存在一个是克隆他人还是努力创新的问题。在策划这方方面面的时候，创新始终是处于核心地位的，栏目有了新意，才能吸引观众，才能提高收视率。

（三）协调力

电视是集体合作的事业，它靠的是电视工作人员的合作精神，绝不可能一个人大包大揽。因此，协调力（或者称为配置力）也是策划人必须具备的一项基本能力。策划人的协调，主要就是将资源进行组合配置，将现有的资源排列组合于一个新奇独特的构思之中，让它们发挥最大的能量。这里的资源可以包括节目资源、人力资源、资金及设备资源等。因此，与之相适应地，策划人应当具有以下几种协调力：

1. 节目资源的配置与协调能力

如何把既有的节目资源进行整合重组，是考察策划人节目资源配置协调力的非常重要的一方面。在这方面，凤凰卫视的“握拳式”的整合方法，特别值得我们借鉴。所谓“握拳式”，就是在一个总栏目下，集合若干个不同的栏目，归类播出。如，在《完全时尚手册》的总栏目时下，周一至周五分别播出介绍时装及时装模特的“天桥云裳”、介绍饮食风尚的“美食新乐园”、介绍汽车时尚及赛车故事的“车元素”、介绍娱乐圈消息的“娱乐百分百”、介绍旅游资讯的“周末任你游”。这些栏目相互之间并没有必然的联系，但是被整合在一起，统一由李辉主持，在“时尚”的旗帜下集合，成为一个全新的栏目，打包出售给广告主。让每一个没有必然联系的单个节目用一种最佳的组合方式组合在一起，形成一个有相当实力的整体，这种节目资源配置协调方法，既结束了以前的单个节目散兵游勇、缺乏竞争力的状态，同时也创造出了一个全新的有相对较强实力的新栏目，可谓一举两得。

2. 人力资源的配置与协调能力

在人类社会发展的三大资源——物资资源、信息资源、人力资源中，人力资源是唯一可以连续投资、反复开发利用的第一资源。对于参与同一栏目创制的各个工种的工作人员，如何发挥他们每个人的最大能力，是策划人这一总设计师必须考虑的内容之一。在这里需要强调的是，人力的协调绝不仅仅是消极被动地协调关系，协调的目标是让分散的，具有不同能力、不同个性的电视工作人员组合成一个为共同的目标而努力奋斗的，为一个共同的项目而忠心服务的，相互之间和谐融洽、配合默契的整体。这个整体的能力并不是其所属成员单人能力的简单相加，而是一种无论在数量上还是在质量上，都远远超过原有成员能力的新的力量，收到一加一大于二的效果。在电视栏目策划中，策划人可以按照栏目的类型来抓主要矛盾，如谈话类栏目，主要抓住主持人，而综艺类栏目情况比较复杂，主要抓演员、撰稿人，当然也包括主持人。只要把主要矛盾抓住了，栏目基本也就立住了。

3. 物资及资金资源的配置及协调能力

资金资源的配置，主要是指资金的预算和使用。一个完整的策划书，应当包括怎样使用设备和场地，怎样支配资金，每一笔资金都用到了什么地方，基本的配置思路和计划是什么。这些对于一个策划人来讲，都应在考虑范围之内，也是必须具备的一项能力。

二、树立两种意识

(一) 品牌意识

“品牌”是商业用语，是指产品质量好，具有独特个性，销售地域广，群众认同率高。如今，各行各业都在有意识的追求品牌效应，以至于品牌设计、品牌制作、品牌策划、品牌推广、品牌文化等概念层出不穷。而“品牌”被引入电视传播领域，严格说来，基本意义并没有变化，同样是指那些内容好、品位高、个性特征鲜明、传播范围广、观众认同率高的电视节目。品牌栏目拥有巨大的受众期待，具有强大的号召力，所以打造“品牌”是任何一个电视栏目的指导思想。品牌栏目在全力推出高品质节目的同时，要研究市场和环境，拟定发展战略和竞争战略，逐步进行品牌的培育、推广和维护，才能成为拥有高收视率和高质量的栏目。现代社会中，电视靠品牌形象吸引观众已成为收视大战、栏目竞争的一大制胜法宝。品牌一旦形成，最直接的效果就是吸引观众，产生一种磁场效应。当观众接受了某个品牌栏目之后，就会对其产生一种信任心理，观众已不仅仅把内容接收简单地看作是一种信息获取，更多的是从收看的过程当中获得一种情感满足。这样，便会在相当长的一段时间内都能形成一种良好的传播效果，就如同磁铁一样，把观众牢牢地吸附在上面。另外，观众一旦接受了某个品牌之后，也会对该栏目所属的频道、台别、制作团体、栏目主持等相关因素产生兴趣，并且保持较好的印象；继而，对其他相关的节目也会抱有较好的认同态度。电视栏目策划人，要善于抓住受众的这种心理，利用栏目的品牌效应，吸引观众，深化传播效果，提高市场效益。

品牌的形成还会带来积极的社会影响。比如说，优秀的品牌栏目能够维护观众的消费利益，观众收看电视，就是为了从中获得有价值的信息，享用有益于身心健康的精神产品，从而得到一种心理上的满足。而一个好的品牌栏目正是可以满足观众的这一要求，同时还可以帮助观众准确地筛选节目内容，有效地节省节目选择的时间，正确地吸收有关的节目内容。栏目品牌还可以树立创作者积极的制作形象。观众对栏目的认可就是对创作群体的认可，一个优秀的栏目品牌一旦形成，随之而来也就突出了栏目组创人员的群体形象。中央电视台诸多优秀的电视栏目策划者、创作者都是通过一个个优秀的栏目而被大众不断认识的。栏目品牌和策划人之间形成了双向的积极互动效应，策划人策划了品牌，品牌反过来又烘托了策划人，这种关系为塑造新的栏目品牌创造了新的契机。

（二）经营意识

近年来，随着信息产业的突飞猛进，我国的电视事业也在朝着产业化、集团化的方向发展。对于电视节目制作来说，由以前的“导演制”，变成了“制片人制”。现在导演往往只是负责节目的人员选拔、编排和制作，而制片人则须关注整个节目制作过程中的各个环节，从节目选题到内容制作，从成品播出到效果监测，从成本核算到工资调配，从节目交流到市场交易，这些都是制片人需要把握的环节。这种变化将经营的理念融入了原来单纯的节目制作中，对于和制片人具有类似职责的策划人来说，树立电视栏目的经营理念也是一个非常重要的完善自身素质的环节。

在我国，电视台生存和发展依赖两条生命线：一条是政治生命线，一条是经济生命线。这就要求各家电视台在保证完成喉舌功能的基础上更加关注市场，关注受众。电视是一项事业，同时也是一项产业，这已经成为许多人的共识。电视作为一个产业，就和其他产业一样，也有自己的形象设计、消费者定位、产品包装、营销策略、成本核算等一系列经营方面的工作。长期以来，国内外企业纷纷把电视作为树立自身商业形象的首选媒体。而与此形成鲜明对照的是，电视本身对自己的形象设计却重视不够。电视台很少有意识地为一套节目、一个栏目或是一档具体节目制定较完整的形象宣传战略，像企业那样设计宣传自己，主动而有效地让电视观众去认识、接纳和喜爱自己。而现在，重视策划和确立电视形象对各级电视机构参与电视竞争具有重要意义。部分省级电视台上星以后，这一问题更为突出，在综合实力、节目资源基本相当的情况下，各台对自己形象的战略思考与对策将在竞争中起相当重要的作用。把电视作为一个产业来经营并不意味着取消电视的宣传教育功能。正确处理好电视台两条生命线之间的关系，是我们面临的一个重要课题。

随着社会的发展，两者之间的相通之处、兼容之处将越来越多，但也有两者不能兼顾之时，1995 年 11 月，武汉电视台以向中央电视台投稿的方式独立承办了科普栏目《科技之光》。为此，武汉电视台把 30 多名优秀记者编辑送到北京专门负责此栏目的运作。由于这类栏目广告客户不足，武汉电视台必须每期为节目赔上 2 万元。但这个节目受到国内专家的赞许和大量观众的喜爱，其中的一些节目也在国际上被认可并获奖。据这个栏目的策划人说，开办《科技之光》的目的就是为了“让公众理解科学”，提高民族的整体素质。在类似这样的问题上，电视台如果没有一定的气魄和胆量，就下不了这个决心，而事实上，这样做不仅强调了电视的宣传教育功能，而且也塑造了自己的频道形象，对于长期的经济效益不是没有好处的。

思考题

1. 电视栏目策划兴起的原因？
2. 电视栏目策划的应遵循的基本原则？
3. 电视栏目策划的基本流程？
4. 在新媒体环境下如何成为一名优秀的电视栏目策划人？

参考书目

1. 张锦力：《解密中国电视》，中国城市出版社 1999 年版。
2. 高鑫、张绍刚：《电视纪实作品创作电视栏目节目策划》，北京广播学院出版社 2000 年版。
3. 叶家铮：《电视传播理论研究》，北京师范大学出版社 2000 年版。
4. 许永：《电视策划与撰稿》，中国广播电视出版社 2001 年版。
5. 任金州主编，程鹤麟、张绍刚编：《电视策划新论》，中国广播电视出版社 2002 版。
6. 相仲平编：《电视节目策划》，中国广播电视出版社 2002 年版。
7. 张联：《电视节目策划技巧》，中国广播电视出版社 2002 年版。
8. 游洁：《电视策划教程》，中国传媒大学出版社 2007 年版。
9. 王井、智慧主编：《电视节目策划》，武汉大学出版社 2011 年版。
10. 王晓敏主编：《新媒介环境下的电视媒体策划探究》，黑龙江大学出版社 2013 年版。
11. 冉光泽编：《电视策划实务》，四川大学出版社 2013 年版。
12. 覃晓燕主编：《电视栏目策划》，北京师范大学出版社 2014 年版。
13. 胡智锋主编：《电视节目策划学》，复旦大学出版社 2015 年版。
14. 王哲平：《电视节目策划新论》，浙江大学出版社 2015 年版。
15. 相仲平：《电视节目策划教程》，北京大学出版社 2015 年版。

第十一章　电视新闻栏目

第一节　电视新闻栏目的发展概况

中国电视新闻的样式发展大致历经了三个发展阶段，即初期，主要指 20 世纪 50 年代晚期至 20 世纪 80 年代以前，电视新闻以单一的节目形式存在。第二个时期（1980—2004 年）为了适应电视新闻事业不断发展和人们对于新闻需求的不断增长，电视新闻从节目走向栏目化。1983 年在武汉举行的“电视专栏节目评奖活动”的交流会上，广东电视台代表报告了该台自办节目 80%以上全部实现了“栏目化”，办成了“专栏性节目”。此后，各省、市、自治区电视台也都按“栏目化”的要求办电视节目，各电视台掀起了改组编播、制作部门的调整之风。1985 年中央电视台提出“全部节目实行栏目化播出”的要求。据统计，到 1992 年 4 月，中央电视台第一、第二套节目共设立汉语、外语栏目 81 个，以 1993 年 4 月《东方时空》的播出为标志，中国电视栏目化的观念趋于成熟。第三个时期，以中央电视台新闻频道成立为标志，电视新闻节目频道化的理念逐渐被广泛认同。

一、从节目到栏目

（一）电视节目与栏目的界定

1. 电视节目

从字源上说，节目这一个概念缘于文艺领域。节目原指文艺演出的项目或单元，如“节目单”“相声节目”“晚会的节目真精彩”等。随着电视的兴起，这一个概念被借用，指为电视这一媒介量身定做并播出的项目或单元。换而言之，电视的时段被分成几个单元，播放不同的项目。这从北京电视台 60 年代的节目表可一窥端倪，如下表：

北京电视台60年代节目表

18：00	测试图
18：25	时钟
18：30	标志 节目预告
18：33	儿童节目（星期三、六）/文教节目（一、四）/学校生活（一、四）/新书介绍（一、四）/卫生节目（一、四）/科技节目（二、五）/体育爱好者（二、五）/集邮爱好者（二、五）/摄影爱好者（二、五）
18：55	图片报道
19：00	小型文艺节目（一、三、五）美术节目或外国歌舞（二）影剧评价、音乐舞蹈讲座（四）电视剧或小型文艺节目（六）
19：30	电视新闻（二、四、六）国际新闻（一、三、五）
19：40	工业节目（二）商业节目（一）首都建设（三）祖国各地（三）新人新事新气象（四）农业节目（五）一周工农业节目综合报道（六）
20：00	故事影片（一、三、六）/大型纪录片（四）/戏曲晚会或球赛（二、五）
21：40	简明新闻/天气预报

从表中我们可以看出，早期的中国电视电视节目就已经涉及社会生活的各个层面和领域，根据不同的服务对象和目的，有相应的节目设置，如文艺节目、新闻节目、科教节目、气象节目、体育节目以及农业节目、工业节目和商业节目等。

2. 电视栏目

栏目的概念最初来自报纸杂志。据《新闻工作手册》中对“专栏”的解释：“专门刊登某一种内容稿件的版面。专栏一般都有固定的名称和版面，在报刊版面中具有相对独立性。也可以进行单独而集中的稿件组合。”① 栏目被借用到电视领域，是某些题材、形态或主题相近的小节目定期、定时由固定的主持人播出并有固定名称的节目形式。

中央电视台第一套节目栏目时间表（1984年7月1日起试行）

8：25	预告节目
8：30	电视大学课程/基础英语
9：00	对少年儿童广播

① 《新闻工作手册》，新华出版社，第606页。

续表

9：20	电视大学课间休息
9：25	电视大学课程
10：00	故事片
10：15	对学龄前儿童广播
10：30	电视大学课程
11：20	结束
11：30	科教片
12：00	预告节目
12：05	文化教育、科普知识自修辅导星期讲座
12：45	体育之窗、国际体育见闻、专题报道、生活顾问、世界各地、动物世界、文化生活
13：00	结束
13：30	电视大学课程
14：00	预告节目
14：05	星期日英语
14：20	电视大学课间休息
14：25	电视大学课程
15：00	星期日英语
17：30	业余学校、请您欣赏、基础英语、科普知识、对少年儿童广播、对学龄前儿童广播
17：55	节目预告
18：00	午间新闻
18：25	对少年儿童广播
18：55	预告节目
19：00	新闻联播
19：35	艺苑之花/文化生活/外国文艺/动物世界/国际体育见闻/曲艺与杂技/百花园/在下周屏幕上/为您服务
19：45	祖国各地
19：50	人民子弟兵/人物述林

续表

19：55	科技与生活/兄弟民族
20：00	观察与思考/电视论坛/电视与观众/卫生与健康
20：05	体育之窗
20：10	专题报道
20：15	光辉的历程/商品信息
20：20	体坛纵横/电视剧/译制片
20：25	商品信息
20：30	电视剧场
20：40	电视剧
21：10	农业科技知识/商品信息/世界各地
21：15	临时节目
21：30	电视选播/周末文艺/电视剧或电影选播
21：35	戏曲欣赏
21：40	电视剧
22：10	纪录片或科教片
22：30	结束

3. 电视节目和电视栏目的关系

电视节目和电视栏目这两者既有千丝万缕的联系也有区别。在日常生活中，或从广义上看，节目常常取代栏目被人们所使用。如“你在看什么节目啊?”“《焦点访谈》啊”。其实《焦点访谈》是电视节目栏目化的产物。“节目侧重内容本体而言，栏目则强调具有固定名称和固定播出时间的一个产品外包装。为了叙述方便，我们统一使用‘节目’概念。”电视栏目往往由主题集中的单一节目或数个节目构成。如现在《东方时空》由《东方之子》《百姓故事》和《时空连线》三个板块节目构成。

总而言之，电视栏目相对于节目而言，有自己的特点，从形式上看，栏目有固定的播出时间，有固定的长度，有个性的栏目主持人，且有统一的名称以及标志，而节目往往没有固定的播出时间和长度，也没有统一的标识。如大家都熟悉的《焦点访谈》，时长 13 分钟，播出时间：每晚 19：38（中央电视台一套综合频道），重播时间：次日 05：35（中央电视台新闻频道），次日 07：00（中央电视台一套综合频道)。有独有的栏目标识：一只大写意的眼睛。其次，栏目是一种优化电视声像素材的编排和包装方式，通过栏目的整体理念，可以让节目内容得到最优化的组合和播出，从而获有最佳的收视效果。从这一层面上看，栏目是形式，而节目是内容。

(二) 电视新闻节目栏目化

1. 我国电视新闻节目栏目化的发展概况

我国电视新闻事业所走的路径和我国整个的电视业几乎是同步的。我国最早的电视台——中央电视台的前身——北京电视台于 1958 年 5 月 1 日开播，通过查看当天的节目表，可以看出其中就有新闻节目——《到农村去》以纪录片的形式播出。当然，回顾近半个多世纪的电视新闻发展历史，电视新闻栏目的出现和发展具有跳跃性，中央影响地方，反过来地方带动中央。

在学术界，一般以 1978 年 7 月 1 日开办的《全国电视台新闻联播》后简称《新闻联播》为中国大陆电视新闻栏目出现的标识。但从严格的意义上讲，《新闻联播》还只是个由播音员播出的消息总汇，和我们现在所说得电视新闻栏目的要求有很大距离，如没有彰显个性的主持人，不实行制片人制度等。各地方台在转播《新闻联播》的同时，也创建了一些比较有影响的新闻栏目，如上海电视台的《国际纵横》《国际瞭望》，广东电视台的《港澳动态》。1987 年，中央电视台还创办了第一个评述性电视新闻栏目——《观察与思考》，初次设立新闻栏目的固定主持人。

新闻栏目运作比较成型的是两个地方台两档新闻栏目的开办，即上海电视台 1987 年 7 月创办的《新闻透视》和福建电视台 1988 年元旦创办的《新闻半小时》。特别是后者，以敢于揭露现实生活中的某些腐败现象，反映改革开放过程中出现的问题，以舆论监督为其主要特色。在制作方式上突破了传统以播音员客串主持的传统，实行采、编、播合一的制作方式。

进入 20 世纪 90 年代以后，电视新闻栏目的建设逐渐成熟，且趋于高品位、精品化，这以 1993 年 4 月中央电视台一套《东方时空》的开办为标识。《东方时空》在很短的时间内一炮打响，据说当时在北京地区还流行着这样的顺口溜：泡方便面，打面的，看《东方时空》。不仅如此，《东方时空》还是个“孵化器”，它的子栏目陆续独立，影响空前，如《焦点访谈》《实话实说》《新闻调查》和《面对面》等。

总之，我国的电视新闻栏目从无到有，从尝试到成熟，从消息到深度报道，从报道到评论，从录播到直播，从演播室访谈到连线对话，已具规模，标志着我国电视新闻的传播事业蒸蒸日上。

2. 电视新闻节目栏目化的优势和弊端

(1) 电视新闻节目栏目化的优势

电视新闻节目实行栏目化操作和管理，有着很大的资源整合和有效管理优势。

首先，实行栏目化，电视台可以整合庞大且繁复的新闻信息，进行有效的管理和播出，在大众传媒的竞争中保持优势和地位。早期的电视，由于频道少，播出的时间有限，一般是在晚上 6 点至 10 点钟即所谓的黄金时段播放电视节目，新闻的播出量也是非常有限的。而随着电视事业的壮大和发展，电视开始延伸到白天，甚至全天候，电视新闻领域也不断地扩张和丰富，这就有必要把具有相同主题或类似题材等节目聚合，即栏目化，合理有效地对电视资源进行科学的管理和利用。

其次，便于观众的有效收视，满足不同层次的新闻需求。因为电视受众来自不同的阶层，文化、知识背景、兴趣、爱好和习惯等各不相同，对新闻的需求也不一样。早起的希望有早间新闻栏目，晚起的就寄希望于晚间新闻栏目。其实，对于电视台来说，这也是一种培养固定收视人群的好办法。如中央电视台一套每晚 7 点播出的《新闻联播》，有三亿人在收看，很大程度上应该归功于这是大陆最早被栏目化的新闻，而且延续时间最长。

(2) 电视新闻栏目化的弊端

多年的实践也让我们意识到，新闻栏目化操作，也会产生诸多弊端。最大的弊端，就是新闻栏目各自为政，容易产生隔阂，克隆现象严重。某一件新闻事件发生，诸多台竞相追逐报道，带来电视频道资源的浪费。

其实，新闻被栏目化，最大的伤害或许是新闻本身。我们也许应该思考，栏目化对新闻本身会带来什么样的影响？也就是新闻能否被栏目化？因为每一个栏目在具体实施的过程中，有自身的定位和宗旨，同时会形成自己的栏目风格和文化品位。这些反过来会影响他们对新闻事件的看法和选择，从而偏离新闻的本质。

二、新闻频道化

(一) “做第一个知道的人”(the first to know it) ——美国有线电视新闻网 CNN (Cable News Network)

CNN 是泰德·特纳于 1980 年 6 月 1 日在亚特兰大开创的一个全天 24 小时提供新闻节目的有线电视网。这是美国第一家通过卫星向电缆电视网和卫星电视用户专门提供全天电视新闻节目的电视公司，也是世界上第一家开办 24 小时新闻频道的电视公司。

起初，人们并不看好它的发展前景。但特纳通过自己的自信和努力很快改变大家的看法。全天候的新闻频道使得 CNN 可以随时中断正在播出的节目而插入对突发性新闻事件的现场报道，这是传统的三大商业电视（CBS、NBC、ABC）不可能做到的。另外，CNN 抓住了新闻报道的最大特点——现场感。CNN 成功的报道了一系列现场事件，如 1981 年的克里欣根刺杀里根总统事件、1985 年美国环球航空公司劫机事件、1986 年挑战者号航天飞机爆炸事件和辛普森案件。特别是 1991 年对海湾战争的报道，使它在全世界声名鹊起。战争之前，CNN 向中东地区派驻了 150 多名工作人员，当 1991 年 1 月 16 日格林尼治时间 23 时 35 分多国部队突然发起攻击后，CNN 第一个发出现场报道，并连续 17 小时报道了巴格达的空袭。空袭 3 小时后，巴格达对外通信中断，CNN 驻巴格达的记者成为全世界仅有的消息源。CNN 凭着对战争每一段进程的现场画面报道，在全球范围内赢得了高达 7500 万观众的收视率，甚至萨达姆本人也在兵营中每天收看 CNN 的报道，以了解战争的最新进展。

CNN 同时树立起自己的名牌新闻节目，如《CNN 世界报道》：120 个外国广播公司每周提供 3 分钟的英语新闻素材供它轮流播出；被美国教育工作者协会和全国家长、教师协会推荐的教育性节目《新闻教室》开播于 1989 年 9 月，以中学生为对象，从国内外新闻中精选出有助于学生学习、了解世界的材料，每周一至周五免费播出；《交火》（*Crossfire*）节目中，两位政治立场截然相反的主持人或嘉宾在镜头前就时事新闻发表激烈的近乎白热化的争辩；《拉里・金现场》（*Larry King Live*），以主持人的姓名为栏目命名，在拉里・金时而紧张、时而轻松、时而幽默的提问下，向公众展示他们职业和个人生活的不同侧面。此外，还有《可靠消息来源》（*Reliable Source*）、《今日世界》《今晚时间商情》《CNN 今晚体育》《东西方会见》等名牌节目。①

（二）FOX 新闻频道

1. 频道简介

1996 年 10 月 7 日，新闻集团的传媒大亨默多克从时代华纳手中购买了 1700 万注册用户，在纽约建立了一个二十四小时连续播出的新闻频道——福克斯新闻频道（Fox News Channel）。

---

① 王纬主编：《镜头里的“第四势力”——美国电视新闻节目》，北京广播学院出版社 1999 年版，第 142 页。

该频道开播短短数年后，收视率就大幅攀升。目前，福克斯新闻频道（FOX）的收视率已经超过了首创“新闻频道”概念的美国有线新闻网（CNN）。据尼尔森调查机构发布的数据，2005 年 1 月，FOX 的平均观众人数大约为 65.6 万人，CNN 为 59.6 万；而在黄金时段，FOX 的观众人数达到了 110 万人，CNN 为 92.1 万。到 8 月，FOX 黄金时段的收看人数超过 200 万，这一数据比去年同期增加 32%，与之形成明显对比的是，CNN 黄金时段的收视率降低了 19%，观众数量只有 74.8 万。从 2002 年 1 月首次击败 CNN 以来，福克斯新闻频道已连续三年成为美国有线电视新闻界的收视冠军。

2. FOX 栏目设置情况

福克斯新闻频道主要由深度访谈、辩论类栏目、滚动新闻栏目、杂志类栏目构成。深度访谈、辩论类栏目是频道之本，提供新闻背景、分析、评论、综述、意见等，强调新闻的深度和广度，区别于其他频道，打造频道的品牌形象；滚动新闻栏目为频道主线，以最快速度全面报道国际国内发生的各行各业的最新资讯，突出新闻的主体地位和实时报道的优势，强化新闻的时效性；杂志类栏目为频道的延伸面，拓展新闻频道的报道范围，从政治、经济到科技、娱乐等无所不包。据统计，目前 FOX 新闻频道中，新闻类栏目共有 9 个，占总栏目数的 34.62%；访谈与辩论类栏目共有 11 个，占总栏目数的 42.30%；杂志类栏目共有 6 个，占总栏目数的 23.08%。其中，日播栏目 11 个，周播栏目 15 个。在它日常播出的 11 个栏目中，有 7 个跃居全美电视新闻频道同类栏目收视率第一。其品牌栏目有以下几个：

（1）“欧瑞利因素”（The O'Reilly Factor）

该栏目平均收视观众 190 万，已超过 CNN 王牌节目之一的“拉里 · 金直播”，成为全美国有线电视新闻频道黄金时段最叫座的栏目。参加节目的嘉宾可谓三教九流，当红的政客或明星，不管他有多少丑闻，也不管他正受到多么严厉的谴责。栏目所谈的话题也是颇有争议的，比如总统的丑闻、女实习生失踪案、警察施暴、性教育、减税、电视上泛滥的性和暴力、死刑与人权问题等。2005 年 8 月，全美收视率位居前列的 12 个访谈与辩论类栏目中，《欧瑞利因素》位列第一，收视人数高达 250 万。

（2）“你的世界——卡吾托主持”（Your World with Neil Cavuto）

这个栏目向观众提供来自华尔街及其他财经市场的最新动态消息，采访财经市场最有影响力的人物，不仅为观众报道消息，还为观众介绍这个消息背后的发展趋势，告诉观众事情如何发生、为什么会是这样。主持人内尔 · 卡吾托是栏目的灵魂，他参与了FOX所有的财经报道，在加盟FOX之前，他在CNBC每天主持超过3小时的直播栏目，包括收视率最高的栏目《市场扫描》（*Market Wrap*）。在CNBC，他还主持NBC Today Show和NBC早间新闻，被财经记者誉为电子媒体财经报道领域最好的采访者。

卡吾托的经验和人脉使他经常可以采访到其他人采访不到的人士，他提供的一些信息和观点甚至可以影响到观众的投资行为，因此该栏目受到观众的追捧，在美国各家有线电视新闻频道财经类新闻节目排名第一。

（3）“汉尼提与考姆斯”（Hannity & Colmes）

该栏目是全美黄金时间段最叫座的夜间辩论类栏目，每晚9点播出。思想保守的评论员汉尼提（Sean Hannity）和思想自由的评论员考姆斯（Alan Colmes）对某一个话题展开辩论。这些话题或是众人关注的社会话题，或是对某人的行为进行辩论。节目具有强烈的娱乐色彩，有时候汉尼提实在没有论据证明自己的观点，就转而对对手进行人身攻击。当然，也有观众不满这种新闻娱乐化的现象，认为在这种所谓的谈话中除了让人娱乐以外，没有任何新闻信息，它提供的不是事实，而是大量的人身攻击。

（三）半岛电视台

1996年开通的半岛电视台（Al Jazeera）是一家主要针对阿拉伯地区，面向全球的国际性媒体，其总部位于卡塔尔首都多哈。半岛电视台的名称源于阿拉伯语，意为“岛”或“半岛”，指阿拉伯半岛。半岛电视台隶属于卡塔尔王室出资的半岛媒体集团。除了阿拉伯语之外，同时以英语、土耳其语等多种语言，向全球播出以新闻和纪录片为中心的节目内容，与BBC、CNN并称为世界三大电视新闻频道。

在半岛电视台建立之前，整个阿拉伯世界还没有一个二十四小时连续播报新闻资讯的电视台。半岛电视的新闻频道主要以阿拉伯语和英语播出。阿拉伯语频道（Al Jazeera）：原名“半岛电视台卫星频道”（Al Jazeera Satellite Channel，JSC），阿拉伯语新闻频道，也是半岛电视台最早开播的频道。半岛英文频道希望提供把包括地区性的声音以及全球性观点给非英美观点超过十亿英语使用者的观众。半岛英文台摒弃过往新闻频道采用的“中心指挥”的方式，取而代之的是由其设在多哈、吉隆坡、伦敦、华盛顿特区的制作中心“接力式”的制作新闻，被戏称为“跟着太阳跑”。

半岛电视台的节目以剑走偏锋、大胆敢言著称。1996年成立后，半岛电视台便开始从世界各地的其他媒体网罗人才。例如：BBC著名记者弗罗斯特（其是全球唯一一位采访过美国7位总统和英国6位首相的记者）、在美国ABC干了16年的王牌主持人马拉什，以及前BBC的资深高管帕森斯。在这些实力干将的助力下，半岛的节目常常突破以往伊斯兰媒体的禁忌，例如“女权”“世俗化”“民主化”等敏感话题。

闯禁区是“半岛电视台”横扫中东的利器，女性问题，一夫多妻，历史机密，宗教和生活，贫富差距等话题无所不谈，令它的收视率横扫阿拉伯世界。它甚至在节目中提出了“伊斯兰是否会阻碍社会进步?”“科威特是否为伊拉克一部分?”“巴林是否属于伊朗?”“真主党是恐怖分子还是英雄战士?”“中东是否要允许美国驻军?”。这些爆些性话题，时常引发沙特，科威特，巴林，埃及，阿联酋的怒火，外交抗议年年不断，月月不断。

半岛电视台地处阿拉伯世界，在新闻报道方面视角独特而多元，在节目中引入了电话采访，电视论战等多种节目形式；“911事件”之后，它曾多次率先播放本·拉登和其他基地组织领导人的录像声明，从而引起了全世界的广泛关注。其在报道中坚持与西方媒体不同的独特视角与创新性的报道方式，逐渐成为阿拉伯世界乃至全世界具有重要影响力的电视媒体。

半岛电视台于2015年开通中国区的业务，包括官方微博以及公众号。半岛电视台公众号宣称，面向全球，报道阿拉伯世界。以“意见和异见”为口号打造多元文化平台。半岛追求真相，秉持新闻专业主义，致力于就公众关注问题为公众发声，。半岛立志于连接不同民族与文化，以促进公众知情权。推行包容、民主、尊重人权和自由的价值观。

但是半岛电视台也因为中东地区特殊的宗教和文化背景以及地区冲突等历史事实，在发展中不断遇到挑战和困难。2017年5月24日，阿联酋、沙特阿拉伯等国宣布屏蔽卡塔尔媒体，其中包括阿拉伯世界知名媒体机构半岛电视台。原因是卡塔尔新闻社援引国家元首卡塔尔埃米尔在一场军方庆典上的讲话，表示伊朗是“不容忽视的伊斯兰强国”，并且说“对伊朗怀有敌意是不智的”。这篇报道一发出，立刻在海湾地区乃至整个中东引发了强烈反应。巴林、沙特、阿联酋和埃及封杀了半岛电视台和其他卡塔尔媒体。沙特报纸《欧卡兹》指责卡塔尔“脱离”海湾合作委员会国家的队伍，站到了“敌人”的一边。

（四）中央电视新闻频道

1. 频道简介

央视新闻频道于2003年5月1日起试播，7月1日起正式播出。新闻频道全天24小时播出，全天24档整点新闻。整点新闻将以最快的速度向观众提供第一手的国内国际新闻资讯，突出时效性和信息量，实现滚动、递进、更新式报道。整点新闻后，分别安排了各分类新闻，主要有财经、体育、文化、国际四大类。

新闻频道的专题节目包括新闻背景、新闻评论、新闻调查、舆论监督、民意调查、法制等各种节目形态，是对整点新闻和分类新闻的补充和深化。每日播出的专题有六个：《新闻会客厅》《央视论坛》《法治在线》《国际观察》《社会记录》《共同关注》；每周播出的专题节目有：《每周质量报告》《面对面》《中国周刊》《世界周刊》。与央视一套并机播出的栏目有《新闻联播》《焦点访谈》《新闻 30 分》《晚间新闻》《新闻早 8 点》。

央视新闻频道为了适应国内外新闻报道环境的变化，从其成立到现在经过了不断的调整。前后最主要的是四次改版。

2005 年 3 月 1 日，该频道首次改版（首次大改版），改版的理念来自于对频道品牌化效应的追求。

一是更换了《天气 · 资讯》《每周质量报告》《新闻社区》《共同关注》等多个节目的包装。

二是保留了《午夜新闻》《新闻联播》《焦点访谈》《东方时空》《新闻 30 分》《国际时讯》《新闻调查》《每周质量报告》《法治在线》《中国周刊》《共同关注》《面对面》《新闻早 8 点》《国际观察》《央视论坛》《今天》《世界周刊》《天气 · 资讯》《新闻社区》《小崔说事》《新闻 NEWS》《体育报道》《约会新 7 天》《实话实说》《本周》《纪事》《社会纪录》《晚间新闻》《媒体广场》《百姓故事》《高端访问》《新闻会客厅》《新闻联播天气预报》《真诚沟通》《世界主要城市天气预报》《电影传奇》等栏目。

三是 6 月下旬《约会新 7 天》也更换了节目的包装。

四是《新闻联播》重播时间从 22 点提前到 21 点。

2006 年 4 月，中央电视台新闻频道推出《我的长征》节目。6 月 5 日，该频道进行第二次改版：

一是频道包装及栏目片头开始统一换为黄色调，将“CCTV—新闻”作为二级标识。

二是撤掉了《国际观察》《央视论坛》《今天》，原 6：00、7：00 的《新闻 NEWS》《媒体广场》《新闻早 8 点》、6：52 和 7：52 的《天气 · 资讯》整合为《朝闻天下》。

三是保留了《午夜新闻》《新闻联播》《焦点访谈》《东方时空》《新闻 30 分》《国际时讯》《新闻调查》《中国周刊》《每周质量报告》《法治在线》《共同

关注》《面对面》《世界周刊》《天气 · 资讯》《新闻社区》《小崔说事》《体育报道》《约会新 7 天》《实话实说》《本周》《纪事》《社会纪录》《晚间新闻》《媒体广场（上午版）》《百姓故事》《高端访问》《新闻会客厅》《新闻联播天气预报》《真诚沟通》《世界主要城市天气预报》《电影传奇》等栏目。

四是增加了《人物新周刊》《360°》《新闻》《我的长征》《奥运舵手》等新栏目，同时在每天下午 17：00 推出《媒体广场（下午版）》。

五是 7 月 18 日，该频道与中央电视台综合频道在 19：30～19：38 并机播出广告时，在屏幕右上角显示半透明状的“绿色广告标识”。

六是 8 月 16 日起，因中央电视台在晚间黄金时段全面启动“绿色广告标识”的审核工作，中央电视台综合频道、中央电视台新闻频道及央视其余频道在晚间黄金时段广告期间，屏幕右上角全部显示“绿色广告标识”。

2009 年 5 月 27 日，该频道传输方式由加密传输改为开路传输，使用卫星接收机的用户可免费收看该频道，之后在香港、澳门和其他海外地区落地。7 月 27 日至 8 月 17 日，该频道第三次改版，开始向资讯化的方向发展。

一是 7 月 27 日至 8 月 3 日，《百姓故事》《高端访问》《新闻会客厅》等节目逐渐停播。

二是除《新闻联播》《焦点访谈》《每周质量报告》《新闻调查》《面对面》使用完全独立的包装外，其余新闻节目采用统一片头模式、使用统一片头音乐。

三是 8 月 17 日，《新闻直播间》开播，取代《整点新闻》《环球视线》《24 小时》。

四是保留了《午夜新闻》《朝闻天下》《新闻联播》《焦点访谈》《东方时空》《新闻 30 分》《国际时讯》《新闻调查》《每周质量报告》《法治在线》《新闻周刊》《共同关注》《面对面》《世界周刊》《新闻 1+1》《全国主要城市天气预报》《新闻联播天气预报》《真诚沟通》《世界主要城市天气预报》《朝闻天下天气预报》等栏目，包括中央电视台在 15 点推出《新闻 20 分》节目。

2015 年 1 月 6 日，该频道第四次改版（第四次大改版）。

一是从零时开播的《午夜新闻》开始，每日凌晨 0 时至 6 时的整点新闻节目（《午夜新闻》和凌晨时段《新闻直播间》）开始在新台址的新闻演播室播出。

二是保留了《午夜新闻》《朝闻天下》《新闻联播》《焦点访谈》《东方时空》《新闻 30 分》《国际时讯》《新闻调查》《每周质量报告》《法治在线》《新闻周刊》《共同关注》《面对面》《世界周刊》《新闻 1+1》《全国主要城市天气预报》《新闻联播天气预报》《真诚沟通》《世界主要城市天气预报》《朝闻天下

天气预报》《新闻直播间》《环球视线》《24 小时》等栏目。

三是 6 时至 24 时的节目为了安全播出实行制播分离方案，节目的制作仍在复兴路旧址演播室，节目的对外播出则在新址。

改版以后央视新闻频道的架构更加清晰，现在大概形成了频道的四大支柱：

第一类，新闻直播栏目，《午夜新闻》《共同关注》《新闻直播间》《新闻联播》《朝闻天下》《东方时空》《新闻 30 分》《国际时讯》《法治在线》《24 小时》。这是新闻频道的主体保证了新闻报道的及时性在场性的特点。

第二类，新闻专题栏目，《焦点访谈》《每周质量报告》《新闻调查》《世界周刊》《新闻周刊》《军情时间到》。这部分实现电视新闻的深度报道，关注新闻事件和人物背后更广阔的多元的世界，满足日益成熟的电视观众对纷繁复杂社会和真相的关注。

第三类，时事评论节目如《新闻 1+1》《面对面》《环球视线》。这部分弥补了国内电视新闻评论不充分发展。作为我国的主流媒体，在重大新闻事件发生之际，起到了良好的舆论引导，监督以及意见深化等领航者作用。

第四类，特别节目，如《12・31 特别节目》《一年又一年》。这增加新闻频道的灵活性，与时俱进，是新闻频道能够应和上国内外的发展节奏和主旋律。

2. 新闻频道得失谈

新闻频道的开播，对中国的新闻人来说，是具有重大意义的事件，标志着中国大陆新闻改革的一个新成果。它是中央电视台的一大步，也是中国的一大步，其蕴含的历史意义将会在未来岁月中尽情彰显。在最能体现新闻传播价值的方式——直播上可谓竭尽全力，如“非典”、三峡蓄水、50 年国庆大典、珠峰登顶等。但就当前看，具体的频道操作和它的预设目的还是有诸多差距。主要的缺陷，有人形象地概括为八大软肋：①信息量太小，谈话类节目太多；②时效性差，直播、现场节目少，尤其是对突发性事件的直播少；③原创性节目少，重播和克隆太多，几档重要的新闻栏目如《新闻联播》《焦点访谈》《新闻 30 分》等与一套并机播出；④直播方式运用不充分，总是电话连线；⑤广告量太大，有如广告频道；⑥宣传味道太浓，如一个巨型新闻联播；⑦缺乏个性化主持人，新人少，滥用老面孔，如白岩松经常穿梭在好几个栏目间；⑧栏目各自为政，题材互相撞车。

那为什么会存在着这些问题呢？

答案是多方面的，一个新生事物，经验不足，总会历经这样或那样的曲折。但其中最大的问题就是如何真正实现从新闻节目栏目化走向频道化。当前央视新闻频道充其量还是个几档新闻栏目和整点新闻以及插播滚动字幕的简单聚合，央视各频道之间也没有建立公用的信息平台，实现资源共享。更别说和省市、地方台以及台港澳地区建立信息分享大平台。

在这方面，具有国际声誉的CNN和FOX新闻频道值得我们学习。CNN的新闻中心运用计算机系统通过通信卫星和地面微波网络通过内外的记者站、世界主要各通讯社和各新闻节目制作部门联网，随时接收和传送最新的新闻报道，同时还同欧广联、亚广联等国际性广播电视新闻机构签有共用新闻的协议。无论是FOX还是CNN，都是在大编辑部的统一管理下，以频道为管理单元，统一策划选题，统一调度记者，所有传到台里的新闻稿和线索都贴到内部网上，让各部门（时政、财经、教科文、体育等）编辑部各取所需，制作栏目。美国CNN在保证新闻素材分级共享的同时，还有相关的专业编辑负责统筹全局，他们往往是在对全天将播出的所有新闻进行全面考虑后，预先安排出头条和几条“准头条新闻”，制造出高潮低谷相间的新闻段落。期间，动态新闻如何适时插入或放大、相关专题安排在什么时段播出也都具有丰富且不容小觑的编辑技巧。

在中央电视台，新闻频道的运作模式和其他频道基本相同，仍然是传统的“中心—部门—栏目”模式。记者只对栏目负责，不对频道负责，有些直播也只是在栏目内进行，不能形成持续的效应。这种以栏目为中心的管理模式造成的直接后果就是频道统筹能力削弱，栏目各自为政、栏目之间相互抢夺或重复利用同一资源都是家常便饭。而且每次直播报批手续繁杂，管理机制本身就不鼓励直播。难怪有业内人士感言：“栏目制也许适应于其他频道，但却与新闻规律相违背，如果不改革，最终会造成新闻频道的分崩离析，很难向前发展。”

3. 如何树立央视新闻频道的品牌形象

第一，要明确自己的定位。CNN和FOX都有自己明确的定位，前者以及时、客观和公正立台，CNN的口号是做“第一个知道的人”“CNN，新闻中最值得信赖的品牌”。而后者则坚持“公正和平衡”（Fairand Balanced）原则，并以“我们报道，你来判断”（We Report，You Decide）为频道宣传口号。迎合当前受众的娱乐心理，突出新闻的趣味性、倾向性、张扬和煽情的报道风格。在2001年发生的恐怖分子袭击美国世贸双塔的“9·11”事件报道中，在报道美军深入阿富汗进行反恐作战时，FOX新闻频道有意称美军为“我们的军队”，福克斯新闻频道的煽情式（sensational）报道风格，正好迎合了美国人的爱国激情和政府鼓励民心士气的需要。2003年3月，美国展开第二次对伊战争，FOX在开战伊始就投入最大的采访力量报道第一线战况，根据梅瑞尔·林奇媒体分析家杰西卡·R. 柯恩的报告，福克斯在报道伊拉克战争期间，投入了150万美元的追加资金，即平均每天7万美元。它的战争报道毫不掩饰地支持军方的每一次行动，如果军方行动造成伊拉克平民的重大伤亡，福克斯电视也常常视而不见，不予批评。这种大胆、出位、令人吃惊的表现彻底颠覆了多年来美国有线新闻电视的排名，压倒了报道相对冷静客观的CNN。

而中央电视台新闻频道在定位上有点模糊不清，在其开播辞中提到："与世界同步，是新闻频道的宗旨""贴近实际、贴近生活、贴近群众，是新闻频道的方针""第一时间，第一地点，是新闻频道的追求"，这三点分别对应于中央电视台新闻频道的国际定位、受众定位和形态定位。可是，这样的定位似乎适合于所有的中国内地电视频道，而不仅仅是新闻频道。

第二，人才是关键，尤其是节目主持人。国际上比较有影响力的知名栏目和频道都拥有优秀的资深节目主持人，如CBS《新闻60分》的默罗、克朗凯特和丹·拉瑟，CNN的拉里·金。福克斯新闻频道黄金时段的几个专题性节目也都突出主持人地位，如汉尼提、考姆斯、欧瑞利等都是默多克从三大电视网和CNN中高薪挖掘过来的著名资深主持人。这些主持人对整个节目的形象包装非常重视，他们会对制作部提出节目形象包装意见，而FOX也从不吝啬对他们进行公众形象塑造，让他们和频道紧密相连，成为福克斯新闻频道的"面孔"，并影响着频道的战略走向和收益。

央视新闻频道似乎仍处于播音主持的水平。当然频道负责人也意识到这一问题。央视评论部主任梁建增表示，频道方面倾向于"分三步走"的造星方式："名记者—名主持—名评论员"。挖新人的工作也一直在做。除了本台的记者、主持人，频道同时也在全国"猎头"，像地方台的主持人、记者以及各大平面媒体的从业人员都在搜索范围之内。要想在短期内拥有熟练而有效的团队，FOX的人才引进不失为一种办法。具有声誉的主持人，就是频道最好的名片和代言人。

第三，内容取胜。即新闻报道与评论应独树一帜，在时效、广度和深度上占有先机。央视新闻频道的这四次改版，整体上就是在内容上做了大量的调整。对一些王牌栏目如：《焦点访谈》《东方时空》《新闻调查》《法治在线》没有做调整，而是一直保留。对一些时段的栏目进行整合，尤其是晨间时段《朝闻天下》可说是个亮点。而一些已经不再适应当前社会发展的栏目果断停播。另外在新闻报道风格上，央视新闻频道作为立足全国，面向世界，作为中国面向世界的一扇窗口，新闻频道宜走硬新闻的路子，而不应效仿某些地方台迎合新闻娱乐化的倾向。

第四，包装精良，不断推广自己的品牌以积极加强品牌的延伸力。国际上具有较高知名度的频道如 BBC、CNN、FOX 等，非常强调频道的包装和推广。央视新闻频道也应在这方面加大投入，形成频道的整体风格和形象。

第二节　电视新闻栏目的形态

一、电视新闻栏目的分类

电视新闻栏目是围绕新闻事件，由主持人主持，定时、定量、定期播出的节目单位。为了更好地了解和把握电视新闻的特点和规律，新闻栏目的风格和特点，有必要对电视新闻栏目进行分类。但是电视新闻包罗万象，社会和自然界的新气象、新变化、新动态等都可能成为它的报道和分析对象。而且角度不同、目的不同、标准不同，会得到不同的分类结果。

当前，学界对这一问题的看法似乎也有点混乱。

有学者“从简洁但可能粗糙的角度，将电视新闻栏目细分为消息类、谈话类、专题类、杂志类、直播类等五大具体形态。”[①] 这种分类的确粗糙，因为它的分类标准都不一样。消息类，是延续了报纸新闻的分类办法，从体裁角度对新闻报道进行的分类，消息应和简讯、通信或深度报道同级。谈话类，是以报道方式来分的。从此角度看，还应有播报类、采访类。专题类，依据的是电视新闻栏目的主题，相对综合类而言。杂志类，是依据栏目的编排方式，而直播视电视新闻的传播手段。当然也有学者做了较细致的研究。分别从题材、体裁、功能、节目形态、播出特点等角度作了细分。即使这样，也没有穷尽分类。如传播的首播时间、传播的对象、信息渠道的来源、时效性的角度，新闻信息的软硬等，都可以作为分类的角度。

分类的前提是为了更好的认识对象，只为形式本身而分类则毫无意义。因此结合当前电视新闻栏目设置的实际，从更好地把握电视新闻栏目的特点和风格的目的出发，电视新闻栏目的节目形态分为三大类：消息综合类、深度（专题）报道类、新闻评论类。

---

① 吕正标、王嘉：《电视新闻节目理念、形态与实务》，中国广播电视出版社 2004 年版，第 30-31 页。

二、消息综合类

消息综合类是新闻信息总汇，及时、简要、客观报道新闻事实。基本的表现形态为演播室口头播报和记者现场采访报道结合为主。随着通信的发达，也采用电话连线等直播手段。它在电视新闻栏目中占有相当大的比例，如中央电视台的《新闻联播》《新闻30分》《晚间新闻》《新闻早八点》《新闻联播》《新闻社区》等，上海卫视的《东方新闻》《东方夜新闻》，浙江卫视的《新闻超市》《浙江新闻联播》，广东卫视的《粤港澳零距离》《午间新闻网》等。这类栏目的特点是：

1. 信息量相对较大

在单位时间内可以向受众提供尽可能多地新闻条数。而深度报道和评论类一般只能就一件或两三件相关的新闻事件进行报道和评论。如央视新闻频道的1月27日《新闻社区》的节目单：

品年味 唢呐声声闹新春	19：12
品年味 西湖巨网捕鱼忙	19：11
品年味 流光异彩灯火盛	19：10
火车站值班员帽子中的秘密	19：10
三位盲人的回家路	19：09
节日平安提醒：珍惜自己的生命	19：08
北京：逆行违章 太悬！	19：07
江苏：500万巨奖不为所动 彩票经营户主动送	19：07
苏州：烟花爆竹投保了	19：06
城市医疗救助让豆蔻女孩重燃生命之火	19：06
联手打击 短信诈骗	19：05
新疆：阿勒泰发生雪崩	19：04
冬季到福海来打鱼	19：04

在8分钟内报道了13条新闻，还可以在屏幕下方以字幕滚动播出的方式插播新闻，增加信息量。

2. 时效性较强

利用传播的优势，如以字幕新闻滚动播出插入最新的消息或在线连接的方式直达新闻现场。

3. 信息面广

涉及现实生活的各个方面以及不同的地区和国家，满足最大众化的信息需求。如《新闻联播》就包括国内和国际新闻。既有政治、经济的硬新闻，也有文娱、文化等软新闻。

4. 栏目的编排应以新闻价值的大小来安排

但这一点在当前的我国电视消息类栏目中还有改进的余地。例如素有收视率最高之称的《新闻联播》的栏目编排也不尽如人意。30 分钟的栏目分为国内和国际，前面有要闻提要。这样做层次比较清楚，但忽略了信息传播的特点，特别是国内新闻中，会议新闻往往占据了较大的比重，比较程式化，报道千篇一律，容易引起接受的逆反效果。

三、深度（专题）报道类

深度报道是源自平面媒体如报纸杂志的一种报道方法。在新闻报道的几大要素上，不但要讲清何时、何地、何人、何事、怎么样，更要分析为什么，去追踪新闻背后的新闻。以前曾有一种观点：电视以声像传播信息，偏于直观，而缺乏深度。经过几代新闻人的努力，证明电视新闻报道可以和以文字见长的平面媒体一样，做到有广度、有厚度、有深度、有力度。

深度报道主要指那些注重新闻细节和背景的挖掘，并常以专题的形式播出的电视新闻栏目，如《新闻会客厅》《新闻调查》《面对面》等。和消息综合类相比，这类电视栏目的特点是：

一是每期节目长度一般为半个小时左右，一般只报道一件新闻事件或一个人物。如《新闻会客厅》时长为 25 分钟到 30 分钟，《新闻调查》为 45 分钟。

二是栏目都有自己明确的定位，有着鲜明的栏目风格。如中央电视台新闻频道的《新闻会客厅》的口号是：“会见新闻当事人”。强调开掘新闻事件中的人物内心切身感受，事件中人性的展示及其经历。因此，新闻会客厅形成了自己的品质和风格：

（1）关注新闻中的人性。所有新闻当中，“人”是最重要也是最根本的因素，任何新闻归根到底都和人有关，“新闻会客厅”将以关注新闻中的人物内心、经历和感受为内在追求。

（2）多角度。通过对新闻中的知识性、故事性的展示，让观众得到更多的、更进一步的信息，不提供结论。

（3）平民气质。“新闻会客厅”将通过谈话现场营造一种家庭气氛，缩短硬新闻与普通人的距离，增强可视性和传播的有效性。演播室就设计成和实际生活中一样的一间客厅，红色的双人沙发，玻璃茶几，营造了一种家常的谈话氛围。

（4）风格是亲切、平易、随和的。主持人和嘉宾相对而坐，促膝而谈，就像一对相知已久的老朋友。

三是追求新闻的深度和揭示真相的力度。这些栏目注重去发现新闻事件当中鲜为人知的细节，新闻人物独特的事件体验以及新闻背后的新闻。如《新闻调查》的宗旨就是：讲述新闻背后的新闻，探寻事实的真相。什么是他们所理解的真相呢？所谓真相就是正在或一直被遮蔽的事实，有的真相被权力遮蔽，有的被利益遮蔽，有的被道德观念和偏见遮蔽，有的被我们狭窄的生活圈子和集体无意识遮蔽。如果仔细分析，这些真相呈现两种状态：一种是属于通常所说的内幕和黑幕，那就是被权力和利益遮蔽的真相；另一种是复杂事物的混沌状态，那是被道德观念和认识水平所遮蔽的真相。对第一种真相的调查，是对已经存在的事实的一种反证，也就是说对假象的一种揭露，像《透视运城渗灌工程》《楷模》《绛县的经验》《海灯神话》《温岭黑帮真相》《药品回扣内幕》《南丹矿难内幕》等节目；而对第二种真相的调查，就是对已经存在事实的一种澄清，也就是反映事物存在的复杂状态，比如我们做过的《眼球丢失的背后》《一村二主》《死亡可以请求吗》《婚礼后的诉讼》，有时，多义甚至无解正是事实存在的真实状态。就是这种探寻真相的理念和勇气，使《新闻调查》具有了深度、厚度，从而确立了在电视新闻栏目中的权威地位。

四是在时效上，和消息综合类栏目比较也许差些，但这些栏目对于时效有自己独特的看法和做法。如《新闻调查》的主创人员认为，《新闻调查》报道的不是一个事件，而是我们对这个事件进行调查的过程。《新闻调查》记录和展示的，是我们如何通过各种各样的手段进入事实本身，逐步获取真相，而不是报道一个事物单纯的发生、发展的过程。从这个角度上我们可以认为，《新闻调查》实际更多的时候是在“拍摄自己”。所以，在《新闻调查》，没有过去时的概念，时态应该是从我们开始调查事件的那一刻开始的。

总之，在当今社会里，人们每天都面临着海量新闻信息，却因受主、客观条件的限制，一般受众不易发现信息之间的联系，也不大看得清表象背后的东西，因此深度报道类栏目可以说大有用武之地和发展前景。

四、新闻评论类

（一）概述

新闻评论类栏目，是指电视传媒对当前重大新闻事件或重要问题发表意见，作出分析判断或评述的一种节目形式。当前这类栏目大致有两种形式：一种是评事型，一般是一事一议，如《焦点访谈》，以深度报道为主、以舆论监督见长的电视新闻评论性栏目，它开创了“用事实说话”的电视新闻评论节目形式。第二种纯粹论理型，如《央视论坛》，“透过现象看本质”，通过嘉宾的声音表达媒体的观点。两者的区别还在于前者是记者深入到新闻第一现场，获取第一手资料，用事实说话。而后者一般不自采新闻，但一定要表达独到的观点。

在信息爆炸和价值多元化的今天，新闻评论类栏目有其存在的价值和发展空间，尤其在舆论监督上起到了很大的促进作用。“《焦点访谈》舆论监督公开性的成功实践，开创了中国新闻媒体公开公正地接入社会事务的一种新秩序。”① 如《焦点访谈》被人称为“焦青天”：曾有一幅漫画，许多人跪在上一幢名为“焦点访谈”的衙门前。《焦点访谈》之所以被人称为“焦青天”，是因为它对社会不良现象或阴暗面的揭示，触及了广大观众敏感的神经，而产生认同和共鸣。并把此作为一种具体解决自身现实问题的一种渠道。当然它同时也是上层了解下层、借助电视这种形象化手段的教育干部、推动政府工作的需要。

不过，就目前看，新闻评论类栏目的形式比较单一，克隆现象比较严重。全国上至省级电视台下到地县电视台，纷纷照搬“焦点访谈模式”。如广东电视台的《社会纵横》、广州电视台的《城市话题》、江苏电视台的《大写真》、南京电视台的《社会大广角》、上海电视台的《新闻透视》、北京电视台的《今日话题》，等等。

其次，这类栏目的制作也有很大困难，主要是这类栏目给观众的印象是批评性的选题占多数（其实如《焦点访谈》，批评性选题只占其中20%~30%），而在一般人心目中，涉及批评的就是不好的。因此，相关的当事人或单位慢慢地就形成排斥和不合作。这样，选题就会越来越难以获得。另外，评论就要发表意见、表明态度、立场或看法，如何做到公允、平衡、准确、兼顾各方，媒体在其中如何把握好这个“度”是有一定难度的。

总之，评论类栏目要想有一个好的生长空间，关键是意识到电视媒体拥有怎样的权利空间。最好是把它当成多元意见或观点交换的平台，不要搞成一言堂，尽可能地提供多方面的声音，让观众自已去权衡。

---

① 郭镇之等主编：《聚焦〈焦点访谈〉》，清华大学出版社2004年版，第16页。

（二）《焦点访谈》的成功要诀

1. 栏目简介

《焦点访谈》脱胎于《东方时空》的子栏目《焦点时刻》。《焦点时刻》关注一些社会热点问题，访问专家、学者、干部、工人、农民，在节目中展开讨论，播出后引起强烈的反响。1994 年 4 月 1 日，在《新闻联播》之后开办了《焦点访谈》，每晚 19：38 播出，时长 13 分钟。

《焦点访谈》是述评性的新闻栏目。以述带评，述占较大比例，评则简练，以切中要害为止。由此也逐渐促成了新闻主持人向新闻评论员的转变。在节目形态上，采用演播室主持与现场采访相结合的方式。这样评论有据，述评互助，相得益彰。

2.《焦点访谈》的成功要诀

十多年中，它迅速成长为一个在中国家喻户晓的电视栏目，也是中央电视台收视率最高的栏目之一。《焦点访谈》的成功源自于哪些要素呢？仔细分析，大致有以下几方面的原因：

（1）准确的定位和新颖的形式。最初节目的片头有四句话的形象广告：“时事追踪报道，新闻背景分析，社会热点透视，大众话题评说——每日请看《焦点访谈》”，目的是通过这种强化性的提示，与观众建立一种定期的约会。6 年后浓缩为一句话：“用事实说话”，非常简练，更清晰也更有号召力。“对事实的选择是央视‘焦点’节目得以成功最根本的原因。”因为深度源于事实。有个性化的栏目标志——一只写意的大眼睛，形象且寓意丰富，代表着栏目独具慧眼，也和栏目的名称相对应，既是热点话题的聚焦，也是眼球的聚集。

（2）紧扣时代脉搏，敢于揭露真相，大胆批评。它是中国最有影响的舆论监督品牌，其报道的 80%的舆论监督节目都使问题获得了解决。曾播出广东省德庆县非法采血的报道，引起卫生部高度重视，有关部门连夜进行处理。

（3）有决策者的鼎力支持。作为一个电视栏目，曾得到共和国三任总理的题词和赠言，这是前所未有的：①1997 年 12 月 29 日，李鹏总理视察中央电视台时题词为：焦点访谈，表扬先进，批评落后，伸张正义；②1998 年 10 月 7 日，朱镕基总理专程来到中央电视台，与《焦点访谈》的编辑记者座谈，并郑重赠言：舆论监督，群众喉舌，政府镜鉴，改革尖兵；③2003 年 8 月 26 日，温家宝总理视察中央电视台，在《焦点访谈》演播室赠言：与祖国同在，与人民同行，与世界同步，与时代同进。领导人们称，《焦点访谈》所进行的舆论监督推动了中国的改革开放和民主法治的进程。

第三节 个案分析：《东方时空》

一、栏目概况

1993 年 5 月 1 日 7 时整，中央电视台第一频道的新闻杂志型栏目——《东方时空》正式开播。它由四个板块组成：《金曲榜》《东方之子》《生活空间》《焦点时刻》。

《金曲榜》是中国电视界开办的第一个 MTV 日播栏目。创办之初播放流行歌曲 MTV，以后与外单位合资拍摄中国民族经典歌曲 MTV。用 MTV 这一音乐文化的现代传播手段表现中国民族优秀传统歌曲，在我国是个创举。播出后，音乐界和广大电视观众反响十分强烈。李鹏总理曾欣然为其题词：“高歌民族曲，激荡中国魂”，《东方之子》，“浓缩人生精华”，以访谈式介绍当代社会各界的文化精英。

《焦点时刻》把镜头对准那些国内外刚刚发生的、老百姓极为关注的热点、疑点、难点。对某些社会丑恶现象和损害群众利益的不法、不良行为，敢于揭露、仗义执言，积极发挥舆论监督的作用，并最终催生了新的独立栏目——《焦点访谈》。

《生活空间》是中国电视第一个纪录片的日播栏目。最初定位是一个服务性的栏目，例如教如何做菜、西瓜有什么妙用等。逐渐才找到这样的定位：讲述老百姓自己的故事。运用纪录片的形式来展示普通中国人的生活百味，折射出社会转型时期人们的生存状态，为未来留下一部由小人物构成的历史。

节目定位于“大型电视新闻杂志”，采取综合板块的节目拼接方式，彰显包容性与服务性的节目特征，以求最大限度地扩大节目的涵盖面，满足不同观众的多层次需求。

这个 40 分钟的杂志型新闻节目，自播出伊始就产生了广泛影响，改变了中国大陆观众早间不收看电视节目的习惯，被誉为是“开创了中国电视改革的先河”。《东方时空》，真诚面对观众。从其开播到现在，《东方时空》一直在不断探索和创新。因此，有学者总结：“《东方时空》的历史就是整个中国电视新闻改革的历史。”十几年的经营，四次改版，在探索中求变求新求生存求发展。

二、《东方时空》的历次改版

1993 年 12 月 1 日，《东方时空》从中央电视台新闻中心采访部门独立出来，成立了相对独立的新闻评论部。1996 年 1 月 27 日，开播千期的《东方时空》进行了首次改版，在保持《东方之子》《生活空间》的基础上，新增《面对面》，同时将《焦点时刻》改为《时空报道》。开始设总主持人，取消《金曲榜》，创办《面对面》，突显新闻杂志的特征。

2000 年 11 月 27 日进行了开播七年多的第二次改版，是动作最大，也是争议最多的一次大规模改版。在“强化政治意识、突出信息服务和时效性”的思想指导下，史无前例地将节目时长扩充到两个半小时，涵盖了早间 6：00－8：30 的大时段。它集专题、新闻、资讯于一身，设多个子栏目主持人，并对沿用多年的节目包装进行大胆改革。改版后的《东方时空》包括早新闻、传媒链接、时空资讯、直通现场、面对面、百姓故事等板块。还推出了周末版节目。周末版在保留了早新闻、时空资讯的基础上增加了世界、纪事和直播中国三个子栏目。这次争议的焦点在于过长的时间、分割过强的栏目设置、过于频繁的主持人轮换，对《东方时空》老观众七年之久的收视习惯是一种挑战，结果只维持了不到一年的时间。

2001 年 11 月 5 日，《东方时空》根据观众的反馈意见，及时总结经验，第三次对栏目进行了调整。在台领导确立的“即要继承老《东方时空》的精华，又要有新亮点；既要由超前意识，又不能脱离现实”的改版思路上，《东方时空》由原来的 150 分钟浓缩为 45 分钟，日常版由“浓缩人生精华”的《东方之子》，“讲述老百姓自己的故事”的《百姓故事》和“连接新闻内外”的《时空连线》构成；周末版由《纪事》和《世界》构成。《时空连线》是这次改版推出的一个全新的深度报道栏目。“同一话题，不同表述；同一时间，不同空间。”以演播室主持人的调度为中心，以多视窗的形式由主持人对新闻事件的当事人进行互动式采访。这种同步、多向、交叉的谈话方式，增强节目的互动性，也有助于挖掘新闻的深度。

2004 年 9 月 1 日 18 点 14 分，《东方时空》首播移至 CCTV－1 晚间黄金时段，在《新闻联播》前播出。《东方时空》的三个板块《时空连线》《东方之子》《百姓故事》将打破过去条块分割的独立状态，每期由一位主播贯穿整个节目。从早间到晚间的转变使其在内容上更加强调“今天、新闻”；节目将以主播为中心，白岩松、张泉灵和张羽将负责灵活地调度当期节目。过去《东方时空》是三块分割的，《时空连线》《东方之子》《百姓故事》各自一个组，大家自己去做自己的节目，然后回到一个总主持人那里把节目串完就可以了。新的运作是实行编委会下的主编负责制，每天根据不同的新闻来调节它不同的长短，以后节目更在乎的是《东方时空》的整体感。习惯早间收视的观众每天早上 7：15 可在新闻频道看到《东方时空》前一天节目的重播。

2008 年，东方时空第五次改版。2 月 18 日，把《时空连线》改名为《东方时空》。2 月 25 日，《东方之子》与《面对面》合并，并恢复使用 2001 版片头。3 月 24 日，《百姓故事》与《纪事》（已停播）合并后于开播独立栏目《新闻 1+1》，该节目改在央视新闻频道周一至周五 22：00（当年 9 月 1 日起改周日至周五 21：30）首播，央视一套改为次日 17：09（周六为 17：39）首播（该频道仍然只播出一次该节目）。节目时长由原来的 45 分钟缩短为 30 分钟。同时原来的两档周末版节目《高端访问》和《电影传奇》也从中分离成为独立节目，其中《高端访问》改为央视新闻频道每周日晚 20：15（央视一套每周一下午 16：54）播出，《电影传奇》改为央视一套每周日下午 17：27 播出。

2009 年 8 月 3 日，《东方时空》再次改版，转型为一档梳理解读当日资讯的新闻栏目，但仍然由新闻评论部承制。《东方时空》更改节目包装，与央视新闻频道大部分节目一致。该栏目自当日起在央视新闻频道播出时间改为每晚 20：00 首播，央视一套（除全国哀悼日及其特殊情况下外）不再播出该节目。

2011 年 3 月 15 日，《东方时空》由坐播改成站播，避免了本栏目和直播间的同化（如节目刚开始有时政新闻时，先坐播后站播。

三、改版得失谈

《东方时空》作为中央电视台名栏目，随着我国新闻事业的发展，适时地进行调整和改版。从积极上看，这是一个栏目充满活力，不断求变求新求进步的表现。因为观众是一群能动的聚合体，他们的收视口味会跟随着周围环境如娱乐方式的多样化，信息渠道的多元化等而发生变化。在媒体竞争和新闻竞争日益剧烈的今天，一个栏目只有不断了解观众，适时适可的变化，才能保有竞争中的强势。不然，就面临着淘汰出局的危险。

当然作为一个品牌栏目，不算其间一些小的调整，在短短的几十年间，如此频繁的改版，尤其是第二次可谓是伤筋动骨，且前后不到一年，不能说不频繁。《东方时空》定位为一档新闻杂志性栏目，却在早间播出，是存在着一定的误区。因为，早间通常是一个忙碌的时段，人们准备早餐、准备上班上学。《东方时空》这种严肃而缓慢的栏目风格和收视人群的心理状态是不相吻合的或是错位的，而且许多人是在晚上重播时段收看这个栏目的。最终，无论是业界还是批评界都得到一个共识，《东方时空》曾经的辉煌并不是因为它对早间电视时段的开发，而是成功于其杂志性电视节目的开创和制作。当然，选择在早间首播，也可以看作是栏目的一个创新策略。在媒体间竞争不剧烈的情形下，填补空白，这种“跑马圈地”的粗放经营总容易在短期内扬名。而从它不断地调整中，似乎也可以找到这种错位的后遗症。在一定程度上，这个栏目的风格、定位和核心受众的收视特征是相游离的。因此，现在把它重新安排到晚间首播，是一次本位回归。据央视—索福瑞公司总经理助理、媒体研究专家郑维东透露，从中央一套2004年全年时段18：14—18：59占有率走势看：自9月开始时段占有率开始持续上升，《东方时空》移师晚间时段后竞争力不断攀升。从栏目改版前后的观众重叠率来看，晚间收看《东方时空》的群体中有61%的观众是新增观众。节目过程中年轻、高学历的观众显示出不断流入的态势。著名主持人白岩松对收视表现也十分自豪：9月1日改版后每周收视率纪录都被一再刷新，11月8日最高收视率超过3%，11月18日最高收视率超过4.5%，改版以来平均收视率超过2%！子栏目的收视也连续数月紧跟《新闻联播》和《焦点访谈》，创造了CCTV-1全天第二收视高峰。

《东方时空》十几年发展经历说明，要想使新闻品牌栏目“恒星化”，即如何让一个新闻栏目不断充满生机和活力、可持续发展，首先得注重品牌维护，不要轻言“改版”。因为名牌栏目在形成稳定的观众群后，轻易改版有可能会改掉栏目品牌这一无形资产。即使决定改版，也要以具体的市场调研为前提。千万不能以良好的愿望代替现实的调查，特别是名牌栏目中的核心要素要继续延伸。《东方时空》的这几次改版，虽然在一些板块做了大的调整，但是《东方之子》《百姓故事》这两个具有稳定收视的板块却一直保留。新闻板块虽然名称变了好几次，从《焦点时刻》到《时空报道》到《直通现场》到《时空连线》，但是讲求新闻报道的时效性、现场感和深度感上却一直绵延，且不断强化。

其次是找准定位，整合栏目资源，以质量取胜，形成个性化的风格。《东方时空》这个栏目品牌化的过程，就是不断摸索，不断反省，定位明晰准确化的过程。就如上所述，在栏目创新之初，像《焦点时刻》和《生活空间》即后来的《百姓故事》都是在经过一段试验之后，才找到准确的定位。而且作为板块结构的栏目，也是在不断的实践中才明白如何使各个小板块之间协调。即如今实行编委会下的主编负责制，以主播为中心来调控各个板块之间的关系。

最后是品牌栏目也需要不断进行品牌推广和延伸。《东方时空》是一个成功的栏目孵化器。在其麾下，孵化了一系列名牌栏目，如《焦点访谈》《实话实说》《新闻调查》《面对面》等。在一定程度上来说，这就是一个品牌不断推广和延伸的结果。当然《东方时空》也通过一些具体的活动或相关的产品来扩大影响力，如1996年举行“《东方时空》1000期观众日”新闻发布会和展览，栏目十周庆特别节目等。通过资助贫困大学生和“希望工程”等慈善行为，树立积极的媒介形象。还有出版相关的影像产品和书籍。如1994年9月，经中央电视台批准，《东方时空·金曲榜》制作的《中国民歌经典》面向社会公开发行。这些音像系列制品包括激光视盘、激光唱片、密纹唱片，录影带、录像带等。1997年、2000年和2003年分别出版了《焦点外的时空》《空谈》和与时代同行系列丛书。

总之，新闻名牌电视栏目在发展过程中应坚持可持续发展的理念，以新闻为本，一方面注重节目的质量，以内容取胜，另一方面也要随时注意到传媒市场的风云变化，积极应对，才能在竞争保持强势和优势。

思考题

1. 如何看待电视节目与栏目的关系？
2. 电视新闻栏目化和频道化的优势和弊端是什么？
3. 如何看待半岛电视台的异军突起以及如何应未来发展？
4. 在融媒体时代如何打造央视新闻频道的品牌效应？
5. 《焦点访谈》的成功要诀是什么？
6. 如何认识《东方时空》的几次改版？

参考书目

1. 中央电视台新闻评论部编/孙克文主编：《焦点外的时空》，生活·读书·新知三联书店1997年版。

2. 王纬主编：《镜头里的“第四势力”——美国电视新闻节目》，北京广播学院出版社1999年版。

3. 丹尼尔·戴扬，伊莱修·卡茨著，麻争旗译：《媒介事件》，北京广播学院出版2000年版。

4. 梁建增等主编：《与时代同行》中央电视台《东方时空》十周年系列丛书，高等教育出版社2003年版。

5. 孙玉胜：《十年——从改变电视的语态开始》，生活·读书·新知三联书店2004年版。

6. 郭镇之、赵丽芳主编：《聚焦〈焦点访谈〉》，清华大学出版社2004年版。

7. 吕正标、王嘉：《电视新闻节目理念、形态与实务》，中国广播电视出版社2004年版。

8. 《新闻调查》栏目组：《“调查”十年：一个电视栏目的生存记忆》，生活·读书·新知三联出版社 2006 年版。

9. 休・迈尔斯著，黎瑞刚等译：《意见与异见：半岛电视台的崛起》，学林出版社 2006 年版。

10. 罗宾・艾特肯：《我们能相信 BBC 吗》，新星出版社 2012 年版。

11. 阿兰・德波顿著，丁维译：《新闻的骚动》，上海译文出版社 2015 年版。

12. 刘万永：《调查性报道》，人民日报出版社 2015 年版。

13. 连少英：《美国品牌电视新闻节目研究》，中国传媒大学出版社 2016 年版。

14. 杨伟光口述，刘世英编著：《我在央视当台长》，新星出版社 2017 年版。

15. Bertrand Villegas、郭瑛霞、吴闻博著：《全球节目模式养成计》，中国传媒大学出版社 2017 年版。

第十二章 电视社教栏目

第一节 电视社教栏目概述

一、电视社教栏目的发展历程

“所有的电视都是教育的电视，唯一的差别是它在教什么”①，电视媒介的功能之一就是教育，任何电视节目形态都不例外，都或是直接或是间接发挥着教育的作用。目前，主要承担电视社会教育功能的有电视教学节目和电视社会教育节目这两种形式。其中电视教学节目指按既定教学大纲、既定教学内容，对既定教学对象系统计划地实施教学活动，主要运用于课堂教学、远距离教育和个人自学等具有专类教学的电视节目，如广播电视大学的综合课程等，也称为“电教节目”，面向的受众是有特定的知识技能需求的学生。本教材所涉及的主要是指电视社会教育节目。一般来说，电视社教节目是指运用电视技术和艺术手段，通过丰富多样的形式，面向整个社会传播政治、科学、文化、经济、法律等方面的知识，宣传思想、提倡价值观念、指导行为，富于社会教育意义的电视节目。而电视社教栏目就是电视社教节目的一种载体方式，将若干个内容相似、相近或是表现和反映同一宗旨的小板块或小节目，按照相对同一、稳定的标准和规则组织、串联在一起，从而使其更好地发挥电视社会教育功能。

在我国电视业的发展过程中创办较早的一类节目就是电视社教节目。1963年中央电视台（当时称北京电视台）正式设立社教节目部，之后各省会电视台和城市电视台纷纷仿效中央电视台设立社教部，主要制作一些少儿节目、法制节目、健康类节目、服务类节目。不过当时的电视社教节目资源短缺，所以早期的电视社教栏目发展得比较缓慢，其栏目的重要性也并未显现出来。不过如《国际知识》《卫生与健康》《少年儿童节目》等电视社教栏目的发展还是比较成熟的，

---

① ［美］威尔伯·施拉姆，威廉·波特：《传播学概论》，新华出版社1984年版，第261页。

在观众中产生的影响也比较大。随着经济的发展和社会的进步，尤其是电视技术的不断提高，到了80年代涌现出一批在观众中闻名的电视社教栏目，如《为您服务》《兄弟民族》《祖国各地》等。进入20世纪90年代之后，电视社教栏目的发展进入了一个新的阶段，在注重知识性、教育性、思想性、艺术性、趣味性的基础上，更加突出了针对性和服务性，形成了一批名牌对象型栏目，如《夕阳红》《半边天》《大风车》《第二起跑线》等。

进入21世纪，一方面受众的消费需求更为复杂多样、欣赏水平不断提高，另一方面新传播技术在电视栏目制作中越来越深入的应用，不少社教类综艺栏目开始涌现并积极创新其呈现方式，如中央电视台的《诗词大会》《开讲啦》和《国家宝藏》、北京卫视的《传承者》等，注重去营造融洽、协调的视听感官环境，凸显寓教于乐的叙事审美体验，强调积极、实用的内涵，从而给予受众更为别致、舒适的观赏体验。

目前，我国的电视社教栏目日趋成熟，具体表现在能充分调动电视技术和艺术的各种手段、形式，制作精良成熟、功能完善突出，节目内容更是包罗万象、形式丰富多样，大大提高了社会动态与教育文化信息的传播速率，直接而生动地发挥着引导思想舆论、传播知识技术、服务生产生活、提供休闲娱乐等作用，扩展受众的生活视野，提升其认知能力与文化素养，增强其适应社会与教育多元发展的调节能力，有效辅助受众确立正确的价值取向，科学引导了社会舆论的走向。电视社教栏目必须坚持人文关怀的姿态和较高的文化品位，以通俗和人民喜闻乐见的方式传播社会主义核心价值，传递人生哲理、发掘民族精神、弘扬共同理想、凝聚社会共识，创造出富有时代气息的电视节目精品，为提高全民科学素养和促进建设精神文明做出巨大的贡献。①②

二、电视社教栏目的分类

电视社教节目可以使观众在欣赏中接受教育，在教育中汲取知识，在知识中启发思想，在趣味中获得放松，在艺术中得以享受。各电视台开办的不同电视社教栏目既在播出方式、具体功能、受众对象、结构形式、节目内容、风格样式等方面的定位有所不同，处处体现着个性化特点，同时又都具备一些共同的特性，其界限存在一定的模糊性，无法进行严格意义上的区分。这里只是主要从以下四个角度入手，进行简单的分类。

---

① 刘丽丽、苏燕华：《从社交类综艺节目看电视文化的社会引导价值》，《当代电视》2017年第4期。

② 陈笑春、陈佑荣：《电视社教节目传播社会主义核心价值的途径》，《当代传播》2010年第3期。

（一）从栏目的播出方式分

1. 固定栏目

固定栏目是现代电视节目编排和播出最为常见的一种形式，具有固定的名称、内容、长度和播出时间，无论节目风格样式、结构模式、叙事方式，还是主持人、受众都相对固定，具有明确的宗旨和个性特色，充分满足了受众分众需求和参与需求，长期、反复的播出，有利于树立品牌形象，扩大影响力，如中央电视台的《百家讲坛》《经济半小时》、北京电视台的《法治进行时》等。

2. 非固定栏目

非固定栏目是近两年来颇受欢迎的一种创新型电视社教栏目，包括特定选题栏目、专题栏目、季播栏目等。其中季播栏目是按季节编排播出电视社教节目，能够在迎合受众收视需求的基础上，既可以培育引导受众的收视规律，同时还具有一定的创新空间，避免受众收视疲劳，形成节目节奏化，引发收视高潮，如中央电视台的《中国成语大会》《小鬼当家》，河南电视台的《汉字英雄》等。

（二）从栏目的主要功能角度分

1. 知识文化类栏目

知识文化类电视社教栏目的突出作用就是向观众传播政治、经济、文化、法律、医疗等方面的知识，以及我国或各地所经历的历史沿革、民众长久以来所形成的思想感情和价值取向、中华民族或是各地方的风俗民情等历史文化和社会文化。如中央电视台的《国宝档案》、山东电视台的《美丽山东》、北京电视台的《书香北京》等。

2. 科学教学类栏目

“科教兴国”是我国重要的发展战略。科学教学类电视社教栏目侧重的是向观众宣传科学，并引导观众爱科学、学科学、用科学，以提高全民的科学素养；或是带有教学性质的向观众教授某种知识技能，如棋类教学、英语教学、戏剧教学等，集科学性、教学性、实用性、服务性为一体。如中央电视台的《跟我学》，武汉电视台的《科技之光》、北京电视台的《科技全方位》等。

3. 服务指导类栏目

服务指导类电视社教栏目节目内容题材广泛丰富，贴近生活生产，主要是向观众介绍（或是示范）烹调美容、医疗保健、种植养殖等方面的知识，以及提供各种有关生产、生活的信息，以实现服务、指导生产或生活作用等，如中央电视台的《为您服务》、湖北经济电视台的《何嫂五分钟》、广东卫视的《家庭百事通》等。

4. 竞技综艺类栏目

竞技综艺类电视社教栏目是近年来呈现出的创新形态，实现了在知识性、科学性、服务性的基础上，不断完善观赏性、艺术性、思想性，增加了娱乐元素、竞技元素、互动元素等。在基于积极主题、核心价值的前提下，融入了民族性的朴实化、实践性的普世化、形象性的生动化，突出节目的轻松氛围，形成了别具一格的电视文化。如竞技游戏类的中央电视台的《中国诗词大会》、江苏卫视的《一站到底》、文化综艺类的中央电视台的《国家宝藏》等。

（三）从栏目的受众对象角度分

1. 公共型栏目

公共型栏目主要是指面向广大电视观众播出的电视社教栏目，使其获得多方面的知识修养、陶冶性情、提高思想情操，同时还发挥着引导社会舆论、调节平衡社会各种情绪、促使全社会养成终身教育观念等作用。如中央电视台的《焦点访谈》和《今日说法》、凤凰卫视的《世纪大讲堂》等。

2. 对象型栏目

对象型栏目主要是指以特定的社会群体作为受众对象的电视社教栏目，围绕着对象的需要融知识、教育、新闻、服务、娱乐为一体，以社会的需要为标准来教育、塑造一定层次的社会群体，使之能明确特定角色的使命，并担负起相应的社会责任。如中央电视台的《夕阳红》《七巧板》《和平年代》、天津电视台的《男人世界》等。

（四）从栏目的结构形式角度分

1. 单一型栏目

单一型栏目主要是指由一个个独立成章的节目构成，创作手法多采用纪录片形式，如中央电视台的《人民子弟兵》、东方卫视的《东方全纪录》、云南电视台的《自然密码》等。

2. 杂志型栏目

杂志型栏目主要是指借鉴并兼容印刷物及广播、电影的“杂志”性质和结构方式，呈现杂而不乱、杂而有序的内容，并注重运用各种表现手法，以及诸种手段的整体协调，如中央电视台的《军事天地》《异想天开》、重庆卫视的《人文天下》等。

3. 板块型栏目

板块型栏目是一种节目组合形式，主要是指根据栏目的宗旨和收视对象的特点，运用不同的内容和编排方式，汇集了一些具有专门内容的小板块，如中央电视台的《为您服务》《开讲啦》、辽宁电视台的《黑土地》等。

三、电视社教栏目的特质

随着社会时代和传播技术的不断发展，电视社教节目在保留着自身固有的特点的基础上，不断地与其他类电视节目从共融到相互融合，呈现出了多样化的特质。

1. 栏目机构界线模糊化

很多国外的媒体机构为我们呈现出一个大编辑部的概念，也就是说机构越简单越有利于集约化生产。目前，国内有一些电视台在渐渐借鉴这个做法，有些城市电视台正在逐步成立报道部，也有的将原来的社教部改名社会生活部。另外，现阶段很多电视台实行以栏目为单位的制片人制度。这也就说社教部作为电视台的一个机构，其界线越来越模糊化，甚至可以说其建制正在逐渐消失。但这并不意味着电视社教栏目的地位和重要性就会有所减弱，因为栏目的性质不是由栏目的制作部门或开办频道来决定，而是由其固有的特征所决定。如《经济纵横》《法治时代》《男人世界》等，有的是经济部开办的，有的是新闻综合频道开办的，有的是科教频道开办的，但这些栏目的性质都是旨在传播知识文化、陶冶情感情操、提高道德水准和思想素质，那就是属于电视社教类栏目的范畴。

2. 栏目品牌意识成熟化

以 1993 年 4 月中央电视台开播的《东方时空》为标志，中国电视“栏目化”观念趋于成熟。其具体表现为：实行了连续性、系列化、批量推出选题策划、拍摄制作的生产理念，实现了双向、互动的人际传播理念，明确了统一、有特色的栏目标识和标志等栏目形象，追求的是从主持人到栏目内各个节目都有独特个性的风格，而且充分利用其他相关媒体来宣传和推广自己的栏目，以扩展栏目的影响力。在“栏目化”观念成熟化的同时，也逐渐确立了栏目的品牌意识，进入了栏目品牌经营时代。栏目品牌不仅能为电视媒体带来可观的经济效益，还可以提升其社会可信度、知名度、美誉度等。我国很多电视社教栏目，尤其是一些对象型电视栏目都已形成独特的品牌个性，充分体现出栏目的与众不同。如中央电视台的《焦点访谈》和《相约夕阳红》、湖北电视台的《往事》、山西电视台的《黄土地》等，都呈现出栏目品牌意识的成熟化特点。

3. 栏目结构形式多样化

不同栏目的节目内容往往有着不同的结构方式，同时具体节目还吸收了新闻类、益智类、娱乐类等节目的表现手法，在形式上更活泼，可视性更强，电视工作者和观众、以及观众之间的互动也更及时、更积极，形成了栏目结构的多样性。如凤凰卫视的《口述历史》采用口述历史、人本叙事的方式。天津电视台的《案与法》既有对各种各样真实案件的记录和描述，也有主持人与资深律师、法学专家等业内人士对案件的讨论。中央电视台的《为您服务》由《家事新主张》《生活培训站》《法律帮助热线》《旅游风向标》四个不同结构类型的小板块组成。《开心辞典》则是以传播知识为主，同时吸收了娱乐节目的长处。“在一个栏目中采用多种节目形式，一来可以利用不同节目的优势，多方面表现主题，满足观众多样的收视需求；二来不同类型节目之间相互补充，可以令栏目内容全面、深入，避免单调、平面；另外，多种类型小栏目的存在本身就使栏目产生多样的节奏，从而更契合观众的收视心理，调动观众的收视兴趣。”①

4. 栏目受众对象分众化

电视社教栏目的节目内容和题材十分广泛，贴近群众、贴近生活，同时又陶冶道德情操，提高审美情趣和精神境界，还肩负着启迪、引导、感召、教化观众的使命。但实际上，电视面向的是不同的观众群体，有着不同的性别年龄、社会地位、职业职能、家庭环境等，其兴趣爱好、关注重点、收视心理和信息需求等也都有所不同。而且电视传播向以受众为中心和服务受众的转变越来越明显，因此电视栏目的受众对象将进一步具体化、分众化。目前面向老年（如大连电视台的《霜叶集》）、妇女（河北电视台的《今日女性》）、少年儿童（如昆明电视台的《胖太阳》）等对象型栏目的发展速度最快，尤为受人瞩目。

5. 节目内容注重故事化

电视社教栏目的节目内容有的内容专业性较强、情节复杂，有的内容平铺直叙、机械说教，为了使受众更好的接受和认同，越来越注重故事化方式，如在选材时注重故事性的挖掘，制作过程中适当设定情景和情感细节等。一方面，故事性表达有利于知识理念的普及，因为故事本身的生动性和曲折感所表现出来的叙事张力能最大程度吸引观众注意力，也能最大限度弱化纯粹知识性带来的单调和抽象，科学知识、核心价值理念就在生活化的故事表达中走进了受众的情感内心。另一方面，知识性的传播要统领故事性策略的表现方式和展开程度，知识性最终随着故事性策略的展开而充分表现传达出来，不能让知识性成了故事性的点缀，而让故事性占据了节目主导地位。② 如中央电视台的《家有妙招》以故事为

① 秦瑜明：《专题化与对象化——电视社教节目发展走向分析》，《现代传播双月刊》2002 年第 2 期。

② 吴芳等：《电视社教专题类节目的灵魂所在》，《新闻知识》2013 年第 4 期。

依托展示日常生活、北京卫视的《传承者》等注重挖掘传承者表演背后的故事呈现文化传承，受众在故事的带领下得到感触、深受感动。

6. 节目形式融合创新化

电视社教栏目节目形态单一不具创新性一直是电视社教栏目的发展障碍。随着新媒体技术的不断发展，为传统媒体的信息传播提供了更为广阔的平台，官方网站、微博微信、手机 APP 等形成了一个多屏互动的传播空间，为受众带来深层参与和互动，也为节目形式的创新提供了契机。近年来电视社教栏目的节目形式呈现出多方融合不断创新的态势，真人秀、竞技、综艺、公开课等形式融合了教育、娱乐等元素，既保证了文化底蕴、教育责任，又增加了娱乐性、观赏性。如中央电视台的《中国汉字听写大会》以汉字为载体进行的文化传播，满足了大众的文化心理需求，体现了大众的文化自觉和文化自信，觉醒了大众对民族文化的传承意识，同时比赛规则又营造了紧张的气氛和竞争的激烈感，具有较强的观赏性。而《开讲啦》则坚持励志向上的节目基调，通过嘉宾与广大青年分享人生经验、生活感悟，传递出强大的主流价值观的“正能量”，并通过受众与嘉宾的对话最大限度地使受众参与到节目中来，营造真诚、平等的交流语境，更具活力与生命力。

第二节　公共型电视栏目

公共型电视栏目没有特定的受众对象，面向的受众在范围和层次上具有广泛性，选取的节目内容题材具有普遍性，主要涵盖了社会情感、经济财富、文化生活、体育技能、科学技术、医疗卫生、服务指导、竞技综艺等方面。

一、社会情感类栏目

社会情感类栏目旨在反映各个领域里所发生的一些重大的或是有一定典型意义的事件和现象，以及在人们现实生活中所发生的并对社会产生一定影响的行为和事件，或是各类情感问题，包括个人、家庭、团体的行为、伦理道德和相互关系等，满足受众多元化的精神需求和社会诉求。节目内容涵盖面广阔，贴近时代、贴近生活，反映社会各界呼声、意见和建议，具有较强的真实感，表现出一定的政治性、纪实性、思想倾向性，以及针对性、启发性和参与性、深度性，起到交流思想、讨论问题、弘扬道德、抚慰心灵、励志向上、引导舆论、调节平衡各种情绪、提供社会援助、揭示社会问题等作用。

如中央电视台的《实话实说》由主持人和嘉宾、观众共同参与，围绕社会生活或人生体验的某一话题展开直接对话，或叙述自家观点，或是相互之间讨论、辩论。湖北卫视的《往事》从贫民视角出发，将“小人物大命运”的真实故事回归到大的历史背景中，以反映出当时历史阶段的某些层面，并带领观众一起重新审视历史，得出新的启示。河北电视台的《真情旋律》为观众展现了一个个真实感人的人生故事，诉说人生的悲欢离合、生命的喜怒哀乐、心灵的激情感动，为观众营造一方心灵的天空、一片情感的海洋，带领观众一起感受真情、珍重真情、奉献真情。清华大学新闻与传播学院尹鸿认为“社会情感类节目……是以人物的感情故事为资源，以‘煽情’为手段，以动情为目的，试图用情感架起电视与观众之间沟通的桥梁，为我们建造一座公共的情感家园。”①

二、经济财富类栏目

经济财富类栏目旨在普及各种经济知识、提供各类经济信息，为促进我国经济建设发挥积极的作用。节目内容既有国内外各种经济问题的报道、我国不同时期的经济政策的阐述、国内外多种经济现象的分析、与经济人物的对话访谈等，也有以平民化的视角来关注老百姓经济生活的方方面面，能满足老百姓对商业的探寻心理、为老百姓步入商业领域提供指向。

如中央电视台的《对话》由突发事件、热门人物、热门话题或某一经济现象导入，捕捉鲜活经济事件、探讨新潮理念、演绎故事冲突，通过主持人和嘉宾以及现场观众的充分对话与交流，展现热点新闻人物的真实思想和经历，折射经济社会的最新动向和潮流。凤凰卫视的《财经今日谈》针对经济领域的不同事件，约请相关专家及权威人士，深度分析经济事件的影响，提供新的认识事件的方法和角度，帮助观众对经济宏观形势有更全面的了解，对事件本事有更立体的认识，注重用通俗的语言讲述专业的财经，能够让任何一个没有受过系统财经知识培训的观众也能理解学者的专业意见。广东卫视的《财富》由《天天有钱赚》《财富故事》等多个子栏目构成，强调把经济财富节目的微观触角深入百姓生活，引入“角色”和“情景剧”等形式，生动有趣地展现经济商业知识、介绍成功的小本经营案例、指导花钱省钱的窍门等。

三、文化生活类栏目

文化生活类栏目旨在传播社会文化，关注文学艺术，再现生活状况，展现风

① 尹鸿：《公共情感家园——评河北电视台电视谈话节目〈真情旋律〉》，《中国的电视》2005 年第 4 期。

俗民情，传递思想感情等，将各类文化知识作为核心内涵，带领观众领略人类智慧的成果，传承和弘扬了中国优秀传统，传播着社会主义核心价值观。节目内容主要有相关人物（如作家、学者、表演艺术家等）的介绍，各类文化活动的报道，各种作品（文学、美术、音乐、电影等）的介绍和欣赏，世界文明的进步和辉煌、祖国的大好河山、各地民俗风情及饮食文化，以及一定时期的文化现象或事件的反映和探讨等。

如中央电视台的《大家》节目宛如一部当代知识分子的心灵史，唤起国人对“是谁影响了我们的今天”“是谁影响了历史的进程”这些问题的思索。山东卫视的《美丽山东》以介绍山东省历史文化、城市建设、人文风貌、风土民情为主要内容，将山东的文化底蕴、人文风貌、时代感糅为一体展现在观众面前。黑龙江卫视的《见字如面》以明星读信为主要形式，旨在用书信打开历史节点，带领受众走进那些依然鲜活的时代场景、人生故事，去触碰那些依然可感的人物情状和社会风物，重新领会中国人的精神情怀与生活智慧。

四、体育技能类栏目

体育技能类栏目旨在传播体育技能知识，传递体育赛事信息，展现体育之魅力、体育之精神，是激发传达爱国主义、团队精神的重要途径。为受众提供体育知识、促进受众观念转变、引导受众积极参与体育活动，在满足受众欣赏需求的基础上，以期促进提高全民体质。同时也积极促进体育产业化发展，为经济建设服务。节目内容既有对国内外各项体育运动或竞赛的报道，包括对体育人物的介绍，如运动员、教练员等，还有对体育产品及相关产品的宣传，以及融入了娱乐综艺元素的体育游戏类内容。

如中央电视台的《体育人间》通过选取现役或已退役的国内外优秀的运动员、教练员甚至是默默无闻的陪练员等，讲述他们的日常生活、训练经历，如何面对荣誉、挫折等，以及一些鲜为人知的故事，从而展现其体育精神和人格魅力。山东卫视的《中华武术》既有武术高手和优秀运动员以及民间传统项目武术家的介绍，也有各种软硬功及与武术相关的绝技、绝活，还有有关专家对国内外散打大赛的评论等，以弘扬中华武术、传播体育精神、推动武术发展、促进全民健身。沈阳电视台的《今日体育》集专题、资讯为一体，以侃谈方式整合体育资讯，以话题方式深入探讨大家关注的体坛消息，同时还有广大爱好体育的观众的积极参与互动。

五、科学技术类栏目

科学技术类栏目旨在普及科学知识、宣传科学思想、弘扬科学精神、倡导科学方法，引导受众树立科学观，培养受众爱科学、学科学、用科学，进而提高我国全民的科学素养。节目内容包括介绍各类科学知识、传递最新的科技信息、展示高端的科技成果、关注现代的科技生活热点、探寻未来的科技发展方向等。同时注重科学技术与受众日常生活、工作学习之间的联系，推行实用科普理念，使受众能切实地体验到科学技术给日常生活带来的变化与惊喜。

如中央电视台的《走近科学》内容涵盖广泛，每期一个科学事件或故事，涉及有关科技领域的资讯、成果、史话、人物等。浙江电视台的《今日科技》融新闻、知识、时尚等为一体，既有及时介绍的科技新闻、政策等新点、热点，又有科技致富的故事和经历；既有科技的魅力、趣味和时尚，又有古老科技世界的展现。辽宁卫视的《奇幻科学城》注重打造亲子科普节目，邀请一位来自不同领域的权威专家的讲解，以通俗易懂的讲解、新奇有趣的实验、炫酷的百科知识、最前沿的科学技术带来一堂生动有趣的科普公开课，打造一场全家总动员式的科学探秘之旅。

六、医疗卫生类栏目

医疗卫生类栏目旨在宣传党和国家的卫生政策，记录和宣传国家医疗卫生体系改革进程，为医疗卫生业界人士与受众之间建立沟通的桥梁，构建和谐医患关系，为受众提供多样化、对象化、个性化的卫生与健康服务，开阔受众健康视野、更新卫生理念，以满足受众对健康信息、健康服务的需求，提升全民健康水平。节目内容主要有包括提供公共健康信息、尖端的医学领域动态、普及卫生健康和实用的医疗医药知识，慢性病与传染病防治，掌握防病技能、营养保健要点、抗洪救灾与卫生应急知识等。

如中央电视台的《健康之路》为观众提供具权威的、最新的医学信息和知识，以满足观众强身健体的愿望、治病防病的要求，为提高中华民族的健康素质，为建设社会主义精神文明服务。江西电视台的《健康江西》立足公益、宣传重大医改政策，服务百姓、传播卫生科普知识，选树基层医务人员先进典型，宣传医务工作者爱岗敬业、无私奉献的精神，构建和谐医患关系。沈阳电视台的《北方名医》涵盖了健康知识、最新医疗信息、热点话题，以及提供沈阳最具权威的各大医院的医学资源和专家资源等，旨在成为最贴近生活的健康百科，让观众拥有健康生活享受快乐人生。

七、服务指导类栏目

服务指导类栏目旨在提供具体的生活服务和信息服务，为社会各界解决各种实际问题，为受众排忧解难，具有较强的广泛性、准确性、实用性，以满足受众在日常生活中、具体的心理和生活需要。节目内容广泛，传授生活技巧解决实际问题，把握生活热点传授新知识、新技能，倡导新的生活方式等。

如中央电视台的《为您服务》节目内容有饮食烹饪、衣着美容、养花种草、老年保健、幼儿教育等家庭生活知识，以及有关法律咨询，并回答观众提出的有关日常生活方面的问题等。天津电视台的《教育新干线》一档教育服务栏目，旨在为学生提供更多的服务、为家长、教师提供更多的帮助，以满足观众对教育的多方面需要。湖北卫视的《阳光行动》栏目旨在“安老、扶幼、助学、济困”，通过记录发现心愿并实现心愿的过程，策划激发爱心并奉献爱心的行动，关爱社会弱势群体。当然观众每天收看最多的还是《天气预报》《节目预报》等信息栏目。

近年来，公益观念不断融入电视节目，在提供服务指导的基础上，引领公益舆论、传播公益理念、提高社会道德水平等方面起着积极作用。如中央电视台的《等着我》公益寻人栏目，以官网为基础，聚合多方寻人力量，搭建全方位的权威“全媒体公益寻人平台”，帮助人们找回失散已久的亲人。此外，中央电视台的《开学第一课》、安徽卫视《全星全益》、江苏卫视《赢在中国蓝天碧水间》等电视公益栏目也颇受称赞。

八、竞技综艺类栏目

竞技综艺类电视社教栏目旨在传播社会动态与教育文化信息，以新颖的节目形式、高质量的文化内容吸引受众，引领、塑造受众审美旨趣，以去泛娱乐化方式回归教育本质，寓教于乐，提升受众认知能力与文化素养，帮助受众确立正确价值取向，形成正确、积极的社会舆论氛围。节目内容涉及科学、文化、历史、传统技艺技能、风土人情、艺术作品等。

如江苏卫视的《最强大脑》以展示科学与脑力为主要内容，全程邀请科学家，从科学角度探秘天才的世界，适当加入娱乐、竞技元素，通过艺术性编排与加工让节目更具有故事性、趣味性、观赏性，充分使娱乐、竞技和科学相结合，让更多的年轻受众爱上科学。中央电视台的《国家宝藏》立足于中华文化宝库资源，通过对一件件文物的梳理与总结，邀请有影响力的公众人物，演绎文物背后的故事与历史，能够让受众感受文物不仅是一件博物馆中的陈列品，而是“生命”的文化传奇，引导受众懂得如何欣赏文物之美的同时，也了解文物所承载的文明和中华文化延续的精神内核，感悟传统文化的深厚与自豪，唤起公众对文物保护、文明守护的重视。

第三节 对象型电视栏目

对象型电视栏目是指面向特定的对象播出，与公共型栏目相辅相成，节目内容丰富多彩、形式多种多样，融合了新闻性、知识性、教育性、社会性和娱乐性，并突出针对性和服务性，以满足特定收视对象的兴趣、爱好和特殊需要。一般根据收视对象的年龄、性别、职业及其他方面的特点来分别设置。目前我国对象型电视栏目面向的特定对象主要有：老年、青少年、妇女、农民、军人、残疾人、少数民族、港澳台胞，以及对外宣传等。

一、老年栏目

老年栏目是指面向特定对象为老年受众而播出的，以反映老年人日常生活为主要节目内容的电视社教栏目，已经成为老年人了解社会、沟通情感、陶冶情操的一种生活方式。老年栏目以服务性为主，依据老年人群的心理特点、审美情趣，为老年人提供衣食住行、强身保健、休闲娱乐等方面的知识和服务信息，注重节目内容的知识性，同时选择老年观众喜闻乐见的节目内容与形式，具有较强的娱乐性、趣味性、可观性，努力开阔老年人的视野、拓展老年人的生活空间，以满足不同层次的老年受众。

如中央电视台的《夕阳红》旨在为最大多数的老年人服务，关注老年人的社会文化生活，提供实际生活上的服务，反映老年人眼中的世界与世界眼中的老年人，通过“走出去”直接走进老年人的生活，更是开通“直播”形式直接展现老年生活，引导老年受众积极参与节目，把为老年人服务真正落到了实处。大连台的《霜叶集》主要以一些发生在老人们身边的、热心关注的、喜闻乐见的大事小情、家长里短、技巧绝活，或是组织、参与的相关活动的报道等为节目内容，为老人提供生活、健康、娱乐、休闲等相关信息和服务资讯，提供展示特长的舞台，丰富老人们的晚年生活。

二、青少年栏目

青少年栏目是指面向青年、少年、儿童播出的，或以反映青年、少年、儿童学习生活和日常生活为主要节目内容的电视社教栏目。节目内容以不同儿童发展阶段心理特点和需求为基础，健康向上、趣味益智，形式丰富多样、生动活泼，富有生活气息和时代感，并集纳了思想道德教育、爱国主义和集体主义教育、中华优秀传统文化教育，以及创新思维、团队精神、竞争意识等方面的培养。

如中央电视台的《东方儿童》通过孩子们所熟悉和热心关注的、与之健康成长有关的节目内容，教导他们如何获取学习和生活的知识、掌握相关技能和要领，帮助他们正确认识自我和自然、社会，引导他们树立科学和远大的思想观、价值观，培养健康的体魄和心灵。江西电视台的《法与少年》旨在针对未成年人的心理、认知结构等特点开展未成年人普法，保护未成年人的合法权益，预防未成年人犯罪，为未成年人提供法律咨询等。

21 世纪以来，青少年栏目一直致力于寻求突破和创新，节目内容题材、表现形式等都得到了一定的拓展。如中国教育电视台的《成长不烦恼》关注两代人之间的代沟和矛盾碰撞，引入专家和艺人嘉宾进行现场点评，父母团和子女团现场辩论，并加入情景剧的模式，将成长中父母与子女的烦恼展现得更淋漓尽致、生动的表现出来，让受众有更直观的认识和切身体会，完全融入情景剧的状况中。太原电视台的《极地小英雄》突破了以往编导过多地“引导”节目，完全让孩子们自我展示，更真实地接近生活，真实地记录了少年儿童在恶劣环境中体现自我价值、实现自我理想的历程，对青少年未来成长有着较好的引导作用。而山东电视台《天下父母》聚焦养老话题和教育话题，旨在弘扬中华优秀传统文化、倡导敬老爱幼、加强未成年人思想道德建设。

三、妇女栏目

妇女栏目是指面向妇女观众播出的，以反映妇女生活、工作、情感等为主要节目内容，凸显女性群体、传递女性声音，切实关注女性群体生存状态的电视社教栏目。节目内容从物质和精神情感两方面入手，注重满足不同文化程度、生活环境、年龄经历的妇女观众的不同需要，既有生活中衣食住行的指导，传递最新鲜的生活理念，为现代女性提供榜样，也有婆媳关系、邻里关系、家庭关系、子女教育等方面的处理理论和实际指导。

如中央电视台的《半边天》旨在展示时代女性的风采、关注女性的社会生活，节目内容侧重女性社会的话题、日常生活的技巧、家庭管理、服务信息、女性卫生保健等方面，更以独特的视角直面女性从生理到心理的与众不同，探讨性别的内涵和两性相处的经验，寻求和谐的共处方式。河北电视台《今日女性》重点记录现代女性（包括与女性相关的男性）的实际生活，展现她们的真、善、美，爱与情、人生命运与追求，展现当代妇女的新风貌、新思维和新形象，倡导现代思想观念和文明健康的新生活。同时也关注弱势女性，从现实角度反映她们的困惑与问题，引发关注和讨论，并提供相应的解决之道。

四、农民栏目

农民栏目是指面向农民观众播出的，定位“服务三农、关注公益”，旨在宣传解读各项国家农业政策，传播各种农业科技知识和信息，为政府、市场、农民之间的交流和沟通构架桥梁，为社会主义新农村建设服务的电视社教栏目。节目内容以反映农民生活、生产为主，传递各类农业生产信息、推广各门农业实用技术、引导科学生活生产，同时聚焦农民心理情感需求，帮助解决各类问题纠纷、化解民间矛盾，注重增强农民法制观念、提供法律服务，以及提供各类文艺表演、展示自我的舞台，满足广大农民精神文化需求，倡导新农村、新农民、新风尚。

如中央电视台的《农广天地》主要介绍农业知识、关注并跟踪具有推广价值的新技术和新成果，充分体现“对象明确、生活贴近、科学系统、技术实用、服务周到”等栏目特性，集科普、教育、培训、实用技术推广、信息发布多重功能于一体。河北电视台的《农博士在行动》与省内各大涉农厅局、科研院所紧密合作，以权威的农业专家团队作后盾，各个领域的农业专家深入田间地头，针对不同时节，不同作物，应时应季地给乡亲们讲解最实用、最先进的农业生产技术，宣传农业科技知识、提倡科学种田，具有强调实用性、前瞻性。

五、军人栏目

军人栏目是指面向军人播出的，以及他们的家属、广大国防军事爱好者，承担着传播国防知识、培育国民国防素质的任务，有利于稳定军心、树立将士光辉形象及推广典型，促进我军现代化建设，又有利于普通群众对军人的了解和理解、支持，形成军民一家的良好社会风气。节目内容以反映军人的生活、学习、工作，其受众包括中国人民解放军指战员、中国人民武装警察部队官兵、预备役干部战士、民兵等，具有较强的权威性和严肃性。近年来，军人栏目节目制作手法不断创新、节目表现形式不断丰富，增加情感性、趣味性等，营造“大国防”氛围，积极扩展传播效果和受众群。

如中央电视台的《军事天地》通过介绍轻武器和古代军事谋略的有关知识、军事将领的传奇故事与战争生涯、回顾与剖析第二次世界大战中经典战役、世界各国的武装力量介绍，以及展示我国国防科技的能力、水平和发展现状等节目内容，承担起国防教育的重任。《军旅人生》则紧跟社会热点，以人物为核心，紧紧围绕新闻性、影响力和知名度，选取正在军营或曾在军旅的人物为拍摄对象，以普通人的视角讲述感人励志的故事，还原人物丰富真实的内心世界，传递正能量，集中反映“中国梦”“强军梦”。

六、残疾人栏目

残疾人栏目是指以残疾人为服务对象，或以反映残疾人的生活、学习、工作等为主要节目内容的电视社教栏目，旨在宣传国家有关政策，鼓励、增强残疾人的自信心、自强心和顽强生活的勇气，提供各种信息、指导、服务等，弘扬社会爱心助残的风尚，倡导积极向上的人生追求。节目内容注重尊重、保护残疾人，在精神上对残疾人多加鼓励、心理疏导，并给予生活中所需的指导，如怎样学习、锻炼、生活，如何使用一些必需的辅助工具，社会为残疾人提供了哪些必要的生活服务设施等。

如天津电视台的《我们同行》主要展现以残疾人为代表的弱势群体自强不息的奋斗精神，提供政策咨询、就业信息、从业指导等相关服务资讯，展示弱势群体人物生活真面目，呼唤社会各界关注、支持与扶助残疾人，并鼓舞残疾人走向社会、平等参与社会生活等。上海广播电视台《时事传真》通过重新梳理、编辑，集纳一周国内外新闻时事、热点事件以及各类社会新闻，用口语与手语样式同步播出，努力体现“残健同行”的理念，营造关爱残疾人的社会氛围。

七、少数民族栏目

少数民族栏目是指专以少数民族同胞为服务对象，或以反映少数民族生活、文化历史、地域风貌等为主要节目题材内容的电视社教栏目。节目内容既要尊重少数民族的生活特点、民族习俗、语言风格，又要强调突出主题、深化内容，以促进各民族的团结和交流，以及更好的发展进步。少数民族栏目主要是各少数民族，也有汉族观众，所以有些节目需要语言翻译和字幕翻译。

如中央台的《中华民族》节目题材范围涉及了中华五十六个民族，充分反映各民族人民的传统习俗和文化传承，地域特点、人文环境等，表现各民族同胞的精神面貌，展现中华各民族悠久的历史文化。此外还有广西电视台以表现当代中国少数民族地区女性以独立的人格主体参与社会生活的生存状态为内容的《寻找金花》、内蒙古电视台的以草原文化为核心、展现北方地区自然风貌及各民族人文风情和民族风情的《蔚蓝的故乡》等。

八、港澳台胞栏目

港澳台胞栏目是面向香港、澳门、台湾地区观众的，以宣传党和国家有关方针政策、祖国经济建设改革开放成就，并介绍民族风情、民俗文化、风景名胜等为主要节目内容的电视社教栏目。节目旨在促进不同地区人民之间的相互了解，内容丰富多样、寓教于乐，制作精心细致，注重把握好时机、尺度和分寸，使港澳台胞充分了解祖国蓬勃向上的巨变，吸引他们到祖国各地投资、观光，增强他们回归祖国的热望等，为促进我国经济建设和繁荣旅游业做出贡献。

如中央电视台的《天涯共此时》台湾观众为重点收视对象，以关注两岸民生民计的社会话题为内容，通过纪实两岸百姓的生活、讲述两岸百姓的故事，展示各自奋斗成长的人生经历，将两岸共同关注的热点问题进行深入解读，从而展现“中华文化在两岸的传承”。

九、对外宣传栏目

对外宣传栏目是我国走向世界的一个窗口，旨在促进我国与其他国家之间不断增进了解、扩大共识，维护和平稳定的国际环境，以期在共同利益的基础上能够互相尊重、寻求合作发展。同时，深入展现中华民族艰苦奋斗、自强不息和勇于变革创新精神，培养国外受众对中国文化历史、社会变革成就等方面客观、全面的认识，肩负着对外宣传的重任。节目内容主要在对传统文化正确、全面理解与把握的基础之上，选取中华文化宝库中最具影响力的精华部分展现我国的历史文化、社会变化、民族风采、秀丽山水等，以及当代中国建设的成就和社会发展的基本现状，从而促进世界各国对中国历史与现实状况的了解和认识。

如中央电视台的《华夏掠影》以纪实风格为主，兼顾时代气息、地域特色和对外特点，节目内容涉及我国的经济建设、民俗风情、风景名胜、社会变革、文化生活等各个领域，使海外受众能够深入、透彻地理解中华文化的内涵与魅力。《中华医药》主要向海内外观众传播中华传统的医药文化，提供权威的健康服务。节目民族特色鲜明，文化内涵深厚，服务内容准确有效，风格亲切富有感染力，赢得了海内外观众的喜爱，以及海内外医药界的关注。

21 世纪以来，对外宣传栏目不断探索创新，强调信息消费和全面服务的观念，融合新闻、纪实、教学等多种形式，打造了一批丰富多样的深受欢迎的对外宣传栏目。如中央电视台的《快乐汉语》在各种生活场景中“实战教授汉语”的同时，将中国文化历史等融入语言教学之中，使更多的海外华人和外国受众有机会了解中国社会，了解中国文化，更好地推动中国文化走向世界。而《外国人在中国》通过记录外国人在中国的个人经历、生活状态和人生故事，以个性化的视角展示中国博大精深的传统文化，折射当代中国的发展变化以及开放包容，反映出中国的大国胸怀：开放、宽容、自信，既是“在中国的外国人”个性化展示平台，也为中西文化和人文交流搭建起一座桥梁。

第四节　个案分析：法制电视栏目

一、法制电视栏目的发展历程

随着我国政治经济体制改革的不断推进和市场经济的日益发展，国家启动了“普法”工程，提出了“依法治国”的基本方略。我国法制建设进入了快速发展阶段，法律体系逐渐健全和完善，人们的法律意识不断提高，对各方面的法律需求也不断增加。由于电视传媒具备传播文化知识、传递信息资讯、提供娱乐服务等功能，再加上具有传播及时、内容易受、现场实证等媒介优势，在我国法制建设过程中必然发挥重要的作用。

1985 年 5 月上海东方电视台《法律与道德》栏目的创办，标志着我国法制电视节目的产生。随后一些省市电视台相继开办了自己的法制电视栏目，如南京电视台的《法制园地》、山东电视台的《道德与法制》、广东电视台的《公民与法》、江苏电视台的《法与大众》、天津电视台的《经纬线》、上海电视台的《案件聚焦》、深圳电视台的《法制纵横》、安徽电视台的《法眼看天下》等栏目。这一时期的法制电视栏目建设大都在探索中前进，节目类型较为单一，主要以“普法”为主。

1994 年 4 月中国广播电视学会电视法制节目委员会正式成立，标志着法制电视节目建设进入了一个新阶段。各级电视台开办了大批新栏目，如南京电视台的《法庭传真》、上海电视台的《案件聚焦》、陕西电视台的《社会档案》、中央电视台的《社会经纬》、大连电视台的《法制天地》、山东电视台的《金剑之光》等栏目。这一时期的法制电视栏目建设不断加强，节目类型逐渐丰富，节目质量有所提高，较好地协调了节目的可视性与法理性之间的关系，社会影响不断扩大，开始成为观众收看的主流电视节目之一。

1999 年 1 月以“重在普法，监督执法，促进立法”为栏目定位的中央电视台《今日说法》栏目开播，标志着我国法制电视栏目日趋成熟。各级电视台不断涌现出大批优秀的法制电视栏目，其特色和风格各有不同，树立起各自栏目的品牌，深受广大观众喜爱，如中央电视台的《经济与法》、北京电视台的《法制进行时》、湖南电视台的《零点追踪》、重庆电视台的《拍案说法》、山东电视台《评案说法》等栏目。这一时期的法制电视栏目呈现出繁荣发展的局面，节目内容更加丰富，涉及的题材在广泛性和深度上都有所开拓，节目类型呈现出多样化，具有较强的真实感和现场感，服务意识更是有所提高，逐渐向着频道专业化趋势发展。同时，也暴露出节目理念偏颇化、节目内容低俗化、节目形式同质化等问题。主要表现有：节目秉持法律视为刑罚的理念，是维护公平和正义的复仇工具，法制节目选题狭窄并强硬，缺乏亲和力；节目题材范围较窄，多集中在煽（情）、色（情）、腥（暴力）等方面，而且舆论引导功能表现较弱，容易造成对法律的片面认识；节目内容关注热点要案过多，多集中在法律刑事、民事案件、经济纠纷案件等方面，而且多是以案说法，对细节、深度挖掘不够，也很难形成连贯系统的法律认知；节目形态模式固定缺乏创新，多集中在以案说法、案件纪实类型，而且多以故事方式“模拟再现”，容易形成“犯罪展示”等。2006 年 6 月 9 日，国家广电总局就曾对辽宁电视台《法制时空》栏目严重违规行为发出过措辞严厉的停播整改通报。

随后，法制栏目开始注重秉承“以人为本”的理念，以法的精神和本质作为创新基点，融合纪实元素、演播室谈话、评书艺术等多种传播形式扩展多样化的节目形态，在坚持真实性、客观性的前提下结合破案过程对案件进行二次创作，强调节目视角的平民化、语态的通俗化、叙事的艺术化、表现的趣味性，并注重权威解读和舆论引导，开创了新法制电视栏目时代。如中央电视台的《天网》致力于用纪实手法向案件的深度和广度进行开掘，追求社会意义和专业意义的典型性，力争通过对重、大、名案的真实挖掘和纪录，让受众获取对社会、人生和破案科技手段认知的满足，同时竭力挖掘细节，寻找逻辑联系，记录社会意义和人性意义上的深刻而复杂的戏剧性过程。此外，还引进国外的一些优秀的国外的名案、要案、介绍破案手法与刑侦技术的社会法治类纪录片，开阔受众视野。河北卫视的《老梁有看法》是一档以真实发生过的案例故事为切入点的法制脱口秀栏目，通过主持人梁宏达独特的视角剖析犯罪心理，解读社会问题、法制事件，还原事件背后的事实真相。以通俗易懂的语言为观众抽丝剥茧、去伪存真，以期达到关注公民权利、影响公众道德、增强法律意识、传播法制精神、促进司法建设、加速社会和谐的节目社会功能。

二、法制电视栏目的主要表现形态

法制电视栏目的开办满足了受众学法、懂法、用法的需求，在法制建设和受众的需求之间架起了沟通的桥梁。同时也为受众提供法律服务，协调和处理各种社会关系，使受众日常生活中面临的各种矛盾、纠纷和困难等得到宣泄、平衡。

法制电视栏目节目内容更加民生化和服务性，表现形式的娱乐化，

目前我国的法制电视栏目有以下主要表现形态：

1. 以案说法类栏目

以案说法类栏目通过对各种各样真实案件的记录、描述和揭示，以及主持人或主持人与资深律师、法官、检察官、法学专家等业内人士对案件的讨论，以达到普及法律知识、澄清模糊认识的目的，具有较强的实用性，也具有一定的故事性。如中央电视台的《今日说法》、天津电视台《案与法》、湖南卫视的《辩法三人组》等。

2. 法庭纪实类栏目

法庭纪实类栏目通过对个案庭审的全过程，尤其是控辩双方唇枪舌剑的现场纪实，向观众直观地、公开地表达相应的法律程序，以实现舆论的监督功能。如北京电视台的《庭审纪实》、河北电视台的《现在开庭》、长沙电视台的《法庭直播》等。

3. 警事追踪类栏目

警事追踪类栏目通过几乎同步记录大案要案始末，甚至是现场目击式的报道，对案件进行追踪，展现紧张的现场感和逼真的现实感，具有较强的时效性。如中央电视台的《法治在线》、北京电视台的《法制进行时》、湖南电视台《零点追踪》等。

4. 新闻融合类栏目

新闻融合类栏目以新闻纪实手法，关注法治领域的热点，对相应的新闻事件做出快速反应，在具有新闻时效性的同时也体现了法治的思想性和法律的服务性。如中央电视台的《法治在线》等。

5. 访谈讨论类栏目

访谈讨论类栏目通常在演播室进行，邀请一些嘉宾就案件、事件、人物等方面进行访谈或是讨论评说，以展现案件始末、事件进程、人物事迹等。所选嘉宾有法律专家、警务人员、事件当事人等，多以个人的感受和认识来谈想法意见，同时还有现场观众的积极参与互动。如山东电视台的《举案说法》、东方卫视的《警察人生》等。

6. 杂志综合类栏目

杂志综合类栏目往往将上述五种或部分形式综合在一起，由不同板块环节构成，集法律知识介绍、法律资讯传递、要案追踪揭秘、法案谈论点评、法律帮助服务等于一体。如黑龙江电视台的《法制在线》、青岛电视台的《钟声》等。

7. 监狱接触类栏目

监狱接触类栏目通过展现罪犯走向犯罪的过程和接受改造的心路历程、罪犯亲人的呼唤等待、监狱干警的职责重任和真诚的教育帮助等，以起到警示后人、维护社会稳定的作用。如河南电视台的《大墙内外》、陕西电视台的《监狱故事》等。

8. 故事评说类栏目

故事评说类栏目通过主持人以说书人的身份，讲述古今中外各种案例的破案经过，线索寻求和相关分析，犯罪人的背景、犯案时的复杂心路历程等，语言生动活泼，表现手法不拘一格。如凤凰卫视的《文涛拍案》、陕西电视台的《说案》等。

9. 益智娱乐类栏目

益智娱乐类栏目通过对已发生案件的案情再现，并在案件的关键要点设计悬念，由主持人穿针引线，观众参与互动，对案件进行分析推理，直至最后找到答案，融合了知识性、益智性、娱乐性。如重庆电视台的《拍案说法》、江苏电视台的《探案俱乐部》等。

10. 戏剧表演类栏目

戏剧表演类栏目以普及法制为宗旨，将真实的法律案例拍摄成通俗易懂的小短剧，同时加入主持人的评说，形成悬念化的叙事结构、大众化的叙事定位、合理化的叙事逻辑、多样化的叙事风格。如中央电视台的《普法栏目剧》、大连电视台《现在开演》等。

11. 法律援助类栏目

法律援助类栏目以推进法律援助服务为宗旨，将当事人请到节目录制现场寻求诉讼代理，当事人通过讲事情摆证据、最权威的律师解读等环节提供无偿法律援助，从而解决百姓实际困难，普及法律知识，弘扬社会正能量。如中央电视台《法律讲堂》栏目的《法律援助在行动》系列节目、河北电视台的《拜托了律师》等。

三、法制电视栏目的特征

法制电视栏目是受众经常收看的、并较为满意的电视节目类型之一。法制电视栏目在不断成长逐渐走向成熟的过程中，满足了社会转型期的大众现实和心理的需求，为我国社会发展和法制建设做出了重要贡献。法制电视栏目只有不断适应社会发展、法制建设和大众需求，不断完善、创新，才能找到生存之法。目前，我国的法制电视栏目特征主要体现在以下几个方面：

1. 栏目导向职能明确化

电视媒介既可以引导舆论的方向，也可以培养受众的欣赏倾向。法制电视栏目注重保持正确舆论方向，强化社会责任感，自觉遵循法律规范和新闻原则。不迎合猎奇心理和低级趣味，不宣传犯罪过程和细节，把握宣传的时机和尺度，保护国家机密和个人隐私。同时进一步明确栏目的职能，既要通过对案件的报道揭露和批判犯罪行为，打击犯罪势力和不良风气，维护法制严肃。更应实现舆论监督和引导，对受众进行积极的法律宣传和法律教育，让观众真正了解到案例触犯的具体法律条款和项目，如何用法律来维护自身权利，如何用法律来预防案件和纠纷的产生，如何用法律来协调平衡各种矛盾和关系，营造和谐稳定的社会氛围和人际关系。

2. 栏目受众对象分众化

虽然法制电视栏目是面向受众传播法律知识、关注国家法制建设进程的，同时侧重满足某一层次范围观众的需求，进一步实现受众细化。如主要面向专业人士的法制电视栏目，侧重介绍最新的法律事件、法律研究发展动态等，节目内容具有较高的专业性、理论性、时新性。主要面向普通观众的法制电视栏目，侧重法律知识的介绍、法律资讯的传递、法律帮助服务的提供，节目内容具有较强的知识教育性、法律思想性、帮助服务性、参与互动性、益智娱乐性。而青少年是思想发展最为重要的一个阶段，其生理和心理都具有一定的特殊性，青少年犯罪现象也越发成为社会关注的问题。一些电视台开始积极开辟主要面向青少年的法制电视栏目，侧重宣传法律常识、培养保护自我意识、引导健康的心理和行为，节目内容具有针对性、引导性、寓教于乐性。此外，开办主要面向妇女和老人的法制电视栏目也是势在必行，侧重提供各种法律帮助和服务。

3. 节目思想内涵人文化

在维护法制节目严肃性的基础上，更好地体现出其思想性以及对人的尊重和关爱。注重增加介绍民法、经济法、合同法等常用法律的比例，多选择真正地贴近群众、贴近生活的案例，尤其是一些具有典型法律意义的、与人民群众关系密切的小案例。以平民视角关注社会个体在事件发生发展直至结局过程中的切身体验与心理历程，展现人物的内心世界和命运变化，并将要传达的思想意识和法律精神融入其中，从而引起观众心灵的震撼和共鸣。更重要的是每个地区的受众在生活思维方式、价值观念、道德习俗、宗教信仰、审美趣味等方面都有所不同，所以各省市法制电视栏目应用他们习惯的方式表达，以符合本地区老百姓的需求，凸显出栏目的地方特色。

4. 节目内容扩展深度化

随着全球化趋势的不断凸显，节目内容触及一些错综复杂的国际法律问题与纠葛，增加在国际上具有共性的法律内容，或是与我国联系较为密切的国家地区以及各合作领域相关的法律内容，即强调国际化。另外，在传播法律知识的同时，加强关注法律系统本身，积极探讨法律与社会、法律与人等的关系；在关注律法部门的同时，扩展到政治、经济、文化和社会等多个领域。同时节目内容更加深度化，不仅满足于对案件进行描述和分析，还要提高其法律含量，增强与新闻调查等形式的结合，寻求事件发生的社会环境和背景，以及罪犯的犯罪心理等，实现对事件深层内涵的挖掘。

5. 栏目表现形式多样化

法律电视栏目一方面注重加强新闻融合类栏目的建设，利用新闻的纪实手法，提高法律节目的知识性和新闻性；另一方面，结合虚拟演播室、电脑动画等虚拟现实技术，形成故事评说、益智娱乐、访谈辩法、真人秀、栏目剧等栏目表现形式，如之前提到的法律援助栏目就引入真人秀形式，也可以选用“明星”担任法律宣传等，并融合娱乐、竞技等表现手法，增强节目的故事性和益智性、可视性和互动性。如浙江电视台的《大侦探西门》则创立了虚拟主持人“西门”为青少年的侦探偶像，通过警长角色将虚拟与现实沟通，让警长代替西门在现实案件中搜寻现场遗留证据、调查问讯嫌疑人，推理排查真正的凶手，在普及法律知识的基础上引领青少年观众缜密思考、大胆想象、科学推理，以提高广大青少年观众的逻辑思维能力和综合判断能力。

6. 栏目品牌个性风格化

法律电视栏目树立品牌意识越发浓厚，跳出千篇一律的模式和样式。在栏目的宗旨定位、策划包装、主持人的选择、表现形式和节奏控制等方面不断创新，形成鲜明的个性和独特的风格。如凤凰卫视的《文涛拍案》栏目综合运用了影视、图片、网络、报纸、杂志、电话联机等方式，再加上主持人窦文涛亲切诙谐、幽默不造作的讲述，形成了自然、踏实、轻松的风格。第九届电视法制节目研究委员会年会上的获奖作品《我是谁家的猪》，改变以往叙述者全知全能的视角，转而以猪为第一人称贯穿全文，加上童声配音，让一个原本生硬的法制节目变得妙趣横生。

相信随着社会的不断进步、法制的逐渐健全和电视技术的快速发展，以及从业人员自身素质的不断提高，法制电视栏目的建设将更加完善，内容和形式更加丰富成熟，服务意识更加强化，在专门化和频道化上开创更加广阔的天地。

思考题

1. 试比较不同电视社教栏目结构形式的特点。
2. 举例说明各公共型电视社教栏目的传播功能。
3. 分析不同对象型电视社教栏目的特性。
4. 如何理解文化综艺类社教节目的走红?
5. 电视社教节目如何实现社会主义核心价值的引导?
6. 谈谈法制电视栏目不同表现形式之间的关系。
7. 电视社教节目如何更好地创新?

参考书目

1. [美] 威尔伯·施拉姆，威廉·波特:《传播学概论》，新华出版社 1984 年版。

2. 刘丽丽、苏燕华:《从社交类综艺节目看电视文化的社会引导价值》，《当代电视》2017 年第 4 期。

3. 陈笑春、陈佑荣:《电视社教节目传播社会主义核心价值的途径》，《当代传播》2010 年第 3 期。

4. 秦瑜明:《专题化与对象化——电视社教节目发展走向分析》，《现代传播双月刊》2002 年第 2 期。

5. 吴芳等:《电视社教专题类节目的灵魂所在》，《新闻知识》2013 年第 4 期。

6. 尹鸿:《公共情感家园——评河北电视台电视谈话节目〈真情旋律〉》，《中国的电视》2005 年第 4 期。

7. 王仁忠、衡阳:《电视法制节目的问题探析与传播创新》，《中国广播电视学刊》2009 年第 1 期。

8. 范愉:《社会转型与公众精神需求——谈情感类电视节目的功能与规范》，《现代传播》2004 年第 6 期。

9. 廉伟:《简记中国电视社教节目三十年》，《现代传播》2010 年第 1 期。

10. 李金宝:《电视法制节目的流变及发展趋势》，《现代视听》2011 年第 8 期。

11. 王萍:《生活服务类电视栏目的策划研究》，《新闻传播》2014 年第 2 期。

第十三章　电视娱乐类栏目

第一节　娱乐类电视栏目发展概况

一、电视娱乐栏目的起源和发展

电视娱乐节目是指通过电视媒体传播的，大众广泛参与互动的，以娱乐性、消遣性、趣味性和商业性为突出特点的电视节目。而电视娱乐节目以栏目化的形式固定下来，定期连续播出的，便称为电视娱乐栏目。它是目前电视上最常见的一种栏目形态之一。

随着我国经济的迅速发展，人们生活水平的不断提高，愉悦身心成了人们对电视媒体的新要求。从 20 世纪末开始，我国刮起了电视娱乐栏目热的浪潮。时至今日，这种浪潮还有愈演愈烈之势。对这种栏目热进行分析，有利于我们冷静、客观地正视这种现象，也有利于我国的电视娱乐栏目正确、健康地顺利发展。

最早的电视娱乐栏目起源于欧美等国家，并从那里逐渐发展成熟起来。直到今天，欧美等国家的电视娱乐栏目，无论从内容到形式，都是我们模仿和学习的对象。因此，要研究我国的电视娱乐栏目的发展历程，首先应该了解欧美等国家的电视娱乐栏目的发展过程，这不仅有利于我们认识我国电视娱乐栏目的过去，也有利于我们认清其现状，甚至可以从中预见到我国电视娱乐栏目将来的发展趋势。

（一）电视游戏类节目是最早的电视娱乐节目

大卫·麦克奎恩的著作《理解电视》较为详细地介绍了早期的电视娱乐节目。最早的电视娱乐节目是 1938 年 5 月 31 日，在 BBC 的亚历山大宫直播的简单拼写竞赛——《拼写蜜蜂》（*Spelling Bee*）。这是一档游戏节目，比赛的内容非常简单，参赛者只需努力正确地拼写单词就可以了。虽然这个节目没有获得多大的成功，但是它开创了电视娱乐节目的先河，给早期的电视节目策划人以启示，并提供了宝贵的经验。

（二）电视游戏竞赛类节目是欧美电视娱乐节目发展的鼎盛时期

20世纪50年代，电视竞赛类节目开始兴盛起来。其中最著名的是CBS于1955年创办的《六万四千美元问答》（*The $ 64000 Question*）。节目中设立了高额的奖金，吸引了大量受众的关注，高收视率促使在它之后出现了许多模仿节目。然而，优胜者是电视网和广告商挑选出来的这一作弊行为致使这种节目濒于毁灭。

在20世纪70年代的电视娱乐节目中，主持人和参赛选手的个性变得越来越重要，“有趣”是节目成功的关键。英国电视也开始出现了提供现金奖励的游戏节目——《让你的钱加倍》（*Double you Money*）和《挑了带走》（*Take you Pick*）。这类节目的奖金额有限，因此它的重点在于竞赛的乐趣而不是物质的奖励。

20世纪80年代，智力竞赛节目开始回潮。其中一个成功的代表栏目是《盲目的约会》。在节目中，匿名的参赛者会选择“没有任何附带条件”的两性关系，随后会有极具羞辱性的仪式化交易过程。在节目中，观众会产生窥视的快感，这大概也是这个节目成功的原因。

从20世纪90年代到今天，智力竞赛节目一直在不断发展和变化着。典型代表是麦克尔·巴里摩尔（Michael Barrymore）主持的《幸运撞击》（*Strike it Luckily*），这是一个集智力问答、才艺竞赛、杂耍和聊天的大杂烩节目，取得了巨大的成功。

（三）20世纪末21世纪初，“真人秀”类节目逐渐蓬勃发展起来

“真人秀”类节目，也称“游戏秀”“真实电视”“纪录片式的肥皂剧”，英语称为“Reality TV”。这类节目是以普通人（非扮演者）为主角，“基本上采用了纪录片的拍摄制作方式，表现真实人在真实场景中的活动情节，同时也有游戏、竞技比赛、荒岛及室内生活、记者的现场采访和脱口秀式的演播室访谈等。这是一种集纪录片、游戏、益智、竞技、谈话、新闻报道等多种形式，融知识性、娱乐性、可视性等多功能于一体的节目类型。”① 这类节目获得了巨大的成功。目前，欧美的“真人秀”类节目主要分为两类，一类是“室内真人秀”，另一类是“野外真人秀”，典型代表分别是《老大哥》和《幸存者》。

---

① 石长顺：《电视栏目解析》，华中科技大学出版社2003年版，第221页。

《老大哥》由荷兰一家电视台于1999年推出。这是一档颇有争议的偷窥节目。节目选择6对青年男女，他们生活在一个相对闭塞的室内环境中，被全天24小时记录着一举一动，制作成节目。参与者与观众分阶段进行投票，逐一将不受欢迎者淘汰出局，最终的胜出者可以得到25000美元的奖金。《老大哥》是目前全球最大的“真人秀”类节目之一，许多国家都仿照制作了类似的节目。

《幸存者》（*Survivor*）（有的译为《生存者》）是美国哥伦比亚广播公司（CBS）于2000年5月推出。该栏目把16名选手送到一个荒无人烟的孤岛上，在将来的4个多月里，他们要在没有外援、不许自带食物的孤立情况下和原始的大自然作斗争。该栏目创下了CBS在该时段13年来的最高收视纪录，被美国《时代周刊》评为2000年度最佳电视节目。

二、我国电视娱乐栏目的发展历程

我国早期的电视娱乐栏目来源于电视文艺节目。当时的娱乐节目还没有从文艺节目中独立出来，节目的内容、形式单一，没有专门的、独立的、固定的娱乐栏目。从20世纪90年代开始，我国的电视娱乐节目开始主要是一些歌舞、戏曲、相声、小品等文艺节目，通常出现在晚会或某个文艺节目中，没有专栏化，更没有独立的娱乐栏目。时至今日，我国的电视娱乐栏目已经走过了15年左右的历程，并且仍然在繁荣发展着。这段发展历程大致可以划分为以下四个阶段。

第一阶段：20世纪90年代初期兴起的综艺类娱乐栏目，以《综艺大观》《正大综艺》为代表。

《综艺大观》是由中央电视台文艺中心于1990年3月14日开播的综艺性娱乐栏目，被认为是娱乐栏目的开端。该栏目面向各层次、各年龄段的电视观众，集综艺性、娱乐性、观赏性于一身，歌舞、相声、小品、杂技等多种艺术形式并存，逐渐形成了欢乐、轻松、健康、温馨的节目风格。《综艺大观》在走过了14年的岁月之后，于2004年10月8日停播。该栏目开创了我国综艺性娱乐栏目的先河，使人们逐渐认同并习惯这样一种有固定播出周期的电视娱乐栏目。它走进了千家万户，赢得了全国亿万观众的喜爱。

《正大综艺》是中央电视台与泰国正大集团合作创办的综艺性娱乐栏目，开播于1990年4月21日，每周一期，至今已经走过了15年的历程。该栏目的目标受众为热爱旅游、热爱生活的城市大众，它将地域风情与现场竞答紧密结合，让电视观众在轻松愉快的气氛中增长知识。该栏目在新的竞争形式下不断调整创新，在娱乐节目竞争激烈、电视观众愈加挑剔的今天，《正大综艺》一直在不断努力奋进着，但其观众仍在流失。《正大综艺》的辉煌时期已经过去，“但它的出现却具有非同一般的意义：它不仅开创了一个娱乐新形态，并且带动了当时各地方电视台一批同类节目的问世，培养出了中国第一批综艺节目制作人员，而今天众多节目所走的引进、模仿之路，也是它在十几年前就已经走过的。”①

第二阶段：20 世纪 90 年代中后期兴起的游戏类娱乐栏目，以《快乐大本营》为代表。

《快乐大本营》于 1997 年 7 月 13 日正式开播，是湖南卫视的金牌栏目之一。其栏目内容以游戏为主，歌舞、小品等综艺类节目为辅，有时还会有一些聊天、情感、短剧表演等，总之，一切以“娱乐”“快乐”为目的。这种栏目风格使观众眼前一亮，受到大众的热烈欢迎。约半年时间就逐渐火爆起来，最红火时平均收视率曾达到 33%，它的广告价格甚至超过了中央电视台的平均价格。一时间许多家大小电视台都模仿《快乐大本营》的栏目形态，以游戏为主要内容，甚至连栏目名称也使用“快乐”“欢乐”等字眼。如北京电视台的《欢乐总动员》、安徽卫视的《超级大赢家》等。人们称这种现象为“快乐现象”，也有人将其称为“快乐旋风”。

这个节目也获得了丰厚的利润，同时也引来了许多模仿者。类似的娱乐节目充斥荧屏，良莠不齐，简单的大量的复制只会倒坏观众的胃口，长期如此导致了这种娱乐节目逐渐走下坡路。

第三阶段：20 世纪 90 年代中后期兴起的益智类娱乐栏目，以《幸运 52》《开心辞典》为代表。

上海电视台在 20 世纪 90 年代初期播出的《智力大冲浪》可以算是最早的益智类娱乐栏目，但真正被人们熟知并掀起益智类娱乐栏目高潮的是《幸运 52》和《开心辞典》两个栏目。

《幸运 52》是于 1998 年 11 月 22 日，由当时的中央电视台二套经济生活服务频道推出的一档益智类娱乐栏目，由李咏担任主持人。这是一档从英国引进的栏目，模仿英国 BBC 制作的大型博彩栏目《GOBINGO》，在此基础上又根据中国观众的实际情况进行了本土化改造。它将知识性、游戏性和竞赛性有机地融合起来，采用挑战擂主式，并使用场内外互动的方式，达到了大众互动的高潮，使电视走向平民化。

在《幸运 52》取得了成功之后，中央电视台经济部于 2000 年 7 月在周末黄

---

① 宗匠：《电视娱乐节目：理念、设计与制作》，中国广播电视出版社 2003 年版。

金时间又适时推出了另一档益智类栏目——《开心辞典》。这个栏目是模仿英美的《谁想成为百万富翁》，采用挑战主持人的形式，并创造性地提出了“家庭梦想”的口号。事实证明，《开心辞典》是非常成功的。开播不到半年，在中央电视台二套节目的排名中仅次于《幸运52》。2008年，湖南卫视推出了电视益智类栏目《以一敌百》，与此同时，广东卫视与阳光文化多媒体联手打造了益智栏目《猜猜女人心》，湖北卫视推出了《有奖有法》，山东齐鲁电视台推出《所向无敌》等。但是这些栏目并没有再次创造出像《幸运52》《开心辞典》当年一样的辉煌。直到2012年，益智类电视娱乐节目才又重新焕发生机，江苏卫视推出了两档益智攻擂栏目《一站到底》《好好学习》，成为黑马一举成功，收获了良好的收视效果。

第四阶段：20世纪末21世纪初期至今，“真人秀”栏目兴起与发展的时期。以《走入香格里拉》《超级女声》《爸爸去哪儿》《歌手》等为代表。

进入21世纪后，电视真人秀栏目占据娱乐栏目的主流，甚至有些非娱乐栏目也或多或少地运用了真人秀栏目的表现元素，因而有人指出，中国电视进入了一个泛真人秀时代。电视真人秀栏目在近二十年的发展过程中起起伏伏，有辉煌也有挫折，大致经历了如下阶段：

第一，生存挑战真人秀栏目阶段。我国的“真人秀”类栏目有的是从国外直接引进播出的，但更多的是从国外引进并加以改造的。早期的“真人秀”类栏目，大多是野外生存挑战型的，属于“野外真人秀”，典型代表是大型“真实电视”节目——《走入香格里拉》。这是由四川电视台等20多家广播电视单位与北京维汉文化传播有限公司共同制作的一部大型“真人秀”节目，该节目从全国23万应征者中挑选18位志愿者，他们仅带着10根火柴和10天的口粮在海拔4000米的香格里拉生活30天。全国观众都可以看到他们的生活过程。

第二，“室内真人秀”栏目阶段。2002年，湖南经视播出了仿制法国室内真人秀《阁楼故事》的《完美假期》。栏目让12名男女选手在一幢别墅中共同生活70天。虽然栏目回避了“偷窥”和“性”——这两个西方最重视的节目卖点，但人们对于这个新出现的栏目形态仍褒贬不一。2003年年底，中央电视台二套推出了《非常6+1》，号称是完全本土化的“真人秀”栏目。该栏目以平民百姓为节目的主角，圆普通人的一个明星梦。

真人秀栏目在经历了以上两个阶段的“水土不服和”本土化改造和创新后，开始呈现出良好的发展态势。逐渐占据了电视娱乐栏目的主流地位。

第三，选秀类真人秀栏目阶段。《超级女声》是湖南卫视在2004年开始举办的大型季播类平民歌手选秀栏目。虽然在《超级女声》之前，湖南卫视娱乐频道就举行过“超级男声”选秀比赛，中央电视台也曾在2003年推出过平民选秀栏目《非常6+1》，但是影响力远远没有《超级女声》深远。《超级女声》以“想唱就唱”的栏目宗旨和“无门槛”的报名条件吸引了全国数万报名者和数亿观众，真正做到了全民参与。《超级女声》满足观众互动需要，拉近了观众与明星的距离，“以《超级女声》为首的选秀类娱乐节目真正调动了观众的参与热情，打造了观众的参与渠道，赋予了观众的参与机会，从海选开始到最后冠军的角逐，从粉丝到路人，大家全身心地投入到比赛当中，为选手投票、拉票、声援……这场平民造星运动直到十年后的今天仍然没有落幕。”①

《超级女声》之后，选秀栏目的再度繁荣是在2012年，星空传媒从荷兰引进The Voice of Holland的节目版权。7月，浙江卫视推出大型励志专业音乐评论节目《中国好声音》。《中国好声音》相对于以往的选秀节目有所创新，其中“盲听盲选”的环节设置让声音成为唯一选秀标准，并且充分发挥了明星效应，学员在打动导师之后可以进行反选，这些新的形式为节目创造了看点。同时，选秀栏目呈现出内容多元化特点，不再只有歌手选秀，还出现了辩论、武打、舞蹈、智力和特殊能力等多重领域。代表栏目有江苏卫视《最强大脑》。

第四，婚恋类真人秀栏目阶段，1998年，湖南卫视率先播出了一档以相亲为题材的娱乐栏目《玫瑰之约》，它开创了婚恋类娱乐节目的先河，令观众耳目一新，迅速成为人们街头巷尾热议话题，并长期取得收视冠军。虽然节目以于2005年停播，但是为后期婚恋节目的火爆打下了基础。2010年，江苏卫视推出大型婚恋类真人秀栏目《非诚勿扰》，每期节目会请出24位女嘉宾，经过“亮灭灯”“心动女生”“爱之初体验”“爱之再判断”“爱之终决选”“男生权利”等环节来与男嘉宾进行配对。节目从环节设置，到舞台灯光，服装道具都表现出娱乐栏目的特点，而其中一些嘉宾的言论，为《非诚勿扰》带来许多关注与争议。同年，各省级卫视纷纷推出婚恋栏目，婚恋类真人秀栏目一度霸屏。如湖南卫视《我们约会吧》、浙江卫视《为爱向前冲》、东方卫视《百里挑一》等。

婚恋栏目的盛行引来舆论聚焦和国家广电总局的关注。2010年6月9日，国家广电总局正式下发《广电总局关于进一步规范婚恋交友类电视节目的管理通知》及《广电总局办公厅关于加强情感故事类电视节目管理的通知》两份正式文件；6月11日，中央电视台《焦点访谈》播出深度报道引导婚恋栏目健康发

① 王憬晶：《中国大陆电视娱乐节目发展研究》，浙江大学出版社2015年版。

展；6 月 12 日，《人民日报》刊登文章批评婚恋栏目不健康的价值导向。2014 年《我们约会吧》停播，婚恋栏目逐渐衰落。《非诚勿扰》节目在多次整改之后，仍然保持着较高的收视率。

第五、各种模式的真人秀栏目蓬勃发展阶段。2013 年，湖南卫视播出从韩国 MBC 电视台引进版权，随着大型明星真人秀栏目《我是歌手》和户外亲子真人秀栏目《爸爸去哪儿》的热播，真人秀栏目再次掀起娱乐狂潮，并成为收视冠军。《我是歌手》选择已成名的歌手在舞台竞演，采取末位淘汰，增加节目的刺激新和悬念性，被称作“中国首档顶尖歌手音乐对决真人秀”。同时，其他省级卫视也推出了音乐类真人秀，如安徽卫视的《我为歌狂》，东方卫视的《天籁之战》、江苏卫视《蒙面唱将猜猜猜》《金曲捞》等。明星跨界真人秀也相继出现，如北京卫视推出的《跨界歌王》《跨界喜剧人》。《爸爸去哪儿》把户外真人秀栏目再次带回电视荧屏。节目组为了保证节目内容的真实完整，采取了 24 小时“不停机”的拍摄方式，每一期的现场记录近 100 小时，全方位无角度展现“星爸”和“萌娃”之间的在旅行中的点滴，满足观众对明星“窥私欲”的同时，也了给 80 后父母们展示出一部生活教育百科全书。此外，户外旅行真人秀和户外游戏真人秀也引发了广泛关注和好评。如湖南卫视《花儿与少年》，浙江卫视《奔跑吧，兄弟》，东方卫视《极限挑战》等。

我国的电视真人秀栏目内容丰富，模式多种多样。除上述内容的真人秀，还出现了以情感为内容的真人秀、体验真人秀、校园纪实真人秀等。此外，真人秀栏目还开创了一种综艺大电影的电影形式，这种电影往往票房过亿，不过业界与受众仍对其存在争议。

第二节　娱乐类栏目的形态特征

中国的电视娱乐栏目从 90 年代初的兴起到今天，走过了二十多年的发展历程。栏目的内容到形式，都不断地从幼稚逐渐走向成熟。我国电视上的娱乐栏目呈现出丰富多彩、繁荣多样的景象。

一、游戏类娱乐栏目

游戏类娱乐栏目是一种大众参与的，以游戏、竞技、竞赛、竞猜中的一项或几项为核心的娱乐栏目，有时还融合了歌舞等综艺表演。这种栏目类型具有以下几个特征：

（一）娱乐性

娱乐栏目的宗旨就是“娱乐大众”，而游戏本身就是一种最基本的娱乐方式，它通过电视这一现代化媒体被搬上了屏幕。游戏类娱乐栏目通过展示游戏本身、参与者在游戏过程中可能所犯的错误和出的洋相等，融合多种娱乐元素，达到娱乐大众的目的。

（二）竞争性

紧张刺激的竞争环节是吸引受众的一个重要因素。基本上所有的游戏类娱乐栏目都具有竞争这一特性，只是不同的栏目侧重点不同。有的侧重体力方面，有的则侧重脑力方面等。

（三）参与性

游戏栏目要做游戏，必然要有人参与。最初游戏的参与者都是影视明星，后来参与者逐渐转变成了普通观众。由于普通观众与电视机前的观众具有身份的相似性，甚至比明星还具有收视率。

（四）真实性

“电视游戏节目的内在形态特点就是写真，即关注现场，全盘托出。游戏效果是无法预先编排的，游戏节目中的出错、笑料使观众真正地笑了起来，即使不是直播节目也保留了这一特点。”①

目前，我国的电视游戏类娱乐栏目已经走进了一个僵硬的模式当中，逐渐落入俗套，它的主流位置很快就被益智类娱乐栏目所取代了。

二、益智类娱乐栏目

益智类娱乐栏目是侧重智能较量的一档娱乐栏目。益智类娱乐栏目与游戏类娱乐栏目在特点上有一定的相似之处，它也具有娱乐性、竞争性、参与性、真实性等基本特点。但是，除此之外，益智类娱乐栏目还有它自身的优势和特征：

（一）知识性

知识性是益智类电视娱乐节目的本质特点，这也是它能够取代游戏类娱乐栏目主流位置的根本因素。益智类节目的优势就在于它突破了传统的娱乐与知识分离的模式，在娱乐中学习知识，在获取知识的过程中也体味了欢乐，真正实现了“寓教于乐”。

（二）刺激性

“商业运作带来的刺激性是益智类电视娱乐节目发展的有效支持，也是它取

---

① 蔡凯如、黄勇贤等：《穿越视听时空：广播电视传播论》，新华出版社2003年版，第205页。

胜的一大特色。纵观国内外的益智类节目，商业刺激是左右收视率的直接因素。英国的《百万富翁》奖金高达一百万英镑，中央电视台的《开心辞典》的最高梦想金额也超过 5 万元。不仅如此，益智类节目的受众也深深被商业刺激所吸引，场内场外参与答题观众均可以获得高额奖金礼品。”①

在我国益智类娱乐栏目大致分为两类，一类是对抗型的，以《幸运 52》《一站到底》为代表。另一类是自我战胜型的，以《开心辞典》为代表。这两类都是采取由主持人提问，参赛者回答的方式，区别就在于前者是多人对抗型的，选拔出最后的优胜者；后者是自己闯关型的，看参赛者是否能走到最后。

三、资讯类娱乐栏目

资讯类娱乐栏目“是以娱乐信息为主要传播内容的节目形式，其显著特征是新闻性和娱乐性的融合。作为一种特殊的新闻信息类别，娱乐资讯节目不仅报道娱乐性内容，而且在报道形式上也娱乐化。娱乐性新闻、全球化视角、商业风格等是此类节目的基本构成要素。”②

我国最早的娱乐资讯是出现在报纸和杂志上的。1999 年，我国出现了第一个真正意义上的电视资讯类娱乐栏目——《中国娱乐报道》（现更名《娱乐现场》）。这是由一家民营电视制作机构——北京光线电视策划中心推出的一档全新的栏目形态，其节目优势在于全面、快捷地反映了影视圈动态，影视歌明星的近况以及趣闻、逸事等，被称为“中国娱乐界的新闻联播”。2014 年 1 月 6 日起，《中国娱乐报道》全新改版回归。

由于资讯类娱乐栏目兼具传递信息和提供娱乐双重任务，因此，这个栏目的显著特征就在于它融合了栏目的新闻性和娱乐性，具体表现在：

（一）与纯新闻类栏目相比，它具有娱乐受众的特征

纯新闻类栏目的目的就是一个：传递信息。传统的新闻节目无论是内容上还是形式上都比较严肃呆板。现在有些民生新闻也采取了轻松的主持和表现方式，但其目的也是为了让新闻节目喜闻乐见，并不是提供娱乐。而资讯类娱乐栏目从内容到形式都以“娱乐”为核心，主持风格轻松搞笑，场景设计绚丽多彩，节目内容也是与娱乐圈有关的最新动态。

（二）与纯娱乐类栏目相比，它具有传递信息的特征

资讯类娱乐栏目具有传递娱乐界最新信息的功能。其他种类的娱乐栏目，或

① 李瑞直：《益智类电视娱乐节目浅析》，《长江论坛》2004 年第 5 期。

② 张宇丹、孙信茹：《应用电视学：理念与技能》，云南大学出版社 2003 年版，第 329 页。

以游戏为主，或以综艺节目为主……都不具有传递信息的功能。而资讯类娱乐栏目的内容是娱乐界新近发生的事情，它和新闻一样追求实效性和新鲜性，让受众了解娱乐界的最新消息，起到了传递信息的作用。

目前，我国资讯类娱乐栏目的制作越来越精良，但相比于国外的此类栏目，起步已经非常晚了，仍然存在时效性差、报道形式和手段单一、栏目主持人素质有待提高等缺陷。

四、真人秀类娱乐栏目

“真人秀是一种新的节目形态，是规则控制下的真实表现，它以普通人作为主角，把普通人造就成为明星。”“真人秀将对象定位于普通民众，不问年龄、身份、职业都可参与，采用‘零门槛’的报名方式，逐级淘汰，最后由观众投票胜出，普通人被包装成如日中天的大明星。”[①]

我国的真人秀类娱乐栏目经过本土化改造，去除了在西方作为最大卖点的“暴露隐私”这一特性，赋予它积极、健康的正面意义。除了一般娱乐类栏目所具有的基本特性之外，真人秀类娱乐栏目还具有以下三个特点：

（一）纪实性

真人秀类娱乐栏目采用了纪录片式的跟踪拍摄和细节展现，以真实记录为主，真实表现参与者。但是，真人秀类娱乐栏目和纪录片对真实性的要求是不同的。纪录片“是对某一政治、经济、文化、军事或历史事件作纪实报道的非虚构的电影或录像节目”。它是“记录真实环境、真实时间里发生的真人、真事”。[②]很显然，真人秀类电视节目不要求纪录片那么高的真实度，它要求的是细节的真实。从某种角度来说，真人秀类电视栏目也无法达到完全的真实。如栏目的大框架是人为设置的，如参赛者的选择、规则的设定等；在真人秀的后期制作中，去掉哪些，保留哪些，带有明显的主观性；在节目中，虽说是真实表现参与者的一言一行，但这毕竟是在做节目，参与者的语言和行为多少都会带有做戏的成分。因此，真人秀栏目只是一种超越虚构和非虚构的综合性的娱乐栏目，它将纪录片与戏剧紧密结合，由真实和虚构两个层面的内涵构成，其实质是真人参与的电视游戏。

（二）竞赛性

从根本上说，真人秀类娱乐栏目是一种竞赛类栏目，它具有竞赛类栏目的许

---

① 林秀梅：《平民的狂欢——真人秀的解构和建构》，《广西师范学院学报（哲学社会科学版）》2005年7月第26卷第3期。

② 任远：《电视纪录片新论》，中国广播电视出版社1997年版，第3页。

多特征，如参赛者、淘汰制、奖金等。但它与传统的竞赛节目又有很大的不同。如这种竞赛不是在直播室进行的，而是在野外、家居等某个具体的环境中进行的，对环境的关注和展现也是节目的内容之一；它不仅仅关注比赛的结果，而且更关注在比赛过程中参与者的一言一行，展现参与者的细节表现才是它的最终目的。

（三）互动性

在真人秀类栏目中，观众不仅是节目的接受者，而且也是节目的参与者，并且观众参与节目的程度达到了前所未有的地步。首先，参与者都是从众多的普通人中挑选出来的，每个符合报名要求的人都有机会参与节目。其次，电视机前的观众不再是旁观者，他们可以给节目中的选手出谋划策，并猜测谁将是最后的胜出者，他们享有投票淘汰参与者的权力，甚至可以改变节目的进程。

虽然我国电视娱乐栏目的形式多样，但大都陷入了一个固定的模式当中。要想获得长足的生命力，就要在自身的优势和特点上不断创新，提升眼光，与国际接轨，结合国情打造出反映本国价值观和生活方式的娱乐栏目，这样才能始终吸引着受众的目光。

第三节　电视娱乐热分析

一、电视娱乐栏目热的原因

电视娱乐栏目之所以这么受欢迎，不是偶然的，在电视娱乐栏目热的背后有着深刻的原因。

（一）从受众的角度来说，电视娱乐栏目满足了受众的心理需求

每个人都有娱乐的需求，只是在传播环境相对严肃的年代里，人们的这种需求被压抑了起来。另外，随着社会的不断发展和社会主义市场经济的逐步建立，“人们的生活节奏大大加快，生活压力大大增加。激烈的生存竞争中所扩张出来的巨大心理压力，导致了各种白领职业病、办公室职业病、失业烦躁以及更严重的心理疾病，以至于人们从没有这样强烈地需要某种娱乐，给他们紧张的心理放松、减压，以便第二天能够再次面对压力。轻松搞笑的电视节目无疑是诸种娱乐中最惠而不费的一种，适合被最广大的大众选择，并成为他们日常生活的一部

分。”[①] 人们在电视娱乐栏目中放松精神、平静心情，在比赛类节目中满足着自己的游戏心理和对抗心理，现代的通信手段的加入还满足了自己的参与心理。总之，人们在娱乐栏目中暂时忘却了现实生活中的烦人琐事，在虚拟的环境中尽情地宣泄着自己的情感。

（二）从制作方来看，电视娱乐栏目是符合市场需求，本着商业利益最大化的原则顺应而生

“电视娱乐节目是在市场条件下，为满足电视受众娱乐需要、广告主推广产品和品牌的需要、节目制作、播出者盈利的需要，从而完成一个完整的生产——流通过程而得到发展的。”[②] 在市场经济条件下，电视台再也不能靠政府拨款而生存了，它必须进入市场，参与竞争，自给自足。现在的电视有几十个台可供观众选择，各家电视台，包括中央电视台在内，都面临着激烈的竞争。电视台只有吸引住了受众的眼球，才能有收视率；有了收视率才能有广告商来台做广告；有人做广告，才能产生经济效益。而电视娱乐栏目通常都有很大的收视市场。“按照中央电视台——索福瑞媒介研究公司的电视收视率调查资料显示，现在中国的电视观众群是两头大、中间小，也就是说，老年和青年观众多，中年观众少。而目前中国的电视娱乐节目真对的正是青少年群体。”[③] 因此，各家电视台都纷纷制作电视娱乐栏目，因为它比其他类型的栏目更容易争取到受众。就连中央电视台也不甘落后，先后推出了《幸运 52》和《开心辞典》两档持续火爆的电视娱乐栏目。而这两档成功的电视栏目不是由中央电视台文艺部创办的，而是由经济部创办的，这一背景不得不引起人们的深思。

（三）相对宽松的传播环境、人们在电视观念上的转变为娱乐栏目的发展提供了可能

20 世纪六七十年代，电视台在我国出现还没多久，我国对电视台播出节目的管理还很严格，像今天这样的电视娱乐栏目——表面上看起来好似低级趣味的东西被认为腐蚀人们的思想，想在电视上出现是不可能的。最早最轻松的电视娱乐节目可以追溯到 1960 年我国办的第一个春节电视晚会，但那离真正的娱乐栏目还有很大的区别和距离。随着改革开放的逐步深入，我国对媒介的管理政策也逐渐宽松，在外来思想的影响下，从电视制作人到受众，人们的思想也逐渐得到解放。从最早电视上的综艺类栏目，到现在荧屏上丰富多样的娱乐栏目，这种观

① 宗匠：《电视娱乐节目：理念、设计与制作》，中国广播电视出版社 2003 年版，第 9 页。
② 同①，第 8 页。
③ 刘宏：《透视中国电视的娱乐节目热》，《新闻战线》2000 年第 2 期。

念上的转变是有一个过程的，是在逐步的尝试中逐渐成熟起来的。

另外，从90年代开始，我国实行周末双休日的制度，后来又出现了“五一黄金周”和“十一黄金周”。节假日的增多给受众带来更多的自主和娱乐时间，而在家看电视娱乐栏目又是最廉价的休闲方式，这就又给电视娱乐栏目的发展提供了更广阔的生存空间。

（四）现代传播技术的发展为电视娱乐栏目热提供了技术手段

改革开放以前，电视还没有走进普通老百姓的家中，无论电视上播出什么，都只是小范围内的人收看。无论是哪种电视栏目，不能在大范围内传播，自然“热”不起来。在电视走进千家万户之后，它成为人们生活中举足轻重的一部分，深刻地影响着人们的生活，使某种栏目有“热”起来的可能。尤其是电话、手机、网络等现代通信手段逐渐兴盛起来，在继电视走进人们生活中后，受众不仅能够欣赏到电视栏目，而且可以利用各种方便快捷的通信手段参与到节目当中，更加增添了娱乐栏目的乐趣，极大地刺激了受众的观看欲。各种现代通信方式的发展为电视娱乐栏目热提供了技术上的支持。

二、电视娱乐栏目热的冷思考

中国电视娱乐栏目在经过了这么多年的探索与发展之后，已经少了许多喧嚣和狂热的心态，多了一些冷静与理智的思考。早在1999年，电视娱乐栏目热这一现象就引起了许多专家和学者的重视。胡智锋在《电视审美文化论》一书中提道：“记得是在1999年初春，在全国范围的‘电视游戏娱乐节目理论研讨会’在北京举行。回忆起来，这次会议的召开的确是审时度势，非常及时和必要的。因为当时娱乐节目已成潮流。且大有愈演愈烈之势，正如会议宗旨所言：对于这一热门现象，理论界不失时机地发出自己相对冷静的声音是非常必要的。探讨和研究这一现象，在一片热闹喧嚣之中整理出理性的思路，将有助于促进游戏节目的良性发展。”在思考过后，我们不难发现，在电视娱乐栏目热的背后，许多栏目都存在着不少缺陷和问题。

（一）娱乐栏目形式单一，“克隆”成风，缺乏创新意识

我国最初的电视娱乐栏目是从外国引进的，在经过本土化之后尝试播出。通常是一家电视台制作出一种新型的娱乐栏目来之后，其他电视台纷纷效仿。如湖南卫视模仿港台率先制作出《快乐大本营》，随后其他电视台又模仿《快乐大本营》制作出一系列流程模式基本相似的娱乐栏目，如北京台的《欢乐总动员》、浙江台的《假日总动员》等。

栏目之间的模仿和借鉴是很平常的事，但不可一味地照搬照抄，应该根据自己的实际情况加以创新。在这方面，我国在引进外国娱乐栏目形式时就做得不错。我们在引进国外益智类娱乐栏目时，虽设有大奖，但已不像外国节目中带有那种浓厚的博彩成分，而且有些栏目的大奖设置还被冠以情感或公益色彩，如《开心词典》的大奖被称为是“家庭梦想”，以“亲情”掩盖大奖的物质性，这样就有利于中国人来接受“设置大奖”这种栏目形式。但是，在我国各家电视台相互模仿时，就缺乏创新意识，基本上是一个套路。各家电视台应根据地方差异，制作出具有地方特色的电视娱乐栏目。

（二）娱乐栏目内容平庸，低级幼稚，缺少文化内涵

电视娱乐栏目应该是一种老少皆宜、通俗的电视栏目。但“通俗”不等于“庸俗”，有些电视娱乐栏目单纯追求收视率，逐渐偏离了正确的轨道。“我们肯定人的追求快乐的本性，并不意味着肯定无聊、庸俗、低级趣味的快乐，并不意味着完全舍弃了教育性，远离深度，远离思维。人都是有精神追求的。”①

有些节目就是让明星当众出丑，以损害明星的利益为代价，来满足受众的某种心理需求，为了达到这个目的，有时甚至不择手段。有些栏目甚至缺乏基本的道德水准，如 2012 年江苏教育电视台推出了备受争议的游戏类娱乐节目《棒棒棒》。它之所以引来非议，是因为干露露母女三人在节目录制中放泼撒野、大爆粗口，随后国家广电总局责令其立即停播，江苏教育电视台也因“擅自改变频道定位，播出低俗娱乐节目”而受到批评。

娱乐是人们的天性，人们总是需要电视娱乐栏目的。电视娱乐栏目要生存，看重经济效益无可厚非，但始终要以社会效益为根本出发点。这是电视制作人应该担负的社会责任。而且，只有健康的和具有正确审美取向的电视栏目才能有更长久的生命力。

（三）娱乐栏目在制作上简单粗糙，缺乏艺术品位

“电视是一个各部门协同作战的工作，要达到一种娱乐效果，必须要调动各部门各方面的力量。镜头、灯光、服装、化妆、布景、道具、音乐、配音、字幕、编辑、动画等，每一个部分都娱乐化一点，节目整体的娱乐指数就会提升一截。”② 而目前的许多电视娱乐栏目上得都比较急，存在许多这方面的硬伤。如：拍摄不到位，切换不准确，舞台设计没个性，甚至字幕上还有错别字。这些错误

① 黄蓉芳：《电视娱乐节目受欢迎原因初探》，《声屏世界》2000 年第 8 期。
② 王春风：《电视娱乐节目不好看之五大病因》，《采写编》2004 年第 6 期。

是不应该出现的，而且只要稍加注意，就可以改正。

“一台成功的电视娱乐节目，既要有臻于完美的表现形态，独具个性的艺术特质，还要有内涵丰富的主题内容，更要有相得益彰的制作细节。”① 注意了制作上的这些细节，栏目的质量就可以上一个档次。

（四）娱乐栏目主持人缺乏个性，基本素质仍有待提高

一个主持人要想有魅力，首先就要有能力。现场调控、营造气氛等工作都是要由电视栏目主持人完成的，因此，主持人的素质如何可以说决定了一个栏目的成败。而主持人的重要性在娱乐栏目中就更为凸显出来，因为娱乐栏目的主持人比新闻类等其他栏目更加深入地融入节目中来。因此，这些素质对于一个娱乐栏目主持人就显得更为重要。一个成功的娱乐栏目主持人首先要有幽默感，但幽默也要注意尊重他人和把握分寸。除此之外，还要有现场控制能力、快速反应能力等。

而当今电视上的娱乐栏目主持人基本上都是帅哥美女（并不是说选帅哥美女不可以当主持人，但是一个成功的娱乐栏目主持人只有外表是远远不够的），他们语言贫乏，表情呆板、矫揉造作，一遇突发事件就不知所措，更不要说具有文化内涵了。

当然，对于电视娱乐栏目，我们不能用精英文化的评判尺度去衡量它。“承载着电视的愉悦大众功能的电视娱乐节目就是大众文化与电视合谋的结果之一。”② 这就决定了它不可能是“阳春白雪”型的电视栏目。在这方面过多的要求它，必然会使电视娱乐栏目的发展受到阻碍。

（五）电视娱乐栏目

国家广电总局于2011年和2013年两次下发关于调控电视娱乐栏目的整治意见，重申了我国电视频道的性质是“以新闻宣传为主的综合频道”，同时对七大娱乐栏目播放数量和播出时间的管控，即“婚恋交友类、才艺竞秀类、情感故事类、游戏竞技类、综艺娱乐类、访谈脱口秀、真人秀等类型”。

整治意见的出台并不是简单粗暴的限制所有娱乐类栏目的发展，主要还是为了防止过度娱乐化的倾向，但是一些依赖娱乐栏目的省级卫视将会面临观众流失的危机。如湖南卫视《天天向上》中主持人欧弟的离席，《超级女声》在2012年停止选秀活动，以及《娱乐无极限》的停播。此外，整治意见的出台使已经

① 言人：《娱乐节目热播的冷思考》，《传媒观察》2005年第10期。

② 蔡凯如、黄勇贤等：《穿越视听时空：广播电视传播论》，新华出版社2003年版，第217页。

对电视娱乐栏目产生依赖的受众把目光投向了网络娱乐栏目，网络媒体已经成为受众消费娱乐的主流媒体。2017 年，广电总局印发《关于进一步加强网络视听节目创作播出管理的通知》，对网络视听节目的创作播出提出进一步要求，网络娱乐栏目也同样面临挑战。

综上所述，电视工作人员在满足受众娱乐需要的时候，也要正确面对目前电视娱乐栏目的缺陷与不足，并积极改正，不断进步，既要符合整治意见的具体细节，也要力争保住收视市场，使我国的电视娱乐栏目朝着正确、积极、健康的方向发展。

第四节 个案分析：《中国好声音》

《中国好声音》作为一档成功的歌唱选秀栏目持续获得了超高的收视率和超高的人气，对它进行分析不仅有利于我们认清该栏目的成长过程，而且对我们办好新的电视娱乐栏目也有非常重要的借鉴意义。

一、《中国好声音》栏目简介

2012 年 7 月 31 日，浙江卫视推出了一档大型歌唱选秀栏目——《中国好声音》。这是一档从荷兰引进的栏目，模仿荷兰金牌制作人马克·德文克制作的一档歌唱选秀节目《荷兰之声》（*The Voice of Holland*），在此基础上又根据中国的实际情况进行了本土化改造，由华少担任主持人。《中国好声音》自播出以来就吸引了 1.2 亿电视观众和 4 亿网民观看，成为娱乐节目名副其实的收视冠军。同时，《中国好声音》还赢得了国家广电总局的赞赏，称其“关照现实、注重品质”。

《中国好声音》自 2012 年 7 月第一季首播，2015 年 10 月 7 日第四季收官，四把导师转椅点燃了观众四个暑期的收视热情。2016 年 7 月，《中国好声音》因为版权问题更名为《中国新歌声》，栏目摒弃了海外引进模式，进行了改版和创新，取得了良好的收视率和美誉度。正是因为前四季《中国好声音》的巨大影响，新一季节目才能够开播顺利，可以说是《中国好声音》为其带来了火热的延续，而《中国新歌声》如果想在市场和观众心中占有一定的分量，既需要继承之前的优势，更需要创造自己的栏目特色。下面介绍一下《中国好声音》的栏目设置。

《中国好声音》每季都会邀请四位已经成名的歌手作为导师，在栏目设置上包含“导师盲选”“导师考核”“导师对战”“巅峰之夜”四个阶段。

第一阶段：导师盲选

在导师盲选阶段，导师要背对学员，学员的声音是唯一的判别标准，长相、年龄、身材、都不在考察范围之内。导师被学员的声音打动按动转椅转身之后，学员即可晋级。如果有多位导师选择同一名学员，那么学员也有选择导师的权利，所以优秀的学员会引发导师的抢人大战。双选完成后，学员归入所选导师班级。每位导师有 14 个名额。

第二阶段：导师考核

在四位明星导师选择出自己门下的学员之后，会对学员进行专门培训，然后分成 7 组，由两个学员共同演唱同一首歌，只有一个学员能够获得继续比赛的机会，由导师来决定谁去谁留。在这一阶段，每位导师可以邀请一名歌手或者音乐人和他一起指导选手，也就是特约梦想导师，在录制节目的时候还可以给导师参谋提供选择的辅助意见。在 14 进 7 之后，由导师认定一人直接晋级，剩下 6 人分成 3 组，最终产生四强。

第三阶段：导师对战

这一阶段也是导师的终极考核，一共分成三轮，由导师和大众媒体评审团共同选出代表队伍出战的学员。第一轮，学员依序演唱，导师选择一人暂时安全，另外三名学员则接受来自全国 99 家媒体的考核，得到支持最少的学员将离开舞台。第二轮，媒体评审团留下的两位学员进行演唱，由导师和媒体评审团共同决定他们的去留。第三轮，在第一轮获得安全的学员一起接受考核，得分高者代表队伍出战。

第四阶段：巅峰之夜

即冠军赛，这一阶段分为三轮，导师不参与评分，四强学员的命运和比赛结果掌握在现场观众和 99 家媒体的手中。第一轮，四位代表战队出战的学员分别演唱一首歌曲，由现场观众选出得票数最高一人和最低一人，最高一人直接晋级，最低一人淘汰。第二轮，得票数居中的两位学员进行比赛，同样由现场观众决定谁将晋级。第三轮，第二轮的得胜学员将与第一轮率先晋级得学员进行强强对抗，由观众和媒体评审团投票决出年度总冠军。

二、《中国好声音》栏目热播原因

《中国好声音》一经播出就引起社会各界广泛好评，它把“好声音”作为唯一的评判标准，选手、评委、粉丝等其他因素放在次要位置，让音乐回归“纯粹”的本质。“《中国好声音》的成功不仅是因为它找到会唱歌的“好声音”，更多是因为它的节目形态和节目流程制作上所取得的创新。”①《中国好声音》之所以能够取得业界好评和观众喜爱，分析其原因有以下几点：

（一）前所未有的栏目形态吸引了人们的眼球

电视选秀栏目经历了以《超级女声》为代表的兴起期，之后也有不少新的选秀栏目推出，但是栏目形态缺乏创新，《中国好声音》以其新颖的栏目形态吸引了人们的眼球。

在以往的选秀栏目中，评委对选手而言是高高在上的，他们往往直接决定选手的生死。而《中国好声音》采取了盲选的形式，选手的声音成为评委唯一判断标准，评委或沉思或纠结，在转椅按钮上的手决定着选手的命运也紧紧牵动着观众的情绪，当评委被声音打动兴奋拍下按钮转过椅子的时候，观众也会随之欢呼。此外，这种形式还打破了评委淘汰选手的单向选择模式，选手也可以对评委，也就是自己想要跟随的导师进行选择。新颖的节目形式创造的悬念吸引观众持续关注。

《中国好声音》注重音乐本身的价值，以往选秀栏目依靠刻意煽情、评委毒舌、炒作绯闻来吸引观众的手段被其摒弃，主张用精良的制作和优美的声音打动现场和电视机前的观众，为选秀栏目带来一股清新之风。

（二）强烈竞争，互动有力

在《中国好声音》第二、第三阶段，每位导师的学员会在组内进行残酷的淘汰赛。对于导师来说，取舍过程十分艰难痛苦，而 14 名学员共同学习共同进步，也可能产生了深厚的情谊，他们之间残酷的竞争和导师的抉择让观众为之沉迷。第三阶段中，99 家媒体评审团的加入进一步扩大了节目的影响，更重要的是保证了节目的公平性，避免导师个人喜好的偏差决定选手的命运。

被称为“巅峰之夜”的冠军赛中，互动环节达到整个节目的顶峰。导师不再参与总冠军的票选，他们只发挥给学员鼓励的作用，所有的决定权都在现场观众和 99 位媒体评审团手中，观众通过投出自己手中的票，真正参与到节目中来。这打破了之前的电视栏目缺少“灵活有效的反馈渠道，受众对媒体组织的活动缺乏直接的反作用能力”② 的弊端。同时，为了避免观众盲目跟风投票，“年度好声音”的评选将由现场观众和 99 位媒体评审团共同决定。

---

① 人民网 http：//www. people. com. cn。

② 郭庆光：《传播学教程》，中国人民大学出版社 2011 年版。

（三）正面价值观的成功传播

《中国好声音》之所以能够成为一个现象级的选秀栏目，除了其新颖的栏目形态和优良的制作水准，更重要的是它传播了正面的价值观。

一档栏目要在激发观众情感，引导观众思考的过程中传播其积极向上价值观，《中国好声音》就多次在节目中倡导主流价值观和传播正能量。首先，《中国好声音》传播参加节目的选手们各有各的经历，各有各的故事。他们有的因为至亲的离世而一蹶不振，有的在追寻音乐梦想的道路上坎坷前行，有的为了对自己不离不弃的挚爱而歌唱……这样的故事在《中国好声音》中层出不穷，他们形成了一个相同的价值观，即对音乐的热爱，对梦想的执着。

另外，《中国好声音》宣传并践行公平公正。不管是在节目宗旨，还是节目具体操作流程中，《中国好声音》真正做到了给观众看到选手通过自己的努力与实力实现自己梦想的希望，公平公正在给选秀栏目带来良好口碑的同时，也传递了社会正能量。

三、《中国好声音》栏目中成功的营销策略

《中国好声音》成功离不开浙江卫视出色的品牌营销策略。浙江卫视充分利用多种营销模式，把《中国好声音》呈现在全国观众和众多广告商面前。

首先，《中国好声音》充分利用了明星效应。华语乐坛四位顶级音乐人，那英、刘欢、庾澄庆和杨坤作为评委和导师，包括之后几季汪峰、张惠妹、周杰伦的加入，强大的导师阵容使得《中国好声音》快速赢得了震撼性的影响力以及参赛者和观众的信任。此外，特约梦想导师带来的猜想涉及了王菲、李宗盛、王力宏这样的巨星，并以此为噱头造势。节目一经播出就吸引了张靓颖、姚晨、冯小刚等名人在微博上评论转发，吸引了粉丝的关注和加入。

其次，宣传推广十分到位。《中国好声音》进行了十分积极的宣传，相关的报道不仅出现在传统媒体中，还充分利用新媒体，尤其是四位导师拍摄的宣传短片在浙江卫视官网和优酷土豆官网滚屏播放，铺天盖地的宣传让《中国好声音》迅速获得知名度，并且让观众在潜意识中去关注这档栏目。另外，节目中一些黑幕和丑闻等质疑声，实际上以争议吸引了大量关注。

再次，充分利用社交媒体。《中国好声音》利用微博已经成为当时的一个社会话题，另外节目组开通了官方微博，嘉宾有嘉宾微博，学员开通歌手微博，还有许多微博软文推广，充分利用微博进行宣传和互动。观众也可以在其他社交媒体上和支持的选手互动，在电视媒体和网络媒体上同步体验，在节目播出的时

候，官方微信微的留言在电视大屏幕下的滚动播放。这种形式呈现出未来电视娱乐栏目的发展方向。

最后，广告商的赞助和支持。"正宗好凉茶，正宗好声音"是《中国好声音》开场白的第一句广告词，主持人华少以43秒350字的疯狂语速念完了赞助商的名单。因为《中国好声音》稳坐收视冠军，栏目也越来越火爆，广告商往往为了15秒的广告而争先恐后。可以说是栏目的火爆为其创造了经济效益，同时栏目影响力也因此进一步扩大。

《中国好声音》的成功绝非偶然，"这一节目模式的成功，折射出的是优质电视娱乐节目的稀缺以及文化创意的匮乏。"① 一方面，观众对一些电视娱乐栏目的浮躁、庸俗积累了太多不满情绪；另一方面，中国本就不缺"好声音"，不缺好文化，在电视娱乐栏目泛滥的时代，只有具有精心的制作、优质的思想内涵和不断吸纳创新的栏目，才能真正受广大观众的喜爱。

思考题

1. 你最喜欢哪一档电视娱乐栏目？说一说你为什么喜欢它？

2. 你认为当前的电视娱乐栏目还能热多久。

3. 我国的电视娱乐栏目应如何朝着积极、健康的方向发展而又兼顾趣味性和娱乐性？你对此有什么好的意见和建议？

4. 请你结合国内外电视娱乐栏目的发展情况，预测一下我国电视娱乐栏目的发展前景。

5. 如果让你创办一档电视娱乐栏目，你将会如何操作？

参考书目

1. 郭庆光：《传播学教程》，中国人民大学出版社2011年版。

2. 张联：《电视节目策划技巧》，中国广播电视出版社2002年版。

3. 蔡凯如、黄勇贤等：《穿越视听时空：广播电视传播论》，新华出版社2003年版。

4. 宗匠：《电视娱乐节目：理念、设计与制作》，中国广播电视出版社2003年版。

5. [英] 大卫·麦克奎恩，苗棣、赵长军、李黎丹译：《理解电视》，华夏出版社2003年版。

6. 张宇丹、孙信茹：《应用电视学：理念与技能》，云南大学出版社2003年版。

7. 胡智锋：《电视审美文化论》，北京广播学院出版社2004年版。

① 郭建民、刘靖华：《从〈超级女声〉到〈中国好声音〉中国电视声乐选秀个案剖析》，《广播电视音乐论坛》2013年第1期。

8. 韩青、郑蔚：《电视娱乐节目新论》中国广播影视出版社 2005 年版。
9. 孙宝国：《中国电视娱乐节目形态学》，新华出版社 2009 年版。
10. 王憬晶：《中国大陆电视娱乐节目发展研究》，浙江大学出版社 2015 年版。

第十四章　电视谈话类栏目

第一节　电视谈话栏目的界定与分类

一、电视谈话栏目的概念

20 世纪 90 年代以来，电视谈话栏目以它独有的参与性和冲突性在我国方兴未艾。据统计，从中央到地方，我国的各类电视谈话栏目已超过 180 个。电视谈话栏目不仅数量增多，而且形式多样，涉及新闻时政、国际时事、科技文化、婚恋情感等各种题材，拥有了一批稳定的收视群，被业界称为是“一种重要的电视文化现象”。

在西方，电视谈话栏目被称为“Talk Show”。港台的翻译家在翻译外来词汇时通常音义双通，因此便有了现在人们很熟悉的一个词——“脱口秀”。译作“脱口秀”，不但音近，而且形似，形象生动，意思也颇传神。

顾名思义，“脱口秀”的意思是指“脱口而出的谈话表演”。它一般由记者主持，邀请嘉宾或现场观众参与，在演播室或其他固定的场景，围绕某一新闻事件或观众关心的话题，以讨论、访谈的方式进行面对面的交流，是一种人际传播和大众传播相结合的栏目形态。在这类栏目中，嘉宾和观众在自然状态下畅所欲言，各抒己见，通过不同观点的争鸣和碰撞，激活观众的思维，激发观众的收视兴趣和参与热情。

电视谈话栏目发端于美国，在西方电视界已有多年的历史，无论形式和风格都已相当成熟。如美国的名牌脱口秀《奥普拉·温弗丽秀》（*Oplah Winfrery Show*）、《珍妮·琼斯秀》（*Jenny Jone's Show*）等。作为一种与日常生活高度接近而又极具真实性的栏目形态，它在不断创造令人仰视的高收视率的同时，也深刻地影响和改变着时代风尚和人们的生活方式。

电视谈话类栏目在我国的起步较晚，学界一般将 1992 年上海东方电视台开播的《东方直播室》视为电视谈话栏目的开端。而谈话栏目真正蓬勃发展起来，则始于1996年3月16日中央电视台精心策划的《实话实说》的推出。央视的强势话语权，主持人崔永元幽默风趣的主持风格奠定了《实话实说》产生轰动的基础，而这种即兴谈话的栏目形态，也极大地满足了人们的精神需求，迅速在全国掀起阵阵谈话旋风。从中央到地方陆续推出的许多谈话栏目中，比较有特点的栏目有：

一是央视的《实话实说》，我国影响最大的谈话栏目。该栏目具有浓郁的平民化色彩，无论话题的选取、嘉宾的选择以及主持人语言都尽量平民化、生活化。

二是中央台的《对话》，与《实话实说》的平民定位相对应，它完全走了一条精英路线。它选择的嘉宾都具有一定的影响力，而且对现场观众的选择也有自己的标准，都是各领域的精英人物。

三是凤凰卫视的《锵锵三人行》，它是与国外“脱口秀”较接近的一种栏目形态。主持人一般邀请两位嘉宾，谈话者性情各异，出言无忌，从一个信手拈来的话题出发，肆意发挥，天马行空，跳跃式前进，是一档另类的感性聊天栏目。

四是北京电视台的《国际双行线》，它是在一个全球化的背景下，通过话题设置，嘉宾对东西文化的讨论，提供一个自由的对话空间。该栏目因播出“谭盾退场事件”受到广泛的关注，开我国电视谈话栏目“冲突性”的先河。

五是中央电视台综合频道和唯众传媒联合制作的《开讲啦》，它是中国首档青年电视公开课，节目邀请“中国青年心中的榜样”作为嘉宾，在节目中他们以谈话的方式将对生活和生命的感悟进行分享，讨论青年们的人生问题，同时也讨论青春中国的社会问题。

二、电视谈话栏目分类

我国的电视谈话栏目经过一段时间的发展，逐渐形成了较成熟的形态。

（一）按栏目内容来划分

1. 新闻时事类栏目

新闻时事类栏目主要以时事政治等硬性话题为主，有较强的实效性，谈话风格较为严肃，一般邀请专家对一些重大的国内国际问题进行评述，如中央电视台的《面对面》《新闻会客厅》等。

2. 人际关系和心理问题类栏目

人际关系和心理问题类栏目的话题与人们的日常生活密切相关，关注人的内

心世界，

是常见的一种栏目，如央视的《艺术人生》便属于这一类节目。

3. 滑稽娱乐类栏目

滑稽娱乐类栏目常常邀请明星参加，话题与明星有关，并伴有明星的表演，主持人幽默风趣，栏目风格轻松愉快。其典型代表是深圳卫视播出的《非常静距离》，这档栏目邀请的明星与大多娱乐性栏目没有太大的区别，主要是文艺明星和体育明星。但又不同于《艺术人生》的对人生对艺术的深层次思考，它以“show”为栏目本位，注重表演性。风趣的对答，幽默的调侃是栏目的一大特色。如对郭京飞的访问中，主持人调侃郭京飞因为组建“TF 老 BOYS 组合”上微博热搜，并在屏幕上做出 TF 老 BOYS 搞笑拼图来加强效果，戏称为“百岁天团”。之后由郭京飞讲述和雷佳音、李光洁分别扮演谁，以及组合由来的故事。随后进行的节目中，主持人现场连线了李光洁，陈赫等郭京飞的“损友”，在他们看似很日常的“互黑互拆”中向观众展现他们的友谊。

（二）按栏目形式划分

1. 访谈式电视谈话栏目

访谈式电视谈话栏目是由主持人在演播室与谈话对象围绕某一话题进行的以了解意见为主的一对一或一对二的谈话式栏目。既为访谈，则主持人以访为主，多以提问的方式进行；谈话对象以谈为主，或回答问题，或发表议论。访谈对象多为公众关心的新闻人物、社会知名人士或某方面的权威专家。阳光卫视的《杨澜访谈录》便是颇具代表性的一档访谈栏目。该栏目就政治、社会、文化、经济等各方面不同的热门话题，与世界各地的知名人士进行广泛探讨。自 1998 年 1 月创立以来，已访问包括美国前国务卿基辛格、美国著名电视主持人克朗凯特、中国副总理钱其琛、澳门行政区行政长官何厚铧、著名作家查良镛、李敖，国际传媒大亨默多克等在内的近两百位来自海内外在政治、经济、科技、文化界等具有代表性的知名人士。栏目的风格“温和的深刻”，杨澜的主持更是“绵里藏针”。如对龙永图采访中，杨澜问其中国加入 WTO 最后阶段协议时朱总理的“两个让步”，龙回答：“具体的就不要说了”，杨当即表示“没关系”。但杨澜并不是不尖锐，在采访中国信息产业部部长吴基传的时候，她问道：“中国的电信改革，是改革拉着你走，还是你拉着改革走?”吴基传最先回避了这个问题，但随后杨澜又把他拉了回来，问他“那刚才那个问题呢?”《杨澜访谈录》以其鲜明的个性赢得观众的青睐。

2. 讨论式电视谈话栏目

讨论式电视谈话栏目是主持人邀请有关方面的政府官员、专家权威或各方面的代表人士，围绕某一新闻事件或社会话题进行的座谈或论坛式谈话栏目。在这类栏目中注重观点和意见的相互交流和启发，从各个方面和角度对话题进行探讨，从而对这一话题有更深刻和全面的认识。在我国的各类谈话栏目中，讨论式谈话栏目越来越多，这类栏目中比较有代表性的有中央电视台的《十二演播室》、凤凰卫视的《锵锵三人行》等。

中央电视台的《十二演播室》是一档思辨性很强的谈话节目，话题一般围绕社会上的热点问题，由观点相对立的双方展开讨论，在对问题的争论中迸发思想的火花，加深对问题的认识。

3. 现场参与式电视谈话栏目

现场参与式电视谈话栏目是指由主持人主持，邀请嘉宾和观众到演播室直接参与，就新闻事件或社会生活中群众关心、感兴趣的话题展开讨论或争鸣的栏目形式。这类栏目注重现场观众的参与性，现场观众成为电视机前观众的代表，在节目中踊跃发言，阐述自己的观点，参与节目的整个制作过程，成为节目的一部分，这类栏目的典型代表是央视的《实话实说》。

第二节　电视谈话栏目的兴起与发展

一、电视谈话栏目在我国兴起的原因

作为一种“舶来品”，电视谈话栏目能适应我国的文化土壤，深深扎根并蓬勃发展，究其原因可能有多种，无疑与我国所处的特定历史时期密切相关。

（一）良好的外部环境

社会转型期为电视谈话栏目的发展提供了良好的外部环境。社会转型是质的意义上的社会整体嬗变。社会革命、社会变迁、社会改革都可以看作社会转型的形式。我国目前的社会转型可从多方面描述其实质：从产品经济、计划经济体制的社会向商品经济、市场经济体制的社会转型；从伦理型社会向法制型社会转型；从过去封闭、单一、僵化的传统文化向当今开放、多元的现代文化转型。

数千年来，中国文化在儒家思想的统治下，注重文化的政治功能和教化作用，这种状况在十年动乱期间得到了恶性的发展，文化被单一化和绝对化。“文革”结束后，随着社会改革开放，各种文化、思想潮流涌动，并展开了空前规模

的交流和碰撞，我国开始从一元统一的封闭思想中走向多元化，出现了主流文化、精英文化、大众文化并存的局面。

这种多元文化的并存是电视谈话栏目产生和发展的前提。正是有了主流文化、大众文化和精英文化之间的对话和交流，人们才有可能坐在一起，对同一个话题从不同的文化角度展开讨论。否则谈话栏目成为专家、学者的“讲堂”，就谈不上真正意义的“对话”了。

在国外的谈话栏目中，往往拿隐私性或政治玩笑作为话题，比如美国，有许多谈话栏目专揭人隐私，曝料整人，说些通奸之类的低俗的故事，迎合低层观众的口味。我们的谈话栏目在话题的选择上则有一定的尺度：既不过于政治化也不能过于隐私化，这个尺度是主流文化对谈话栏目施加影响的结果。精英文化同样对电视谈话栏目施加影响，今天的知识分子不再像以往一样局限于通过给上层进言、上书陈述自己的主张，大众传媒为他们提供了更加方便、快捷、影响范围也更加广阔的参与社会时政的途径，通过电视谈话栏目，知识分子直接面对公众，影响社会舆论；而知识分子的直接积极参与，在一定程度上又提高了电视谈话栏目的思想内涵和文化品位。大众文化使电视谈话栏目更加贴近于百姓生活，更加平民化。

（二）丰富的话题来源

社会发展变革为电视谈话栏目提供了丰富的话题来源。社会的发展变革离不开相应的思想文化、价值观念的推动和支持。随着社会经济、政治的转型，传统的价值观念受到新型价值取向的挑战，诸如竞争观念、平等观念、利益观念等都随之发生转变。因此，处于社会转型期的人们常常遭遇各种价值观念的冲突，冲突势必导致一定的社会失序，造成一定程度上的社会心理失衡。在这种情况下，电视谈话栏目丰富的话题来源应运而生，一方面观念的冲突为这类栏目提供了辩论的角度和话题；另一方面，人们在迷茫、困惑、心理失衡的状态下，也迫切需要一个释放的窗口，解压个人的痛苦和不解，而这也为谈话栏目提供了丰富的谈话素材。

二、电视谈话栏目的发展历程

我国的电视谈话栏目从 1993 年上海台的《东方直播室》开播至今，已经走过了 20 多年的发展道路。如今，从中央到地方，几乎所有的电视台都拥有了自己的谈话栏目，回顾我国电视谈话栏目的发展历程，可以分为这样几个阶段：

第一阶段：准备时期

1986 年 12 月珠江经济广播电台开播，它采用“主持人、直播式、大板块、开放式系列台”的所谓“珠江模式”，开通了热线电话，邀请专家学者到演播室，与听众直接进行观点的讨论和交流。这种以日常谈话取代正襟危坐的播音和居高临下的传播方式，树立了“与受众平等对话，让受众参与节目”的观念，标志着中国广播开始有“以传者为中心”向“以受众为中心”转变。广播改革中的热线参与方式为电视谈话栏目的兴起在传播观念上、形态上准备了条件。

第二阶段：兴起阶段

从 1993 年 1 月上海东方电视台《东方直播室》至 1996 年 3 月中央电视台《实话实说》开播。这一阶段电视谈话栏目初露端倪，数量不多，还未引起足够的重视，但也出现了较高水准的电视谈话栏目。

1993 年 1 月，上海东方电视台首创的电视直播谈话栏目《东方直播室》开播，这是我国第一个真正意义上的电视谈话栏目。当时，新成立的上海东方电视台在每晚 7：00~7：30 的晚间黄金时段，开办了这档演播室直播谈话栏目。《东方直播室》由主持人、嘉宾和现场观众组成，采用“大家谈”的方式，内容涉及社会、家庭、法律、经济、文化、历史等各方面的热点问题，追求谈话的自然真实，节目还第一次把观众引进直播室，与嘉宾和主持人一同参与讨论，获得了意想不到的成功。随后而起的同类栏目还有上海电视台的《今晚八点》，黑龙江电视台的《北方直播室》、广东电视台的《岭南直播室》、山东台的《午夜相伴》。

第三阶段：电视谈话栏目蓬勃发展时期

这一阶段从 1996 年 3 月《实话实说》创办至今。这一时期在《实话实说》的带动下，各电视台的谈话栏目蓬勃发展，并逐步形成了各自的特色，内容和形式也越来越丰富。

1996 年 3 月中央电视台《实话实说》开播，它借鉴国外“脱口秀”的形式，从话题选择、谈话内容的设计、相关素材的准备、嘉宾的选择以及主持人的风格、现场的组织、后期的剪辑等都经过精心的准备和策划，体现出对海外同类栏目的模仿和借鉴，但他们又注意结合本国的国情，制造出一盘别具特色而又地地道道的中国“电视谈话大餐”。

相较于以往访谈形式的栏目如《东方之子》《实话实说》使更多的人们回应，并参与进来，拓展了谈话的空间；它把节目的镜头由精英转向了平民，将谈话权转交给普通百姓，为普通人提供了一个话语空间；它充分显示出谈话栏目主持人的魅力。崔永元已成为《实话实说》的品牌和标识。由此，《实话实说》成为一个里程碑式的谈话栏目。

《实话实说》的成功，带动了电视谈话栏目的发展，从中央台到各省、市台纷纷开办电视谈话栏目。比较有代表性的栏目有湖南电视台接连推出的《新青年》《有话好说》；中央电视台《影视同期声》周末版；北京电视台的《谁在说》，节目独创了“首席观察人”点评、网上直播的形式。1999 年 12 月北京电视台《国际双行线》也是个有着较高独创性国际谈话栏目：它把视野放到一个全球化的背景中，通过话题的设置，探讨东西方文化的差异。

2000 年 4 月湖北电视台推出的《财智时代》，可以说是电视谈话栏目一个新的转折点。它拓展了话题范围，将目光从以往的社会生活类领域转向经济领域，定位明确，形式新颖，极富时代气息，令人耳目一新。在我国电视谈话栏目的发展道上算是一个虽不起眼但却是新的里程碑。

在这一阶段，我国的电视谈话栏目数量猛增。据统计，从 1996 年《实话实说》开播至 2001 年，节目数量已达 179 个，2002 年以来，各电视台仍然不断推出新的谈话栏目。此外，谈话的内容越来越丰富、所涉及的范围越来越广泛。不仅仅有社会生活类、经济类，还有影视、体育、旅游健康类的谈话栏目。随着频道专业化的发展，几乎每一个频道都有了自己的谈话栏目。中央三套有《艺术人生》、四套国际频道有《海峡两岸》、五套的《五环夜话》《足球之夜》、六套的《佳片有约》《边走边看》、八套的《影视同期声》、中央十套的《讲述》等。

另外，谈话栏目在形式上也不断变化创新，融入新的元素。例如，在栏目中引进综艺形式，有的电视台采用直播，并利用热线交流，吸引更多的观众参加。

第四阶段：电视谈话栏目的平淡期

2003 年，中国互联网技术快速发展，我国电视谈话栏目也受到影响。“随着互联网赋予了人们越来越丰富的话语权利，个人自我表现不知不觉地代替了主流文化的说教，对私人生活的干扰变得越来越不受欢迎。”① 我国谈话节目由此入平淡期，原有的许多电视谈话栏目纷纷改版或关停。

湖南电视台曾以《新青年》为代表，在谈话类节目竞争中仅次央视，居于第二位，《新青年》也被认为是当时国内五大最有特点的栏目之一。尽管《新青年》在之前为了适应竞争环境多次尝试创新，但还是在被娱乐擂台秀栏目《谁是英雄》取代。

在这一阶段，新推出的谈话栏目影响力也远远不如之前，其中较有影响的有

---

① 人民网传媒 http：//media. people. com. cn。

《央视论坛》和《今日观察》。2003 年 5 月 1 日开播的《央视论坛》强调关注方式和切入角度的不同，在新闻频道中，它的功能相当于平面媒体的“时评”或评论员文章。《今日观察》是一个演播室谈话节目，它结合了新媒体技术手段，实现了传统媒体与新媒体在内容和形式上的深度融合，构建了融贴近性、互动性、即时性于一身的跨媒体互动平台。

第五阶段：电视谈话栏目的瓶颈期

2009 年，《实话实说》由于收视率不理想而停播，我国电视谈话栏目的发展进入瓶颈期。其主要表现为传统谈话栏目的形式已经走入死胡同，电视谈话栏目为了迎接互联网的挑战不得不主动适应，变换策略。

在这一阶段，电视谈话栏目引入新媒体技术以求创新。如《东方直播室》将电视手段、网络媒体、短信直播有机结合，电视、网络、手机“三屏合一”，观众和网友留言和投票在屏幕下方滚动显示，直接反映公众的观点和态度。《新闻 1+1》也在 2011 年进行改版，改版后充分利用网络平台，把网络上的热门话题作为选题，通过网络话语和官方话语互搭梯子的方式，充分关注公众利益，尊重不同群体的情感诉求。同时，《新闻 1+1》还同时运用人物同期声、画面、字幕、现场连线等多种方式进行讨论。河南电视台还引进了综艺形式，如按键选择、题版注释、纸条交流、外景报道和互联网调查等。有的栏目还直接采用网络直播、微博微信互动等形式，尽管已经具备媒体融合的观念，并采取了切实的融合手段，但效果仍旧有限。

第三节　电视谈话栏目的构成

电视谈话栏目的构成要素分为话题、主持人、嘉宾和现场观众。话题规定了谈话的内容，主持人引导着谈话的进度，嘉宾和现场观众则是谈话的参与者。四者的有机结合，构成了电视谈话栏目的形式与内容。因此，话题的质量、主持人的素质、以及嘉宾和观众的参与程度共同制约着电视谈话栏目的质量。

一、话题

电视谈话栏目成功与否，除了外在的形式，关键在于谈话的题材，或者说谈话的内容设置的是否得当，这就是我们所说的话题。话题是谈话栏目的生命和灵魂，离开好的话题，再好的谈话也无从说起。电视谈话栏目的话题设置包括两层含义：一是话题的选择，二是话题的把握。

1. 话题的选择

话题的选择涉及的是谈话栏目“说什么”的问题。对人们生活来说，能说的问题很多。上至国际形势，国家大事；下至家常里短，百姓生活。但要放到节目中，在四五十分钟的时间内引起观众的共鸣，就要对话题进行选择。这是谈话栏目运作的第一步，它直接关系到谈话嘉宾和观众的参与热情，从而进一步影响谈话效果的好坏。

那么，话题选择的标准是什么呢？一个总的原则是从大局着眼，选择与人们生活密切相关的，与人们切身利益紧密相连，群众十分关心的问题。在现阶段，话题主要集中在以下几个方面：

第一，反映呼吁解决百姓生活困难的话题。

第二，阐释解析新出台或即将出台的法律法规或政策措施的话题。

第三，引导批评不良社会现象或社会风气的话题。

第四，引起不同思想体系和价值观念相交锋的话题。

第五，配合中心工作和宣传重点发表议论的话题。

第六，追踪评说新闻事件和社会热点的话题。

这样的话题更具有现实性、针对性和新闻性。通过对话题的讨论折射出现代社会中人们的多元思维，寻求不同的发展道路，从而激发出人们的思想火花。这样的话题更能吸引观众的注意，调动人们的参与热情。如央视二套《对话》以此为方针进行的话题实践——

《新时代：企业的传承与变革》，改革开放40年背景下，公众更加关注中国企业家在新时代背景下如何考虑企业传承与应对变革。

《触摸硅谷》系列，在科学技术快速发展的时代，火星移民、强人工智能、基因改写等科技话题成为《对话》的当选之列。

《金砖合作又十年》，在刚刚闭幕的厦门金砖会晤中，公众有得知未来金砖合作的重点方向的需求。

《索菲亚：机器还是人?》更是在人工智能给我们带来便利生活的今天，人类未来会不会被机器控制的一种担忧。

2. 话题的把握

话题的选择解决的是“说什么”的问题，话题的把握则是“怎么说”的问题。从某种意义上来说，话题的把握比话题的选择更关乎节目的成败。因为谈话栏目的时间有限，要在短短的四五十分钟的时间内把一个问题讲清楚谈明白，让不同的思想观点激烈交锋，就要掌握好话题的尺度。从目前谈话栏目的实践来看，在话题的把握上要着重注意以下几点：

第一，找准切入点，把握好话题切入的角度。就如同切西瓜，切偏了只切下一个西瓜瓣，还得来第二刀；若看准了，一刀下去，鲜红的瓜瓤一下子露出来了，马上引起你的食欲。话题也是一样，很好的一个话题，但从何说起呢？这就要求制作者抛弃惯常的思维模式，独辟蹊径，迅速插入主题，引起观众的注意。央视《艺术人生》曾做过一期陈凯歌的节目，陈凯歌是国际知名导演，其人生经历曲折复杂，如何准而快地切开陈凯歌复杂经历的断面？编导人员使用道具牙膏，直接切入陈凯歌对插队生活的回忆，而对于陈凯歌来说，这段经历无疑是他生命中重要的一笔。我们看下面主持人朱军和陈凯歌的一段对话：

朱军：您可能一上场就注意到了，今天在我们的现场有一些道具，胶片盒。咱们今天的话题就从这个盒子里开始谈？

陈凯歌：行。

朱军：打开一个咱们谈一个，这里面有内容……非常简单的一管牙膏，是蓝天牙膏……看到牙膏，你第一感觉是什么？

陈凯歌：看到牙膏我第一感觉是，让我想起一个事……这牙膏让我想起来我插队的时候，我去的是云南，带了10管家庭特大号牙膏，大概没准备回来，没准备再回到北京来……

朱军：为什么还怀念，因为那是你自己把你的好日子遗失了的地方。

陈凯歌：我特别感动，就是我在1993年的时候，偶然一个机会，其实去看另外一个朋友拍戏，我就回到了我原来待过的地方……我走进村落的时候，我就跟我的朋友说，我说你别说我是谁，因为肯定我的样子变化很厉害，然后我走进村子的时候，我就看周围这些人，都用那样的眼光看我，然后我终于忍不住，走到一个人跟前，我说你知道我是谁吗？周围大概有三四个人同时说，你就是陈凯歌，当时我是挺感动，我觉得这些乡亲们还记得我……（那时候）日子过得很辛苦。而且我们住的是茅草房，每天躺在蚊帐里，一眼就能看到天上的星星，说是星星模糊了，其实这些知青当时都掉眼泪，就是想家，这是很自然的一种情怀。虽然日子过去这么久了，但是我还是觉得我之所以后来能够做电影，感觉到自己心里有一些话想表达，其实所有的资源都是从很辛苦的、很艰苦的劳作中间，对家乡、对亲人的思念中间积累起来了……

在这段对话中，牙膏引起了陈凯歌丰富的联想，勾起了他对往昔的回忆。但若按照普通的思维方式，话题从他现在的工作开始，谈他取得的成就，然后回溯他成长的经历。这样一来，话题就会停留在叙述层面上，很难进入人物的内心世界。而要展示一个丰满的有血有肉的陈凯歌，就必须截取人物生活的一个断面。为了迅速切入陈凯歌的生活断面，编导想到了使用“道具”，牙膏是一件对陈凯歌具有特殊意义的物品，自然引发了他丰富的联想，他谈到了自己插队的经历，表达了自己的真实情感，从而自然进入编导期待的话题。

第二，提炼主题，把握好话题立论的高度。一个话题，从不同的角度可以提炼出不同的主题，但在一期节目中，如果把这些主题都表现出来，节目就失去了主题。也就是说，在节目中主题只能有一个，而且是提炼得最精粹，最有高度的那一个。河北卫视的谈话栏目《真情旋律》在它的一期获奖节目《网络情缘》中，讲述了一对跨国残疾恋人的动人爱情故事。在主题的提炼上，编导并没有按照惯常的思维表现“身残志坚”的主题，而是突破了这一点，通过选取他们生活中由于中西文化差异所带来的种种小误会、小插曲来展示他们普通人的生活，让人们忘却他们是一对残疾人，整个谈话现场弥漫着欢笑。人们被他们的乐观自信感染着，他们独特的人格力量也通过笑声传递给观众。这种独辟蹊径的主题提炼，增加了节目的深度和厚度，避免了节目流于说教，使本带有点悲剧的故事充满了喜剧色彩，达到了很好的传播效果。再比如重庆卫视的情感类谈话栏目《谢谢你来了》，在它的一期节目《妈妈回家了》中，讲述了一个母亲带着健康的儿子离家出走，留下患有眼疾的丈夫和两个女儿，多年后致歉的故事。在主题的提炼上，编导并没有过多对母亲自私行为的进行道德上的责怪，反而将着重点放在来接收致歉的小女儿身上，苦难的日子在她口中却充满欢笑，表现了她在和父亲姐姐相依为命的成长过程中的坚强乐观，这种精神感染着观众。这种独辟蹊径的主题提炼，增加了节目的深度和厚度，避免了节目流于说教，使原本悲剧的故事变得充满温暖和希望，达到了很好的传播效果。

第三，起承转合，有序驾驭，把握好话题运行的进度和力度。谈话栏目所讨论的话题并不强求只有一个答案，完全可以“仁者见仁，智者见智”，为不同的思维观点提供交流平台。但在话题的引导中要张弛有度，不露痕迹，以免使整个谈话显得刻意突兀。

如《财经郎眼：蔚来汽车有未来吗?》的讨论中，人们对拥有高性能与极致用户体验的智能电动汽车的发展前景有着不同的看法，那么如何在节目中展现不同的观点呢？主持人首先抛出问题，然后不同领域的嘉宾从不同的角度回答，各抒己见：

王牧笛（主持人）：蔚来汽车举行ES8上市发布会，李斌会复制埃隆·马斯克的神话，还是复制贾跃亭的故事？蔚来汽车有未来吗？

陈冠民（资深行业观察者）：蔚来汽车有梦想，要做中国的特斯拉……

郎咸平（著名经济学家）：第一家特斯拉可以炒上去，第二家就很难……

王牧笛（主持人）：（对财经学者）您是会计出身，从财会角度给我们说一说。

王牧笛（主持人）：（对广告协会专家）先来回答一个蔚来汽车的问题，然后从一个女性的角度讲你觉得哪个男人的汽车让你觉得更靠谱。

在主持人的引导下，形成受众之间的多层次、多角度的信息交流，不同信息之间相互补充、借鉴，自然有序，毫不牵强，扩大了人们的视野，不露痕迹地给社会舆论以正确的引导。

二、嘉宾

在谈话栏目中，话题设置是蓝本，其实需要靠谈话人的共同参与。主持人、嘉宾和现场观众共同构成了谈话队伍。如果说优秀的主持人可以为节目托底、添彩，嘉宾出色的表现可以使整个节目光芒四射。从我国目前较经典的栏目形态来看，对嘉宾的选择有三种趋向：

一是以《实话实说》为代表的平民嘉宾，其典型的平民化色彩深得观众的青睐。

二是以《对话》为代表的社会精英嘉宾，整档节目以其高水准的对话，理性和智慧的交锋培养了自己稳定的收视群体。

三是以《艺术人生》为代表的明星嘉宾。

无论什么样的嘉宾，对其最基本的要求是真诚，在节目中最看中的也是嘉宾的真诚。如果嘉宾特别有名望，但在节目现场表现得不真诚，永远像广告语一样：我们永远会努力。这样节目就失去了意义。例如，《可凡倾听：水墨情深话振飞》是怀念昆曲大师俞振飞的系列节目，节目组邀请了俞振飞老师的学生，他们都是早已成名的昆曲艺术家。张静娴拿出俞振飞老师给她上拍曲课时的卡式磁带，并说俞振飞老师离世之后她再也没敢听这些录音，拿着磁带的手微微有些颤抖，在现场播放录音的时候，张静娴眼中噙着泪水，这些都可以看出张静娴对恩师俞振飞真诚的怀念，并且感动着每一位观众。

还有一种真诚是嘉宾还原了最生活、最本真的状态，他们的这种真诚让你感觉他们就是你身边的人，说着你最熟悉的话，这种“身边的榜样”比“高大全”更有感召力。

《杨澜访谈录》在黄渤获得第46届金马影帝之际采访了他，主持人问及他什么时候开始紧张这个奖项属不属于自己的时候，黄渤真诚地做出了回答。

黄渤：真紧张就是坐在那等待宣布的几分钟，主持人在台上搞气氛，“黄渤紧不紧张啊，过会儿有可能是有可能不是”……

主持人：他这么一挑逗你就受不了了……你紧张起来会有什么样的生理反应？

黄渤：你想让人看出来你不太紧张，但是时间太长，镜头一直在你面前，还是有点克制不住，跟平时演戏不太一样……

黄渤在节目中谈到自己等待宣布金马奖的心理过程让人感觉他和普通人一样会有紧张忐忑的心情，是真实可亲的，这种真诚感染了观众。

在以话题为主的谈话栏目中，嘉宾除了真诚，还要以自己独特的思维视角和创新观念引人入胜。因为在这类栏目中，人们对自己所关注的热点话题非常想听听别人，特别是一些专家的看法。因此，在这类栏目中，最好不要把谈话场变成“一言堂”，而是有意安排意见不一致的嘉宾对一个问题展开讨论，引发不同观点的碰撞，为观众提供不同的思维视角，使节目更加丰富多彩。但是在对这一类节目的把握上要适度，一定要有人文精神，在尊重嘉宾人格尊严的前提下激发不同观点的碰撞，不能把一方当作攻击的对象。

三、观众

对谈话栏目来说，现场观众是非常宝贵的资源。与电视观众不同，现场观众介入了节目的创作过程，成为整个谈话过程必不可少的一部分。如果说电视观众是谈话栏目的欣赏者，那么，现场观众则成为被欣赏的欣赏者，他在现场欣赏节目的同时，也成为电视机前观众欣赏的一部分。

1. 现场观众的选择

作为身兼双职的栏目现场观众，不是谈话现场的陪衬或摆设。他们实际上是节目对象——社会公众的代表和化身，社会公众就是通过现场观众来参与节目的。因此，对参与节目的现场观众进行选择是一项十分重要而细致的工作。首先，要注意现场观众的代表性和层次性，选择那些能代表一定群体意见的观众；其次，是对观众自身的要求，选择那些熟悉所讨论的话题，对话题有独到的见解，思维敏捷，语言表达能力强的观众。因为现场观众直接参与节目的制作，若是泛泛而谈，词不达意，就会破坏掉精心营造起来的谈话氛围，令观众生厌。

2. 现场观众的作用

与嘉宾和主持人相比，现场观众一直处于弱势群体的地位，往往成为主持人和嘉宾点头鼓掌的附庸，其作用亦容易被人们所忽视。事实上，若现场观众的作用得到有效的发挥，将会极大地增容节目信息，为节目增色添彩。

首先，现场观众充当了广大电视观众的代言人。在市场经济条件下的各电视媒体，为了提高栏目的收视率，都绞尽脑汁引起观众的注意，因此也就愈加重视观众对栏目的意见反馈以及他们的参与性。但电视观众是一个庞大的收视群体，把所有的观众都请进演播室是不现实的，但是可以邀请一部分观众到演播室代表电视机前的观众发言。有了这部分代言人，电视机前的观众就会对这一部分观众更有亲近感，觉得有人在节目现场替自己说话。如果嘉宾针对观众的提问做出了圆满的回答，对电视观众来说也是一种收获。

其次，现场观众充当了“麦田里的守望者”的角色。即指现场观众能够维护节目规则，防止别人出格、犯规。现场观众的有利地势决定了他们既可出又可入。在一些节目的录制现场，每当嘉宾或主持人对一些问题讨论过后，现场观众总要发出质询，促使嘉宾纠正自己的某些观点，或对自己的观点做进一步的阐释。现场观众将自己用心发现的问题提出来，可以减少节目对电视观众的误导，同时也对节目起到补充完善的作用。

最后，现场观众是烘托节目气氛的主要体现者。对于电视谈话栏目来说，营造温馨、和谐开放的现场气氛尤为重要。总体来说，节目气氛是由现场所有的人（包括主持人、嘉宾、现场观众和工作人员）共同营造的。主持人是节目气氛的主要营造者，但另一方面，现场观众占据了整个节目的绝大多数，节目气氛是温馨是紧张主要由现场观众体现出来。主持人和嘉宾的生动表现会感染观众，而观众的积极热情同样会反过来作用于台上的主持人和嘉宾，调动起台上谈话者的兴趣，从而形成良性循环。

四、栏目主持人

如果把每一期谈话节目比做一场音乐会，那么主持人就是这场音乐会的指挥。他是现场谈话的组织者和参与者，嘉宾和观众能否敞开心扉，真实地表达自己的观点和想法，流露自己的真实情感，营造温馨和谐的“谈话场”，与主持人的主持艺术直接相关。优秀的主持人可以使节目现场或高潮迭起或舒缓流畅，使观众收看每期节目得到心灵的愉悦，但做到这一点并非易事。对主持人来说，首先遇到的问题就是消除嘉宾的紧张情绪，打开嘉宾的心扉。但在演播室这个陌生的环境中，在高强度的灯光照射下，同一群不熟悉的人谈话，嘉宾自然容易紧张，这样嘉宾就很难袒露心扉说出心里话。虽然在栏目的前期策划中，编导可以采取一定的方法使嘉宾放松情绪，但主要还是依靠现场主持人的语言、举止、神态来感染他们，使他们慢慢放松下来。要做到这些，谈话栏目主持人必须具备一定的修养和素质。

1. 谈话栏目主持人要有亲和力

“亲和力”是能让人感到亲切和放松的一种气质和魅力。主持人的亲和力首先来自他对嘉宾和观众的正确心态，即以一种平等的态度对待嘉宾和观众。在这方面，崔永元是一个很成功的主持人。《实话实说》最大的特色是它的平民色彩和以及它所体现出来的人文关怀，它的嘉宾大多是平民百姓，它的话题也是与百姓生活密切相关的，崔永元的主持正体现了这种“平民化”的特色。我们不妨看一下《实话实说：鸟与我们》这期节目，崔永元采自生活中的语言：

崔：那您说说，养鸟有什么乐趣？

皮来顺：作为老人来说，可以锻炼身体，它催人起，天明则叫……

崔：您说的情况，我听着像养鸡。（笑声）

诚恳的行为举止及投入的情感无不透露出他对嘉宾与观众的尊重。他以一种平等的心态、平和的方式，取得了在民众中的亲和力。

《半边天》的主持人张越也是主持人亲和力方面的成功典范。《半边天》最大的特色在于：它是一档以性别特征定位的栏目，其中女性视角和平民色彩使栏目风格平和朴实。这份朴实刚好和主持人张越吻合，节目中张越利落的短发，略施粉黛的妆容还有十几年不变的邻家穿着，让嘉宾感觉很放松，就像是邻家的大姐在和你闲话家常。我们不妨看一下《半边天：模特妈妈当菜农》这期节目：

张越：你以前做模特和开时装公司的时候，基本能想象你的生活方式，比如每天早晨肯定要睡一个懒觉，过了中午开始工作，活动和演出都在晚上，夜里可能随时吃夜宵去了……你当了农民之后你的生活变成什么样了？

嘉宾：早上起得很早，去地里看一看苗子怎么样了……经常忘记戴草帽，晒得很黑很严重，有一次去亲戚家玩，他以为我没有洗脸，好几次提醒那边方便洗脸……

张越：一个很客气的男士，觉得你实在是太脏了，但是又不好意思直接说。(笑声)

在这里我们看不到张越的咄咄逼人，看不到她的居高临下式的提问。另外，在和嘉宾聊天的时候，谈起嘉宾的经历，张越也总会说自己的经历。在《半边天》中的张越安静祥和，真实地和嘉宾进行着属于两个女人间的心灵对话。

主持人的亲和力来自很好的内在修养。这种内涵的体现无法在节目中修饰或掩饰，而是在主持人的一举一动中自然流露出来的。如果主持人的语言低俗，举止粗鲁，嘉宾和观众就会立即产生不愉悦的感觉，现场气氛也会失去轻松和谐。在一些讨论性的节目中，嘉宾之间可能会存在很大的分歧，主持人如果没有很强的驾驭能力，控制不了自己的情绪，现场的紧张气氛就得不到有效的缓解，甚至会产生负面的影响。

主持人开朗随和的性格也有助于谈话的顺利进行。开朗随和的人容易使人接近，愿意和他交往，向他诉说自己的感受，同时，他的开朗乐观也会感染周围的人，使谈话在一种轻松愉悦的气氛中进行。相反，与郁郁寡欢的人交谈会使人产生无形的压力，无法与他进行顺畅的交流。因此，开朗随和的主持人往往会通过一句幽默的话语，一个善解人意的眼神，一个体贴入微的动作对嘉宾产生巨大的感染力，使嘉宾忘却自己所处的陌生环境，自然投入到谈话中来。

2. 谈话栏目主持人具备很强的“说”与“听”的能力

对主持人来说，具备较强的语言表达能力是一项基本素质，但这种表达不是随意说，随便侃，而是一种言语的逻辑能力和组织能力的综合体现。要提高自己的语言组织能力，主持人就要经常锻炼自己的思维能力，养成经常思考问题的习惯，对自己遇到的一些社会问题要多角度，多侧面的思考，把握事物的本质。作为主持人，语言的口语化来自于生活又要高于生活，它不同于生活中的大白话，它应该富于个性色彩又抛弃了日常随意性语言的模糊和糟粕，既清楚明了又简洁明快。

不仅如此，主持人除了“能说”之外，还要“会听”。许多主持人有较强的语言表达能力，能滔滔不绝的一个人谈很长时间，但主持的效果却不理想，原因就在于他们忽视了“倾听”的力量。梁实秋在他的《谈话的艺术》散文中，很精辟地指出：“谈话不是演说，更不是训话，所以一个人不可霸占所有的时间，不可以长篇大论的絮聒不休，旁若无人。”“善谈和健谈不同，健谈者能四座生春，但多少有点霸道。善谈者尽管舌吐莲花，但总还要给人留些谈话的机会。”谈话节目主持人要做的正是善谈者，首先要耐心的倾听别人都说了些什么，在明白别人的意思之后，再决定说什么，怎么去说。同时，耐心的倾听会产生一种“无声胜有声”的力量，他让嘉宾感受到主持人的真诚，从而产生倾诉的欲望。在这方面，凤凰卫视名牌栏目《鲁豫有约——说出你的故事》的主持人陈鲁豫是佼佼者。鲁豫安于倾听、善于倾听，在嘉宾讲述的过程中，她的话不多，但她的话融入了个人的情感和智慧，简洁却能让嘉宾产生感同身受的共鸣。在对章含之的采访中，章含之讲到自己感受最深的一件事情：那天，他（乔冠华）突然问我，“有一天，我丢了官了，官也不做了，眼睛也瞎了，你就这么搀着我……”时，鲁豫轻轻发出一句感慨：“天哪，又是《简·爱》！”被这句话深深触动了的章含之，情感的闸门一下子打开了，她泪流满面，无法自抑……这种共鸣打消了嘉宾的疑虑，在主持人面前袒露一个不设防的世界。

3. *谈话栏目主持人要机智灵活，现场反应要迅速*

电视谈话栏目是一种即兴的形式，它不同于表演可以预先写好台词，控制演员的情绪。谈话栏目很难控制嘉宾谈什么，也很难预料现场可能出现的情况，这就要求主持人有迅速的反应能力，能对意料之外的情况能及时做出回应。这需要主持人具有良好的文化素养，不断汲取新的知识，更新自己的知识结构。知识储备丰富了，主持人头脑才能转得快，节目才会出彩。不仅如此，主持人还要具有丰富的人生阅历，对人情世故较为练达，对生活较为敏感，这样主持人就会具备良好的心理素质，遇到突发状况时能够处事不惊，灵活应对现场的种种变化，调节节目气氛。如央视《艺术人生》曾于2004年7月14日播出过一期《常香玉纪念特辑》，纪念逝世的豫剧大师常香玉。在节目中，台上的嘉宾是常香玉的一个儿子和三个女儿，当主持人问到常香玉临终前分别给他们留下什么嘱咐的话时，三个女儿分别讲到了母亲留给自己的纸条，而儿子在回答时说，我妈对我最放心，因此没有给我留下纸条。这时常香玉的小女儿马上接过话来说：我妈是重男轻女，她最喜欢我哥哥了。女儿无心的一句话没有丝毫诋毁母亲的意思，但却可能会或多或少地损坏常香玉的形象。所以主持人朱军马上接着说：我恰恰认为你妈是重女轻男，因为她给三个女儿都留下了这么宝贵的东西，而对你哥哥却没有留。一句话说得嘉宾都笑了，台下的观众也笑了。再比如湖南卫视《天天向上》

栏目曾播邀请吴京等武打明星做嘉宾。在节目中，当时吴京说起打太极，太极拳并不是大家想象的“切西瓜”，有的老人可以把年轻人推很远，于是大家就开玩笑说，是不是直接可以把人推回家。这时欧弟说自己家在台湾，其他人说，得多推几次。汪涵说，“台湾不推，台湾得拉回来。”一句话避免了之后有可能会面对的争议，十分得体。汪涵作为《天天向上》的主持人，十分机智幽默，不仅把握开玩笑的火候，还能在关键时刻做出迅速恰当的反应。

4. 谈话栏目主持人有幽默感

英国戏剧家萧伯纳曾经说过，没有幽默感的人就像一尊雕像，没有幽默感的家庭则是一间旅店，我们的生活需要幽默。谈话栏目主持人的幽默，不仅可以放松嘉宾的情绪，调节现场氛围，而且在嘉宾疲惫的时候，主持人的幽默可以使嘉宾的情绪重新调动起来，现场气氛重新活跃起来。看撒贝宁在主持《开讲啦》中与中国科学院院士梅宏谈话的一个幽默片段：

撒贝宁：梅老师，据说《水浒传》中的108将所有的外号您都知道？

梅宏：现在已经忘得差不多了。

撒贝宁：武松在景阳冈上打死的那只老虎是什么品种？

梅宏：应该是华南虎吧。

撒贝宁：为什么？

梅宏：宋朝的时代，东北应该还不在境内。

在这里，大家本来会以为撒贝宁会接着问许多水浒传的人物外号，谁想撒贝宁竟然问起了一个意想不到的问题，引得观众笑声，节目趣味也就出来了。

第四节　电视谈话栏目发展的理性思考

我国的电视谈话栏目自20世纪90年代开播以来，整体上沿着健康的道路前进。然而在新的传媒竞争环境下，无论是栏目自身的发展方面还是外部的环境条件方面，我国电视谈话栏目都面临着许多挑战，其中主要来自境外媒体及网络脱口秀的冲击。

一、境外媒体的冲击

我国加入WTO以后，市场进一步放开，在文化传媒领域，将有大量的国外影视作品涌入我国。从长远来看，电视市场的进一步放开也只是迟早的事情。然而，一旦放开，境外跨国媒体必然对我国本土媒体构成巨大的威胁。作为意识观念展现与交锋的重要场所，我国电视谈话栏目必须要在短时间内苦练内功，提高自身的竞争实力，才能应对境外那些发展已相当成熟的电视谈话栏目的竞争，保障自己的利益。

毋庸置疑，境外媒体具备种种竞争优势。首先，境外媒体经过多年的发展，已经掌握了电视产品工业化生产的普遍规律，具有强大的产业运作能力与资本实力。而我国的电视制作还处于发展时期，无论电视理念或机制都有待进一步发展和完善；其次，境外媒体很善于利用本土资源。境外媒体进入中国，实施的最关键的战略就是本土化，例如，星空卫视聘用国内的管理人员、节目创意制作人才、市场营运人才，并在上海、广州等地制作本地化节目，做到完全中国化，由此就形成了与国内媒体对于文化资源的争夺；其次，境外媒体具有优秀的人才和节目制作技术，其制作观念超前创新，相对于我国的节目制作能力，其优势不言而喻。

对于西方文化的“入侵”，我国的电视谈话栏目应该持什么样的观念和立场呢？是要拒还是迎呢？常言道：堵之不如泄之。在当今文化全球化的背景下，我国电视谈话栏目不能也无法将西方文化拒之门外，相反，积极地进行东西方文化的沟通和融合才是世界文化重要的发展趋势。

“文化的跨区域传播为各民族国家提供了多元文化选择。从一元文化观到多元文化观，从文化冲突到文化融合，从本土文化意识到全球文化意识，是一条必由之路。”[①] 这对我国电视谈话栏目提出了更高的要求，即将东西方文化同时呈现在观众面前，视野更加开阔、观点更加多元，话题更加广泛，以更好地与世界谈话栏目融为一体，在促进中外思想文化交流方面发挥重要的作用。与国外电视谈话栏目相比，我国电视谈话栏目无论从形式还是内容上都存在很大的差距，但这并不等于我们要全盘的模仿或照搬国外的谈话栏目。东西方文化存在很大的差异，国外谈话类栏目中表现出来的夸张、怪诞、猎奇等特点并不适合我国的国情，与我国的主流文化和民族文化传统相吻合的是谈话栏目中蕴含的“中和”之美。因此，在借鉴国外谈话栏目的优秀之处的同时，也要摒弃其垃圾因素，避免国外谈话栏目选题的猎奇、刺激或肆无忌惮的隐私揭露。

① 徐雷：《我国电视谈话节目的现实困境和发展趋向》，中华传媒网，2004 年 02 月 13 日 11 时 17 分。

当然，面对境外媒体带来的冲击和压力，电视谈话栏目仅从内部下功夫还远远不够。在栏目的经营运作上，还应该积极地亦“守”亦“攻”，在文化吸纳的同时进行文化输出，扩大谈话栏目的外销，只有这样，才能在世界讲坛上宣扬我们的思想观念和文化价值，在世界范围的竞争中立于不败之地。

二、网络脱口秀的兴起

“第四媒体”网络的崛起，对报刊、广播、电视等传统媒体构成挑战，特别是web2.0技术的发展，人们可以通过电脑、手机、平板电脑即时互动参与，谈话节目的跨屏幕传播得以实现，并逐渐从传统电视媒体走向网络。

我国网络脱口秀节目始于2007年，由搜狐视频制作的《大鹏嘚吧嘚》一经播出便掀起了网络脱口秀浪潮。近年来，网络脱口秀如雨后春笋般出现在人们的视野，各大视频网站相继走上推出自制的网络脱口秀节目之路，如爱奇艺《暴走大事件》《奇葩说》，腾讯视频《吐槽大会》，优酷《圆桌派》《晓说》，豆瓣也推出脱口秀《瓣嘴》。互联网为网络脱口秀提供了相对宽松的传播环境，网络脱口秀也在一定程度上扩展了民众的话语权。一方面，网络脱口秀选择话题的尺度和内容自由度较高，节目制作上比较能够迎合受众口味，这充分为大众文化开拓了一个更自由化、更私人化、更个性化的发展空间。另一方面，网络传播的双向性让受众成为节目的参与者。爱奇艺的《奇葩说》在播出之初就引起极大关注，每期节目的选题都是根据网络数据选择出网友们最关心的话题，另外十八位“奇葩”辩手以其活泼的语言和犀利的视角吸引了大批网友的关注。

但是，网络脱口秀网络谈话的优势对电视谈话栏目来说不仅仅意味着挑战，同时也提供机遇。电视谈话栏目完全可以以互联网思维进行内容生产。互联网思维是在（移动）“互联网+”、大数据、云计算等科技不断发展的背景下，对市场、用户、产品、企业价值链乃至对整个商业生态进行重新审视的思考的方式。[①] 在网络脱口秀的冲击下，电视谈话栏目要树立互联网思维，不断创新。首先，要建立以受众为核心的内容生产模式，注重受众体验。其次，要利用互联网建立“电视+互联网”的沟通平台，并使这种平台成为节目的另一种形式。最后，电视谈话栏目要避免节目内容同质化，选题上可以利用网络数据选取热点话题，节目形式拓宽，环节设置多样化，节目叙事上采用不同的叙事方法。如东方卫视《金星秀》作为电视谈话栏目就是在互联网思维下的成功转型，它利用大

---

① 温细镱：《媒体融合背景下的电视节目创新探索》，《南方电视学刊》第2016年第2期。

数据分析将目标受众定位于中青年女性，“金星脱口秀”“金星会客厅”“有话问金姐”三个板块的节目形式上的创新，也满足了受众的需求。

当然，网络脱口秀的缺陷不容忽视。腾讯《吐槽大会》在播出四天后因传播低俗内容下线，制作方在多次整改后取得可观的播放量，这在一定程度上体现出网络脱口秀存在的问题。首先，网络脱口秀有“把关人”缺失的问题。网络平台准入门槛低，相关的规范和制度不完善以及民众的公共话语表达权的放开，导致网络脱口秀栏目良莠不齐。其次，从传播效果来看，网络脱口秀中大量使用网络词语。网络词语幽默简洁，但一些节目为了营造活跃气氛，过度追捧滥用网络词语，不仅使节目有低俗化倾向，还容易造成受众的理解障碍和理解偏差。再者，网络脱口秀泛娱乐化。一些网络脱口秀话题浅显缺乏深度，存在的目的就是为了娱乐大众。而且，网络脱口秀并未能准确把握受众群体的发展趋势，虽红极一时，但缺乏长远规划。总之，网络脱口秀并不是只有优势，电视谈话栏目可以针对网络脱口秀的劣势，结合电视谈话和网络脱口秀的优势与之竞争。

思考题

1. 电视谈话栏目的社会意义。
2. 按栏目形式划分，电视谈话栏目有哪些类型?
3. 电视谈话栏目在话题的把握上应注意哪些问题?
4. 我国电视谈话栏目在发展中遇到的挑战。
5. 试以某一电视谈话栏目为例，分析其栏目构成元素的运用。
6. 对于如何突破当下电视谈话栏目的发展瓶颈谈谈你的思考。

参考书目

1. 鲁景超著:《真话实说——名主持人访谈录》，光明日报出版社 1998 年版。
2. ［美］吉妮·格拉·汉姆斯科特著:《脱口秀——广播电视谈话节目的威力与影响》，新华出版社 1999 年版。
3. 胡正荣、汪文斌著:《世界电视前沿》，华艺出版社 2001 年版。
4. 石长顺著:《电视栏目解析》，华中科技大学出版社 2003 年版。
5. 郝朴宁著:《话语空间——广播电视谈话节目研究》，中国社会科学出版社 2005 年版。
6. 苗棣、王怡琳著:《脱口成“秀”：电视谈话节目的理念与技巧》，中国广播影视出版社 2006 年版。
7. 黎斌著:《电视融合变革——新媒体时代传统电视的转型之路》，中国国际广播出版社

2011 年版。

8. 周占武著：《谈话的力量——中国新闻类电视谈话节目研究》，中国广播电视出版社 2017 年版。

9. 郑保章等著：《大众传播时代媒介歧视问题研究》，人民出版社 2011 年版。

第十五章　电视栏目的主持人

第一节　电视栏目主持人的内涵与特征

一、电视栏目主持人的内涵

电视栏目的主持人是伴随着我国电视改革的需要应运而生的，由早期的电视节目主持人发展而来，它的迅猛发展之势得益于电视节目栏目化的进程。无论是在中国还是在西方，主持人发展进程都证明了主持人是在电视工作实践中完成了从节目主持人到栏目主持人的过渡。1952 年，美国哥伦比亚广播公司的编导唐·休伊特在当年美国大选报道中首次使用了“主持人”这一称谓。1956 年，美国全国广播公司在新闻节目中设置固定的主持人报道当年大选。经过二十多年的发展，美国各大电视台在栏目中大多设置了相对固定的主持人。而在我国，从 20 世纪 60 年代起，早期电视节目主持人就已初露端倪。以沈力为代表的新中国第一批电视工作者在播音工作中做了一些有益的尝试和创新，开创了中国电视节目主持工作的先河。到了 1981 年，中国电视播音主持界发生了一件标志性的事件，即赵忠祥在当时的北京电视台（中央电视台前身）的《北京中学生智力竞赛》节目中被明确冠以主持人的称谓。这也可以说是我国本土电视栏目主持人的雏形。进入 90 年代后，中央电视台加快改革步伐，电视节目栏目化进程大大推进，几年间相继推出了《东方时空》《焦点访谈》《实话实说》《新闻调查》等有影响的栏目，这不但大大地提高了电视的影响力，同时也将电视栏目主持人普及化、通俗化，并推向大众，也使得赵忠祥、倪萍、杨澜等一大批著名主持人从其主持的栏目中脱颖而出。在进入 21 世纪后，受众的思想观念逐渐发生了变化，电视的娱乐功能逐渐凸显，一批带有娱乐色彩的电视栏目相继登场，比如《幸运52》《非常 6+1》《非诚勿扰》《中国好声音》等，越来越多的电视栏目丰富了整个中国的电视荧屏，同时也让李咏、孟非、华少等电视栏目主持人崭露锋芒。此外，自2008年以来，随着电视市场份额的竞争加剧，电视台纷纷开始对全台的优秀栏目、优秀主持人进行整合，创新起用多个主持人主持同一档栏目，以此来增加栏目的竞争力，像《快乐大本营》《天天向上》《康熙来了》等栏目皆是如此，“主持人群”的出现成为中国电视界又一道亮丽的风景线。

所谓电视栏目主持人，即是指相对固定出现在一档电视栏目中，凭借外在形态、主持状态和内在修养串联和掌控栏目的进行和发展的人，以栏目的“主人”的身份把握节目的进程、节奏和气氛。进一步来说，电视栏目主持人是以其个性魅力代言整个栏目风格与宗旨的具体的个人。他（她）不仅是栏目内容的解读者、传播者，同时还是整个栏目风格的塑造人、诠释人，是观众每天或每周见到的面孔和听到的声音。与以前单个节目的主持人的最大区别就在于，他（她）与固定栏目相联系，并以其栏目为依托与受众进行更为具体的交流和传播活动。

二、电视栏目主持人的特征

每一种事物都有其与众不同的特征，电视栏目主持人也不例外，他（她）不仅具备社会性、可信性、审美性、主动性等各类主持人所拥有的一切共性特征，而且还具备有别于其他类型主持人的显著个性特征。电视栏目的主持人的特征是其内涵的进一步延伸、扩展，是其本质更为具体和直观的体现。那么，电视栏目主持人具备哪些基本特征呢？简单地说，主要有以下几个方面。

（一）人格化

人格化是电视栏目的主持人的首要特征。电视栏目主持人的出现将电视赋予了人格化力量，使电视真正成为与观众面对面交流的媒介。电视传播和其他媒体的传播，最大的区别就在于电视传播中有看得见的主持人因素，它是一种真正的人际传播。而在所有的传播方式中，人际传播界限最少、最易达到效果。正是主持人的存在使电视媒体与观众的交流还原到了人际传播的原始阶段，主持人成为电视栏目表达亲近性和实现交流感的一个载体。

电视栏目是观众在家中轻松收看的，是用来娱乐与交流的，所以它需要主持人，需要通过主持人对观众的吸引力和亲和力来实现栏目与观众之间的交流。对于舒舒服服坐在家中看电视的观众而言，与他们交流的不是“电视台”“电视机”或抽象的“电视栏目”，而是电视中活生生的、个性鲜明的人。这正是电视栏目主持人的人格化特征的意义所在。

“要实现主持人的文化超越，必须以人格为切入点和突破口，塑造主持人的新的媒介人格，即实现‘公共人格，栏目人格’的超越。”① 的确，无论时代对主持人素质的要求如何变化，对主持人的选才与培养，归结到一点，就是要以“人”为本。栏目主持人是将自身的某些个性化的人格要素符号化，用来完成一定的传播任务和满足受众的某种心理需求。

正如央视著名主持人白岩松所说的那样：“要把‘主持’缩小，把‘人’放大。他认为要成为一个好主持人，首要的条件，应当看他是不是一个独立而大写的“人”，是不是一个拥有内涵，并在主持人这个位置上释放自如的人。”摄像机前的主持人将他们的魅力和十足的人情味都贡献给了无形的电视叙述力量：他们起着使无人情味的东西具备人情味的作用。

（二）品牌性

电视栏目主持人的品牌性是指主持人是其所在的电视栏目具有指代意义的品牌形象，是电视栏目的主持人不可或缺的显著特征。主持人是栏目的品牌。栏目主持人品牌性意味着栏目风格的稳定性。栏目主持人的品牌效应必然带来观众对栏目的信赖，这就保证了栏目相对固定的收视群体和稳定的收视率。具体到某一个栏目来说，栏目主持人就是其集中力量重点塑造的一个品牌。观众通过某一个品牌化的主持人面孔来指认栏目。对于许多电视栏目，可能第一个跳入观众脑海的就是这些栏目的明星主持人。比如提到李咏就会想到《幸运 52》，提到王小丫就会想到《开心辞典》，提到鲁豫就会想到《鲁豫有约》，提到孟非就会想到《非诚勿扰》，提到何炅就会想到《快乐大本营》。观众有时候观看栏目就是为了看这些明星主持人，内容倒降到次要的地位，这就是主持人品牌效应的体现。

主持人以自我形象出镜，在某种程度上成为电视栏目的品牌和象征。栏目主持人的品牌性为栏目带来巨大的无形资产，名牌主持人会带动名牌栏目。因此，在好的主持人身上加大投资有时候比在栏目上投资更省力、更便捷、更有效，因为相对于电视栏目本身来说，对栏目主持人的投资是一种长线投资。实践中，越来越多的电视人已经意识到集中力量、下大功夫塑造具有品牌效应的电视栏目主持人的重要性。

（三）互动性

主持人作为一种增强传播效果的媒介角色，把“面对面”的“人际传播”特色引入了大众传播，使受众从一个简单的受传者转换为了一个可以参与对话的个体。在一些热线直播、谈话栏目中，传受双方有了真正的交流和实时的回馈，

① 李盛之：《主持人：角色的尴尬与超越》，《现代传播》1996 年第 5 期。

这种互动的感人情绪在电视现场弥漫，使传媒更具人情味和亲和力。

在新媒体时代，“自媒体”的蓬勃发展使得受众参与媒体的意识增强，受众从参与中获得交流、认同等满足感的需求也随之加强。因此，在这种互动传播中，栏目主持人既要重视传播的目的，又要注意受众的需求和接受习惯，同时还要随时对受众的回馈做出反应。对受众来说，除了能亲身参与外，主持人对待受众的态度、整个节目营造的与受众不断沟通连接的感觉和气氛，是节目互动的更高层次的要求。尤其是对于访谈类的节目，当节目中已经有嘉宾的参与，受众的互动信息只是辅助工具时，主持人的角色定位、说话的语气、态度，决定了节目能在多大程度上把受众融入节目当中。

（四）对象化

对象化是电视栏目主持人区别于其他类型的主持人的又一特征。电视栏目的主持人在主持节目时与观众形成的是一种双向传播，“主持人与观众在这种双向传播中是互动的。在当今分众化时代，主持人的传达方式使电视媒体成为一种对象化传播。观众在一定程度上成为主持人主持活动的目标和对象。”①

栏目主持人的对象化特征是适应电视观众收视心理的表现。具体表现是，电视栏目的主持人以一对多的方式进行传播。对象化这一特点决定了栏目主持人针对本档栏目固定收视对象的品位、爱好，确定栏目内容和主持风格。对象化特征决定了栏目主持人在主持活动中强调具体化、真实性。

因此，相对于其他类型的主持人，电视栏目的主持人的口吻更通俗易懂，语气更亲切自然，讲述更推心置腹，因而更适应观众收视需求。电视栏目主持人凭借自己的生活经历，想象目标观众的表情和心理反应，不断地调整主持状态和方式。栏目主持人用这种双向交流的方法达到与实际生活的最大相似，把自己与栏目融为一体。栏目主持人寻找不同观众共同关注点，及时迅速接受观众反馈，以此来调整栏目和主持人风格。

（五）个性化

电视栏目的主持人的个性特征是电视在多元文化背景下呈现出来的传播的多元化。电视栏目的主持人耀眼的个性光芒是来自于自他们的职业素质与综合能力甚至是人格魅力。主持人的个性不是表面文章，更不是可以扮演的，它是一种长期熏陶和历练的结果，它表现在主持人的言谈话语和一举一动中，因而成为该栏目主持人独特的个性和魅力。主持人的个性化表达越鲜明突出，就越能表现出主

---

① 陆锡初：《节目主持艺术通论》，中国广播电视出版社 2006 年版。

持人特殊的魅力和感染力：倪萍热情，赵忠祥平和，沈力亲切，董卿端庄，李咏幽默，鲁豫知性，孟非睿智，谢娜搞笑……

主持人的个性化的具体表现在于栏目与观众之间的亲近感得以保留。个性化的主持人使得栏目保持相对的稳定性，确保收视率的稳定性。在“内容为王”的铁律下，虽然不能说观众都是冲着主持人才看电视的，但是不可否认的是，电视观众希望看到他们喜爱、甚至崇拜的主持人像朋友一样走进他们的家庭。更何况主持人有时就是栏目内容的表达者，甚至是内容的一部分。主持人的好坏之所以直接反应在栏目的收视率上，是因为主持人的个性特征已经成为栏目的组成元素，难以置换，不可替代。因而，越来越多的人开始认同电视节目主持人的个性特点正越来越深刻地影响着栏目这一观点。

电视栏目的主持人个性化发展使得电视栏目的包容性增加，扩大了栏目在人群中的接受范围。不同个性的栏目主持人吸引着不同的人群，而从总体上看，当一个电视媒体中各具特色的主持人越多，它对各类观众群体的普遍适应性就越强。虽然众口难调，但不同风格的栏目主持人适应着不同口味的电视观众，每一个主持人栏目的针对性增加了，对观众的吸引力提高了，电视媒体追求传播最大化的原则才能够实现。中央电视台主持人敬一丹在杭大讲座曾这样说道：“主持人首先是个人，然后是个文化人，电视人，最后才是个节目主持人，这就像一个金字塔，金字塔的基础是具有个性的人，只有这点存在，它才能整个支撑起所谓的主持人角色。”

（六）主导性

电视栏目的主持人的主导性表现为主持人在栏目中始终处于积极主动的地位。主持人就是栏目的主人，栏目方针的体现者。“主持人针对演播现场情况，充分调动自己的智慧、能力，及时能动地调整文本，敏捷地应变各种突发事件，使节目出彩、生动、丰满。”① 王小丫在主持《开心辞典》前也主持过《经济半小时》等栏目很长时间，但并没有充分展示其风采和水平，而她在《开心辞典》中的考官角色却使其迅速成名，其中一个重要原因就是前者表达是被动的，而后者的表达是主动的，是有控制权的。

电视栏目主持人的主导性表现在他们能够在栏目的主持过程中提出自己独到的见解与分析。主导性的具体表现即主持人在栏目中所体现的能动性，不仅表现在现场主持中，还表现在主持人积极参与栏目的前期准备工作中。电视栏目主持

---

① 俞虹著：《节目主持人通论》，杭州大学出版社 2004 年版。

人主动地融入栏目的创作集体中，了解熟悉并掌握栏目创作的每一个环节，善于思考和解难。

当然，电视栏目主持人的主导性必须是在遵循栏目宗旨、升华栏目主题的前提下进行的。所以，电视栏目主持人的主导性不是随意性，更不是任意的自我张扬，主持人不能游离编导意图、栏目宗旨随心所欲。主导性使电视栏目主持人的自我意识和责任感进一步加强，个人能动性得到了进一步的发挥。

（七）专业化

专业化是电视栏目主持人又一大显著特征。媒介的产业化和电视频道的窄播，必然要求电视栏目主持人要在自己的领域内成为专家和行家。央视著名主持人赵忠祥认为："无论你主持哪一类节目，必须是这类节目所传达的知识和信息的拥有者，必须在工作的同时努力学习和总结，成为你所承担的这个节目内容的专家。"栏目主持人更是如此，专业化要求栏目主持人根据栏目内容需要进行主持活动，充分展现栏目的特色。

"专而精"是栏目主持人在栏目的细分和频道专业化大趋势影响下的一个发展目标。央视目前又做出了"主持人下栏目"的新规定。该规定要求主持人一心一意做好自己的一个栏目，不准跨频道、跨台主持；为了控制主持人的出镜率，央视原则上还要求一个主持人只主持一档栏目，特殊情况下最多可以兼任一档大型栏目和一档小栏目的主持人。这样的规定进一步促使栏目主持人向着专业化的方向发展，"专业化"逐渐成为电视栏目主持人的又一大特征。

（八）稳定性

稳定性也是电视栏目主持人的一大特征。相对于其他类型的主持人，电视栏目的主持人更具稳定性。电视栏目拥有固定片头、名称、内容、周期和长度，它的风格也相对统一，因此，栏目的主持人也就相对固定。主持人是依托栏目而存在的，电视栏目的相对固定性决定了电视栏目的主持人的稳定性。理由很简单，电视栏目的一期期节目虽然是单个播出，但栏目的定位和主持人的风格却是一贯的、稳定的。

主持人是电视栏目的代言人，主持人的稳定性意味着电视栏目收视率相对稳定。只要成功的电视栏目的主持人在，该栏目的品质就被观众信任。孙玉胜在《十年》一书中曾指出"2000 年《东方时空》第三次改版后的收视下滑就是因为该栏目主持人的更换，切断了栏目原有的稳定性。当时改版后的《东方时空》之所以让一些观众感到不适应，原因之一就是由于观众一下子看不见了自己熟悉的那些知名主持人，观众对《东方时空》的亲近感和熟悉感没有得到延续，仿佛一下子走进一个陌生的栏目，不是因为改版后的《东方时空》不好，而是缺少了那些栏目主持人们带给观众们的信任，栏目中太多陌生的东西让观众无所适从。”

正如观众对于一个电视栏目的喜爱与否相对稳定，观众对于栏目主持人的认同也不会是变幻莫测的，不会今天接受你四平八稳，明天喜欢你尖锐犀利，这正是栏目主持人稳定性特性的体现。有的栏目没有产生大牌主持人，原因之一也许就是因为它使用的主持人太多了，观众难以通过某一个具体的主持人面孔去指认栏目。也就是说，三天两头换来换去的主持人虽然都各具特色，但并没有给予观众一个清晰的、对栏目具有指代意义的主持人。

第二节　电视栏目主持人的类型

电视栏目中的主持人无论从对栏目承担的职责，对栏目内容特点的依赖或掌握以及对个人素质、风格的把握、张扬等方面都显示出不同的类型。对电视栏目的主持人进行类型划分，首先要确定分类原则或分类标准。栏目主持人可以从其工作方式、职责范围及其所在栏目类别等方面进行分类，而出于不同的角度和标准，又可再作些细分。

一、按主持人的“工作方式”来划分

按主持人的“工作方式”来划分可以将栏目主持人分成演播室主持、现场主持和演播室、现场交叉主持这样几类，每类又都可以有单独主持、伙伴二人主持及多人交替主持等几种不同的方式。

二、按主持人的工作职责范围及工作形态来划分

按主持人的工作职责范围及工作形态来划分，可以分为以下几类：

（一）独立型主持人

独立型主持人的特点是独立地承担整个电视栏目采、编、播各个环节的工作，几乎是栏目的唯一制作人。从我国目前情况来说，独立型栏目主持人还比较少，但趋向是在发展增加。

（二）单一型主持人

单一型主持人的特点是主要或只从事播音主持工作。单一型电视栏目主持人并不是单纯地念稿，要对稿件有所发挥及再创作，能动地把握现场。单一型主持人虽有编者为他准备了文字稿，而为了更完美地主持好节目，主持人往往也要在

一定程度上参与采、编。

（三）参与型主持人

参与型主持人的特点是参与了栏目的采、编、播、控各个环节的工作，这种参与型的主持人和编辑是平等合作的关系。相对来说，参与型主持人对个人能力的要求较高，既要能在镜头前播音主持，又要熟谙并从事采编业务。

（四）主导型主持人

主导型主持人是栏目的指导者和领导人，实际上是个在荧屏前露面的制片人。主导型主持人大多既熟悉各类业务又善于组织指挥。在实践中，主导型主持人常常既是栏目的主持人，又是栏目的策划者和制片人。

三、按照栏目的类别来划分

由于栏目主持人常常跟不同类型的电视栏目相对应，因此，又可按照栏目的类别来划分主持人的类别。根据不同栏目的特点，从对主持人的语言、表情动作的要求出发，对栏目主持人做出如下划分：

（一）新闻、评论类栏目主持人

从社会影响来看，这类主持人居各类主持人之首，包括杂志型新闻类栏目的主持人以及对时事作深入报道并讨论、评论的新闻论坛、时事、经济专题类栏目的主持人。对此类主持人的要求是，思想素质高，思维逻辑性强，叙述清晰，见解独到，稳重端庄，能把握好各种分寸，始终肩负着以正确的舆论引导人的时代重任。

（二）综艺、娱乐类栏目主持人

综艺、娱乐类栏目的主持人，要求思维活跃，反应灵敏，多才多艺，语言表现力丰富，也要善于同其他专业演员或专家配合，能够调动现场观众，调节控制全场气氛。

（三）教育、服务类栏目主持人

教育服务类栏目在选材、确定主题、把握情感分寸上对主持人都有较高的要求。教育、服务类栏目经常邀请业余或专业人士作为嘉宾主持人，这就要求栏目主持人与嘉宾主持人要有一定默契度。教育、服务类主持人的主持风格是自然而不做作。在主持人语言的选择上，既要有一点专业感觉，又要通俗易懂，使知识的传播带有权威性和可信度，而为大众服务的诚意又尽在其中。

（四）对象型栏目主持人

对象型栏目是面对不同的特定受众对象而设立的。面对不同年龄段人群设置的栏目有：少儿栏目、青年栏目、老年栏目等；面对不同职业、性别、民族等人群设置的栏目有：军事栏目、妇女栏目、残疾人栏目、少数民族栏目等。对象型栏目主持人要根据不同人群的需求提供相关的信息和服务，要求主持人了解、熟悉传播对象，热爱、关心传播对象，做到有的放矢。

（五）谈话类栏目主持人

我国的谈话类栏目主持人按照谈话方式的特点又可以分为多种类型：（1）以讲故事为主的叙事型谈话主持人；（2）以探讨社会问题为主的讨论型主持人；（3）以双方观点不同而具有对抗性的辩论型主持人；（4）以家庭情感诉求为主的热线谈心型主持人。谈话类节目主持人要掌握“谈”“说”“聊”和与人交流沟通的艺术；要明确自身的定位；以谈话为目的而非观点；要有全新的思维方式和行为方式，讲究说理艺术，语言亲切自然。

（六）直播类栏目主持人

直播类栏目要求主持人要具备良好的心理素质，面对重大新闻时间或者突发情况能够临危不惧，面对镜头保持镇静，不要因为耳机中导播或编辑临时插入的话打乱思路，造成大脑空白或思维混乱。另外直播类节目要求主持人具备良好的语言表达能力，信息编辑筛选能力和应变能力。直播中，主持人要根据具体情况迅速做出反应，保证节目顺利流畅地进行。

划分电视栏目主持人的类型，是为了从不同角度对主持人行业逐步深化了解，揭示主持人群体的规律性问题，并且对主持人的实践活动产生积极的指导意义。事实上，主持人在工作形态、在栏目类型上都不得不有某一方面的偏重。栏目主持人总是在长期主持某一类节目的实践过程中，积累了跟某一类栏目有关的丰富的知识，形成了最适合某类栏目的语言风格及非语言风格特点；在工作方式与工作形态上，即使自己采、编、播能力俱佳，实际操作过程中主要还在发挥自己的强项——主持、播讲。

第三节　主持人风格

一、主持人风格的内涵

主持人风格是主持人在主持栏目的过程中所表现出来的相对稳定又具体可感的个性特征和艺术特色。主持人在主持栏目的过程中通过他的言语行为，使观众感受到某种个性化的语言、个性化的举止，即某种特定的风格。它既包括某一个电视栏目主持人的个人风格，也包括某一类型栏目或某一时期众多栏目主持人所共有的风格。主持人的风格直接影响到栏目的风格，甚至关系到具体栏目的传播效果。因此我们可以将主持人风格形成与否作为判断一个主持人是否成熟和成功的标志。

电视栏目主持人以自己与众不同的表达方式传播主流文化和思想，使传播内容与传播手段相辅相成。电视栏目主持人风格的本质在于将个性和共性统一，进而为人类的情感找到了独一无二的表达。“主持人的风格是属于这样一种主持人的：他们不同于我们见过的任何一个人，但我们对他们一点也不感到陌生；他们表达的其实是我们许多人都有的想法，但没有一个人能像他们那样说出来。”①电视栏目主持人在运用语言和非语言符号进行大众传播的过程中，如果只有关于事物的观念和思想的普遍性，没有属于主持人的独特表达方式，观众接受起来就会感觉栏目单调乏味，自然这个主持人也就无法得到观众的认可。

二、主持人风格的构成

风格即人，是说栏目主持的风格是主持人的外观形象、内在气质、语言特色、知识修养、人格魅力的综合体现，是栏目主持人在主持栏目过程中彰显出来的整体特征与精神风貌。正如施拉姆在传播学概论中所说的：“一个人用这个身体进行传播，并且运用全部力量来解释受到的信息。”一名成功的主持人往往善于利用各种手段，调动全部的言语和行为来塑造自己的风格，而独特的主持风格恰恰是体现在独特的播报风格，串联风格，评论风格，采访风格和语言表达风格之中的。

首先，独特的视角是形成主持人风格的先决条件。主持人在电视栏目中以独特的视角观察世界，认识世界，选择与众不同的题材，产生别具一格的见解，表达自己与世人迥异的对生活的态度，也是主持人风格比较明显的体现。拥有独创的非大众化的视角的主持人自然会脱颖而出，独领风骚。白岩松在《新闻周刊》栏目中就以独特的视角打开了新闻之窗，他使用个性化的修辞、犀利而有锐气的口吻、入木三分的评论，引出对所评新闻事件的思考，发人深省。正因为有着对新闻有与众不同的见解，才使白岩松主持风格自成一派。另外，孟非主持的《南京零距离》，也可窥见其匠心独运的策划、新颖的立意和独具个性的点评，使其主持风格始终充满独特的魅力，深受观众的喜爱。

其次，主持人在栏目中的语言和行为也是构成主持人风格的要素之一。电视

① 李敬一：《节目主持概论》，华中科技大学出版社 2004 年版。

栏目主持人进行主持活动借助的是其自身的语言和行为。主持人的声音语言、形象特点、表情举止直接成为主持的符号元素，也成为风格构成的重要手段。主持人既要掌握丰富的口语技巧，又要学会使用形体语言。对于栏目主持人来说，语言更显得尤为重要。语言表达不仅是主持人赖以生存的重要手段，也是主持人风格构成元素。语言是思维的物质外壳，主持人的语言表达反映出该主持人的思维方式，知识，品德修养，内在气质，思想感情等。总之，栏目主持人的个性化语言和行为在栏目中张扬了主持人的个性特征，从而造就了主持人的不同风格。

再次，真正的主持风格还植根于深厚的知识修养、美好的道德情操和优秀的职业能力。一个风格独特的主持人在观众面前的表现是平时内在智慧、功夫和修养的自然流露，是“厚积薄发”的结果。苦心孤诣地追求某种风格，不从生活中一点一滴地积累，其结果要么似是而非，要么弄巧成拙。“台上三分钟，台下三年功”。主持人要对各领域的知识尽量多学习一些，各方面的能力尽量多具备一些，力求使自己拥有“一桶水”，才能更自如地给观众“一杯水”。电视栏目的主持人更要根据栏目的定位，不断增长才智，塑造自己的主持风格，维护好自己和栏目在观众心目中的形象。总之，真正的主持风格的形成绝非一朝一夕之功，它需要主持人坚持经常学习和实践磨炼。《传奇故事》是一档由金飞主持的新闻专题节目，每晚为观众讲述一个涉及真、善、美和德、义、理的社会故事。这档栏目不仅收获了粉丝和口碑，也让大家认识了一位学识渊博、从善如流、幽默诙谐的金飞。正是基于深厚的知识素养，让金飞在主持界一鸣惊人，大获赞赏。作家柯岩主动为《传奇故事》撰写并发表评论文章《能不为金飞喝彩?》，对主持人金飞给予了高度评价。文章中说，“金飞的口才真是好啊！好就好在他所展示的绝不仅仅是出众的口才，而是满含着理想和信念的是非善恶、世态人情的诗意的讲述……我每天都被他高度的社会责任感、一定的思想水平和艺术功力所动。”

最后，栏目主持人形象设计对于主持人风格的构成也有着一定的作用。虽然形象不是构成主持人风格的决定性因素，但不可否认的是外貌，着装甚至发型这些形象性因素对于主持人风格构成来说无法回避。下面这个事例可以有力地说明这个问题。当年美国著名电视主持人克朗凯特退休时，CBS 曾就“由谁接任克朗凯特”的问题，在马奇德和丹·拉瑟两个人之间犹豫了很长时间。决策者最后决定启用丹·拉瑟，因为大多数人认为丹·拉瑟更具男子汉魅力，对女性观众更有吸引力，而这些观众正是电视新闻争夺的潜在群体。总之，主持人形象要与栏目内容、风格、气质，乃至观众定位相契合。

主持人的形象设计定位，从宏观角度看，应明确主持人在社会中的公众形象，从微观角度看，是指主持人在栏目中的具体形象。所谓形象，并不是指主持人的相貌特征，而是指综合意义的整体形象，是一个主持人在具体节目中的思想感情、言谈举止给观众的整体印象，主持人这种大众传媒角色，既要代表特定的政治、经济利益，又要满足观众的需要。电视台是党和政府的新闻宣传机构，它的性质决定了栏目主持人的公众形象就是党的宣传工作者，新闻工作者。电视是大众传媒，对于观众不能以专家学者的形象出现，更不能以演艺明星的身份出现，而是以能与观众真诚交流的朋友形象出现。所以，主持人的公众形象应当是平易近人的传播者，是观众喜闻乐见的朋友。

三、主持人风格的树立

主持人的风格是由多种因素促成的，包括他（她）所特有的思想情感，个人气质，生活经验，审美理想以及时代与环境氛围等。每个主持人的个性不同，所以他们在栏目中便表现出或活泼，或文静，或快言快语、思维敏捷，或沉稳持重、娓娓道来的不同风格。

有一些主持人总是照本宣科，主持单调、刻板，所以由他们所主持的栏目也让观众感到乏味无趣。还有一些主持人盲目地模仿着某些知名主持人的风格，从动作语调到神情衣饰甚至是词汇，试图以此来讨好观众。而这样做的效果却恰恰相反，这样的主持人无法得到观众的认可，甚至让观众感到反感和厌恶。

其实，对于栏目主持人，更为重要的是树立属于自己的主持风格。那么，怎样才能树立起自己的主持风格呢？

作为一个栏目主持人要树立起自己的独特风格，首先，必须充分认识，了解自己，对自己的气质、风度、知识、性格、爱好、音色、音量、语调、语气等都要有一个正确的评估。其次，要加强个人修养。主持人的言谈话语及举手投足无不都是其内在修养和学识的外在体现。甚至主持人所生活的环境、经历、教育类型和程度、社会地位等都会潜移默化地影响其主持风格。再次，主持人要想树立属于自己的主持风格，必须牢牢把握栏目类型，扬长避短，使自己的主持方式尽可能地与栏目风格协调一致。“作为电视栏目的主持人可以在充分了解自己的前提下，在不断实践的基础上，从模仿与自己类型相似的知名电视栏目的主持人开始，不断地进行探索与创新，最终创立适合自己的主持风格”。①

有人说：有一百个主持人，就会有一百种主持风格。这话虽然有些夸张，但

① 陆锡初：《节目主持艺术通论》，中国广播电视出版社 2006 年版。

也不无道理。因为主持人的风格确实是多种多样，难以一一详述。而且，不同的栏目有着不同的内容、宗旨和风格，自然会产生多种风格的主持人与之相对应。栏目的主持人风格虽然各异，但共同的一点是把握思想、情感的“度”较为准确、运用简明、生动的语言将观众的思路引入栏目的主线，尽量使观众产生贴近感。目前，我国一些优秀的栏目主持人在他（她）们的工作实践中所树立起来的各异的风格尤其值得我们肯定和学习：

崔永元是冷幽默式的主持人。他的魅力在于幽默，特别是他的即兴幽默。他总是善于在栏目中给观众带来笑声。正是这样的笑声成就了《实话实说》，使得它有别于一般的谈话类栏目，使得它的现场不再是一个枯燥的说理的现场、争执的现场和辩论会的现场。崔永元的这些机敏的捕捉和发现，举重若轻地软化了很多的说理段落，使得栏目意趣横生。

王志在《面对面》中以平易中不乏尖锐的风格吸引了很多电视观众。王志憨厚外貌下隐藏着犀利的追问，步步紧逼的质疑，这是他“平视”采访对象和受众的充分体现。有了《面对面》才催生出迅速蹿红的主持人王志，换一个人就不会是今天的《面对面》。因为王志具有环环相扣，针针见血的质疑本领，具有在谈话现场运用自如的控制力，质疑是他记者式主持人的本色。

刘仪伟主持的《东方夜谭》说新闻，关键是换了一种口气，以幽默的角度切入，比播音员式的播报新闻亲和了好多；刘仪伟向观众问好，他别出心思地先深鞠躬。因此，有着平民视角的主持人刘仪伟拥有了非凡的亲和力。

中央电视台《半边天》的主持人张越貌不惊人，凭借多年的文化积淀，以质朴睿智的风格征服了亿万电视公众。她完全依靠个人对被采访者尊重和平和的态度，使对方放松倾诉。她深厚的文学底蕴和不凡的谈吐使得观看她所主持的栏目成为一种艺术的享受。不论是感性的普通老百姓，还是不轻易流露自己内心世界的成功人士，她都能在潜移默化的气氛下使对方说出对人生的真实感受，也娓娓道出自己的独特见解。

李咏在诙谐幽默中主持《幸运 52》《非常 6+1》等栏目，他为自己的定位是“一个走向个性化的主持人”。李咏招牌式的微笑和夸张的肢体语言以及机智风趣的调侃不仅赢得了亿万观众的心，也成就了自己央视金牌主持人的地位。

继倪萍之后央视最善于煽情的主持人朱军最善长让来宾回首不堪往事，并且在恰当的时候落下感动的泪水。朱军在主持《艺术人生》栏目中被老艺术家们的经历深深的感动，并将自己的感动有效地传递给现场和电视机前的观众。怀着感激、坦诚、善良的心情和嘉宾交谈是朱军认为最妥当的交流方式，感动自己然后再感动观众是朱军传递情感的最有效的方式。

《为您服务》的主持人张悦在主持仅有十分钟的栏目中，能给人带来愉快和满足。这是因为张悦坐在演播室里，面对深邃无底的镜头时，总会想起师长的宽厚、朋友的理解和亲人的鼓励。摄像机的镜头就变成了师长、朋友和亲人们的化身，成为她可以倾听的朋友，观众也就成为最好的知己。所以，张悦的亲切自然征服了观众的心。因为她始终想着自己处于最亲切的师长、朋友、亲人之中，所以她谦和的语态、亲切的语调就带给了观众坦诚真实之感。

《快乐大本营》的主持人何炅在主持中幽默又不失品位，活泼又不失风度。他凭借自身特有的风趣、笑容、多变的表情、丰富的肢体动作、独有的气质、仪表等成功塑造了个性化的主持形象。在整场节目中，何炅在主持人群里担当主导的角色，当其他同伴在主持时过于自由发挥从而跑题时，何炅总会在关键时刻将话题拉回到正轨上。正是因为何炅具有高度的敬业精神和娱乐精神，能够让受众在看节目的过程中得到放松，才使得《快乐大本营》这个栏目一直保持较高的收视率，长盛不衰。

台湾著名节目主持人蔡康永拥有犀利的专业视角和崇尚创意的性格，他大胆地运用视觉造型力量，横跨文化知性和流行通俗领域，他在主持《康熙来了》时，一方面严肃谈天论地，另一方面又能轻松八卦搞笑，在节目中很好地起到主持人的桥梁纽带作用，正是他的专业性使其成为一名专家型主持人。

第四节　主持人的职业能力及职业素养

进入 21 世纪以来，随着新媒体的蓬勃兴起，在愈演愈烈的竞争格局中，电视要想继续生存发展下去，继续保持它的领跑地位，就需要进一步提升电视栏目的质量与标准，同时对主持人的职业素养也提出了更高的要求。“在一个基本完整的主持传播系统中，主持人的地位无疑是至关重要的，其重要性首先在于主持人是主持传播的主体，是主持传播系统中不可或缺的构成元素，是主持传播得以存在和发展的物质载体。可以肯定地说，正是因为有了主持人才有了个性化的主持传播。”① 由此可以看出，主持人的素质对于节目的提升具有十分重要的作用。因此，培养高素质的主持人刻不容缓。

---

① 张泽群：《城市灵魂》，河南大象出版社 2006 年版。

一、主持人的职业能力

一个合格的主持人必须拥有全面的职业能力。主持人的工作绝不仅仅是靠嘴皮子，必须有着很深的“根底”，而这些根底绝非一日之功，是从日常工作和学习中熏陶培养起来的。中央电视台副台长孙玉胜认为，一个优秀主持人的外在标准应该是具有个性、魅力和激情；而内在的标准是要具有良好的职业敏感能力，也就是发现能力，还要具备出色的写作能力和表达能力。

许多业界同人都有这样的疑问：同样的时段、同类的节目、同样的频道，甚至同一栏目的不同主持人，为什么有些人的表达言简意赅，很精彩，很有吸引力；而有些人的表达却言之无物，很平庸，甚至俗不可耐？其深层的原因就是主持人职业能力上的差异。况且，我们已经进入信息时代，信息时代对传播形式提出了更高的要求：要传播更大的信息量，信息必须经过整理，甚至要现场瞬时生成语言表达。这种复杂的整理工作和即兴的口语表达对主持人提出了更高的要求，那么，新时期电视栏目主持人应该具备哪些职业能力呢？

（一）主持人的构思与策划能力

主持人进行栏目的创作活动，首先就是要参与栏目的构思。良好的栏目构思是主持人获得成功的重要前提。独到的选题、鲜明的主旨、充实的内容、完美的表现形式是主持人构思的主要内容和基本要求。主持人在创作构思中，需要借助技术手段和艺术形式，从而更有效地进行传播活动。主持人的构思创作，是以个体思维为基础的体现栏目全体创作人员群体思维的复杂精神活动，不仅要受到电视媒体自身性质和栏目宗旨的制约，同时又必须时时关注观众的要求与愿望。电视栏目主持人要在栏目、观众和自我之间找到最佳契合点，充分利用并挖掘素材的内涵，发挥电视的媒介优势，尽可能地做出周密、深入的大纲。

具体步骤是：第一，确定选题，明确栏目主旨；第二，广开视野，针对受众，精选内容；第三，不拘一格，明确自我定位，选取适当形式；第四，整理思路，制定大纲。

（二）采访能力

对于一个集采、编、播于一体的主持人来说，采访应该是他的看家本领。这不仅是新闻类栏目主持人的基本功，而且对于其他栏目主持人也是不可或缺的能力。因为主持人在栏目中通常要与人交流、沟通，与现场或演播室内外的人交谈、提问，这也正是主持人的采访活动。

采访能力表现为主持人凭借职业敏感进行采访，善于在采访中发现新的事实、新闻角度、新闻背景、发现新闻中值得追踪的一切蛛丝马迹。只有拥有了良好的采访能力，主持人才能准确判断什么信息值得放大、什么信息应该放弃；采访对象透露的什么问题值得穷追不舍、打破砂锅问到底，什么话语应该及时打断，免得偏离主题；同样的事实从什么角度分析更与别人不同、更有利于深入挖掘；事实与背景之间存在什么关系、由此可以得出什么样的结论等。

在电视栏目中，即使经过剪接、编辑，主持人的采访还是以自己的声音、形象出镜，并与被采访对象一起真实地出现在受众面前。这样的传播，现场感极强，真实性很高，同时满足了受众以更为直接的方式来获取信息的愿望。在主持人采访活动中，观众获得的不仅仅是主持人语言和现场声音传递的信息，还能从主持人和采访者举手投足、神态表情，甚至背景画面中，获得大量的直观信息。

主持人采访的现场性、直观性和信息量大的特点，要求主持人在采访中加强现场意识和观念。在构想和设计采访活动中，不能忽略现场采访的逻辑、情绪、声像因素，善于控制和把握自身与被采访者的情绪变化；积极发现并捕捉现场背景及声像。主持人要尽快进入采访状态中，必须尽快与被采访者沟通，进而平等、融洽地展开交流。主持人还要熟练地掌握提问技巧，有的放矢，观点鲜明。在采访中，主持人要能够随机应变、沉稳敏捷地应对随时可能出现的“不测风云”。

主持人在采访时要充满热情，充分发挥主观能动性，做好电视栏目与观众的进行沟通的桥梁。主持人要有充分的自信，在镜头前不能畏缩，要善于去控制整个栏目的进程和局面。此外，采访对象性格各异，主持人要善于与他们沟通配合。最后，主持人在采访中要保持沉着、机敏的心态。

（三）编辑能力

主持人要具备一定的编辑能力。主持人自己首先要在前期编辑工作中树立牢固的主持人意识，明确自己的主持风格和栏目特色。主持人要对栏目的整体编排，乃至具体的画面音响的处理衔接等问题的有所了解。由于亲自参与了编辑，主持人在出场主持时会平添几分自信与从容。即使对于自己没有参与的编辑环节，主持人也要事前进行了解，做到要胸中有数，这样才能坦然地面对观众。

主持人对栏目的整体编排要有宏观上的把握。对承接和转换的话题的部分主持人要特别注意。另外，主持人对具体的局部组合应清晰明了。主持人了解编辑过程中的具体环节，对主持人的现场发挥颇有益处。对于先分解制作再合成录播的栏目，主持人更要尽量了解每一个环节的安排组合（如音响、画面、剪辑、持技、解说、独白、对话、采访等），做好衔接和转承，才能在主持时做到连贯、自然、流畅。

主持人具有编辑意识和栏目意识，明晰栏目结构和框架，这样才能更好地把握节奏和情绪分寸，也能更积极更有意识地配合制作人员，在镜头前表现得更加连贯自然、得体、大方。

（四）写作能力

写作是作为主持人的一项基本能力。美国的老牌主持人克朗凯特，以及目前三大电视网和 CNN 的著名主持人汤姆·布罗考、彼得·詹宁斯和拉里·金、温弗利，都拥有过硬的写作能力。主持人的播讲稿是其主持的依据，演播稿的好坏直接影响主持人主持的效果。主持人对演播稿的编写也应该是驾轻就熟，拿得起放得下的。不同的栏目对演播稿虽有一定的风格、细节规范，但总体上讲对主题的把握、思路的展现、语言的要求等方面是一致的。

主持人的播讲稿通常是大纲的形式，大多是纲要或串联词的形式。要求强化主题，把握结构、脉络，更要突出、强化核心内容。有了播讲稿大纲，主持人在现场的即兴发挥才会出彩。衡量主持人的写作能力的标准：

一是明确的主题，清晰的脉络，完整的结构。

二是写作语言流畅，口语化，个性化，把握节奏。

电视是视听艺术，直接作用于人的视听感官，写作语言要尽量口语化、节奏化。杨澜在总结自己的主持经验时，对节奏问颇有体会。她说；“一开始，心里也没有数，只想把已准备好的话说完就算了，好像一瓢水，叽里咕嘟都倒出来，自己就能舒一口气了。后来才明白，越是精心准备的东西，越要注意到节奏。自己心里滚瓜烂熟的话，观众都是第一次听到，要给人一个吸收信息的过程，要善于调动观众的期待心理，恰到好处地抖响包袱，才能收到预期效果。”主持人写作要树立强烈的对象感，以主持人的身份，用心与观众交流，这样才能让观众从心里真正感到主持人正在跟自己进行平等真诚的交流。

二、主持人的职业素养

随着电视频道和节目的专业化程度不断加深，新时期的电视媒体对主持的要求不再只是要具备良好的职业技能，更要具备良好的职业素养。

（一）学识修养

主持人作为栏目最前沿的表现者，必须有良好的学识修养（即较广的知识面，较高的文化素养）。一个主持人要有扎实的知识积累作后盾，才会有随机的妙语，诙谐的谈吐，才可能在言谈话语之间彰显智慧的火花。主持人通过主持来进行大众传播活动，是电视栏目与观众之间的纽带和桥梁。主持人必须有深厚的学识修养为底蕴，才能引导观众，才能满足观众精神文化需求。优秀的主持人大都具备丰富学识修养、严密的逻辑思辨力和敏锐地观察力。这些也是主持人能够驾驭节目的前提和基础。撒贝宁主持《今日说法》栏目成功的原因不仅在于他有敏锐的思维，准确的表达，更得益于他对法学知识的精通。白岩松在《新闻会客厅》栏目中犀利的言语，独到的分析与见解更是得益于他多年寒窗苦读后的知识储备。

主持人临场发挥，处变不惊的信心更是源自其幕后的长期积累。主持人要在栏目中做到游刃有余地即兴发挥，关键是要有广博的知识底蕴。正如著名主持人曹可凡所言："节目主持人每一句感人肺腑，动人心弦的妙语，也都是长期劳其筋骨，苦其心志的结果。"深厚的文化修养和扎实的知识根基，有助于塑造主持人的美好形象。一个学识广博，涵养气质优雅的主持人比花瓶式的美女主持人更容易获得观众的好感和长久的支持。董卿作为央视综艺节目的主持花旦，一直以来给我们的印象就是端庄、大方、知性。2017 年，由她主持的《中国诗词大会》火爆播出，成为文化综艺类节目中的一股清流。而观众也在这档节目中重新认识了董卿，她出口成章、才华横溢、妙语连珠、文化底蕴深厚，就连选手王若西都夸董卿——"所谓美人者以花为貌，以鸟为声，以月为神，以柳为态，以玉为骨，以冰雪为肤，以秋水为姿，以诗词为心，吾无间然矣。"董卿也说过：主持人需要有内涵，需要有内在修养，需要厚积薄发，但这些其实是不需要强调的，丰富自己的内涵，其实应该是生活的一部分，同职业无关，成为一个有心的人，一个有悟性的人，同一个人对生活的热爱，对生活的态度和对生活最本质的理解都有关系。

我国现有的主持人整体综合素质参差不齐，而观众对电视栏目主持人的要求越来越高，这就需要主持人不断加强学识修养，提升主持水平，从而适应社会的发展和观众的审美需求。据最新统计，目前中央电视台在册主持人已经超过 400 人，全国在册主持人超过 7 万人，瞬间成名的效应使电视栏目主持人日益成为一个让年轻人趋之若鹜的行业。有些电视台有的栏目一天播一次，但有 5、6 个主持人；有的栏目一周播一次，也有 3、4 个主持人。有人估计全国各类电视节目主持人超过万人。

在新媒体迅猛发展的形势下，中国现在已经进入了一个盛产电视主持人的时代，但现实的需求却表现出一个尖锐的矛盾：所谓的"主持人过剩"其实只是"相对的过剩"，各个电视台、各个栏目对于优秀的主持人仍然是求贤若渴、虚位以待，好的主持人仍然紧缺。许多人急于求成，总想很快坐到主持人位置上并迅速成名。其实踏踏实实做几年学问并不耽误时间，而是积蓄职业实力。

（二）语言表达能力

畅达的语言表达是主持人职业能力的直接体现，也是其看家的本领。同样是表达者，主持人和播音员之间的重要区别就在于：前者的表达是主动的，拥有表达的控制权，而播音员和一部分司仪型的主持人则完全是被动的，表达的控制权掌握在导演和编辑手中，他们的表达只能是念稿子串场和串片。

主持人的语言表达一定要简洁流畅，既要严谨、精练、规范、明了，又要生动、鲜活、形象、诙谐。主持人在边想边说中，不断地改变着表达的意向和方式，允许出现适当的重复和停顿。主持人语言要突出个人风格，充分展示主持人的个性魅力。对主持人语言的基本要求是：

1. 发音清晰，语流顺畅。

2. 语言准确，用词恰当。

3. 语言风格个性化、口语化，对象感强。

主持人要正确选用与其所在栏目相对应的词句样式，使主持人语言个性化、具体化、对象化。新闻评述类栏目主持人语言严谨、犀利、思辨性强，充满可信性和权威感；服务类栏目主持人语言亲切、通俗、富有人情味；少儿类栏目主持人语言活泼、生动、形象；欣赏性类栏目主持人，则可以用散文或诗歌式的语言，抒情而富有韵律。主持人语言表达要有一种对象意识，因人而异，要有与对象的特定交流感。语言表达方式丰富多样，提问、说明、叙述、描写、抒情、议论等，不论运用哪种表达方式都需要尽量做到就像和受众面对面亲切交流一样，做到直接平等、通俗易懂、干练自然、和蔼可亲。

（三）应变能力

主持人应当具备驾驭栏目的应变能力。具备良好的应变能力的主持人不仅能应付各种突发情况，还能抓住每一个出现的亮点引领大家深入，做到张驰有度。主持人在摄像机前，时刻都要做好应对突发事件的准备。面对突发事件，主持人只有及时做出反应，才能使栏目顺利进行。面对尴尬的场面和意外事件，主持人要以良好的应变能力，冷静、机智地进行处理。主持人在现场调控时既要随机应变，又要有良好的心理承受能力。应变能力表现为主持人在遇到技术或机器故障会处变不惊，得当地处理和补救；在遇到参与观众尖刻偏激的观点和敏感问题时会巧妙救场，机智应对。

主持人身处突发的事件或复杂的环境中，随时随处都有不可控的因素出现，主持人必须要有冷静的头脑，敏锐地反映，才能在现场从容完成主持任务。只有在主持生涯中不断实践，主持人才能提高应变能力，练就冷静沉着的心理素质。倪萍在她的《日子》一书中这样写道：现场直播给主持人提供了一个更大的发挥现场，这种发挥绝不是瞎闹哄，一定要与节目的主题相关联，这需要你平时的生活积累，有较宽的知识面和一定的文化功底，同时还要有驾驭语言的能力和现场的应变能力。

主持人良好的应变能力还表现在他们能够巧妙地调动起观众的参与性。在这一点上，倪萍是一个较为成功的例子。她不漂亮，但有很多人认可的朴实。她可以随时融入角色，泪花笑容随时会随灯光闪烁，充分煽动观众。这就要求主持人能够很好理解导演、策划的意图，通过自己的主持，运用各种语言、表情等工具来把这种意图来释放和实现。

每一个主持人都会有这样一种感受，如果心理处于紧张状态，大脑思维必定是僵化的，很难积极进入到主持状态中去，非但不能即兴发挥、巧妙应变，可能还会表达不清楚已准备好的内容。因此，放松是第一位的。另外，主持人要努力做到多看、多听、多写、多问，练好扎实的基本功，博闻强记，厚积薄发，就一定能反应机灵敏捷，语言诙谐幽默，能随时根据现场瞬息变化，于细微处见端倪，迅即做出反应，或补充引申，或议论说理，或抒情说笑，或插科打诨，处处让人感受到主持人的存在，让人感受到灵敏中见诙谐，诙谐中见灵敏的主持艺术。

白岩松曾经这样评价他心目中的优秀主持人：好的主持人应该被观众的眼、耳、口、心四个器官接受——眼，观众对主持人的认可首先是接受了主持人的形象；耳，观众是通过听去认识主持人的，比外形更重要的是，观众更注重主持人在说什么；口，观众如果接受并认同了主持人的表达，就会成为信息的二轮传播者，他会用自己的口去放大你的节目影响；心，这是一个综合指标，观众真正接受这个主持人，是由衷地、打心眼里去接受他（她）进而喜爱他信赖他（她）的。

（四）职业道德

任何一个行业的从业者都必须具有和遵从本行业的职业道德，电视栏目主持人更是如此。主持人代表的不仅仅是自己，他（她）代表的是一档栏目，一个媒体甚至是一个国家。主持人必须时刻对自己严加要求，恪守职业道德，具有社会责任感。不能一味地为了去迎合一小部分观众的要求或满足部分观众的猎奇心理，单纯地追求节目的收视率而放松了对节目内容和对自身的把关，播出一些与社会道德相悖的东西。

主持人还要具备较深的思想道德修养。主持人是一个“人”，应当有着正确的世界观、人生观和价值观。由于主持人工作性质的重要性和特殊性，仅仅做到这一点是不够的，还必须在这些前提具备的情况下，“具有一定的政策理论水平和思想水平；具有比较敏锐的政治洞察力和清晰的思辨力；能够理解党和国家的大政方针和工作重心，善于体察百姓的情绪和要求。”无论是政策性比较强的新闻节目主持人，还是生活类、综艺类节目的主持人，都必须具备良好的思想道德素质。节目主持人的态度和立场在很大程度上影响力社会主流的价值取向，过硬的政治素质是主持人主持电视栏目的“指挥棒”。

思考题

1. 栏目主持人所具备的基本特征有哪些？
2. 结合一知名电视栏目，思考其所代表的栏目类型需要何种主持人？
3. 试比较我国与西方电视节目主持人的风格异同。
4. 谈谈你最喜欢的一位主持人，并分析其取得成功的根本原因。
5. 结合我国主持人现状，谈谈作为一名主持人应具备哪些基本的职业素养。
6. 融媒体环境下，电视栏目主持人如何提升自己的品牌价值。

参考书目

1. 石长顺：《电视栏目解析》，华中科技大学出版社 2003 年版。
2. 李敬一：《节目主持概论》，华中科技大学出版社 2004 年版。
3. 俞虹：《节目主持人通论》，杭州大学出版社 2004 年版。
4. 魏南江：《节目主持艺术学》，中国广播电视出版社 2006 年版。
5. 陆锡初：《节目主持人概论》，中国广播电视出版社 2006 年版。
6. 高贵武：《主持传播学概论》，中国传媒大学出版社 2007 年版。
7. 吴郁等：《电视节目主持人的综合素质研究》，中国广播电视出版社 2007 年版。
8. 陈虹：《节目主持人传播》，复旦大学出版社 2007 年版。
9. 中国传媒大学播音主持艺术学院编：《播音主持艺术》，中国传媒大学出版社 2010 年版。

第十六章 电视栏目的品牌经营

第一节 品牌内涵及品牌栏目建设

一、品牌及品牌栏目的内涵

（一）品牌的内涵

品牌（Brand）一词来源于古挪威文字商标，它的中文意思是“烙印”。在当时，西方游牧部落在马背上打上烙印，用以区分不同部落之间的财产，上面写着一句话：不许动，它是我的。并附有各部落的标记，这应该是最初的品牌标志的口号。

由此我们可以推断最初品牌的含义，首先是区分产品，其次是通过特定的标识在别人心中留下烙印。

奥美广告的创始人大卫·奥格威认为，品牌是一种错综复杂的象征，它是品牌的属性、名称、包装、价格、历史、声誉、广告风格的无形组合。品牌同时也因消费者对其使用的印象及自身的经验而有所界定。

因此，我们说，品牌是一种名称、名词、标记或设计，或者它们的组合运用，其目的是借以辨认某个销售者或某群销售者的产品或劳务，并使之同竞争对手的产品或劳务区别开来。总结各种说法我们可以得到品牌的五个主要特点：①品牌是商品竞争发展到一定程度的产物；②品牌是一种重要的无形资产；③这种品牌的无形资产是由品牌的名称带来的，名称是最重要的资产；④品牌的价值需要通过品牌对消费者的影响来实现；⑤品牌是有个性的，它代表着产品整体或者产品某一要素的具体形象。[①]

纵观当今世界，国与国之间的较量已经演变为经济实力的竞争，在这个新的战场上，媒介与媒介、品牌与品牌之间的大战此起彼伏。“品牌竞天下”已经成

① 张兵娟主编：《电视专题与电视栏目》，郑州大学出版社 2010 年版。

为市场竞争的大趋势。决定媒体竞争胜败的关键因素不再取决你拥有多少系列产品（或子媒体）和拥有多大经营规模，而是取决你是否拥有一个名扬全国、享誉世界的驰名品牌。在西方，品牌被人们称为经济的“原子弹”，被认为是最有价值甚至是暴利的投资。一些国际品牌的资产高达数百亿美元，富可敌国。国际市场的普遍规律是：20%的强势品牌占据着80%的市场，这一规律同样适用于中国，从目前中国的电视市场来看，央视占据着国内近1/3的市场份额，品牌栏目有着非常大的影响力。未来的市场趋势将是：弱者更弱，强者更强。

（二）品牌栏目的内涵及特征

同样的产品，不同的品牌，消费者对其会有不同的反应。对于电视媒体来讲，品牌的作用也是一样的。同样的电视节目，受众会倾向于收看他们所喜欢的电视频道；同样的电视栏目，受众会倾向于他们所认可的品牌栏目。国内与《焦点访谈》类似的栏目很多，但人们还是习惯看中央电视台的《焦点访谈》，这就是品牌栏目的作用。

另外，电视品牌栏目的标识也有着非常重要的作用。如看到“眼睛”就知道“焦点访谈”出场了；看到一只翅膀、一只录音话筒、三个变化的小球，就会联想到“对话”“艺术人生”“朋友”栏目。由此可见，品牌栏目包括了与产品一样的内涵及品质。

曾凡安在“论电视媒体的品牌经营”一文中写道：著名的品牌是一个全优的概念，它要求电视频道、栏目或节目在质量、形式、服务、信誉、市场占有率和市场回报率等方面均有优异的表现；同时，著名品牌又标志着一种超越时空的品位和文化，它从投入产出的使用价值上升到了文化品位的拥有价值。

中国人民大学喻国明教授认为，品牌栏目是建立在市场需要基础上的机制化的形式和内容处理，它有两大要素：第一是市场需求，第二是机制化的形式和内容的处理。所谓机制化的内容和形式的处理，就是专业标准，技术标准，技术的超越性、稳定性、独特性。而市场需求也应该被视为品牌栏目最重要的要素之一。

电视栏目是指电视节目设置、编排的结构形式，它是电视台节目播出的相对独立的信息单元，它有特定的名称、标志、内容范围，在表现形式上也讲求一定的格调和特色。因此，我们这里所谈的品牌栏目就是用来识别一个媒介的内容及服务并与其他媒介区别开来的一个名称、术语、标记、符号、图案或是这些因素的组合，而其本质则是由媒介通过各种营销手段，在与受众的接触中，刻意塑造的品牌形象、品牌个性、品牌联想等。品牌栏目应该具有以下特征：

一是具有较高的知名度和满意度。品牌栏目的知名度是指被公众知晓、了解的程度，栏目形象在受众心中的强度。一个没有知名度的栏目算不上品牌栏目，一个不让受众满意的栏目也算不上品牌栏目。像《焦点访谈》《法治在线》《面对面》《新闻调查》等得到了大家的认可，关键是有较高的知名度和满意度。

二是具有优良的质量和社会影响力。一个品牌栏目的内容一定要紧跟社会需求发展，要能够更多的影响受众，在受众中有广泛的影响，在某些时候能充当公众当中“意见领袖”的作用。因此，品牌栏目若想成功必须具备以下几个因素：栏目本身必须具备符合市场需要的功能；栏目品牌可增加栏目的附加价值；品牌提供的各种利益互相融合，形成整体的个性；品牌价值符合消费者的需求。

三是具有独特价值，以现有资源带动广告时间的附加值。品牌栏目对电视台、频道或制作公司来讲，往往起着放大器的作用。具有娱乐资讯节目第一品牌的《娱乐现场》，在创办之初，一年所生产的广告效益不过几百万元，但随着品牌的建立，它的价值翻了好几番。因此，品牌栏目应具有独特价值，针对的人群应是社会生活当中最具有社会能力、最具有活力的人群，同时也是对该栏目忠诚的受众。这样的目标消费者，是品牌栏目积极争取的，因为他们代表了社会财富、活力、消费的中间阶层，如《民生直通车》一档民生新闻栏目，不但具有较高的市场占有率，也为电视台带来了滚滚财源。

四是具有鲜明的个性特征。品牌栏目就像一个人，有自身的形象和内涵，有特殊文化品格和精神气质，能够象征特定的重要的生活价值观和特定的相联系的情绪特征。

二、栏目的品牌力构成

自进入市场经济以来，中国市场经历了两个时代：广告力时代和营销力时代。

在广告力时代，广告是企业最重要也是最有效的传播手段，由于市场处于发育阶段，企业并不需要每一块木板都很美，只需广告这一块长木板，就可以坐一方天下。在营销力时代，由于市场逐渐走向成熟，广告的作用不再被神化，广告作为一种常规手段与渠道、价格、公关、促销等手段一起为企业的整体营销贡献力量。

随着国际品牌加入中国市场竞争，中国企业亲眼看见可口可乐、麦当劳等世界一流品牌，挟品牌之雄风横扫天下，如入无人之境。品牌力的时代已经来临。

但是，要建设一个国际知名的优秀品牌，其过程又是艰难的。品牌优势是由品牌实力决定的，任何优势品牌都是实力强大的品牌，没有强大的实力作为支撑，单纯依靠品牌形象的宣传推广是不可能创造出品牌优势的，即使能够形成一定的品牌优势，这种品牌优势也不可能长久地保持下去。正如轰动一时的标王“秦池”品牌，经历过短暂的辉煌之后便销声匿迹，其教训就在于此。因此说，品牌力（Brand Stature）是决定一个品牌是新生品牌、中游品牌、上升品牌、领导品牌或衰退品牌的决定条件。

品牌力的强弱、大小，取决于两大因素，即“品牌知觉程度”——品牌高度/品牌水平（Brand Stature）和“品牌活力程度”——品牌活力/品牌生命力（Brand Vitality），两者构成品牌力（如下图）。

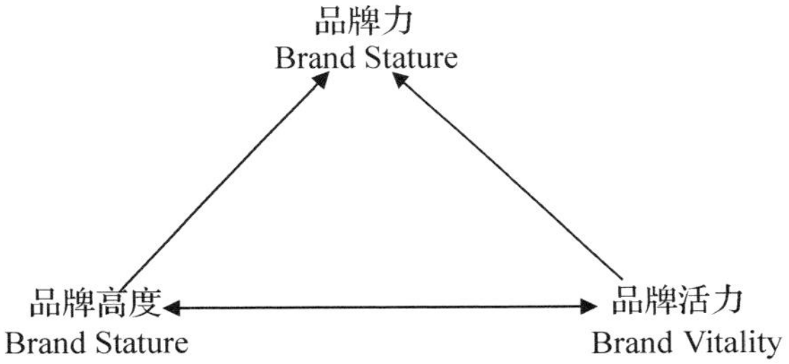

品牌力构成图

从图中我们也可以看到，现代意义的品牌栏目，已经演变成受众对品牌栏目的全部体验。它不仅包括物质的体验，更包括精神的体验。它向消费者传递一种生活方式，一种价值取向。人们在消费产品时，被赋予一种象征性的意义，并最终改变着人们的生活态度以及审美情趣，人们更换品牌，在感受产品物理属性的同时，越来越多地在追求一种精神感受。

电视栏目品牌的构成要素可分为定量和定性两个方面。

1. 定量要素

（1）收视率。收视率是衡量电视栏目品牌效应的重要因素，一般收视率越高，也就能吸引更多的广告商进行投资。精心打造的内容换来观众收视率，进而形成广告品牌与广告主之间的良性互动。

（2）广告收入。广告收入是衡量电视栏目品牌效应的另一个重要因素，成功的电视品牌栏目能吸引更多的广告客户，甚至出现供不应求的火爆局面。

2. 定性要素

（1）知名度。优秀的电视栏目品牌能够吸引广泛的受众，进而经常被大众提及，成为广告客户经常会想到的对象。

（2）忠诚度。当受众喜爱这档电视节目时，会对其产生特定的情感，并形成收视习惯、甚至强烈的收视愿望，他们还会为节目的发展献言献策。

（3）满意度。观众在观看某一电视栏目后，会产生不同的满意度。如果观看体验与他们对于品牌的期望较一致，就会感到满意；反之，则会感到不满意；如果极度不满意，他们则会把这种情绪传递给其他受众，从而影响他人的观看意愿。

（4）美誉度。如果某一电视品牌栏目所传递的内容正是受众喜闻乐见的，则会受到赞扬，这种赞扬随着人际传播和大众传播迅速扩散，形成社会上的良好口碑。

（5）联想度。当一档电视栏目深入人心时，观众想到这一栏目就会想到与之相关的事物特征或典型标志。

诚然，任何媒体无不期盼拥有一个这样的品牌，但从愿望到现实之间却有着艰难而漫长的路程。创造品牌栏目是一项长期的艰巨的复杂的系统工程，不可能一蹴而就，更非属一日之功。面对市场林林总总、纷纭繁杂、拼搏厮杀的品牌大战，你的品牌若要被社会公众及广大客户所识别和认同，继而赢得受众的偏好、信赖和忠诚，最后从众多竞争品牌之中脱颖而出，成为凌驾于众多竞争品牌之上的驰名品牌，那么你的品牌就必须比众多竞争品牌具有更加美好的形象，更高的知名度和信誉度，更丰富的客户价值和文化内涵，以及更强大的渗透能力和竞争实力。

三、品牌栏目建设的意义

从一般意义而言，品牌就是栏目的名字。从市场营销而言，品牌是媒体精心设计、刻意创造的栏目识别体系，是栏目在受众心目中沉淀的一种综合印象。

而一般栏目与品牌栏目有着很多的不同（如下表）。

栏目与品牌栏目的比较

序号	栏目	品牌栏目
1	依赖媒体	依赖受众
2	是具体、具象、物化的	是具体的、也是抽象的、综合的
3	是一般的受众	有固定的忠诚的受众
4	要素包括内容、质量、主持人等	要素是标记、形象、个性等
5	有形资产	无形资产

（续表）

序号	栏目	品牌栏目
6	容易被模仿	其个性难以模仿
7	有一定的生命周期	可以经久不衰
8	只从属某一种媒体	可以延伸、兼并并实现品牌经营
9	其效应难以积累	其资产可不断积累

一般栏目与品牌栏目有着本质的区别，从上表我们可以说，谁掌握了品牌，谁就掌握了媒体的明天。

品牌栏目的建设具有以下三个方面意义：

（一）对传播者的意义：创造经济效益，促成良性竞争机制

良好的品牌栏目会吸引大量的广告投资，能够给栏目本身创造巨大的经济效益。同时，栏目也可以对广告商进行选择，拒绝低质量的广告，选择与自己栏目相匹配的广告，从而达成广告商和栏目的共赢，这也有利于整个电视行业的良性循环竞争。

（二）对受众的意义：加深频道印象，优化观看选择

观众通过栏目品牌能想到栏目出自哪里，比如《快乐大本营》来自湖南卫视、《拉呱》来自山东卫视、《奔跑吧兄弟》来自浙江卫视等，这样可以加深观众的记忆。精品品牌栏目也可以节省受众选择的时间和精力，受众可以用相对少的时间精力而获得更高质量的体验。

（三）对社会的意义：提升民族文化素质，增强文化软实力

品牌栏目作为文化产业的一部分，在提升全民族的文化素质、净化社会风气、弘扬优秀传统文化方面有着重要作用。对于西方国家的文化输入和扩张，优秀的品牌栏目在抗击西方国家的“文化霸权”方面也是有重要意义的。

品牌的核心价值就像人身上的基因一样，它代表了一个品牌最中心、且不具时间性的要素，是品牌的精髓。一个品牌最独一无二、最有价值的部分通常会表现在核心价值上。如果把品牌比作一个地球仪，核心价值就是中间的那根轴心，不管地球仪如何旋转，轴心是始终不动的。

核心价值是品牌经营成功的一个重要标志。海尔的核心价值是“真诚”，品牌logo是“真诚到永远”，海尔的星级服务、产品研发都是对这一理念的诠释和延伸。同样，国内外著名品牌均有他的核心价值。电视品牌栏目也应有其核心价值。

媒体核心竞争力就是指新闻传媒通过对其内部显在和潜在的新闻资源进行有

效的整合而形成的一种独特的抗击媒介市场风险的能力。其具有三个要素：一是价值，二是稀缺性，三是难以模仿性。许多实务资源容易模仿，但基于团队工作、文化和组织程序的能力则非常难以模仿。

第二节　电视栏目的生命周期

一、我国电视栏目品牌化的发展历程

1958 年 5 月 15 日，北京电视台（中央电视台的前身）成立后刚好半个月的时间，就第一次播出了自办的新闻节目——《图片报道》，由此出炉了中国电视新闻的最初形态。半年后，开播于同年 11 月 2 日的《简明新闻》则是一种口语形态的消息类新闻节目。但严格来讲，那时的新闻节目还不能叫电视新闻，只能算做简单的栏目，这样的电视栏目还很幼稚，由于受众很少，且大多数家庭根本买不起电视，并没有多大的影响，更谈不上品牌栏目，如果要追溯电视栏目的发展历程，应从 20 世纪 70 年代开始。

（一）电视节目栏目化

电视栏目是电视台节目播出的相对独立的信息单元，它通常有相对固定的节目主持人和基本固定的播出时间、周期、长度。它是电视节目发展到一定阶段的必然结果。它不但便于节目生产，也便于受众收视，对于栏目的运作管理及品牌经营创造了条件。

1976 年 7 月 1 日，中央电视台在各地电视台的协作之下，开始试办新闻联播栏目，栏目为《电视新闻》。1978 年的元旦，中央电视台正式开办了《全国电视台新闻联播节目》（简称《新闻联播》），此后，《新闻联播》一直是中国亿万观众获知新闻的重要渠道之一，电视新闻的地位在我国由此确立。几十个地方媒体的转播，使《新闻联播》成为央视收视率最高的新闻节目，成为一种社会符号和表征。

但我国的电视节目栏目化是漫长的，一直到 1984 年，中央电视台才开始增设了不同的电视栏目，以新闻为例，开设了《晚间新闻》《简明新闻》《午间新闻》等，上海电视一台则开办了国内第一个新闻杂志栏目《新闻透视》，杭州电视台推出了《早晨好》栏目，广东电视台开办了以新闻专访为物色的《早晨》节目，以访谈或社会教育类的栏目等也大面积发展开来。

（二）电视栏目精品化

电视节目的栏目化是栏目品牌化的萌芽阶段，而电视栏目的精品化是我国电

视栏目走向成熟的标志。20 世纪 90 年代起，中国的电视栏目得到了非常快的发展，并走上了风格化、精品化、个性化的道路。以央视为例，1993 年开办了《东方时空》，开启了中国电视新闻的栏目化运作时代；1994 年，《焦点访谈》的出现使中国的电视栏目步入了栏目精品阶段；1996 年，《实话实说》开启了中国电视的“脱口秀”时代；同年，《新闻调查》的横空出世一改电视“浅、薄”的观念，使受众对电视有了全新的认识。随着湖南电视台推出了《快乐大本营》《玫瑰之约》《真情对对碰》，重庆电视台推出了《龙门阵》，上海电视台推出了《有话大家说》，北京电视台推出了《北京特快》《元元说话》《点点工作室》等，我国的电视栏目在丰富受众文化生活的同时，电视品牌栏目时代也真正到临了。

（三）电视栏目品牌化

品牌意味着产品具有了一种独一无二的、对消费者具有特殊意义的特质。品牌更是为企业带来更多利润、支持产品延伸和占据通路优势的法宝。电视品牌栏目也是如此。

随着大量精品化、个性化、风格化、差异化、忠诚化电视栏目的发展，20 世纪后期到 21 世纪初，我国的电视栏目真正走上了品牌化的经营时代。品牌栏目的宣传口号、品牌标识、视觉和听觉信号开始深入人心。《实话实说》采用的现场即兴演奏，《艺术人生》现场安置的巨幅照片所营造的艺术氛围，《新闻调查》经常使用的第一视觉角度拍摄手法等都使品牌栏目的包装形式得到了强化，而品牌栏目的宣传口号如同品牌宣言，对受众产生了极强的品牌效果，如《东方时空》的“浓缩人生精华”、《焦点访谈》的“用事实说话”、《新闻调查》的“新闻背后的真相”等大大提高了栏目的品牌价值。

另外，电视栏目逐渐利用自己的品牌优势，并整合多种传播方式，提升了节目的品牌价值、受众认知度以及行业内的权威性，如《经济半小时》主办的“年度十大经济人物评选”，《音乐风云榜》主办的同名年度音乐排行榜，《同一首歌》举办的走进军营、学校、城市等活动，《超级女声》的全国选秀等，都使电视品牌栏目的营销达到了一个新的高度。

二、电视品牌栏目的生长规律

通过品牌维系受众的忠诚度，可以使媒体在市场上获得较强的竞争力，从而达到保护自己、打击对手的目的。然而，品牌栏目的载体是栏目，而栏目的发展有着自己的生命周期。所以，它必然也会经历一个生存、生长、成熟、延伸和衰退的过程。

对于电视媒体而言，重要的是了解品牌生命周期的基础上，运用品牌各个阶段的具体特点来有效地提升品牌价值，并利用适当的策略，延长品牌的生命周期，创造出品牌的“常青树”，从而推动媒体的长期持续发展。现在比较流行的理论将品牌栏目生命周期分为五个不同阶段，即生存阶段、生长阶段、品牌成熟阶段、品牌延伸阶段与品牌衰退阶段。媒体应在具体分析这五个不同阶段的特点的基础上，充分利用这五个不同阶段采取不同的品牌推广策略。

（一）栏目生存阶段

栏目创办后，占领市场是最要紧的事。有关资料表明，50%左右的栏目寿命在一年左右。所以说，生存阶段是栏目的生命最容易夭折的脆弱时期。

在生存阶段，栏目知名度低，这时可采取目标任务法和负担能力法确定广告预算，对栏目进行广泛宣传，提高其知名度。媒体也应加大对栏目的投入，如果一开始就需要栏目获取利润，而忽视了对栏目的培育，栏目品牌非但建立不起来，反而会适得其反。

（二）栏目生长阶段

在品牌生长期，由于栏目逐渐被受众认同，被广告商认同，收视率会快速增长，品牌知名度呈上升趋势。

这个时期，媒体仍应加强对栏目的投入。品牌栏目在生命周期的早期阶段，广告的作用一般不太明显，广告对品牌文化价值的累积还没有表现出来，但在成长期，广告的作用将越来越大。生长阶段广告目标应是吸引越来越多的目标受众，培育受众对栏目的偏好及忠诚，媒体在生产资金投入上可以用20%的人财物力资源维持日常节目运行，而用80%的资源打造自办栏目。

当然，并不是每一个品牌栏目都有成长阶段，这是因为中国的电视市场存有较大的空白。正如央视的《艺术人生》栏目，其制片人王峥说：“《艺术人生》没有成长期，它一开播就直接进入了成熟期。”这是因为，《艺术人生》开播之前就为自己“量好体裁好衣”了——“聚集国内外最著名的演艺明星，谈话与表演实况再现，观众与嘉宾倾情交流，运用全新电视传播理念塑造周末名牌栏目，创造成中央电视台综艺节目收视新热点。”再加上当时国内没有一栏同样的栏目与之抗衡，《艺术人生》成功地跨越了生长阶段。

（三）品牌成熟阶段

品牌栏目在生存、生长期过了以后，受到了固定受众的喜爱，并有了稳定的广告商，便进入了品牌成熟阶段。欧阳国忠在其论著中讲道：“生长期大约在一年或更长时间内完成。真正的品牌概念应该是跨媒体认同的，初具品牌效应的栏目应不失时机地引入媒体营销概念，利用报刊、网络的跨媒体联动实现捆绑销售，在几家合作的平面媒体上开辟窗口，专门登载节目预告和受众对栏目的意见、建议。而在网上栏目应建立自己的主页，欢迎观众提供线索和问题单子，参与节目评说，为栏目献计献策，以及与栏目创作人员进行网上交流。”①

在逐渐走上制播分离的今天，品牌栏目应实现国内台的营销，并出版相应的音像产品。在品牌成熟期，可预算其盈利水平，并不断地巩固目标受众，从而吸引广告商。

品牌成熟阶段各品牌栏目会形成固定的收视群体，如时尚、前卫一族追捧的《非常 6+1》，寻求轻松、快乐的家庭所喜欢的《快乐大本营》，以及具有较高社会责任感的人群所喜欢的《新闻调查》，这些节目虽然有的换了主持人，有的换了播出频道和播出时间，但品牌的力量依然吸引着观众的注意力，而这个具有高度忠诚度的收视资源自然也让广告商们自觉地提高了对该栏目的忠诚度。

（四）品牌延伸阶段

针对美国超级市场快速流通的商品研究显示：十年来成功品牌有 2/3 属于品牌延伸的结果。艾·里斯曾断言：若是撰述美国过去十年的营销史，最具有意义的趋势就是延伸品牌线。比如《上海星期三》的品牌延伸，就是一个非常成功的例子，《上海星期三》在上海站稳脚跟后，于 2002 年年初推出《扬州星期三》。2002 年 10 月，浙江台州、温州、江苏苏州、河南濮阳的传媒单位和《上海星期三》签署了“星期三大家庭”的加盟协议，从而形成了多个“星期三”产品系列，实现了品牌的有效输出。

电视品牌栏目也一样，如果不注重其品牌延伸，早期的广告投入就打了折扣。台湾有个叫《康熙来了》的品牌栏目，从 2004 年创办以来，历经 12 年，但是它的名称和基本形态却始终没有变。在保护已有品牌的基础上我们还应该有规划地发展新品牌，每个频道至少应该有三到四个品牌栏目，着力创建自己的频道品牌栏目群，这样才能产生规模效应，并构成一定的影响力。中央电视台也非常重视品牌延伸，在《东方时空》创办成为一个品牌栏目之后，原创人员又及时推出了《焦点访谈》《新闻调查》等，可以说，央视评论部是个延伸品牌的高手。

当然，电视品牌栏目的品牌延伸不像产品那样简单，这就需要我们不断创

---

① 欧阳国忠：《中国电视前沿调查》，经济日报出版社 2002 年版，第 338-339 页。

新，寻找一个可行的路径，使其创造更大的价值。

（五）品牌衰退阶段

品牌依附在媒体及媒体产品身上，在品牌媒体创立初期，新品牌要在一开始就赋予媒体及产品的实质性的价值体系，要把注意力放在建立潜在形象上，要在一开始就把它当作一个真正的品牌，而不仅仅是一个名称。

有了核心价值，媒体即使在生命周期的自然衰退过程中，经过再创新，以新的形式出现，更新的媒体也能够继承已依附于品牌名称中的声名存在。

在品牌衰退期，应加强受众调查，或有保留地更换节目内容，使其能够适应不断变化的核心受众对节目审美的要求，同时，加大广告投入，尽量把品牌的潜力用尽，并开始新一轮的营销及公关活动，使栏目得以延续。

电视品牌栏目的生命力在于创新，其生命周期与一般企业产品相比，她有着更长的生命力。如 CBS 的名牌节目《60 分钟》，于 1968 年创办，接近 50 年了，仍青春可人。东京放送（TBS）的综艺栏目《秋刀鱼的超级策划》播出已有 20 多年了，现在这档节目的收视率依然居高不下。所以电视品牌栏目的生命力在于创新。

如果什么办法都不明显，就应考虑推出新的栏目来塑造新的品牌。

第三节　电视栏目的创新

一、电视栏目所存在的缺陷

创新是一个引进的外来词，是随着知识经济时代到来而被大力推崇弘扬的理念。

人类进入 21 世纪，随着市场经济体制的逐步完善，品牌栏目的建设比任何时候都关注“创新”。而如何创新，则是摆在面前的一项重大任务。

纵观当前的电视栏目，在品牌建设、定位及命名等方面存在以下几个方面不足：

一是缺乏品牌建设的战略

一方面，栏目正火的时候片面认为自身品牌已经很强，没有通过继续投入进行品牌的维护与管理，更谈不上对品牌进行调查与诊断了。另一方面，栏目市场不好的时候，媒体又会以各种理由拒绝进行“品牌建设”，如资金状况等。殊不知，品牌的建设是一个长期渐进的过程，“急于求成”、“急功近利”的心态最终只会导致品牌的“昙花一现”。因此，就全国范围而言，电视荧屏上的“水土流失”非常严重，各种栏目在荧屏上如“匆匆过客”，频道不断“变脸”常常令观众无所适从，大量无形资产从眼前白白流失，究其原因，是缺少品牌建设的战略。

二是缺乏对品牌的准确定位

我们来看一下宝洁公司“海飞丝”洗发水，它的品牌管理一直围绕着“去头屑”展开。最终结果是，“海飞丝”品牌很清晰的突出了自己“去头屑”的品牌个性与价值，当买洗发水的人想要去头屑时，往往更多地会选择它。而当前部分电视台由于栏目创牌之初品牌定位不明晰，从而导致目标顾客很难建立起对某一品牌的长期忠诚度。一旦市场上出现新的竞争性产品或品牌，消费者会很容易的改变对已有品牌的选择而投入到竞争者品牌中去。

三是品牌命名的缺陷

品牌的一半是名字。一个好的栏目名称，不仅应能恰当地体现栏目与内容的特点、准确地表达媒体理念，而且还应最大限度地涵纳文化内容，强烈地吸引、感染和冲击广大受众的心灵，从而直接提升其的文化竞争力。从目前电视台的某些栏目来看，有些起得太模糊或重复，总之很难体现自己的个性，从而导致受众对其的冷落。

四是栏目标识设计缺乏时代感

品牌设计风格常因历史背景、人性需求和市场导向而推翻前一种风格，这是历史发展的趋势。“从艺术的角度来看，20 世纪以来，标志的设计风格经历了两个演变阶段，即现代主义和后现代主义。随着时代的发展，现代主义风格暴露了其自身的缺点，那就是过于方正或圆滑，缺乏美学情感，造成识别上的模糊不清。20 世纪 50 年代萌芽了后现代主义，它强调的是感官愉悦、随心所欲，它摒弃了现代主义和谐统一的原则，追求两单元并存而又不统一。这些后现代主义风格呈现出一种有趣而且丰富的复杂性，造成视觉上的多样性和活力，符合当代人的审美情趣。”① 因此，不能否认，标志设计对世界名牌的发育、生长、繁衍有着重要的影响。心理学的分析结果也印证了这一点。其结论为：人们凭感觉接收到的外界信息中，83%的印象来自眼睛，标志正是对人的视觉的满足。

电视品牌栏目的标识设计应遵循这样的原则：一是易识性原则，二是美观性原则，三是便于传播原则。因此，电视栏目的标识应采用象征寓意的手法，进行

---

① 余明阳等：《品牌传播学》，上海交通大学出版社 2005 年版，第 85-86 页。

高度艺术化的概括提炼，所采用的文字或名称，也要利于口头传播，并容易让受众理解记忆。从当前来看，普遍的电视栏目在标识设计上均存在较大的问题。如湖南有线广播电视台有个栏目《流动记者站》，而秦皇岛电视台也有一个《流动记者站》的新闻栏目，前者后来改成了《21 点》，根本没有让人记得住的标识，而后者对这个品牌栏目进行了包装，专门为这个栏目设计了现代化的标识，并把它和“流动记者站”字栏印在采访车上，让栏目名称天天冲击受众的眼球，成为一个品牌栏目。

除以上不足外，目前电视栏目在品牌意识、内容及开发利用率等方面也存在着一定的缺陷：

首先，是品牌意识不强问题。目前的电视业对于栏目品牌建设没有充分的认识，基本还停留在只关注栏目质量而忽略受众需求的方面，并没有立足于长远的视角，制定详细的发展战略，形成独一无二的栏目品牌，很多栏目仍满足于对其高收视节目换取高收视率而已。另外，栏目的重名现象很严重，没有认识栏目名字的品牌意义。品牌栏目的版权意识也相对薄弱，对于品牌栏目或 logo、名称等的法律保护意识较弱。

其次，内容和形式抄袭严重，原创能力差。目前中国电视栏目的抄袭现象非常严重，不仅在形式和名称上抄袭，甚至在服装、场景、语言等方面的也如出一辙，自己原创的好栏目则寥寥无几。一部分栏目是对外国节目的照搬照抄，比如《奔跑吧兄弟》是对韩国 *Running Man* 的模仿，《中国好声音》是对《荷兰好声音》的模仿；另一部分是国内节目的互相抄袭模仿，比如当年的相亲类节目《非诚勿扰》爆红后，国内各大卫视纷纷模仿制作出各类相亲节目，同质化的现象非常严重。

最后，品牌的开发利用率低。我国大部分电视栏目的主要收入依然是广告收入，但是这种盈利模式是脆弱的，一旦遭遇经济危机则会使栏目本身寸步难行。品牌的价值只能在少数电视台中才有体现，比如中央电视台的品牌价值比年度广告都要高出数倍；湖南卫视、浙江卫视的品牌价值在娱乐综艺方面也有突出的表现，其他大部分电视台则并没有突出的品牌价值，只能靠广告收入带动栏目发展。

二、电视栏目的创新思路

（一）栏目市场定位及理念创新

“市场定位”观念始于 20 世纪 50 年代的美国，当时正值西方工商业进入全力营销的新时代。企业界与理论界联手共同研讨了市场营销活动中至关重要，又最具难度的带有普遍性的问题。研讨的结果是创立了市场营销学体系，该体系从总体上归纳起来就是全方位解决企业“市场定位”问题。

在市场经济的大环境下，各种媒体走向市场、参与竞争。媒体作为一个“特殊的产业”所追求的最高目标就是传播与经营的双重最大效益，很自然，市场营销学的市场定位原则成了当前国内媒体的热门话题。

“据统计，中央电视台一、二、五、六套节目在北京收视率市场的占有率总和是34%，一、六、八套节目在西安收视率市场的占有率是44%，而在广州，一套节目的收视率只有4%（其余各套无）。”①

传媒的竞争，往往表现为发行和广告的竞争，而实质是争夺受众的竞争。如何最大限度地占领受众市场？邹韬奋在《生活日报》创刊号曾提及：在决定本报篇幅和格式的时候，我们考虑到几种条件：第一，是读者大众的需要；第二，是我们自己的能力；第三，是目前一般新闻纸不能顾及而我们可以设法补充的地方。”实际上，他所提到的就是媒体的定位。

在香港，关心政治就读《明报》，关心财经就读《信报》，关心市民家居就读《东方日报》，关心社区新闻就读《星岛日报》。它们无一不是通过准确定位形成个性以确立自身的竞争优势。

《南方周末》把自己的受众群体定位于关心政治、经济的干部知识分子，坚持以批评性报道、研究性报道和前瞻性的资讯为特色，成为周末报的佼佼者；《体坛周报》以足球迷、体育迷为目标受众，虽然定价较贵，但仍吸引了上千万受众；《夕阳红》服务老年人的方向；《大风车》吸引少年儿童的绝招。事实表明，目标受众群的准确定位是媒体品牌经营的关键，它通过错开受众群减少内耗，从而在某种程序上避免了媒体之间的正面相撞，保证了媒体的有序竞争和发展。

因此，品牌栏目对核心受众群的定位创新是栏目成功的关键。《对话》栏目是中央电视台经济部2000年7月全新改版之后推出的一栏演播室谈话节目，每次时长60分钟，是中央电视台目前播出时间最长的严肃节目；播出时间晚，是电视人普遍不看好的节目时间段；受众少，是一般看来广告商根本不可能投资的电视栏目。但《对话》成功了，他的成功可以说是核心受众定位的准确。《对话》在创办之初就面临着“绝大多数还是重要的较少数”的问题，经过反复论

---

① 陆地：《中国电视产业发展战略研究》，新华出版社1999年版，第135页。

证，《对话》栏目最终将目标受众定位于那些受过良好教育、关注经济社会发展和活跃在经济社会领域的知识群体，节目邀请的嘉宾都是社会中的“大人物”。《对话》的成功之处就在于它与观众建立了某种联系，先吸引少部分精英，再引导带动大多数观众。很多人在收看该栏目的时候不仅仅是为了获取信息，更在于追求一种身份上的认同感。①

当然，节目定位的前提是媒介市场调查。“如美国品牌栏目 CBS 耗巨资制作的《生存者》曾在美国一亿多人口中创下了六千多万受众的收视高峰。CBS 请了不少的电视学专家、传播学专家、社会学专家对节目进行了反复论证，并对整个节目的每个细节和场面进行了精心设计。……而目前国内电视台要上一档节目，前期调研只不过是“走过场”。还有一种情形是，当一种节目样式走红时，电视台的主管人士一时头脑发热，盲目跟风，将新栏目匆忙推上阵，当遇到不如人意后才想到请专家来论证节目的可行性。”② 这是非常可悲的现象。前期调研，认真研究受众，确定栏目定位，是品牌栏目不可或缺的过程。

（二）栏目管理与经营创新

“国内省级以上电视台现在所用的硬件设备上应该还是同国际接轨的，但是生产出来的电视产品与国际水平相差甚远。我们基本上还处于“自给自足”的小农经济阶段，节目营销几乎为零。”③ 由此可见，我国的栏目品牌运营与国际市场还有巨大的差距，同时说明发展空间也是巨大的。

“传媒业特殊的经济规律与现代社会商业逻辑一经结合，产生的巨额的经济效益令人瞩目。著名的摩根士丹利公司的全球投资报告称：经过对 11 种产业建立有世界级竞争能力的大企业所需年限的统计分析，发现大众传媒所需年限令为 8 年，其收益远远快于医药、银行、电力、能源等其他产业。在我国，20 年新闻改革使新闻媒介由过去吃财政补贴的赔钱部门一举成为令人称羡的高风险、高投入、高产出行业。我国的媒介产业市场已经初具规模，目前正处在一个高速成长阶段。作为新经济的增长点，传媒业的运营前景非常广阔。”④

其实，借助栏目进行经营在世界传媒业范围内已不是什么新鲜事。“美国三大广播公司之一的 ABC《晚间新闻》栏目，每年创造的广告收入是 7000 多万美

① 张兵娟主编：《电视专题与电视栏目》，郑州大学出版社 2010 年版。

② 欧阳国忠：《中国电视前沿调查》，经济日报出版社 2002 年版，第 335 页。

③ 欧阳国忠：《中国电视前沿调查》，经济日报出版社 2002 年版，第 334 页。

④ 吕正标、王嘉著：《电视新闻节目理念、形态与实务》，中国广播电视出版社 2004 年版，第 313-314 页。

元。这就是说，犹如货向上的出现成为商品交换“惊人的跳跃”一样，靠栏目运作而不是靠节目本身交换这种迂回的方式，新闻领域的产业化经营才能走上正道。”① 也正因如此，国内有些电视台在栏目管理与经营上不断创新，央视及一些上星频道带了个好头。在这里值得一提的是南京电视台的《南京零距离》栏目，年广告收入接近两个亿，这是一个非常了不起的成果。所以我们说，栏目管理者不能仅盯着节目，还要学会运作，学会经营并不断创新。

第一，要正确处理自办节目与引进的关系。现在国际上运用得比较多的是一种“金字塔结构”。节目的塔尖部分大概占20%，这部分应该是自办栏目中既叫好又叫座，同时还有一定发行市场的节目。我们认为，这些栏目应是各频道主抓的，而其他采用引进的办法。现在许多台自办栏目过多，又不善于经营，结果造成投入与产出不协调。“发展是硬道理”，是栏目面向市场之后所必须遵循的客观规律。栏目制片人要从过去守摊办节目的旧模式中冲出来，要依据市场规则计算投入与产出的关系，为电视台的发展创造后劲。

第二，要建立一种开放的经营机制。按市场机制的要求，学习成功的电视台的发展模式，建立一种管理严格、经营开放的经营机制，即“以成本控制为核心，纵向目标管理，横向经济合同，分配与效益挂钩，激励与约束相结合”的机制。作为节目制作者不能光报道邯钢，还要学习邯钢，学习她的管理经验，要把邯钢的“模拟市场”、“成本否决”引入到栏目的管理中来，以经济手段对内部进行管理协调，从而保证台里的利益及目标的完成。实践证明，这个运营机制是一种行之有效的管理手段，可以使媒体形成充满蓬勃生机的体系。

第三，要用全新的经营理念办栏目。因各栏目队伍富有较强的现代意识，如市场意识、竞争意识、团队意识、形象意识、危机意识等，从而形成一种奋发向上的空气和良好的管理文化，并激活整个媒体的活力。

第四，要不断开拓思路，走联合发展的路子。如中央电视台财经频道的大型评论类旗舰节目——《央视财经评论》，2016年推出的新版节目将整合官员、学者以及企业家资源，并引入场外美联、路透、上海深圳分演播室的直播线路、采集网友对实事的看法观点，大家共同聚焦当天最需要分析评论的财经热点话题，通过不同视角的对话，形成栏目追求的多元智慧碰撞，节目表现形式更轻松更接地气，更有参与度，受到观众普遍好评。

---

① 吕正标、王嘉著：《电视新闻节目理念、形态与实务》，中国广播电视出版社2004年版，第315页。

（三）栏目内容创新

江泽民同志在全国宣传思想工作会议上曾明确要求宣传思想战线的同志要做到：以科学的理论武装人，以正确的舆论导向引导人，以高尚的精神塑造人，以优秀的作品鼓舞人。那么，作为地市级党报，要做到以上四点，显然需要新闻工作者发挥主观能动性，以奋发进取、敢于创新的精神做好新时期党报新闻舆论的宣传和引导工作。而如何达到内容的创新就显得尤为关键。

首先，应积极探索新的表现手法。宣传工作是一种创造性的劳动，新闻工作者的职业特点就是要不断探求新情况，研究新问题，传播鲜为人知的新鲜经验，探寻体现事物发展规律的最新趋向。栏目的创新归根结底必须落实在内容上，而内容的创新说到底又必须落实在新的表现手法、新的视觉冲击及对社会的影响上。

新的表现手法不仅表现在手法上，还表现在形式上，要适应人们对栏目的审美要求，同时兼顾现代快节奏生活给人们视角选择性带来的变化，不断使栏目形式创新。

凤凰卫视的品牌策略就非常成功，她主要体现在内容的创新上。如运用公共手段树立自己“立足香港，沟通内地、香港和澳门，连接东南亚及全球华人”的频道理念。通过包装主持人，打造出吴小莉、陈鲁豫、许戈辉等一批“明星主持人”，推出《龙行天下》《大地寻梦》《走进世界遗产》等精品节目，举办各种各样的媒体见面会、观众见面会等方法，极大地提升了凤凰卫视在祖国大陆的品牌形象。1996 年 3 月 1 日央视推出的《实话实说》一改电视节目不说真话的痼疾，开启了一个“实实在在说实话”的电视节目新纪元。他在内容方面的创新方面有着较大的贡献，如在观众参与方面，跨越了从“要我说”到“我要说”的转变，而由于“说什么”的问题解决的好，使该栏目的话题较多，且“怎么说”的方式也有着非常多的创新。

其次，应注重栏目引导性的创新。名牌栏目无形资产的价值，怎么评估它都不过分。因此，“创新”就是电视栏目争夺观众的核心竞争力。因为社会在变，消费者的需求也在变，节目唯有不断创新才能跟上社会和消费者的需求，才能突破发展瓶颈，在完全竞争的市场环境下生存发展，立于不败之地。另外，栏目经营者应利用节目的权威性，盘活她的无形资产，要提高受众的创新意识、提高受众审美情趣及文化品位、引导人们的消费观念。

最后，要注重栏目个性化的创新。近几年我国成功的电视栏目都离不开模仿与借鉴，但如何形成自己个性化的栏目就需要创新。如江苏卫视的《最强大脑》

引进了德国的电视节目 *Super Brain* 的经验，结合中国本土收视制作模式，开辟了一档以展示科学与脑力为主要内容的真人秀电视节目，《最强大脑》以“让科学流行起来”为口号，适当加入娱乐元素，通过艺术性编排与加工，让节目更具有故事性、趣味性、观赏性。采用“动静结合”的舞台道具，并运用明星元素的偶像效应，使娱乐和科学相结合，让更多的年轻人爱上科学。当前，我国的电视人易追风，台与台之间的克隆现象严重，且都没有自己的个性，这不利于品牌栏目的建设。可从内容上选择“另类”路线，或依据主持人个性、风格，量身定做特色节目，或创意有轰动效应的大活动……总之，是培育有自己个性的栏目。正像凤凰卫视提出的那样——“你无我有，你少我多，你慢我快，你板我活”，只有这样，才能保持栏目内容的创新性和独特性，也便于品牌栏目的打造。

（四）栏目队伍创新

栏目竞争的最终落脚点是人才的竞争，这几乎是所有新闻工作者的共识。然而，目前国内部分栏目采编制作队伍存在着严重的先天不足，高层次人才缺乏，报道视野狭窄，把握全局的能力差，这支队伍如不进行充实、提高、培训，已不能适应目前激烈的市场竞争、挑战和机遇，不能跟上媒体发展的步伐。

央视《对话》的栏目制片人王利芬博士说：“我觉得一个栏目走得有多远，取决于与什么人同行。柳传志说过九个字：建班子，带队伍，定战略。我们基本上是在带队伍，因为我们好多人是没有做过电视，没有当过记者的。在人方面，我最在乎的是思维、观念、做事的方式以及创造力、灵感、悟性。电视技术，再笨的人，三个月就可以过关。我们招聘的一句话是：你认为你是你那个行业最棒的，请来加入我们的队伍。我看一个人，首先看创造力、创新能力、悟性，没有创造力的人是没有价值的。”

所以一个成功的品牌栏目的背后应该有一个有共同认识理念的队伍，一个趋于系统化的工作流程和工作标准，一个无缝链接的团队和一套严格的规章制度。

积极推进公开竞聘和双向选择制，增强危机感。目前，部分电视媒体“铁饭碗”、“大锅饭”的现象依然严重，这和媒体人员能进不能出、能上不能下有关，采编人员没有危机感。名牌电视栏目工作任务重、效率高、节奏快的性质，决定它必须有一批事业心强、水平高、成绩突出、勇于创新的年富力强的干部队伍。因此，应大力推进公开竞聘上岗和双向选择制，让人才脱颖而出。

建立激励和约束机制。为改变栏目队伍知识结构、年龄结构和能力与岗位配置不尽合理状况，改变由于人员的急剧膨胀而导致的素质较低、人浮于事、推诿扯皮、忙闲不均和出勤不出力的状况，一是在栏目制片人公开实行竞聘上岗后，应着手实施劳动人事制度的改革，在优化过程中，要在精简、高效的原则下，按编定岗、按岗定责、按责定人，对各岗位进行技能测试，确定出最优设计方案；二是建立较完善的激励机制和约束机制，体现多劳多得不劳不得的总体原则，最大限度地营造较好的小气候，形成优质、高效的良性氛围。

眼睛向“外”，引进一批高素质的新闻人才。市场经济的竞争，使媒体间的人才大战愈演愈烈，如何引进一批高素质的人才，显得尤为重要。可以学习目前一些高校的作法，对于一些特殊的岗位，采用“特聘教授”的方式，选用一批博士、硕士或学有专长的人，给予高薪、住房等各种优厚的福利待遇，使其充实栏目运作中的薄弱环节，发挥她的特殊作用。

（五）栏目品牌传播创新

塑造品牌形象的一个重要途径，就在于广泛而持续地进行品牌形象的宣传推广，使范围广泛的受众了解品牌，认知品牌，并在其心目中建立深刻而难忘印象。没有经过广泛而持续宣传推广的品牌，难以成为社会公众和目标客户普遍知晓的品牌，也就不可能造就成为名气远扬的驰名品牌。而只有完成品牌知名度、美誉度、忠诚度、品牌联想等资产的共同建设，才能实现百年品牌的理想。

品牌栏目形象的宣传推广，它不同于产品广告，重点是宣传节目的内容、质量、服务等。品牌形象广告，重点是传播品牌的价值取向、策略定位、文化内涵和所涵盖的产品系列等，其根本目的就在于树立良好的品牌形象，提升品牌竞争实力，建立超越其他竞争品牌的良好形象和优势地位，以赢得更多客户的认同和忠诚。

一般来讲，栏目品牌传播的创新应从以下几个策略入手：

一是传播运筹策略。因此，在品牌形象的传播运筹策略上，品牌栏目应该采取一体化运作策略，不要单纯依靠每次的节目内容进行单独策划，这样会稀释品牌，只有实行统筹管理，统一规划，才能让节目真正深入人心。

二是市场导入策略。一方面可以采取召开新闻发布会的形式，营造声势，掀起轰动效应；另一方面需要选择影响力大、覆盖面广、收视率高或具有权威性的媒介，集中一段时间持续发布栏目品牌形象广告，以使社会受众迅速了解、全面认知品牌栏目。

三是形象提升策略。在品牌栏目经过导入时期集中进行品牌形象宣传推广之后，如果就此中断对品牌栏目形象的宣传推广，初始建立起来的高知名度的品牌形象就会逐渐削弱，知名品牌就会逐渐成为无名品牌。因此，在品牌栏目导入市场之后，还必须继续提升该品牌知名度，不断扩大品牌影响力。

四是优势巩固策略。在品牌栏目形象经过精心培育和持续宣传推广，知名度和影响力不断提升，逐步建立起超越其他竞争品牌的优势地位，形成市场竞争的强势品牌之时，必然会引起同业竞争品牌的抵抗和反击，随时都有可能采取行动，发起品牌形象广告攻势，争取实现“反超越”，不给对手可乘之机，以确保品牌形象的优势地位在竞争中不断得以巩固和强化。

（六）利用电视视觉识别系统

一是合理利用片头、片尾、片花

片头一般指节目开始前的标题短片，一般在5-30秒，起到提示和起头的作用。片尾则是节目结束后的背景和滚动字幕，一般包括栏目的制作人员、赞助商等内容，可以用来调控栏目的时间。片花则是栏目中间的点缀，起到画龙点睛的作用，尤其是在提示和区别栏目中的每一个板块时使用很有效果。这些都是视觉方面凸显栏目品牌的重要元素。

二是栏目标识（logo）

logo是栏目特有的标志，也是栏目打造品牌的策略之一。栏目的logo的制作要符合栏目的整体风格和特色，比如《东方时空》的“眼睛标志”，还要具有较强的视觉冲击力，能够让观众在短时间内就能留在深刻印象。

三是图文信息

电视栏目的图文信息一般包括注脚标题、字幕、图片信息等。在使用这些要素的时候一定要做到风格的统一，不能因为节目内容的不同，或者栏目制作者的更替而随意变换。① 在文字的使用上需要清晰明了、简约直接，让观众看得清楚。在对一些内容的突出时可以用不同颜色或不同类型的字体，但是切忌烦琐混乱或者颜色过多、风格花哨。使用字幕时避免过多的动态字幕，尽量使用静态字幕。

四是栏目口号和宣传片

栏目的口号包括广告口号和宣传口号，它将栏目的信念、宗旨、特色、功能等要素融为一体，凸显栏目形象。根据栏目理念和目标定位设计出来的栏目口号，可以直接与观众进行对话，经过长期使用和观众的口口相传，可以成为栏目宝贵的品牌资产。② 比如《焦点访谈》的口号是“用事实说话”，简单明了却突出了栏目的主旨；《天下足球》的口号是“最纯粹的足球，最高级的享受”就锁

---

① 张兵娟主编：《电视专题与电视栏目》，郑州大学出版社2010年版。
② 张兵娟主编：《电视专题与电视栏目》，郑州大学出版社2010年版。

定了其主要受众为球迷群体。

电视栏目宣传片则能运用简短的视频突出栏目的特色与主要内容，在视觉上抓住观众的关注点，让观众产生观看的强烈欲望，是树立栏目的良好形象和扩大传播范围的重要手段。电视宣传片可以运用多种方式，比如明星的出现、炫酷的特效、背景音乐或画外音等方式。

五是栏目代言

电视栏目的代言对于品牌的树立和提高传播效果有着特殊的作用。首先，电视栏目的主持人是重要的栏目“代言人”，他们的知名度和典型形象是吸引观众的重要因素，比如《鲁豫有约》的陈鲁豫和《金星秀》中的金星都成为栏目本身最好的代言人。其次，吉祥物的运用也是栏目的重要代言，一般可以用卡通人物、实际物品等，比如齐鲁电视台的吉祥物“齐齐”是一个蓝色的孙悟空形象，代表着“火眼金睛”进行监督的媒体，跟齐鲁电视台的频道气质和品牌定位非常吻合。另外，观众本身也可以作为栏目的代言，把现实生活中的栏目推荐搬上荧幕，比如《非常 6+1》的片花中就经常用观众充当栏目代言人。

第四节　电视精品栏目的策划与操作——以谈话类电视节目为例

早在 20 世纪 20 年代，美国广播电视界就开始制作自己的谈话类节目并取得了巨大的成功。“美国著名传播学者吉尼・G・斯克特曾这样描述谈话类节目的威力：电视和广播谈话节目已经成为影响我们思想和行为方式的一种新权威。他们像是城镇议事厅或社区集会场所，在这个日益数字化和原子化的地球村中把我们集合在一起。”①

随着我国电视频道专业化步伐的加快，谈话类电视节目的数量直线飙升。我国的谈话类电视节目无论从数量上还是质量上都取得了较好的成绩，并进行了非常有效的探索。但是和国外的同类节目相比，我国的谈话类电视节目还存在着一些不足，急需总结、归纳，并提高我国谈话类电视节目的质量。

一、当前谈话类电视节目的探索与不足

（一）真实性差

欧美发达国家的谈话类电视节目尽可能在每一个环节上都保持最佳的真实效果。谈话类节目直播开始之前，主持人和嘉宾不可以交流任何有关于谈话话题的

---

① 于丽爽、宋茜：《脱口成风——谈话的力量》，中央编译出版社 2004 年版。

内容，以保持嘉宾在节目现场的兴奋度，避免嘉宾因预演而导致的思维定式，禁锢了嘉宾的思路。只有在没有预演的谈话类电视节目中，嘉宾对信息的选择才拥有更大的个人自由，语言的表达才极具个性化。另外，真实性还表现在主持人以坦诚赢得观众。《锵锵三人行》和《奥普拉秀》的主持人都曾在自己的节目中坦白过自己不光彩的历史，可真实并没有令他们失去观众，而是赢得了观众更多的信任，从而把主持人和观众的心拉得更近了。

国内谈话类电视节目存在着“伪沟通现象”，所谓“伪沟通”即是无效的沟通。哈贝马斯提出，任何一项成功（有效）的沟通行为需满足四项要求：言辞意义是可理解的，言辞内容是真实的，言辞行动是正当得体的，言辞者的意向是真诚的。根据这种理论，国内大多数的谈话类节目还处在“伪沟通”阶段。在《心理访谈》之《15 万的代价》节目录制之前，专家就与嘉宾进行了“对稿”，告诉他们节目中应该怎么说，嘉宾表示接受，但是开始录制后嘉宾却并没有遵循专家一开始的指示，而是对专家的观点进行激烈的反驳，使得专家非常懊恼。人造悬念也是当下谈话类节目的主要“伪沟通”现象之一，面对这种情况，有学者称国内谈话类电视节目是录播基础上的直播。

（二）主持人品牌效应差

与新闻节目相比，谈话节目的主持人是节目的核心和灵魂，他起着控制整个节目节奏的作用。在电视谈话节目传播者群体中，主持人是唯一固定的，嘉宾和现场观众都是流动的。“境外媒体非常注重谈话类节目主持人的品牌效应，以致大多数谈话类节目都重点突出主持人作为栏目符号的地位，直接用主持人的姓名做栏目名称和标识，如美国的《劳瑞·金现场》、英国的《安第·罗宾逊观察》、德国的《贝克曼访谈》等，这些节目的主持人是节目的核心和灵魂，他们的特点深深影响到节目的特色，他们的形象已经成为节目的招牌，甚至很多观众是冲着主持人的名声和魅力才忠实于节目的。”①

国内媒体在谈话类节目主持人品牌效应上的失利主要归结于以下两个方面的原因：一是国内媒体大多没有成熟的明星策略；二是主持人自身素质存在着一定的差距。

境外媒体的明星策略是非常成熟的。境外媒体为树立主持人的品牌效应往往先对主持人进行包装宣传，在节目的外在形态上非常强调节目的明星作用，以明星品牌连接嘉宾、现场观众以及电视机前的观众。主持人就成了节目的形象代

① 翟素娣：《电视谈话节目中的伪沟通现象》，《新闻记者》2002 年第 12 期。

表，是节目风格的重要象征。而国内的电视谈话类节目往往是几个主持人共同主持一个谈话类节目，或者主持人频繁更换，这样，很难突出主持人的品牌效应。

另外，境外媒体的主持人大都是从业十几年的老记者，没有记者的经历和磨炼是不能成为优秀的主持人的。随着央视新闻频道的开播，《共同关注》《新闻1+1》等节目都推出了特约评论员，似乎也在尝试着走“名评论员”的路子，但这一尝试能否取得成功，归根究底取决于主持人自身的素质。

（三）社会功能单一

“美国的谈话类节目不仅承载政治教化功能，更多的是向忙碌的美国人灌输一种生活态度，体现生活情趣，话题往往超越国界。国内过去大多数谈话类节目，过分注重说教功能，单纯强调教化功能而影响了其社会效果。但随着改革时代迅疾万变，文化的开放性日渐明显，教化尽管还在名分上占据中心位置，但民间边缘文化的渗透已不可阻挡，电视谈话类节目必须从改革时代学到兼容并蓄的方法，注重信息捕获和寻求交流的时代要求。”① 随着《对话》等知识性的节目的兴起，电视谈话类节目的社会功能体现出开放性，可是还是没有跟上人们思想意识的转变和国际化的脚步。电视谈话类节目的社会功能除应注重教化功能外，还应该充分注重电视节目的审美功能，向知识性、服务性的功能过渡，关心人类心理，引导人们向接受新思想、新观念、了解新事务的全球化功能转变。

（四）广告宣传力度不够

国外电视谈话节目在长期的实践中形成了自己的传统和比较规范的商业化运作机制，因此国外媒体对谈话类节目的宣传是全方位、多角度、立体式的。如《艾伦秀》每一期节目中都将下期节目的亮点展现出来，比如“他将和撞他的人去跑马拉松”、“美丽的哈利·贝瑞揭露一切”等语言，极大调动观众的好奇心和观看欲，持续放映。NBC《今夜秀》的节目宣传通常挂在NBC网站主页最醒目的位置，节目中，主持人也不失时机地宣传：“如果您错过了我们的节目，在我们节目播出后第5天您就可以在市场上买到我们节目的VCD”。

由于我国电视谈话节目不太重视品牌的宣传与经营，包括央视在内，真正在国际上有知名度的品牌很少。因此，国内谈话类节目制作精良的宣传片微乎其微。即使有些宣传内容很精彩，却安排在节目播出之中。比如“50个日日夜夜，300条情真意切的短信……丢包之后，正在讲述”，这一期《讲述》宣传片，言简意赅，引人入胜，但是由于穿插在节目播出之中，所以没有起到有效宣传节目

① 于丽爽、宋茜：《脱口成风——谈话的力量》，中央编译出版社2004年版。

的作用。

（五）时段开发不足

当前我国电视谈话类节目不按时段特点和受众的收视习惯播出节目，导致同一时段被不同谈话类节目充斥，令观众无所适从。比如周日晚 9：30 到 10：30 时段，既有像《对话》这样的经济类谈话节目，又有《心理访谈》这样有关心理健康问题的谈话节目，还有《今日关注》这样的新闻时事类谈话节目。观众想看某一类型的节目，却无法以特征时段为依据，久而久之，受众难以形成固定的收视习惯，从而保持对节目的忠诚度。而国外谈话类电视节目往往是按时断划分的，分为早间谈话类节目，午间谈话节目和晚间谈话类节目，很好地占领了不同的节目时间，适应了分众化时代的要求。

（六）节目缺乏特色

一档好的谈话节目应该有个性。有个性的话题是节目最独特最能吸引观众的地方。在实践中，创作个性化的节目需要一个全方位的策划实施过程，从初期的构思策划到后期的具体实施，从话题选择到主持人风格的确立，从标志性的片头片花到广告语的创作，都要体现“个性”二字。在美国，各大电视网都有自己有特色的王牌脱口秀节目并经久不衰。CNN 的《劳瑞·金现场》触及国际政坛时事，采访政界名人，针砭时弊，被美国多数媒介评论员评为最为地道的谈话类节目。ABC 的《奥普拉·温菲丽秀》涉及人际关系、心理分析，反映个人隐私，深受美国女性观众喜爱，奥普拉也因此成为美国唯一以为资产上亿的女节目主持人。华纳兄弟旗下的 NBC《今夜》以轻松幽默的对白，追踪娱乐时事，以其轻松幽默的风格在电视界持续了 45 年。而目前我国的谈话类节目雷同现象、克隆现象严重，受众觉得千篇一律，造成了资源的严重浪费。

（七）谈话节目的话题讨论不够深刻

谈话节目中讨论的话题是撑起整个节目的核心，但如今的谈话节目的选题要么过于简单，要么缺乏深度，普遍存在吸引力不足的问题，不能激起观众的收视意愿，更不用提感动受众。比如关于成功企业家的节目，谈话的重点总是关于第一桶金的问题，而轻视了对于创业艰苦历程的挖掘；或者过于强调发家致富史，而忽略了企业家的社会公益活动；抑或是夸张地渲染他成功的一面，而未注意到他曾经内心的痛苦挣扎，这样的访谈都是片面的、不成功的。

二、我国谈话类电视节目的策划

（一）利用双向传播渠道，增强节目互动性

传统的电视节目的传播过程是一个信息单向流动的过程，受众的主要接收方式是倾听，是单方面灌输的、是被动接受的。虽然也有读者或者观众来信来访反馈渠道，但相比电视谈话类节目的现场反馈，传统电视节目的反馈是延迟的，而且是通过其他通信系统进行的。

“电视谈话节目与传统的电视节目相比，本身具有双向传播渠道。在电视谈话类节目中，信息的流动是双向的，嘉宾和主持人以及现场观众既是信息的发布者，也是信息的接受者。因此，电视谈话类节目的创新应该充分发挥传播双向性的优势。参与性本身就是由被动的灌输转变为受众的主动选择，这样一来谈话节目就体现了一种理解与沟通，一种一问一答的交流，更能体现传者与受者的双向互动。”① 设法增强电视谈话类节目的双向互动性可以尝试以下方法，比如在电视谈话类节目中，充分调动现场观众的积极性，取消预演步骤以增强嘉宾反馈的自发性，增加反馈渠道，增加互动性、参与性，及时反馈等。

（二）提高科技含量，实现技术多媒体化

提高电视谈话类节目的科技含量，就是要在节目制作和策划的过程中，把计算机技术、网络技术、数字技术、通信技术结合起来，发挥它们的长处，实现技术的多媒体化。

电视作为一种全息媒介，他应全方位地调动人体的视觉和听觉器官进行接受。电视谈话类节目要实现技术多媒体化，就是要真正实现文字、图片、声音、图像等传播符号和手段的有机结合。提高技术水平，加快信息化，数字化建设，探索多种传播手段的媾和。

（三）诉诸理智，注重节目思想性

诉诸理智，就是晓之以理。“根据传播学理论，所谓‘把感情的呼吁和选择的论据两者兼用’，就是‘动之以情，晓之以理’。因为，动之以情只能引起不稳定的表层认识和态度改变。唯有晓之以理，才能取得稳定的深层的认识与态度改变。”② 根据这一传播学理论，电视谈话类节目在尽可能展现人际传播情节的同时，要注重谈话类节目的理性深度，也就是说，电视谈话类节目的思想主题要具有知识性，给人以启迪，对人们的生活方式、价值观念起到引导的作用。所以娱乐仅仅是谈话类节目的外在形式依托，是调动观众积极性的一种手段，而厚重的思想深度和深刻的文化底蕴才是谈话类节目的本质和精髓，也是谈话类节目创新的重要依托。

---

① 徐雷：《我国电视谈话节目的现实困境和发展趋向》，http：//jour. tiplain. com/read. php. secchar。

② 任金州、于海燕等：《电视节目策划研究》，中国广播电视出版社 2002 年版。

但是许多问题都有正反两种不同的论点。电视谈话类节目是只让电视观众知道“一面理”呢，还是将“两面理”都告诉他们？传播学奠基人霍夫曼所做实验表明，只说一面理只能对于那些本来就倾向于同意一面理信息的人或教育水平低的人有效。两面理都说则可对本来倾向或教育水平较高的人奏效。这充分说明了电视谈话类节目在策划中应充分注意到不同的声音和观点，嘉宾的邀请也应该不拘一格。像凤凰卫视的《时事辩论会》和中央电视台《世界听我说》将辩论的形式引入谈话类节目就是积极的尝试，有利于观众在节目中听到不同的声音，以便对问题有深刻的认识，从而得出明智的判断。

（四）利用受众接近性原则，细分媒介市场

在传播学受众研究中，有个重要的理论就是要注重受众心理的接近性。一方面，电视为吸引受众要选择与目标受众收视期待相吻合的信息进行传播，包括节目是什么，节目给谁看等，策划者应通过市场调研获取准确的信息，从而找到未饱和的市场缝隙。丽吉·克雷谈话节目的成功就是取决于对目标市场的深入挖掘，她选择了18岁至34岁的妇女为对象制作脱口秀节目。在短短几个月的时间里，她为这个市场所制作的快节奏的轻佻节目取得了不同寻常的成功，并成为18岁到34岁的女性朋友最喜爱的节目。另一方面，我国电视谈话类节目应该充分利用到受众的接近性原则，实现传播对象化和本土化，在节目中渗透中国传统文化的要素，诉诸人文关怀。

（五）引入CIS形象识别系统，开展品牌推广战略

在CIS理论的指导下，电视谈话类节目的策划者除关注演播室的设定和包装之外，还应该包装如片花、主持人、节目题材、风格、样式的稳定性，以及案头策划、甄别话题、挑选嘉宾、后期制作等一系列科学、规范的工作流程和机制。

电视谈话节目在导入CIS形象识别系统中应充分发挥非语言符号的作用。非语言符号它包括三大类：第一类是语言符号的伴生符，如声音的高低、大小，速度的快慢等。第二类是体态符号，如动作、手势、表情等。第三类是物化、活动化、程式化的符号。虽然非语言的交流手段在传播过程中是辅助性的，但有时突出非语言符号系统的使用可能比语言符号系统的使用的传播效果更好，为传播活动奠定“背景基调”。如“开放式”的演播室建筑，家具休闲的演播室场景，主持人轻松愉快传递信息的方式都是对非语言符号的有效利用。

（六）拓展话题，体现谈话深度

所选的话题应该广泛丰富，选择社会热点或者与人们生活息息相关的，同时又存在着矛盾和争议的话题，把目光聚焦于实际问题的解决和背后的深层次内容

挖掘。所选的话题必须能够引起讨论，如果只是“一边倒”的话题则无法引起深度讨论和思想交锋。

体现谈话深度需要创作团队做大量的前期工作，搜集各类有用的信息，挑选出与主题最直接相关的材料并将其融入谈话中，比如背景、过程、原因、意义、分析、预测、建议等方面都要有所涉及。在策划时，也要整合历史、现实和未来的材料，分析议题时使用宏观、中观、微观等多层次视角。

思考题

1. 试论电视品牌栏目的生长规律。
2. 当下电视栏目所存在的缺陷有哪些？
3. 浅谈电视品牌栏目的创新思路。
4. 当前的电视栏目还存在哪些问题？
5. 以国内某品牌栏目为例，分析其品牌经营的成功及失败之处。

参考书目

1. 吕正标、王嘉著：《电视新闻节目理念、形态与实务》，中国广播电视出版社 2004 年版。
2. 欧阳国忠：《中国电视前沿调查》，经济日报出版社 2002 年版。
3. 凌昊莹：《媒介经营管理》，中国广播电视出版社 2002 年版。
4. 沈毅：《经济报道与品牌传播》，清华大学出版社 2004 年版。
5. 张静民：《电视节目策划与编导》，暨南大学出版社 2001 年版。
6. 余明阳等：《品牌传播学》，上海交通大学出版社 2005 年版。
7. 邵培仁：《媒介生态学》，中国传媒大学出版社 2008 年版。
8. 郑保章、鲁姗姗：《谈话类节目创新有待深入》，《中国广播电视学刊》2005 年第 1 期。
9. 贺懋桦：《品牌战略竞天下》，南方出版社 1999 年版。
10. 张兵娟：《电视专题与电视栏目》，郑州大学出版社 2010 年版。
11. 李倩茹、李培亮：《品牌营销实务》，广东经济出版社 2002 年版。
12. 郑保卫：《新闻教学与学术研究》，经济日报出版社 2014 年版。
13. 郭涵宁：《新兴研究领域识别计量》，科学出版社 2017 年版。

第十七章　融媒体时代电视栏目的创新与发展

第一节　融媒体时代电视栏目发展的机遇和挑战

一、　融媒体时代电视栏目面临的机遇

电视栏目的创新发展，首先得了解当前电视所处的是一个什么样的时代，才能准确地把握市场脉搏和传播走向。互联网空间海量庞杂的内容、无所不及的空间，技术和传播带来的便捷无处不在。微博、微信和各类 APP 客户端精选内容的推送，受众的注意力不可避免地转向，传统电视媒体在与新媒体的竞争格局下力不从心，显现出弱势。中国互联网络信息中心（CNNIC）2017 年 12 月发布的《中国互联网络发展状况统计报告》已显示，我国手机网民规模达 7.53 亿。其中使用手机观看网络新闻的有 6.20 亿，使用率达到 82.3%。这个数据说明传统媒体渠道正在迅速萎缩，失去传播优势。

激烈的竞争格局中，传统媒体单一的传播渠道和运作形式已经很难能适应当前受众多元化的需求，融媒体、全媒体已经成为其创新发展发展的总体战略。“2017 年中国媒体融合传播指数报告”中（人民网研究院发布），通过媒体融合传播指数指标体系的建构，对全国各省市媒体融合传播的情况进行了分析，指出 2017 我国媒体融合传播渠道布局日趋完备，融合传播力水平得到大幅提升。的确，从美国佛罗里达州坦帕新闻中心成功作俑，到《纽约时报》、BBC、《华盛顿邮报》的着力推进；从《广州日报》成立国内第一家滚动新闻部，到《人民日报》的“中央厨房”全媒体策略，融合各类媒体资源，凝聚信息传播优势，以网络传播和移动终端为平台，多媒体协作为轴心的媒介融合已成为一股不可逆转的潮流。

融媒体作为电视媒体生产、传播和运作的总体趋向，已是不争的事实。那什么是融媒体呢？关于“融媒体”概念并没有统一的学理阐释，这一名词是媒介

融合在实践行业应用和发展的结果。新媒体时代传媒之间协作经营，构建共享平台，优化信息传播能力，已是大势所趋。美国新闻学会媒介研究中心主任 Andrew Naction 将“媒介融合”定义为“印刷的、音频的、视频的、互动性数字媒体组织之间的战略的、操作的、文化的联盟”①，正是这种媒体行业之间，基于互联网为核心的运作联盟，形成了的所谓“融媒体”、“全媒体”传播格局。也就是要充分利用广播、电视、报纸及新媒体的各种人力、内容和渠道资源，充分发挥各媒介优势，实现优势互补，以此来实现“资源通融、内容兼融、宣传互融、利益共融”。

电视的融媒体发展，是一个系统工程，应从制作理念、生产方式以及传播模式、产业经营等各个方面进行转型，融合发展。“媒体融合绝对不仅是各个渠道的简单相加，需要媒体内部甚至媒体之间的深度相融。”首先，要转变传统电视制作思维，重视传播渠道的开发和利用。在“互联网+”环境下，传统电视媒体积极开展新媒体业务，拓展新媒体平台，强化受众的互动反馈，在建立官方网站、移动客户端、开通微博微信公众号、与门户网站进行合作这四个方面都开展了新的业务。2017 年最新调查数据显示，电视媒体开通微博、微信公众号最多达 73. 56%，67. 24%的电视媒体建立了移动客户端；67. 24%与门户网站进行合作，而只有 45. 98%的电视媒体建立了官方网站。其次，要打造有影响力的品牌栏目，通过节目内容在新媒体的转播以及短视频分发，实现“二次传播”，延伸电视产品的影响力。

可以说，在碎片化、即时消费的网络时代，以具有核心竞争力的内容制胜，才是电视融媒体发展的基石。但是，就我国电视栏目的发展来看，还普遍存在同质化、模式化，审美娱乐泛化的倾向。广电总局下发了一系列限播令：从限娱令、限唱令到“两剧一星”，原来以“电视剧”为核心的竞争逐渐转向了电视栏目的竞争，尤其是综艺娱乐栏目成为各卫视填补黄金时段的重要形态。此外，从我国电视节目生产实践来看，除了内容上复制与跟风，还缺少节目样态的创新，没能充分发掘出电视传播的表现手段。节目设计上忽视人物活动的“场域”效应，画面场景也大多还停留在传统综艺竞技活动的搬演，缺少多层次、多场景的视觉效果，互动效应差。这一系列问题导致了电视媒体在与新媒体的竞争中优势逐渐丧失，市场萎缩。

“互联网+”的融合运作模式，突破了电视线性传播、单一平台的限制，在

---

① 丁柏铨：《媒介融合：概念、动因及利弊》，《南京社会科学》2011 年第 11 期。

新媒体中达到了多次传播效率，电视节目资源得到有效开发和利用，电视生产也实现了向新媒体空间的拓展和融合，但是面临网络自制节目以及各类“碎片化”、“娱乐化”视频的冲击，加上媒体间的恶性竞争，电视栏目的创新发展仍受到重重阻滞。因而，融媒体环境下，电视媒体面临机遇，也充满挑战。要创新发展，增强核心竞争力。

二、电视栏目自身发展中面临的困境及问题

（一）在生产和制作上，依赖引进国外节目模式，创新力不足

从 20 世纪 90 年代以来，我国电视借鉴模仿外国节目频频取得成功，1999 年效仿英国博彩节目 Go Bingo 创立的《幸运 52》，2005 年湖南卫视仿造《美国偶像》的平民选秀节目《超级女声》，不断掀起收视的轰动效应。各大卫视开始了以海外引进作为栏目创新发展的不二法宝。2013 年综艺节目进入迅猛发展时期，被认为是“海外综艺节目引进井喷年”，引进节目数量创历史新纪录。

引进海外节目，进行模式复制或简单改造已经成常态。但大量海外节目样态或模块的移植，也使得中国电视栏目养成“惰性”，一味沉浸于模仿复制，缺乏创新创造的动力。的确，一个节目成功后提升了卫视的品牌价值和影响力，更带动了相同类型节目生产制作的热潮。如 2013 年火爆荧屏的《爸爸去哪儿》，移植了韩国 MBC 游戏生存类体验真人秀《爸爸！我们去哪儿》的模块，呈现了明星家庭在旅行体验中的子女教育和亲子关系，开启了国内亲子节目的市场，之后这类题材盛行，青海卫视引进日本 NTV 的《第一次任务》《老爸老妈看我的》，陕西卫视也推出了《好爸爸坏爸爸》，跟风复制，同质化渐趋严重①。歌唱选秀类节目从偶像版超男超女、The voice 的中国版《中国好声音》，到一系列歌唱“达人秀”栏目层出不穷，形态单一雷同，真正有特色、具有竞争力的节目却很少，最终引来了“限唱令”。

此外，还有一些斥巨资引进的综艺节目水土不服。如法炮制，不舍得投入时间和精力创新研发，没流行多久就销声匿迹了。有的甚至和中国受众的接受心理相去甚远，没有市场的可运作性，造成了资源的极大浪费。

（二）文化传播功能上，呈现出模式化、低俗化乃至庸俗化的倾向

纵观国内娱乐节目发展，才艺展示、竞猜节目、真人秀三分天下格局。选秀类节目作为最大的热点，在于其提供了一个“万民欢腾”的自由广场，越来越多的尤其是具有草根文化特色的“真人秀”节目，2005 年“超男超女”利用了

① 刘建新：《引进与重塑：电视模式节目的中国式成长》，《现代传播》2014 年第 2 期。

短信投票方式，掀起了平民消费媒介的热闹场景。大众与明星、艺术殿阁的禁忌被彻底打破了。大量平民偶像在喧嚣声中孕育而生，在媒介掀起的狂潮下一夜成名。超女、超男、好男儿作为流行文化的符号，带动消费文化产业链条的形成。各类歌舞选秀节目成为最热闹的消费景象，如《舞林大会》以竞技的形式，利用性感舞蹈秀+明星效应，操控着大众消费的逻辑。还有大量的节目沿袭国外模式，采用巨额奖赏的机制，强化游戏竞技的结果，带有较强的功利性。这种功利性打破了我们在娱乐游戏中投入的纯真情感，欲望法则作为唯一的创作指向。有些情感类栏目以私人情感、家庭争端为内容，引发窥探欲望，忽视了大众传播作为公共影像传播的涉及的伦理和法律责任。

电视栏目策划和定位不明确，文化传播功能的丧失，导致观众的注意力资源不断流失。在经济利益和商业逻辑的支配下，电视节目被强大的“狂欢”力量所操控。组织谈话来窥探明星隐私，通过巨额奖赏强化秩序，借用才艺表演来制造身体奇观，诸如此类，对享乐的迷恋和消费成为取悦大众的常态。

（三）经营上，面临各大卫视间的无序竞争和网络自制节目冲击

网络自制节目从借鉴和模仿电视开始，经历了十余年的发展，开始呈现出兴盛繁荣局面。从最初影视片段的剪辑、配音、恶搞，到网友自己拍摄制作的短视频，随意编撰的内容，粗制滥造的形式，很长一段时间被作为各门户网站的自主资源。直到引进海外节目版权和播出受限后，各大门户网站意识到仅仅作为传播和发布的渠道，难以突破高成本低收益的瓶颈，也难以应对传统媒体和同行对手竞争。只有作为新媒体角色和渠道角色的真正融合，打造自身优势的内容资源，才不至于落入无米为炊的境地。自 2014 年起，门户网站开始精耕细作，以媒体专业化的理念来策划经营、制作网络节目。网络相对宽松的制度环境，明星主持人、热点话题和专业意识，渐渐打造出《晓说》《奇葩说》等一批定位高层次、具有影响力的栏目。从视频集纳到自我产制，网络媒体逐渐转向了制播平台。

与此同时，传统电视媒体却在重重竞争中艰难地挣扎。各大卫视间无序竞争，盲目跟风，相互瓜分受众群，抢占市场先机。为了赢得覆盖效益，纷纷效仿湖南台主打娱乐牌，栏目设置奉行“拿来主义”，竞相上演各种娱乐真人秀，你方唱罢我登台，追求短期的轰动、追捧效应；内容与形态的同质化严重，各种娱乐歌舞秀、技艺秀泛滥成灾，引发观众审美疲倦，也造成资源的极大浪费。因而，急功近利的战略运作下，各栏目不舍得投入时间和精力去培育精品节目，在市场竞争体系中不经历一个沉淀和积累的过程，自然也无法构建出良好的文化传播能力。

再有，受众处在信息爆炸的网络社会，注意力经济被不断地掠夺。随着网络技术带来的去中心化、多元化及打破时空限制的非线性体验特征，受众拥有越来越多的选择内容和渠道的权利。年轻一代更愿意使用手机、iPad 等移动终端去自主性选择影视节目。和网络节目多元化的节目样态相比，传统的电视栏目程式化的运作已显老套、互动形式和传播效应明显不足。而一些网络节目在内容呈现出更为灵活的传播样态，如优酷自制栏目《晓说》为高晓松量身定制的漫谈式的栏目，有完善的线上线下互动平台，网民不仅可以参与相关话题讨论，还利用“碎片化”的网上热议，延伸出历史、文化、宗教和哲学的问题，做出内容深度来。

第二节　基于融媒体的电视栏目创新发展策略

从与新媒体的对抗、博弈、联动到当下的融合发展，电视媒体始终在探求创新发展、品牌运作的路径。随着 iPad、手机视频、APP 等各类移动终端成为新的收视选择，受众媒介接触趋向多元化，海量、碎片化的信息与娱乐唾手可得，电视栏目在竞争中要赢得眼球，必须要以内容为王，更新传播模式，转向“互联网+”思维。所谓“互联网+”思维，就是以互联网为核心，发挥媒体间的“整合“传播效应，在拓展播出平台与渠道中，发掘媒体自身特性，增强竞争优势，实现新媒体消费下的共赢。

电视节目在前期策划、样态选择和传播推广方面强化“互联网+”这一融合理念，要善于借助新媒体，培养稳定受众群，提升用户数量，并增强用户黏性。那具体来讲，融媒体作为媒介创新发展的战略趋向和新型的传播理念，怎样影响到当下电视栏目的生产及经营，又如何在未来引领电视的发展方向呢?

一、增强内容竞争力，强化互动效应

融媒体时代，电视栏目要保持创新，不能仅仅照搬海外节目模式，必须吸收合借鉴其他媒体的优长之处，同时顺应受众触媒习惯，引进互联网传播机制和互动模式，精心策划，实现多渠道的有效传播。

（一）借媒体“合力”，凝汇优质内容

通过整合广播、报纸、电视及网络等媒体的信息资源，并发挥互联网平台、手机移动终端的传播优势，实现传统媒体和新媒体在内容、渠道上的有效融合，以及电视媒体在专业报道中的权威和引领作用。

凤凰卫视《全媒体时空》被认为是第一档全媒体的新闻栏目，奉行“新媒体，新时空”制作理念，除了电视记者采编的信息，节目网罗了广播、报纸、微博、微信等各渠道的消息，糅合凤凰卫视旗下凤凰网、《凤凰周刊》和凤凰卫视等各媒体平台的信息资源，形成一个信息融合的大平台。新闻报道力求做到全面、客观，形式多样。节目由不同版块构成：《时空要闻》采用主持人读报的形式播报，把报纸信息用电视呈现出来；《有话直说》利用凤凰 U-Radio 广播平台来表达对新闻事件的看法。《全新全议》利用微博、微信社区平台搜集网民对于热点问题的意见和看法。《全民接报》的新闻是网民用图片或视频纪录的身边人或身边事。在此节目全媒体经验的基础上，2015 年新推全媒体互动节目《全媒体大开讲》，更注重播报语态的创新和新闻的话题延展，以夹叙夹议的形式，通过互联网和移动终端加强与受众的互动，“让大家都在讲”，都来关注和参与到一天中大事小情的呈现①。

同类型的节目还有重庆卫视《网罗天下》、南京人民广播电视台《民闻》等，运用融合传播汇集了百姓邻里的民生话题，老少皆宜的奇闻趣事。

（二）融合多种节目类型，增添受众趣味

信息资源的过剩，致使当前受众对节目内容有了更高的期待。单一的节目类型很容易引发审美疲倦，丧失关注的兴趣。一些有影响力的电视栏目进行融合多种类型的尝试：

如当前正流行的科学真人秀栏目，就采用了“科学+益智+娱乐”的方式。荣获 27 届中国电视金鹰奖、电视文艺“星光”奖的《最强大脑》，是江苏卫视引进德国节目 *Super Brain* 推出的大型科学竞技真人秀节目。节目是专注于传播脑科学知识和脑力竞技，但是加入了许多娱乐元素，力图让“科学“这一深奥而抽象的领域变得“流行起来”。选手对决、嘉宾评论中悬念迭起，危机四伏，强化了观赏性和趣味性。《我们的挑战》是江苏卫视推出的一档大型户外明星挑战类真人秀节目，被认为“套路多变”、融合了烧脑益智、职业体验、游戏追击以及野外生存等多种节目类型。由于生存环境的险阻和艰难，明星挑战过程繁复曲折、悬念四起，积极调动起观众的参与兴趣。

（三）创新互动形式，丰富议题内容

电视节目应该采用了跨屏同步传播的方式，吸引受众同步介入，参与话题互动讨论，同时对节目传播效果进行反馈。

① 鲍高齐：《融媒体时代电视新闻节目的创新路径》，《传播与版权》2015 年第 10 期。

获中国新闻奖融媒体专栏的《网罗天下》（江苏广播电视总台），以“互联网+电视”的形式，给予了年轻媒体人较高的自由度。“栏目组平均二十多岁的年龄构成，这些年轻的记者编辑更加容易写出自己平时在手机 APP 互联网上习惯的语态；同时，栏目定位讨巧，没有传统新闻栏目必须要做到当日新闻全播报的限制”，通过整合自媒体平台纷乱杂陈的内容，以年轻态的网络语言进行播报，专业化的态度进行评叙。这一栏目形成了典型的融媒体特色。如 2018 年 4 月 28 日关于中美青年创客大赛在南京举行的新闻，“以‘创客’你知道是什么吗?”引出了这一新鲜名词，以极富交流感的语态也让我们走近这些“年轻的发明家”。另外两则新闻：“郑州一买家”遭到淘宝卖家人身威胁；印尼一个 6 岁孩子画出爸妈离婚全过程，也以夹叙夹议的方式，引领受众深入思考。此栏目还和优酷视频网合作的版块《轻松一刻》，整合了网络流行的搞笑视频，增添了节目的观赏趣味。

二、丰富节目样态，强化视听效果

当前受众在媒介选择、内容选择上更为主动，电视栏目除了重视内容产业的拓展和延伸，更要重视传播形式的多样化，发掘电视作为传统媒体优势，和网络自制栏目既有所区隔，也要包容，设计、打造和推广精品节目。

（一）强化视听设计，丰富节目样态

作为视听型传播媒介，荧屏视觉效应已是抓住观众注意力的重要手段。所谓视觉效应，就是视觉形式的形象性对于以说服为目的的对象化传播具有特殊的意义，进行视觉设计需要考虑流动于画面各种视觉元素的统一和谐形成一个结构完整的认知系统。节目画面视觉效果的冲击力，考虑灯光、色彩、舞美等环节，建构视觉空间的过程，以延伸观众的视知觉范围。

随着融媒体实践的推进，电视新闻栏目在演播室的场景布置上，体现出多种媒体融合互动的特性，多屏互动、大小屏并置，互联网和手机移动终端，新闻议题和观众互动、评议能够时时跟进。电视娱乐节目则是一个开放的视听系统，较少制作和编排上的禁忌，根据节目流程和内容需要，考虑各种视觉元素的综合效应：明星主持人、人气嘉宾，视觉场景和道具设置，还可以基于灯光、色彩、形状，明暗对比，字幕及声音等各元素的平衡协调，强化感知效果。

如《最强大脑》视觉呈现很新潮，采用豪华的舞台设计舞美造型大气，科技感、现代感十足。首先在灯光运用上，根据不同区域的节目内容安排有不同灯型的组合、配备，凸显舞台画面多样性和视觉效果的多层次。主持人出场、嘉宾

上场和离场以不同的色彩渲染氛围，尤其是专属的蓝色晋级激光隧道炫人耳目。

最值得一提的是根据竞赛内容设置的舞台道具，气势恢宏，充满玄机，极具视觉冲击力。被誉为“最强道具师”之一的费家骏，对节目道具的要求很高，不仅要有强烈的视觉冲击，而且要方便在现场操作和检验。“就拿魔方墙来说，要将2500个魔方组成一面魔方墙，并不是一件容易的事情。要保证每个魔方之间的间隔与每个小色块之间的间隔保持一致，而且还要保证整个魔方墙的承重，又要能随时从其中抽出任意的魔方进行检验。”此外，《最强大脑》中德PK赛场，节目组打造的长23米、高3米的3D版《清明上河图》也震惊全场。这幅巨大的沙盘实景再现了北宋张择端所画的中国名画十大佳作《清明上河图》，画上的街道、河流、房屋全都活生生地“立”了起来，800个神态各异的人物、70只细节不尽相同的牲畜栩栩如生。还有被誉为荧屏史上“最强道具”——101只斑点狗，当这些狗跟着各自主人一只接一只地登台，瞬间惊呆了现场观众和评审团。节目组独具匠心，花费了近三个月从七个省市才集结齐这“睡倒一片”的“活道具”。

（二）运用动态字幕、卡通漫画等特技，强化表意表趣功能

电视画面的直观性，需要以形象感知带动理解。动态字幕编辑、卡通漫画及虚拟人像等特技应用能够强化视觉效果，轻松应对综艺节目的故事性、娱乐性与趣味性的艺术表达需求。就文字功能而言，在其他电视节目类型中充其量就是解说或字幕的角色，但是作为娱乐元素之一，动态字幕却可以焕发出强大的魅力，在许多节目环节，打造出“文为心声”的特色。参赛人物或嘉宾内心体验可以被形象地揭示出来，弥补了图像直观传播能力的不足。不同字体、大小、色彩的运用，可以充分发挥其对画面表现的增进功能，升华节目气氛，除文字外，电视娱乐节目还可以广泛运用动漫，抠像等多种特技手段来丰富节目的视觉效应。爱奇艺自制栏目《奇葩大会》是以故事叙述、人物评议为架构的节目形态，为了使节目有更丰富的视觉体验，栏目组布置了色彩炫目的场景，并不断运用动态文字字幕，丰富视觉信息，抓取眼球的注意力。如一位联合国派往索马里难民营的女性官员孔奥讲述她的“奇葩”故事时，伴随着其讲述过程，随时有动态字幕、卡通影像及新闻画面来解释、补充、强化其内在表达，为故事增添了更多的细节和趣味性。

（三）发掘声音魅力，创新节目形式

电视节目顺应受众媒介接受方式改变，打破惯性思维，发掘声音感知的力量，对视听融合作了新的尝试。湖南卫视《声临其境》是一档原创声音魅力展

现和竞演秀栏目，以声音作为表现主体，发挥声音魅力。专注于声音表演，以台词和配音为切入点，每期邀请四位台词功底深厚或声音动听的演员、配音演员同台竞声，比拼台词功底、配音实力，以及与其他演员的互动搭档能力。节目可谓别出心裁，做到了声音呈现和视觉场域的完美呈现，从舞台设计来看，为了让嘉宾有神秘感而又不失真，节目组运用了云热像，通过云热像掩藏明星的真容，而又能显示明星的各种姿势、动作，达到了节目组需要的预期效果。呈现出完美的视觉震撼效果。明星呈现声音魅力也显示出高潮的表演功力，吸引受众的耳目。

三、创新节目生产和传播模式，扩大传播效应

随着受众媒介消费习惯的改变，电视生产者意识到，唯有以互联网为核心，进行跨屏互动传播，打造栏目线上线下影响力，才是扩大传播效应的必然路径。即以网罗和移动传播为目的，节目从策划开始，整个环节的设置都要考虑适合多平台播出的宣传与设计，要实现传统媒体与新媒体，互联网与移动终端大小屏融合互动。

（一）全媒体、全景式呈现与互动

江苏台《网罗天下》引入全媒体互动手段，将手机屏引入电视屏，打通微信语音视频实时直播、GIF 动画、表情包等网络特有而电视不具备的隔阂。同时通过手机端开通话题讨论，辅以微信摇一摇，打通线上线下的隔断。“微信摇电视”这一即时互动的方式，大大延伸了节目议题的讨论和传播。

“微信摇电视”是指手机用户通过“摇一摇”参与节目互动，实现手机和电视跨平台、全景式的融合。“不论是新闻节目或综艺节目还是电视剧，都已经出现了‘摇电视’的身影。微信‘摇电视’互动模式弥补了电视媒体与观众沟通、交流、互动的不足，给观众带来全新的收视体验”。观众可以通过微信互动全程介入节目的生产过程，甄选议题、出谋划策，还有效果反馈，增强了用户对节目的黏性。反过来，通过“摇一摇”活动，用户行为特征会呈现为精确的数据，媒体通过对其地理位置、观看时长、喜欢的节目类型的分析，细分市场，有针对性地推送消息。

（二）线上线下结合的节目制作方式

电视栏目还普遍线上报名、议题以及线索征集等活动，增强传受互动，增加用户生产内容。南京人民广播电视台《民声》是一档现场问政节目，制片人魏征谈到这个节目的创新之处有三个方面：公仆公民平等交流、环节设置别出心裁、媒体融合有声有色。录制节目前，栏目组借助微博、微信平台，征集网民对本期话题的观点。根据网友的留言，编导设计台本。录制节目过程中，录制现场全程网络直播，网友在围观直播的同时，也可以通过微博参与节目的录制，网友的微博直接呈现在演播大厅的巨屏上。主持人根据录制的进程，不时念出巨屏上的网友微博，同时，网友还可以和节目组联系，通过视频的方式，在场外与现场进行对话。广东电视台《第一现场》栏目除了现场互动之外，还可以进行新闻报料。受众线下的反馈和建议，可以帮助下一次节目的进行。

这种线上线下结合的方式，为栏目带来了活力。《最强大脑》节目中涉及很多深奥的科学知识和问题，主持人间或提醒受众可以利用 APP 可以进一步答疑解惑，以帮助观众对节目相关科技知识或问题的真正理解。

（三）内容分发，采用利于块状精剪的短视频结构

电视栏目“融媒体”思维，实现“互联网+”的传播模式，必须重视各种短视频业务拓展，适应快餐式的媒介消费。

面对受众有更多的选择性、观看的平台，“电视是起点，全网传播才是关键”。《声临其境》在主题和结构选择时，就考虑到互联网传播节目内容有鲜明的“短视频”特征。总导演徐晴谈到，作为传统电视内容的创作者，操作遵循的是传统的电视思维。但“方便互联网传播”是节目选题中自带的“基因”，在“电视传播思维”和“互联网传播思维”中，她们是逆向思维操作的。似乎在节目制作之初，就充分设计了将相关内容拆分成便于互联网传播的结构形式。

（四）反向接纳网络媒体的自制视频栏目

借助于视频网站自身特点和内容提供，视频网站开启自制模式反向传输传统电视媒体。土豆网自制电视剧《爱啊哎呀我愿意》以每集五六十万元的电视版权价格销售给了深圳电视台，乐视网自制剧《青春大爆炸》则在成都电视台黄金时间以每天两集的速度热播。2012 年 12 月乐视网与湖北卫视正式决定在联合拍剧、节目双向输出、多屏互换宣传等多个方面进行合作。电视栏目的发展也要进一步展开和网罗媒体合作生产，互助传播的融合发展。

第三节　文化类电视栏目的创新路径

电视文化类节目指的是“能够明确表达一定文化信息，以传播科学文化知识为主要内容，以提升大众审美品位与思想水平为主要宗旨和功能，具有深刻内涵和品位”的电视节目。这类节目以知识竞技、科学传播、文化传承、学术讲坛及

经典再现等方式，成为电视节目中极具知识普及和文化传播价值的原创性节目类型①。

一、文化类电视栏目的演变

21 世纪初，凤凰卫视《世纪大讲堂》、央视《百家讲坛》等学术讲坛节目兴起，文化类栏目开始走入了大众视野。但随着 2005 年真人秀节目的流行，平民草根文化的兴起，迅速把大众带入一个“娱乐泛化”的大综艺时代。各卫视纷纷角逐于歌唱、舞蹈、才艺的赛场，文化类型节目渐渐式微。2013 年综艺栏目“井喷式”的大发展，“每年都有数十种综艺类型火爆荧屏，大量海外节目引进，大量卫视的跟进效仿，娱乐节目同质化、庸俗化的发展，招致国家广电总局“限娱令”、“限唱令”的出台。这些政令出台，让电视生产的目光重新转向了文化栏目。

自 2015 年起，文化类电视栏目步入复兴时期。习近平总书记中国文联十大、中国作协九大开幕式上的讲话指出，要坚定文化自信，实现文艺创新。文艺创作“要克服浮躁这个顽疾，抵制急功近利、粗制滥造”，“不让廉价的笑声、无底线的娱乐、无节操的垃圾淹没我们的生活”。在此方针指引下，各大媒体开始纷纷进行调整，拒绝或改版庸俗化倾向的综艺节目。而文化类真人秀节目应时逆袭，如娱乐浪潮中一股清流，重拾人们对电视文化传播功能的信心。《子午书简》《汉字英雄》《中国汉字听写大会》《传承者》等一大批以中国优秀传统文化为内核，强调雅俗共赏，注重传播互动的电视文化类节目，成为电视荧屏一道独特的风景线。但这个阶段的不少仍节目存在主题固化、形态单一、节奏缓慢、嘉宾不到位、可视性差等问题，因而有一些栏目影响力慢慢低沉，甚至停播。

到 2017 年，文化类电视栏目创办数量、质量不断攀升，类型也更加多元化，涌现出更多有影响力的品牌节目。国家广电总局依据“坚持正确导向、弘扬中国精神、承载百姓情怀、内容积极健康、形态新颖鲜活”的标准，逐年推出创新创优典型电视节目形态，2017 年度国家广播电视创新创优栏目的评选中，18 个电视栏目中就有 10 个属于文化类节目，如下表：

① 张建、夏光富：《电视节目解析》，重庆大学出版社 2015 年版，第 102 页

2017 年度国家广播电视创新创优栏目名单		
平台	栏目	类型
中央电视台	《中国诗词大会》（第二季）	原创文化类节目
	《朗读者》	文化情感类节目
黑龙江广播电视台	《见字如面》	文化类节目
北京广播电视台	《非凡匠心》（第一季）	文化体验类节目
	《音乐大师课》（第三季）	文化音乐类节目
上海广播电视台	《喝彩中华》	戏曲文化类节目
湖南广播电视台	《儿行千里》	文化传承节目
安徽广播电视台	《耳畔中国》	音乐文化类节目
山东广播电视台	《国学小名士》	文化竞技节目
新疆电视台	《好大一个家》	文化传承节目

这些节目以中华优秀传统文化为典型载体，以电视的方式呈现，在互联网上传播开来，是大众需求和精英文化的完美融合，是艺术和审美的呈现；也实现了传统媒体和新媒体，文化和娱乐的融合。

二、文化类电视栏目的创新传播

（一）内容上独辟蹊径，凝聚传统文化优秀资源

当前充斥海量娱乐因子的媒体环境下，电视文化栏目逆潮而动，利用中国传统文化的资源，顺应国家媒介文化的建设，通过经典重现唤起民族文化记忆，担当文化传承的使命。文化使命的担当使电视这一传统媒体有了更坚定的专业定位和创新阵地。

文学艺术成为电视文化栏目的重要资源，诗词、国学、美文、曲剧、电影配音、文博作为承载，通过电视画面以视听方式呈现出来，文学通过竞技、咏诵得以重生，经典经由演绎得以重现。电视为传统文化再现找到了种种视听表现的形式。《中国诗词大会（第二季）》透过诗词之美继承和发扬中华优秀传统文化；持续不断地创新节目内容、形式以及舞台样式赢得瞩目。《朗读者》借助“朗读”传播值得关注的文字，值得倾听的故事；《国学小名士》精准定位“大国学”概念，表达国学文化在青少年群体中的传承和发展；《喝彩中华》则重在展示当代戏曲文化在改革中求生存、于创新中图发展的努力。《国家宝藏》第一次将文博领域跟大众娱乐、综艺形态结合在一起，引发了大众对于文博领域的关注

与思考。

（二）节目形态丰富多样，重视视听感知和互动体验

传统文化的文字资源，如何在视听环境中“经典呈现”与“重现”，是一个高难度的挑战。当前文化类栏目改变了传统节目单向度的知识、技艺性的传授，精心考虑受众的感知和体验特性，重视节目形式、传播样态的多样化。

一是糅合“文化+竞技+娱乐”的传播模式，充分调动视听感知的介入。传统的电视文化栏目往往定位于一个文学或艺术门类，通过参与知识竞技的方式来展现选手能力，这样的过程中互动性差，专业知识很难彰显出活力，得到普及或流行。

《经典咏流传》则定位于“诗词唱经典，中国正流行”，从同质化中另辟蹊径，用歌声来咏诵诗词，用互联网发布有关节目热点资讯和经典诗词内容，形成全民互动传唱经典的局面。《经典咏流传》注重时代化、时尚化和国际化表达，把文化使命和娱乐表达有机结合在一起。中央电视台综合频道总监张国飞说：“节目用和诗以歌的形式，让传统文化具有了时代性，为蕴含在传统文化中的精神财富与新时代的价值追求，建立了有机连接，让主流的经典再次成为流行的先锋。节目让经典跟流行结合，产生新的化学反应，让传统经典再次成为当下的流行，甚至成为未来的流传。”

二是文化+故事+情感的表达，以故事化形态诉诸情感，成为普遍运用。

中央电视台推出的《朗读者》，被认为是人文精神凸显、极具感情温度的一档文化类栏目，“以个人成长、情感体验、背景故事与传世佳作相结合的方式，选用精美的文字，用最平实的情感读出文字背后的价值”，《朗读者》的内核不仅仅是读书，更多的是每一位朗读者对自己人生经历与社会集体价值的分享的传播效果，节目旨在实现文化感染人，鼓舞人，教育人的传导作用，展现有血有肉的真实人物情感。每一期主题不同，组织节目的方式不同，融合朗诵、讲述和采访等多种样态。如其中一期关于“朗读亭里的故事”，伴随着武汉祝亮朗读《此时的寂静与未来》一文的，是他对已去世的母亲的深深眷恋和回味。“那一天”、“青春”这些主题故事里，朗读者或平淡或曲折的述说，总是饱含着人性之美。《人民日报》文艺部副主任袁新文认为“《朗读者》这个节目最大的特点就是让无数的文字变得更丰富，变得有温度，有声音，有温度，有色彩，有情感，有形象”。是美感和情怀的融合。

“文化+故事+情感”的表达，也是文化传承类节目常用的手段。《儿行千里》《好大一个家》从一个个朴实的家庭故事中寻找家风传承的共鸣点。讲述及纪实

性体验的方式令节目突破了固定文本的束缚，更关注文化在当下的演绎，《非凡匠心》通过寻找国宝级文化传承者和稀有的工艺匠人的过程，切身体验匠人匠心和传统工艺的非凡之处，在匠心独运中融入浓浓的情感意味。

（三）传播过程中重视线上线下互动。

节目呈现过程中时时重互动，追求场外和场内共有的热效应。“主持人+专业学者/明星嘉宾+参赛者/学员+专家评论员”的场上互动模式，是当前的电视文化栏目普遍采用的形式。节目中明星嘉宾和专业学者的加入，不仅使有深度到专业内容得到阐释和解析，也使精英文化变得流行起来，国学、朗诵、诗歌等传统文化从殿阁厅堂里走出来，成为人们津津乐道的话题或传唱的经典。《声临其境》明星嘉宾的配音和表演过程，完美地走近了一个个经典角色。使得嘉宾和学员对明星专业能力叹为观止，形成场上一个个互动高潮。同时，微博留言、微信摇电视、手机 APP 等多种网上互动形式，唤起受众群的积极介入，扩大了节目的传播效应。

节目播出后电视内容还以短视频方式分发到网络，拓展传播渠道，扩大了栏目影响力。央视中文国际频道《谢谢了，我的家》一档以展现全球华人家庭文化传承为主的栏目。分发思路不局限于两微一端，而是进驻更多垂直应用平台，将内容 IP 化，延伸传播价值链条。例如，节目同步上线喜马拉雅 FM，推出官方音频节目，50 小时收听量突破 1000 万；将每期节目切分为多段小视频，其中高秉涵“历时 20 载，义务抱 150 名老兵骨灰回大陆”短视频获得全网近 900 万的播放量①。

三、文化类电视栏目创新的启示

文化类电视栏目的繁荣，是对大众文化娱乐过度的反驳和纠正，是电视媒体在竞争激烈的媒介环境中形成的一个独特“生态”种群。这一种群以特定的文化担当和文化传承为使命，成为电视栏目创新发展中一道耀眼的风景线，也对电视媒体未来创新发展有重要启示：

（一）优秀文化才是电视传播之魂

习近平总书记提出“文化是一个国家、一个民族的灵魂……文化自信，是更基础、更广泛、更深厚的自信，是更基本、更深沉、更持久的力量。”文化关系着人类灵魂的提升也是电视栏目发展的原创力量，是支撑其长久发展、深入人心

① 马涛、聂乃知：《〈谢谢了，我的家〉如何成为文化类节目全新风向标》，《当代电视》2018 年第 4 期。

的基石，是电视构建内容为王之魂。发掘中华传统文化精粹，融合文学、戏剧、电影等门类的经典作品及文化资源，构建电视栏目原创性的内容体系。

（二）诉诸情感才是视听之本

任何媒介的传播只有诉诸受众的感知，以丰富多元的故事化形态，趣味多变的样态，以及丰富多彩的视觉效果才能唤起并保持观众的兴趣，电视栏目要积极运用电视的视听思维，融合多种节目类型，借用采访、讲述和咏诵、传唱等多种手段，使节目内容能够形象地被感知、体验，传达出电视栏目的艺术魅力。

（三）融合发展才是创新之道

面对新媒体的竞争、日益转向的受众，电视媒体要积极转变思维，打造“互联网+”的传播模式，融合各类媒体优势，拓展传播渠道。重视线上线下互动，从内容选择和渠道构建，从议题设置到效果反馈，充分开掘互动传播的形式。充分利用互联网和手机移动终端等新媒体，塑造栏目的文化传播体系，打造媒体影响力。融合发展才是电视栏目创新的根本路径。

（四）要警惕娱乐将深邃内容扁平化、娱乐化

当下文化类电视栏目快速发展之时，我们也要保持警醒，对传统文化的运用要谨慎、要小心拿捏，以合理的节目载体来弘扬和承载，不能打着文化的旗子，将经典过度扁平化、娱乐化。唯有如此，才能真正担当传承传统文化、繁荣文化之使命，提升受众灵魂与精神；电视文化产业也才能可持续、创新性发展。

思考题

1. 如何理解“融媒体”这一概念？
2. 融媒体时代电视栏目如何创新发展？
3. 文化类电视栏目传播特性有哪些？如何创新发展？

参考书目

1. （美）亨利·詹金斯著，杜永明译：《融合文化》，商务印书馆 2012 年版。
2. 栾轶玫：《融媒体传播》，中国金融出版社 2014 年版。
3. 万小广：《媒体融合新论》，新华出版社 2015 年版。

后　记

《电视专题与电视栏目》第一版自2007年面世以来，已经过去了十多年。在这十多年的时间里，伴随着新媒体的发展及新传播技术的不断更新，电视专题与栏目也发生了很大的变化，应各高校使用单位任课教师及读者的要求，决定对本教材进行修订。

一是我国电视发展进入高速发展期，第一版所用案例均是2005年前的，但这12年我国及世界电视发展非常快，涌现出了像《舌尖上的中国》《中国诗词大会》《中国外交》《美丽中国》《中国汉字大会》《中国正在说》《我在故宫修文物》《森林之歌》等30余部近年制作的非常优良的专题片，电视栏目也在发生很大的变化，因此，原书案例较为陈旧，不能满足新时代大学生的需求。

二是近十年我国电视理论创新也非常多，专题片、电视栏目的发展等都有了非常大的突破，再加之近十年我国真正进入了新媒体时代，因此，从理论写作上也需对本教材进行修订。本次修订，不仅对原各章节进行修改，也增加了融媒体时代电视栏目创新发展的相关内容。

三是各高校的反馈。在修订过程中，本书的修订者征求了众多学子和教师的意见。编写者与大连理工大学、中国传媒大学、南昌大学、河北大学、湘潭大学等使用单位的教师进行了交流，他们也对本教材修订提出了非常中肯的建议。

本书的修订，仍然分电视专题、电视专栏上下两个部分。在由郑保章提出修改原则及修订体例后，唐弦对第一章、第二章、第三章、第四章进行了修订，孙欣欣对第九章、第十章、第十三章、第十四章、第十五章进行了修订，郑保章、吕君怡对第五章、第六章、第八章、第十六章进行了修订，王爱玲、占莉芳、刘萍等分别对第七章、第十一章、第十二章进行了修订，宋永琴写作了第十七章。最后，郑保章对全书进行了统筹、修改。

在第二版即将付梓之时，仍要感谢河北大学新闻学院，是他们在2004年提出系列教材任务并牵头组织的，尤其要感谢河北大学的王俊杰教授，他对本书的编写提出了非常中肯的意见和建议。

同时感谢辽宁省教育厅批准该教材为辽宁省“十二五”规划教材，感谢大连理工大学教务处专门为本书修订进行了立项资助，感谢原教材组织者白贵、王俊杰老师对本教材一贯的支持。更要感谢中国广播影视出版社和本书的责任编辑杨凡，对本书的编写提出了非常中肯的建议。

原编写各章节的老师及修订者如下：

第一章　唐　弦　湘潭大学（唐弦修订）

第二章　唐　弦　湘潭大学（唐弦修订）

第三章　唐　弦　湘潭大学（唐弦修订）

第四章　唐　弦　湘潭大学（唐弦修订）

第五章　李　利　大连电视台（郑保章，吕君怡修订）

第六章　云海辉　天津工业大学（郑保章，吕君怡修订）

第七章　王爱玲　大连理工大学（王爱玲修订）

第八章　秦秀兰　河北大学（郑保章，吕君怡修订）

第九章　沈鸿雁　河北大学（孙欣欣修订）

第十章　孙欣欣　河北大学（孙欣欣修订）

第十一章占莉芳　大连理工大学（占莉芳修订）

第十二章刘　萍　大连理工大学（刘萍修订）

第十三章李　丽　河北大学（孙欣欣修订）

第十四章卢　颖　中国防卫科技学院（孙欣欣修订）

第十五章崔冰蕊　河北大学（孙欣欣修订）

第十六章郑保章　大连理工大学（郑保章，吕君怡修订）

第十七章宋永琴　大连理工大学

由于编者水平所限，加上时间仓促，不足和缺陷定然不少，还望广大读者批评指正。

主编：郑保章

2018 年 4 月

图书在版编目（CIP）数据

电视专题与电视栏目 / 郑保章主编. — 2版. -- 北京 : 中国广播影视出版社, 2019.1（2025.3重印）
高等院校广播电视新闻传播系列教材 / 白贵, 王俊杰主编
ISBN 978-7-5043-8254-2

Ⅰ. ①电… Ⅱ. ①郑… Ⅲ. ①电视节目制作－高等学校－教材 Ⅳ. ①G222.3

中国版本图书馆CIP数据核字(2018)第287414号

电视专题与电视栏目（第二版）
郑保章　主编

责任编辑　杨　凡
封面设计　文人雅士
责任校对　龚　晨

出版发行　中国广播影视出版社
电　　话　010-86093580　010-86093583
社　　址　北京市西城区真武庙二条9号
邮　　编　100045
网　　址　www.crtp.com.cn
电子信箱　crtp8@sina.com

经　　销　全国各地新华书店
印　　刷　涿州市京南印刷厂

开　　本　710毫米×1000毫米　1/16
字　　数　395（千）字
印　　张　22.25
版　　次　2019年1月第2版　2025年3月第4次印刷

书　　号　ISBN 978-7-5043-8254-2
定　　价　60.00元